U1020569

全国会计从业资格考试辅导用书

会计基础辅导读本

（第二版）

何荣华　主编

中国财政经济出版社

图书在版编目（CIP）数据

会计基础辅导读本／何荣华主编．—2版．—北京：中国财政经济出版社，2015.10
全国会计从业资格考试辅导用书
ISBN 978-7-5095-6408-0

Ⅰ.①会… Ⅱ.①何… Ⅲ.①会计学-资格考试-自学参考资料 Ⅳ.①F230

中国版本图书馆CIP数据核字（2015）第228540号

责任编辑：王佳欣　　责任校对：李　丽
封面设计：陈　瑶

中国财政经济出版社出版

URL：http：//www.cfeph.cn
E-mail：cfeph@cfeph.cn

社址：北京市海淀区阜成路甲28号　邮政编码：100142
营销中心电话：010-88190406　北京财经书店电话：64033436　84041336
北京富生印刷厂印刷　各地新华书店经销
787×1092毫米　16开　22.75印张　549 000字
2015年10月第2版　2015年10月北京第1次印刷
定价：45.00元
ISBN 978-7-5095-6408-0/F·5163
（图书出现印装问题，本社负责调换）
本社质量投诉电话：010-88190744
打击盗版举报热线：010-88190492，QQ：634579818

第二版编写说明

实行会计从业资格考试制度，是我国会计职业准入制度的重要组成部分，参加会计从业资格考试且成绩合格是取得会计从业资格证书、从事会计工作的必备条件。根据《会计法》和《会计从业资格管理办法》的规定，“从事会计工作的人员必须取得会计从业资格证书”、“国家实行会计从业资格考试制度”、“会计从业资格考试大纲、考试合格标准由财政部统一制定和公布”、“会计从业资格考试科目实行无纸化考试”。

从全国来看，会计从业资格无纸化考试从2011年开始，2012年全面推广。自无纸化考试实施以来，通过率一直较低，尤其在2013年7月财政部规定“会计从业资格考试各科目应当一次性通过”后更是如此。从各省反馈的情况和我们调研的信息来看，全国的平均一次性通过率大致在20%左右。可以说，会计从业资格考试已经成为社会上较难的考试之一，那种靠“临时抱佛脚”、“看两三天书”就想通过的想法已经“OUT”了，也是非常“危险”的。

基于此，我们一直在思考通过率较低的原因是什么，能不能替考生朋友做一些实事。从2013年1月，我们开始组织一些同事潜心研究会计从业资格无纸化考试，探寻考试规律。凭借自己多年各类会计考试（高级会计师、注册会计师、注册资产评估师、注册税务师）通过的背景和教师团队的经验，于2013年9月自编了校本辅导资料并供本校2013级新生使用。在财政部2014年4月4日印发了新版《会计从业资格考试大纲（修订）》（财办会〔2014〕13号）后，我们按照新版大纲的要求，以原先的校本资料为蓝本，结合参考教材和考生的考试信息反馈，编辑出版了本套会计从业资格考试辅导读本。

我们以本系列辅导读本和模拟试卷为主要教学资料组织日常教学，在2014年1月、2015年1月分别组织了我校2013级、2014级大一学生的集体考试，一次性全科通过率分别为55%、58%，大大超过了全国的平均通过率，被会计从业考试考点负责人称之为“奇迹”。

在本辅导读本的编写过程中，我们力求突出以下思路：

一是突出针对性。严格以财政部2014年颁布的最新考试大纲为依据，深刻领会和研究大纲所要求的各部分考试内容，在搜集大量考生考试信息的基础上，突出针对性。在关注从事会计工作所需基本知识和基本技能的前提下，最大限度地为考生备考服务，以帮助考生通过考试为第一目标。

二是突出方便性。让辅导读本有普通教材、辅导书、习题集“三合一”的特点，并在读本中加入了很多“口语式”的“解释”、“小结”、“提示”、“举例”、“思考”、“技巧”等模块，就像一个老师在耳边娓娓道来一样，页页都是惊喜。

三是突出实战性。本辅导读本每章包括三个部分：第一部分是考试内容讲解。力求囊括考试98%以上的考点（由于考试题库的依据是考试大纲而不是某本教材，因此不可能也不敢说包含100%的考试内容），精讲时并不是平铺直叙，而是给出了出题点和注意点，让考生学习时知道“焦点”、“注意点”在哪里，并给出了老师们很多的“独家窍门”。第二部分是经典例题讲解。这些例题都是“精选品”，优中选优，配有答案和详细解析。第三部分是随章同步练习。题量足、覆盖面宽、含金量高，同样配有答案和详细解析。需要提醒两点：一是考生朋友也可以把前面的“经典例题讲解”当作练习来对待，更能深刻体会考点；二是仔细“观察”例题、随章同步练习给出的“答案解析”，既可以把它看成复习或学习的一种载体，又可以从中体会老师的答题思路。

我们力求让本辅导读本有知识、有技术，更有智慧！

本辅导读本由浙江商业职业技术学院何荣华（副教授、高级会计师、注册会计师、注册资产评估师、注册税务师）负责框架结构、主体内容、编撰体例的设计和全书的统稿工作。具体编写分工为：第一章、第五章由浙江商业职业技术学院何荣华编写；第二章、第三章由杭州万向职业技术学院沈应仙教授编写；第四章、第十章由浙江长征职业技术学院史璞副教授编写；第六章、第七章由浙江商业职业技术学院常明敏副教授编写；第八章、第九章由杭州市中策职业学校张淑贞（注册会计师）编写。

本辅导读本是参加会计从业资格无纸化考试人员复习应考的重要参考资料，适用于全国采用财政部统一考试大纲和题库的省份，欢迎各位考生朋友选用。

由于编写时间仓促，加之编者水平有限，书中错误在所难免，恳请广大读者批评指正。另外本辅导读本的编写参考了许多辅导教材、习题集等，在此一并表示感谢！

本辅导读本为考生提供电子课件，如有需要请登录 pass. cfeph. cn 下载。

编　者

2015 年 9 月

课程导读及考试指导

一、会计从业资格无纸化考试背景及政策解读

（一）考试背景

会计从业资格证书是进入会计岗位的“敲门砖”，是从事会计工作必须具备的基本要求和前提条件。根据《会计从业资格管理办法》（财政部令第73号）的有关规定，会计从业资格考试科目为：财经法规与会计职业道德、会计基础、会计电算化（或者珠算）。会计从业资格考试大纲、考试合格标准由财政部统一制定和公布。会计从业资格考试科目实行无纸化考试，无纸化考试题库由财政部统一组织建设。会计从业资格各考试科目应当一次性通过。会计从业资格管理机构应当在考试结束后及时公布考试结果，通知考试通过人员在考试结果公布之日起六个月内，到指定的会计从业资格管理机构领取会计从业资格证书。通过会计从业资格考试的人员，应当持本人有效身份证件原件，在规定的期限内，到指定的地点领取会计从业资格证书。

（二）政策解读

随着会计改革的不断深化、会计核算技术和会计管理手段的日益提升，财政部自2014年10月1日起在全国范围内施行新版会计从业资格考试大纲，并规定各地区和各有关部门在此之后进行的会计从业资格考试，应当以新版考试大纲作为考试范围，并统一使用财政部根据新版考试大纲组织建设的新版无纸化考试题库。新版考试大纲保持了大纲整体框架不变，突出了从事会计工作最基础的要求，删除了已失效的内容，吸收、采纳了法律法规、信息技术等最新知识，不涉及有争议或高精尖的疑难问题。

2014年10月1日以后，尽管各省份使用的考试教材和考试软件可能还不统一，但考试依据的大纲和考试题库是全国统一的。经过对本次新版考试大纲的研究，我们发现，新版大纲比以往更加具体和详细，也给各省份“自编教材”减少了自我发挥的空间。当然，是否考试内容就全部在考试大纲或某一本教材中，根据我们的观察，答案是否定的。考试题库确实是依据考试大纲来编写，但考试大纲毕竟是粗线条的，考试题库也并不按照某本教材来拟定，因此考生备考时参考

资料的选择就比较困难。本系列辅导读本，以最新版考试大纲为依据，借鉴了全国各地的教材，还参考了考生考场上第一手的反馈信息资料，经过编者团队的精心设计及实际使用效果的检验，加上“教材+辅导书+习题集”三位一体的设计，相信对考生的备考肯定会有很大的帮助。

全国各地不同的可能是考试的“频次”和考试后考试成绩公布的“时间”。有些省份是一年开放四次报名（每季度一次），考生可以任选其中的两次、三次或四次；有些省份一年报名两次，考试两次。有些省份考试结束后“当场”出成绩，有些省份在七个工作日内出成绩。关于考试报名、成绩结果的公布、证书的领取等政策信息都会在各省财政厅的网站上有相关文件说明。

二、考试题型、题量及考试内容

（一）考试题型、题量

会计从业资格无纸化考试《会计基础》科目的考试时间一般为1小时，其题型、题量如下：

（1）单选题。包括题干和选项两个部分，有一个正确选项，选对得分，选错、不选均不得分。其中，选项为A、B、C、D四个选项。单选题每题1分，一般有20题，总分20分。

（2）多选题。包括题干和选项两个部分，有两个及以上的多个正确选项，选对得分，多选、少选、不选均不得分。其中，选项为A、B、C、D四个选项。多选题每题2分，一般有20题，总分40分。

（3）判断题。包括题干和答案两个部分，有一个正确选项，选对得分，选错、不选均不得分。其中，选项为正确、错误两个选项。判断题每题1分，一般有20题，总分20分。

（4）计算分析题。包括题干和一个或多个计算（会计分录）要求两个部分，直接填写答案，答对得分，答错、不答均不得分。计算分析题一般有两道大题，每道大题有五道小题，每道小题2分，总分20分。具体而言，《会计基础》科目的计算分析题有两种，其一是直接填写数字；其二是会计分录题。这两种在本辅导读本中都有展现。注意该类题型不是选择题，没有提供A、B、C、D的选择项，唯一让选择的可能是在会计分录的编制中，选择科目的借贷方向、选择科目名称等，数额要手工输入。

虽然各省份的题型基本一致，但题量可能会有差别，考生需留意。

（二）考试内容

会计从业资格无纸化考试《会计基础》科目考试大纲把考试内容分成了十章，突出了从事会计工作的基本知识和基本技能的要求，重视会计基础知识的介绍和业务处理能力的培养。考试内容基本框架结构如下：

会计基础

1. 总论（会计的概念与目标、职能与方法、会计基本假设与会计基础、会计信息的使用者及其质量要求、会计准则体系）
2. 会计要素和会计等式
3. 会计科目与账户
4. 会计记账方法（种类、借贷记账法）
5. 借贷记账法下主要经济业务的账务处理（企业的主要经济业务、资金筹集业务的账务处理、固定资产业务的账务处理、材料采购业务的账务处理、生产业务的账务处理、销售业务的账务处理、期间费用的账务处理、利润形成与分配业务的账务处理）
6. 会计凭证（概述、原始凭证、记账凭证、会计凭证的传递与保管）
7. 会计账簿（概述、启用与登记要求、格式与登记方法、对账与结账、错账查找与更正的方法、更换与保管）
8. 账务处理程序（概述、记账凭证账务处理程序、汇总记账凭证账务处理程序、科目汇总表账务处理程序）
9. 财产清查（概述、方法、结果的处理）
10. 财务报表（概述、资产负债表、利润表）

从考试角度来讲，无所谓重点章节，大家对考试大纲要求的内容都要掌握；从学科角度来讲，十章中以第四章（会计记账方法）和第五章（借贷记账法下主要经济业务的账务处理）为学习难点，如果把这两章完全“搞定”，本科目基本不存在难度。

三、学习方法及考试技巧

（一）学习方法

会计从业资格无纸化考试难度较以往纸质考试提高了不少，通过率也降低很多，特别是2013年7月财政部规定三门考试科目一起通过才有效后更是如此。在此我们总结了一些学习方法。

（1）要有强烈的通过“欲望”。目标决定行动，自己要有打“硬仗”的准备，该牺牲一些其他时间的，就得牺牲。

（2）要有学习计划和较强的执行力。备考过程中，最好能按照自己的考试时间制订学习计划并执行之。建议从考试时间往前推三个月制订学习计划，计划要细到“每周”为好，在考试前留7~10天做全真模拟试题。

（3）全面系统地学习。对于考试大纲中的考点，必须全面掌握。对考试内容能有整体认识和理解，做到了然于胸，在理解的基础上要有适当的记忆。一定要注意现在的考试不是做几份模拟试题就能通过的，得全面、系统地学习，不放过任何一个知识点。

（4）利用好本辅导读本。本辅导读本突出难点、重点，给出了出题点，在每章章前都有“课前导语”，给出了本章的总体考情分析。讲解中辅以很多辅助栏目对考试内容进行剖析，同时配有大量高含金量的经典例题和随章同步练习供考生自我检测，每个例题和练习后都配上了详细的答案解析。好好利用本辅导读本，相信必有“厚报”。在此，对读本中出现的辅助栏目做简要的解析：

【解释】 对讲解中关键词汇或短语的进一步说明。

【提示】 对容易混淆或遗忘的知识点的提醒。

【点拨】 对某个考点出题角度的说明。

【技巧】 对解题思路或考点掌握的小窍门。

【小结】 对所讲述知识点的总结性概括。

【思考】 对考生需要掌握知识点的进一步思考。

【补充】 对相关知识点的补充说明。

【链接】 对本知识点与书中相关知识点的逻辑梳理。

【举例】 对考点以例题的形式加以解释说明。

请注意，上述各辅助“模块”内容不仅是帮助理解和学习的“助手”，而且其本身就是考试的内容。

最后，需要提醒的是，考试题库中的题目很多（大约三门课程有12 000道题），任何采用猜题、押题等方式来备考，结果往往会适得其反。建议考生好好利用本辅导读本，把它和另外配套的模拟试题（中国财政经济出版社出版）“看、做”两遍，通过考试应该有很大希望。

（二）考试技巧

根据会计从业资格无纸化考试的特点，考生在考试的时候要注意以下几点：

(1) 摆正考试心态。基于前面考试题库、考试大纲、教材、辅导书关系的分析，知道在考试现场碰到自己从来没有遇到过的知识点非常正常，在考场上不要慌张。

(2) 注意考试规则。现在考试基本上是三门一起联考（3个小时），中间没有休息时间，每门课程的考试时间有些省份不能互相挪用，有些省份可以互相挪用（如浙江省）。

(3) 熟知答题要求。每种题型都有不同的答题要求，比如“不答题肯定不得分”，“不存在倒扣分”等等，因此对于难题或把握不准的题目，也应“猜”出答案，绝不要放弃答题。

(4) 做好考试准备。如考试当天要提前到考场、随身携带有效的二代身份证和准考证等等。不要让考试“失败”在这些细节上。

以上是个人的学习和考试心得，仅供考生朋友们参考。

最后，预祝所有考生朋友们都顺利通过考试！

编 者

2015年9月

目　录

第一章 chapter 1 总　论

课前导语

本章内容属于会计基础理论知识，主要内容包括会计的概念与目标、会计的职能与方法、会计的基本假设与会计基础、会计信息的使用者及其质量要求、会计准则体系等。本章是学习本门课程的基础，以理解为主，对初学者而言比较抽象。在会计从业资格考试中，本章内容大部分以选择和判断题的方式出现，有可能涉及计算分析题的是收付实现制与权责发生制区别的判定，但可能性相对较小。

考试大纲基本要求

了解：会计的概念、会计对象、会计目标、会计准则体系、会计的核算方法、收付实现制

熟悉：会计的基本特征、会计的基本职能

掌握：会计基本假设、权责发生制、会计信息质量要求

本章框架结构

总论
1. 会计的概念与目标（会计的概念、特征、对象、目标）
2. 会计的职能与方法
3. 会计基本假设与会计基础
4. 会计信息的使用者及其质量要求
5. 会计准则体系（会计准则的构成、企业会计准则、小企业会计准则、事业单位会计准则）

第一节 会计的概念与目标

一、会计的概念与特征

（一）会计的概念

会计是以货币为主要计量单位，运用专门的方法，核算和监督一个单位经济活动的一种经济管理工作。**【判断题】**[①]

【点拨】 这句话非常重要，注意关键词。从这句话里，已经基本上可以总结出接下来要讲解的五个基本特征了。这里的“核算”与“反映”的意思基本相同。

【解释】 企业的会计工作主要是通过一系列会计程序，积极参与经营管理决策，并对企业的经济活动和财务收支进行核算和监督。**【判断题】**

（二）会计的基本特征

【点拨】 注意会计的基本特征有五个，是哪五个。**【多选题】**

1. 会计是一种经济管理活动

【解释】 会计不仅为企业经济管理提供各种数据资料，而且通过各种方式直接参与经济管理。比如：参与经营方案的选择、经营计划的制订、经营活动的控制和评价等。

2. 会计是一个经济信息系统

【提示】 会计能将企业经济活动的各种数据转化为货币化的会计信息。

3. 会计以货币作为主要计量单位

【点拨】 注意是“主要”，而不是“唯一”。其他计量单位还有劳动计量（天、小时、分钟等）和实物计量（重量、长度、容积、台、件等）。

4. 会计具有核算和监督的基本职能

【链接】 在本章第二节专门讲解会计的基本职能，前后联系起来学习。

5. 会计采用一系列专门方法

会计方法具体包括：会计核算方法、会计分析方法、会计检查方法。

【解释】 会计方法是用来核算和监督会计对象，实现会计目标的手段。

【提示】 会计核算方法是最基本的方法（在第二节有专门讲解）。会计分析方法和会计检查方法主要是在会计核算方法的基础上进行的。它们相互依存，形成一个完整的方法体系。

（三）会计的发展历程

会计是随着人类社会生产的发展和经济管理的需要而产生、发展并不断得到完善。

1. 会计的产生

---

① 文中【××题】表示考试中有可能出现的题型。

会计最早可以追溯到原始社会的“结绳记事”、“刻契记事”等处于萌芽状态的会计行为。

【解释】 在当时，会计是生产职能的附带部分，独立的会计职能并未产生。随着社会生产力的发展，会计逐渐从生产职能中分离出来，成为由专门人员从事的特殊的、独立的功能。

2. 会计的发展

会计的发展可划分为古代会计、近代会计和现代会计三个阶段。**【多选题】**

（1）古代会计阶段。从会计产生到1494年世界上第一部专门论述借贷复式簿记的书籍《算术、几何、比及比例概要》出现之前。

【补充】 我国有关会计事项记载的文字，最早出现于商朝的甲骨文。因此，大约在西周前后（如设立“司会”一职），我国初步形成了会计工作组织系统。

（2）近代会计阶段。以复式记账法的产生和“簿记论”的问世为标志。**【选择题】**

【解释1】 1494年，意大利数学家卢卡·帕乔利出版了《算术、几何、比及比例概要》一书，标志着近代会计的开始。卢卡·帕乔利被誉为“会计之父”。

【解释2】 在《算术、几何、比及比例概要》一书的《簿记论》部分阐述了日记账、分录账和总账以及试算表的编制方法，介绍了威尼斯复式记账法的原理和方法。

【解释3】 1853年，英国在苏格兰成立了世界上第一个注册会计师专业团体——“爱丁堡会计师协会”。会计开始成为一种社会性专门职业和通用的商业语言。

（3）现代会计阶段。20世纪50年代开始到目前。

【解释】 1952年，国际会计师联合会正式通过“管理会计”这一专业术语，标志着会计正式划分为财务会计和管理会计两大领域。

【补充】 会计按其报告的对象不同分类如表1-1所示。

表1-1　　会计按其报告的对象不同分类

分类标准	名称	内　容
会计按其报告的对象不同分类	财务会计	（1）主要侧重于对外、过去的信息 （2）向企业外部关系人提供有关企业财务状况、经营成果和现金流量情况等信息
	管理会计	（1）主要侧重于对内、未来的信息 （2）向企业内部管理者提供进行经营规划、经营管理、预测和决策所需的相关信息

经典例题讲解

例题1-1·判断题 会计是以货币为主要计量单位，运用专门的方法，核算和监督一个单位经济活动的一种经济管理工作。（　　）

【答案解析】 √ 表述正确。

例题1-2·多选题 下列关于会计的表述中，正确的有（　　）。

A. 本质上是一种经济管理活动　　B. 以货币作为主要计量单位

C. 针对特定主体的经济活动　　D. 对经济活动进行核算和监督

【答案解析】 ABCD 会计是以货币为主要计量单位，反映和监督一个单位经济活动的一种经济管理工作。四个选项表述都正确。

例题1-3·判断题 企业的会计工作主要是通过一系列会计程序，积极参与企业经营者管理决策，并对企业的经济活动和财务收支进行核算和监督。（ ）

【答案解析】 √ 表述正确。

例题1-4·单选题 下列关于会计产生的表述中，正确的是（ ）。

A. 会计最早可以追溯到奴隶社会

B. 在原始社会就产生了独立的会计

C. 会计是随着社会生产力的不断发展逐渐从生产职能中分离出来的

D. 在原始社会有专门从事会计工作的人员

【答案解析】 C 会计最早可以追溯到原始社会，A表述错误；当时，会计是生产职能的附带部分，独立的会计职能并未产生，B和D表述错误。

二、会计的对象与目标

（一）会计对象

会计对象是指会计核算和监督的内容，具体是指社会再生产过程中能以货币表现的经济活动，即资金运动或价值运动。

【提示】 这段话包含了很多考点。首先，会计对象的定义是什么（会计核算和监督的内容，即会计核算和监督"什么"，这个"什么"就是会计对象）？其次，会计对象是什么（资金运动或价值运动）？最后，资金运动或价值运动是什么（社会再生产过程中能以货币表现的经济活动）？**【单选题/判断题】**

企业的资金运动表现为资金投入、资金运用（又称为"资金的循环与周转"）和资金退出三个过程。

【点拨】 资金运动过程包括哪三个？非常重要。**【多选题】**

1. 资金的投入

企业的资金包括企业所有者投入的资金和债权人投入（借入）的资金，前者形成所有者权益，后者形成债权人权益（即企业的负债）。

【解释1】 资金的投入有两条途径：其一是所有者投入（形成所有者权益），其二是债权人投入（形成债权人权益，简称"负债"）。

【解释2】 投入企业的资金一部分形成流动资产，另一部分形成非流动资产。（是不是可以理解成"资产"是资金的"运用"，而"所有者权益和负债"是资金的"来源"？两者的关系是什么？先思考一下，后面章节有解释。）

【点拨】 资金的投入是企业取得资金的过程，是资金运动的起点。**【单选题/判断题】**

2. 资金的运用（资金的循环与周转）

资金的运用指企业资金投入企业后，在供应、生产和销售等环节不断循环与周转。

（1）供应阶段：建造或购置厂房、购买机器设备、购买原材料（包括支付材料的买价、运输费、装卸费等采购费用），与供应商结算货款，为生产产品做必要的物资准备。

（2）生产阶段：领用原材料进行产品生产，支付职工薪酬和计提固定资产折旧，将劳动对象加工成产品。

(3) 销售阶段：将生产的产品对外销售，收回货款和支付销售费用等。

【思考】 注意供、产、销各阶段的具体活动有哪些。【多选题】

【解释】 劳动对象的实物形态在供应、生产、销售等环节依次发生转变，即：原材料→在产品→库存商品；资金形态也相应地发生变化，即：货币资金→储备资金→生产资金→产品资金→货币资金，资金运动从货币资金形态开始又回到货币资金形态，我们称之为完成了一次资金循环，资金的不断循环就是资金周转。因此，资金的循环和周转就是从货币资金开始依次转化为储备资金、生产资金、产品资金，最后又回到货币资金的过程。【单选题/判断题】

3. 资金的退出

资金的退出是指资金离开企业，退出资金的循环与周转。资金退出是资金运动的终点，包括偿还各项债务、缴纳各项税费、向所有者分配利润等。

【提示】 特别注意资金退出企业的形式有哪些。【多选题】

【点拨】 掌握资金运动三个过程的具体表现，会判断是否属于某一个资金运动过程，非常重要。【选择题】如：用银行存款支付职工薪酬、购买原材料、对外投资、支付税金等分别属于哪一个资金运动过程？

（二）会计目标

会计目标（也称“会计目的”），是要求会计工作完成的任务或达到的标准，即向财务会计报告使用者提供与企业财务状况、经营成果和现金流量等有关的会计信息，反映企业管理层受托责任履行情况，有助于财务会计报告使用者做出经济决策。

【点拨1】 要明确会计主要反映哪三类信息（与企业财务状况、经营成果和现金流量等有关的会计信息）。【多选题】

【点拨2】 会计目标（会计目的）是什么？【多选题】

1. 反映企业管理层受托责任履行情况

【解释】 会计应当反映企业管理层受托责任履行情况，以便外部投资者和债权人等评价企业的经营管理责任和资源使用的有效性。比如决定是否需要调整投资或信贷政策，是否需要加强企业内部控制和其他制度建设，是否需要更换管理层等。

2. 向财务会计报告使用者提供决策有关信息

【解释】 会计应当能向财务会计报告使用者提供决策有关的会计信息，以便他们决定是否投资或继续投资、是否发放或收回贷款，还应该有助于政府及其有关部门做出相关的宏观经济决策。

经典例题讲解

例题1-5·单选题 会计的对象是企事业单位的（　　）。

A. 经济资源　　B. 经济活动　　C. 资金运动　　D. 劳动成果

【答案解析】 C　会计对象是指会计核算和监督的内容，具体是指社会再生产过程中能以货币表现的经济活动，即资金运动或价值运动。

例题1-6·单选题 企业的资金运动由各个环节组成，它不包括（　　）。

A. 资金投入　　B. 资金运用　　C. 资金退出　　D. 资金增值

【答案解析】 D 企业的资金运动表现为资金投入、资金运用和资金退出三个过程。

例题1-7·多选题 下列各项中，表现出资金投入企业的有（　　）。

A. 取得投资者投入的固定资产　　B. 从银行借入长期借款

C. 将购入的原材料验收入库　　D. 预收货款

【答案解析】 AB 企业的资金包括企业所有者投入的资金和债权人投入的资金，前者形成所有者权益，后者形成债权人权益（即企业的负债）。CD选项表现为资金的运用。

例题1-8·单选题 企业以银行存款支付员工薪酬，表现出的资金运动方式是（　　）。

A. 资金退出　　B. 不影响资金运动　　C. 资金投入　　D. 资金运用

【答案解析】 D 企业以银行存款支付员工薪酬属于资金的运用。

例题1-9·单选题 下列各项经济活动中，不属于企业资金退出的是（　　）。

A. 偿还借款　　B. 上缴税金

C. 购买原材料　　D. 向投资者分配利润

【答案解析】 C 购买原材料属于资金的运用。资金的退出是资金运动的终点，主要包括偿还各项债务，缴纳各项税费，向所有者分配利润等。

例题1-10·多选题 下列关于会计目标的表述中，正确的有（　　）。

A. 会计目标也称会计目的

B. 会计目标之一是反映企业管理层受托责任履行情况

C. 会计目标之一是向财务会计报告使用者提供决策有关信息

D. 会计目标是要求会计工作完成的任务或达到的标准

【答案解析】 ABCD 四个选项的表述都正确。

第二节 | 会计的职能与方法

一、会计的职能

会计的职能是指会计在经济管理过程中所具有的功能。会计具有会计核算和会计监督两项基本职能和预测经济前景、参与经济决策、评价经营业绩等拓展职能。

【提示】 请注意会计的基本职能是两项：会计核算和会计监督。而会计的职能不仅仅包括这两项，还包括其他拓展职能。如：预测经济前景、参与经济决策、评价经营业绩等，注意区分。**【选择题】**

（一）基本职能

会计的基本职能包括会计核算和会计监督。**【多选题】**

1. 核算职能

会计核算职能（又称为“会计反映职能”），是指会计以货币为主要计量单位，对特定主体的经济活动进行确认、计量和报告。

【点拨】 这个概念非常重要，注意什么是会计核算【单选题】，和后面的“会计监督”不要混淆。还要注意“核算职能”的别称是什么(“反映职能”)。

【提示】 会计核算是会计最基本的职能。【单选题】

【解释1】 注意对“确认”、“计量”、“报告”三个会计核算环节的理解：①“确认”指运用特定会计方法，以文字和金额同时描述某一交易或事项，使其金额反映在特定主体财务报表中的会计程序；②“计量”是指在确定会计确认中用以描述某一交易或事项的金额的会计程序；③“报告”是在确认和计量的基础上，将特定主体的财务状况、经营成果和现金流量以财务报表等形式向有关各方报告。【多选题】

【解释2】 此外，“记录”是指对特定主体的经济活动采用一定的记账方法、在账簿中进行登记的会计程序。一般认为“记录”也是一个会计程序（环节）。

会计核算的内容主要包括：①款项和有价证券的收付；②财物的收发、增减和使用；③债权债务的发生和结算；④资金、基金的增减；⑤收入、支出、费用、成本的计算；⑥财务成果的计算和处理；⑦需要办理会计手续，进行会计核算的其他事项。

【提示】 注意哪些经济业务事项需要进行会计核算。【选择题】如签订某个订货合同，就不需要进行会计核算。一般地，只有经济业务事项引起资金增减变化时，才需要进行记录和反映。

2. 监督职能

会计监督职能（又称“会计控制职能”），是指对特定主体经济活动和相关会计核算的真实性、合法性和合理性进行监督检查。

【提示】 这个概念非常重要，注意什么是会计监督。【单选题】会计监督是对什么（真实性、合法性、合理性）进行审查。【多选题】还要注意“监督职能”的别称是什么（“控制职能”)。

【解释1】 什么是“真实性审查”？是指检查各项会计核算是否根据实际发生的经济业务进行的。

【解释2】 什么是“合法性审查”？是指检查各项经济业务是否符合国家有关法律法规，遵守财经纪律，执行国家的各项方针政策，以杜绝违法乱纪行为。

【解释3】 什么是“合理性审查”？是指检查各项收支是否符合客观经济规律及经营管理方面的需要，保证各项财务收支符合特定的财务收支计划，实现预算目标。

会计监督是一个过程，它分为事前监督、事中监督和事后监督。【多选题/判断题】

【补充】 什么是“事前监督、事中监督和事后监督”？①“事前监督”是在经济活动发生前进行的监督，主要是对未来经济活动是否符合法规政策的规定，在经济上是否可行进行分析判断，以及为未来经济活动制定定额、编制预算等。②“事中监督”是指对正在发生的经济活动过程及其核算资料进行审查，并据以纠正经济活动过程中的偏差和失误，使其按预订计划进行。③“事后监督”是对已经发生的经济活动及其核算资料进行审查。对事前监督、事中监督和事后监督有不同理解，也有不同的“行动”。【多选题/判断题】

3. 会计核算与监督职能的关系

会计核算与会计监督相辅相成、辩证统一。

会计核算是会计监督的基础，没有核算所提供的各种信息，监督就失去了依据；会计监督是会计核算质量的保障，只有核算没有监督，就难以保证核算所提供信息的质量。

【点拨】 上述关键词是两句话："会计核算是会计监督的基础，会计监督是会计核算质量的保障"。【多选题/判断题】

（二）拓展职能

会计的拓展职能包括：①预测经济前景；②参与经济决策；③评价经营业绩等。

【点拨】 注意会计的拓展职能有哪些。【多选题】与会计的基本职能要区分，不要混淆。

经典例题讲解

例题1－11·多选题 下列关于会计职能的表述中，正确的有（ ）。

A. 会计核算是会计的基本职能　　B. 会计监督是会计核算的质量保证

C. 预测经济前景是会计的基本职能　　D. 评价经营业绩是会计的拓展职能

【答案解析】 ABD 预测经济前景是会计的拓展职能。

例题1－12·多选题 下列选项中，反映会计核算职能要求的有（ ）。

A. 对发生的经济活动性质的确认

B. 对入账金额进行计量

C. 对内对外对企业财务状况和经营成果进行报告

D. 对企业发展做出预测推断

【答案解析】 ABC 会计核算职能，是指会计以货币为主要计量单位，对特定主体的经济活动进行确认、计量和报告。对企业发展做出预测推断属于会计的拓展职能。

例题1－13·单选题 下列各项中，不属于会计监督的内容的是（ ）。

A. 不定期进行的财产清查　　B. 财产收支的合理性审查

C. 经济业务的合理性审查　　D. 经济业务的真实性审查

【答案解析】 A 会计监督职能，是指对特定主体经济活动和相关会计核算的真实性、合法性和合理性进行监督检查。

例题1－14·多选题 下列关于会计核算的表述中，正确的有（ ）。

A. 会计计量是指在确定会计确认中用以描述某一交易或事项的金额的会计程序

B. 会计确认是指运用特定会计方法，以文字和金额同时描述某一交易或事项，使其金额反映在特定主体财务报表中的会计程序

C. 会计报告是指在确认和计量的基础上，将特定主体的财务状况、经营成果和现金流量以财务报表等形式向有关各方报告

D. 会计记录是指对特定主体的经济活动采用一定的记账方法、在账簿中进行登记的会计程序

【答案解析】 ABCD 以上各项表述均正确。

例题1－15·单选题 下列各项中，不需要进行会计核算的是（ ）。

A. 从银行提取现金　　B. 收取销售订金

C. 结算销售货款　　D. 签订销售合同

【答案解析】 D 签订销售合同没有引起资金增减变化，不需要进行会计核算。

例题 1－16 · 多选题 下列关于会计监督的表述，正确的有（ ）。

A. 对预算执行情况进行评估属于事后监督

B. 编制预算属于事前监督

C. 分析判断未来经济活动在经济上是否可行属于事中监督

D. 分析判断未来经济活动是否符合政策的规定属于事前监督

【答案解析】 ABD C 项分析判断未来经济活动在经济上是否可行属于事前监督，其余三项表述正确。

例题 1－17 · 多选题 下列有关会计核算和会计监督关系的表述中，正确的有（ ）。

A. 两者之间密切相关、相辅相成、辩证统一

B. 会计监督是会计核算的保障

C. 会计核算是会计监督的前提

D. 会计监督与会计核算没有什么必然的关系

【答案解析】 ABC 会计核算与会计监督是相辅相成，辩证统一的。会计核算是会计监督的基础，会计监督是会计核算质量的保障。

二、会计核算方法

会计核算方法是指对会计对象进行连续、系统、全面、综合的确认、计量和报告所采用的各种方法。

（一）会计核算方法体系

会计核算方法体系由填制和审核会计凭证、设置会计科目和账户、复式记账、登记会计账簿、成本计算、财产清查、编制财务会计报告等专门方法构成。它们相互联系、紧密结合，确保会计工作有序进行。

【点拨】 上述七项会计核算方法非常重要。**【多选题】**

【提示】 “编制预算”不是会计核算方法，而“财产清查”、“成本计算”却是会计核算方法，不要混淆。**【多选题/判断题】**

（1）填制和审核会计凭证：是会计核算工作的起点，是进行核算和实施监督的基础。相关概念和方法在本书第六章详细讲解。

（2）设置会计科目和账户：是保证会计核算具有系统性的专门方法。相关概念和方法在本书第三章详细讲解。

（3）复式记账：是会计核算方法体系的核心。相关概念和方法在本书第四章详细讲解。

（4）登记会计账簿：账簿记录所提供的各种核算资料，是编制财务报表的直接依据。相关概念和方法在本书第七章详细讲解。

（5）成本计算：可以确定材料的采购成本、产品的生产成本和销售成本，可以反映和监督生产经营过程中发生的各项费用是否节约超支，并据以确定企业经营成果。相关内容在本书第五章有部分涉及。

（6）财产清查：可以查明各项财产物资的保管和使用情况，以及往来款项的结算情况；

监督各项财产物资的安全与合理使用。相关概念和方法在本书第九章详细讲解。

（7）编制财务会计报告：是全面、系统反映企业在某一特定日期的财务状况或某一会计期间的经营成果和现金流量的一种专门方法。相关概念和方法在本书第十章详细讲解。

【提示】 上述七种会计核算方法的相关概念、知识和技能构成了本门课程的基本框架（可以看章节目录，只有成本计算涉及的较少），此处有些地方不清楚没有关系（比如什么是会计科目、账户等等），请结合各章节提示的内容学习时掌握即可。

【点拨】 注意上述七种会计核算方法的“地位”**【单选题/判断题】**，如会计核算工作的起点是什么。会计核算方法体系的核心是什么。

【补充】 在七种会计核算方法中，常用的有填制和审核会计凭证、登记会计账簿及编制财务会计报告三种，即俗称的“证、账、表”。**【选择题】**

（二）会计循环

会计循环是指按照一定的步骤反复运行的会计程序。从会计工作流程看，会计循环由确认、计量和报告等环节组成；从会计核算的具体内容看，会计循环由填制和审核会计凭证、设置会计科目和账户、复式记账、登记会计账簿、成本计算、财产清查、编制财务会计报告等组成。填制和审核会计凭证是会计核算的起点。

【提示】 注意会计循环的概念，是会计程序在各个会计期间循环往复，周而复始的过程。**【判断题】**

【点拨】 注意两种不同分析角度和结果去理解会计循环：从“会计工作流程”和“会计核算的具体内容”角度。

经典例题讲解

例题 1－18 · 单选题 下列各项中，不属于会计核算方法的是（　　）。

A. 财产清查　　B. 填制和审核会计凭证

C. 登记账簿　　D. 编制财务预算

【答案解析】 D 会计核算方法包括填制和审核会计凭证、设置会计科目和账户、复式记账、登记会计账簿、成本计算、财产清查、编制财务会计报告等专门方法，编制财务预算不是会计的核算方法。

例题 1－19 · 单选题 会计主体在会计核算中常用的三种核算方法是会计凭证的取得和填制、会计账簿的登记和（　　）。

A. 会计报表的编制　　B. 复制记账

C. 成本计算　　D. 财产清查

【答案解析】 A 常用的三种会计核算方法是填制和审核会计凭证、登记会计账簿及编制财务会计报告，即俗称的“证、账、表”。

例题 1－20 · 判断题 会计循环是指企业将一定时期发生的所有经济业务，依据一定的步骤和方法，加以记录、分类、汇总的过程。（　　）

【答案解析】 × 会计循环是指企业将一定时期发生的所有经济业务，依据一定的步骤和方法，加以记录、分类、汇总直至编制财务报表的会计处理全过程。

第三节 会计基本假设与会计基础

一、会计基本假设

会计基本假设是企业会计确认、计量和报告的前提，是对会计核算所处时间、空间环境等所做的合理设定。会计基本假设包括会计主体、持续经营、会计分期和货币计量。

【点拨】 注意会计基本假设的概念。**【判断题】** 会计基本假设有哪四项？**【多选题】**

【提示】 对于下面讲解的四项基本假设，考生从含义、作用等方面加以理解和掌握。

经典例题讲解

例题 1－21·判断题 企业会计确认、计量和报告应当以会计主体、持续经营、会计分期和货币计量为会计基本假设。（　　）

【答案解析】 √ 表述正确。会计基本假设是企业会计确认、计量和报告的前提，是对会计核算所处时间、空间环境等所做的合理假定。会计基本假设包括会计主体、持续经营、会计分期和货币计量。

例题 1－22·多选题 下列各项中，属于会计基本假设的有（　　）。

A. 会计主体　　B. 货币计量

C. 持续经营　　D. 会计分期

【答案解析】 ABCD 会计基本假设包括会计主体、持续经营、会计分期和货币计量。

（一）会计主体

会计主体是指企业会计确认、计量和报告的空间范围（即“为谁”记账），即会计核算和监督的特定单位或者组织。

明确会计主体，才能划定会计所要处理的各项交易或事项的范围（指确认、计量和报告那些影响企业本身经济利益的交易或事项），才能将会计主体的交易或事项与会计主体所有者的交易或者事项以及其他会计主体的交易或者事项区分开来。

【举例 1－1】 甲企业的会计人员只能核算和监督甲企业的经济业务，不能核算和监督乙企业的经济业务，即使甲乙企业之间有经济往来，甲企业也只能核算和监督影响甲企业的经济业务；而且要将该主体的经济活动与该主体所有者及其职工个人的经济业务区分开来，如甲企业应该核算甲企业股东投入到甲企业的股本或甲企业向甲企业股东分配的利润，但不能把甲企业股东个人的收入、支出作为甲企业的收入、支出核算。注意理解。**【判断题】**

会计主体不同于法律主体。一般而言，法律主体必然是会计主体。如一个企业、一个机关、一个学校、一个医院、一个社会团体等。作为一个法律主体，应当建立财务会计系统，独

立反映其财务状况、经营成果和现金流量，因而有必要将这些单位作为一个会计主体。但是，会计主体不一定是法律主体。【判断题】

【举例1－2】 就企业集团而言，母公司拥有若干子公司，母、子公司虽然是不同的法律主体，但是母公司对子公司拥有控制权，为了全面反映企业集团的财务状况、经营成果和现金流量，有必要将企业集团作为一个会计主体，全面反映这个企业集团的财务状况和经营效果，在这种情况下，尽管企业集团不属于法律主体，但它却是会计主体。

【举例1－3】 基于内部管理的需要，企业内部的部门（分公司、营业部、生产车间等）也可以单独进行核算，并编制出内部会计报表，企业内部划出的核算单位也可以视为一个会计主体，但不是法律主体。再如，由企业管理的证券投资基金、社会保险基金、企业年金基金等，尽管不属于法律主体，但属于会计主体，对每项基金进行独立的会计确认、计量和报告。

【小结】 会计主体假设明确界定了从事会计工作和提供会计信息的空间范围。【单选题/判断题】要会区分哪些可以作为“会计主体”。

经典例题讲解

例题1－23·多选题 下列有关会计主体假设的叙述中正确的有（ ）。

A. 明确会计主体，才能划定会计所要处理的各项交易或事项的空间范围

B. 会计主体也等同于法律主体

C. 界定会计主体是开展会计确认、计量和报告工作的重要前提

D. 法律主体通常也是一个会计主体

【答案解析】 ACD 会计主体与法律主体并非是对等的概念，法律主体可作为会计主体，但会计主体不一定是法律主体。如：独资企业、合伙企业和企业集团等。

例题1－24·多选题 下列各项中，可确认为会计主体的有（ ）。

A. 子公司　　B. 企业年金基金　　C. 母公司　　D. 集团公司

【答案解析】 ABCD 四个选项都可以作为会计主体。

例题1－25·判断题 法律主体可以作为会计主体，但会计主体不一定是法律主体。（ ）

【答案解析】 √ 表述正确。

（二）持续经营

持续经营是指在可以预见的将来，企业将会按当前的规模和状态持续经营下去，不会停业，也不会大规模削减业务。

一个企业在不能持续经营时，应当停止使用根据该假设所选择的会计确认、计量和报告原则与方法，否则会误导会计信息使用者的经济决策。【判断题】

【小结】 在持续经营假设下，会计确认、计量和报告应当以企业持续、正常的经济活动为前提。非常重要。【判断题】

【补充】 依据《企业会计准则——基本准则》，企业会计确认、计量和报告应当以持续经营为前提。会计核算上所使用的一系列会计处理原则、会计处理方法都是建立在会计主体持续经营的前提下。

【举例1－4】 以固定资产为例，如果企业会持续经营下去，就可以假定企业的固定资产会在持续的生产经营过程中长期发挥作用，并服务于生产经营过程，固定资产就可以根据历史成本进行记录，将历史成本分摊到各个会计期间或相关产品的成本中。反之，如果企业不能持续经营下去，固定资产就不会采用历史成本进行记录并按期计提折旧。

经典例题讲解

例题1－26·判断题 在持续经营假设下，会计确认、计量和报告应当以企业持续、正常的经济活动为前提。（ ）

【答案解析】 √ 表述正确。

例题1－27·判断题 持续经营这一基本假设的主要意义在于可使会计原则建立在非清算基础上，从而为分期结算账目、编制财务会计报告提供基础。（ ）

【答案解析】 × 为分期结算账目、编制财务会计报告提供基础的是会计分期假设。

（三）会计分期

会计分期是指将一个企业持续经营的经济活动划分为一个个连续的、长短相同的期间，以便分期结算账目和编制财务会计报告。

【思考】 会计分期假设的目的是什么？（分期结算账目和编制财务会计报告）**【单选题/判断题】**

【补充】 根据《企业会计准则——基本准则》的规定，我国会计期间分为年度和中期。这里的会计年度采用的是公历年度，即从每年的1月1日到12月31日为一个会计年度。所谓中期是短于一个完整会计年度的报告期间，通常包括半年度、季度、月度（没有旬）。**【多选题/判断题】**

【小结】 会计分期为会计核算确定了时间范围。由于会计分期，才产生了当期与以前期间、以后期间的差别，才使不同类型的会计主体有了记账的基准，形成了权责发生制和收付实现制两种不同的会计基础，进而出现了折旧、摊销等会计处理方法。**【单选题/判断题】**

经典例题讲解

例题1－28·判断题 《企业会计准则》中有关中期的含义，是指短于一个完整会计年度的报告期间。（ ）

【答案解析】 √ 表述正确。

例题1－29·多选题 下列各项中，符合我国《企业会计准则》中有关会计期间的划分规定的有（ ）。

A. 年度　　B. 月度　　C. 季度　　D. 半年度

【答案解析】 ABCD 根据《企业会计准则——基本准则》的规定，我国会计期间分为年度和中期。会计年度自公历1月1日起至12月31日止。中期是指短于一个完整会计年度的报告期间，通常包括半年度、季度、月度。

例题 1-30·单选题 下列会计基本假设中，确立了会计核算时间范围的是（ ）。

A. 会计分期假设　　B. 持续经营假设

C. 货币计量假设　　D. 会计主体假设

【答案解析】 A 会计分期假设为会计核算确定了时间范围。

例题 1-31·判断题 折旧和摊销会计处理方法的出现，是基于会计分期假设。（ ）

【答案解析】 √ 表述正确。

（四）货币计量

货币计量是指会计主体在会计确认、计量和报告时以货币（是由货币的本身属性“一般等价物”决定的）作为计量尺度，反映会计主体的经济活动。

【解释】 为什么采用货币作为统一的计量单位？其他的计量单位，如实物计量（重量、长度、容积、台、件等）和劳动计量（天、小时、分钟等），只能从一个侧面反映企业的生产经营情况，无法在量上进行汇总和比较，不便于会计计量和经营管理。注意理解。

【补充】 我国的会计核算以人民币为记账本位币。业务收支以人民币以外的货币为主的单位，也可以选定其中一种货币作为记账本位币，但编制的财务报告应当折算为人民币反映。在境外设立的中国企业向国内报送的财务报表，也应当折算为人民币反映。非常重要。**【各类题型】**

【小结】 会计核算的四项基本假设，具有相互依存、相互补充的关系。会计主体确立了会计核算的空间范围，持续经营与会计分期确立了会计核算的时间长度，而货币计量则为会计核算提供了必要手段。没有会计主体，就不会有持续经营；没有持续经营，就不会有会计分期；没有货币计量，就不会有现代会计。**【多选题】**

经典例题讲解

例题 1-32·多选题 下列关于货币计量的表述中，正确的有（ ）。

A. 货币计量是指会计主体在会计核算过程中采用货币作为统一的计量单位

B. 企业的会计核算以人民币为记账本位币

C. 在特定情况下，企业也可以选择人民币以外的某一货币作为记账本位币

D. 在境外设立的中国企业向国内报送的财务会计报告，应当折算为人民币

【答案解析】 ABCD 四个选项表述都正确。

例题 1-33·多选题 关于会计基础假设的表述正确的有（ ）。

A. 没有会计主体就不会有持续经营，没有持续经营就不会有会计分期，没有货币计量就不会有现代会计

B. 货币计量为会计核算提供了必要的手段

C. 持续经营与会计分期确立了会计核算的时间长度

D. 会计主体确立了会计核算的空间范围

【答案解析】 ABCD 四个选项表述都正确。

二、会计基础

会计基础（又称为会计核算基础）是指会计确认、计量和报告的基础，是确认一定会计期间的收入和费用，从而确定损益的标准，包括权责发生制和收付实现制。【多选题】

【提示】 由于会计分期假设，产生了本期与非本期的区别，从而出现了权责发生制与收付实现制的区别。【判断题】

（一）权责发生制

权责发生制（也称“应计制”或“应收应付制”），是指收入、费用的确认应当以收入和费用的实际发生作为确认的标准，合理确认当期损益的一种会计基础。权责发生制下，凡是当期已经实现的收入和已经发生或应当负担的费用，无论款项是否收付，都应当作为当期的收入和费用，计入利润表；凡是不属于当期的收入和费用，即使款项已在当期收付，也不应当作为当期的收入和费用。

【提示】 为了更加真实、公允地反映特定时点的财务状况和特定期间的经营成果（说明按权责发生制确认有关收入与费用，可使各有关会计期间损益的确定更为合理），我国《企业会计准则——基本准则》规定，“企业应当以权责发生制为基础进行会计确认、计量和报告”。请注意和行政单位、事业单位会计基础的区别。【单选题/判断题】

【补充】 权责发生制主要是根据权利、责任关系实际发生的期间来确认收入和费用，而不是根据是否收到现金或支付现金，注意理解。

【举例1-5】 在权责发生制下，甲企业2015年5月售出一批商品给乙企业，合同规定乙企业应于当年8月支付货款。乙企业信用良好，财务情况没有异常。则甲企业在2015年5月虽然没有收到现金，但商品已经售出，已经具备了收取货款的权利，这笔收入实际已经在5月份赚到，收入实现了，不必等到8月实际收到现金时才确认收入。

【举例1-6】 在权责发生制下，甲企业2015年9月份支付临时租入设备的两个月租金8 000元，由于此项目费用的发生使甲企业9月和10月均会受益，所以9月份支付此项费用时，并不全部作为当月费用，当月只计费用4 000元，从当月收入中取得补偿；10月再计费用4 000元，从10月收入中取得补偿。

经典例题讲解

例题1-34·单选题 下列各项中，属于企业会计核算基础的是（　　）。

A. 权责发生制　　B. 会计分期　　C. 收付实现制　　D. 持续经营

【答案解析】 A 我国《企业会计准则——基本准则》规定，“企业应当以权责发生制为基础进行会计确认、计量和报告”。

例题1-35·单选题 货款已经收到，但销售并未实现，则企业当期不确认销售商品收入，这一做法是（　　）。

A. 谨慎性信息质量的要求　　B. 收付实现制基础的要求

C. 可比性信息质量的要求　　D. 权责发生制基础的要求

【答案解析】 D　在权责发生制下，凡是不属于当期的收入和费用，即使款项已在当期收付，也不应当作为当期的收入和费用。

例题 1－36 · 多选题　采用权责发生制基础时，下列业务中不能确认为当期费用的有（　　）。

A. 支付下年的报纸、杂志费　　B. 预提本月短期借款利息

C. 预付下季度房租　　D. 支付上月电费

【答案解析】 ACD　根据权责发生制基础的要求，凡是当期已经实现的收入和已经发生或应当负担的费用，无论款项是否收付，都应当作为当期的收入和费用，计入利润表；凡是不属于当期的收入和费用，即使款项已经在当期收付，也不应当作为当期的收入和费用。

例题 1－37 · 单选题　企业 1 月份发生下列支出：预付全年房屋租金 36 000 元，支付上年第四季度银行借款利息 10 000 元，用现金 1 000 元购买办公用品，计提本月应负担的银行存款利息 5 000 元。按权责发生制确认的 1 月份费用为（　　）。

A. 19 000　　B. 52 000　　C. 9 000　　D. 450 000

【答案解析】 C　按权责发生制确认的 1 月份费用 = 36 000 ÷ 12 + 1 000 + 5 000 = 9 000（元）。

（二）收付实现制

收付实现制（也称"现金制"），是以收到或支付现金作为确认收入和费用的标准，是与权责发生制相对应的一种会计基础。

【举例 1－7】　在收付实现制下，甲企业 2015 年 5 月售出一批商品给乙企业，合同规定乙企业应于当年 8 月支付货款。则甲企业 5 月份没有收到现金，就不确认收入，要等到 8 月份实际收到现金时才确认为 8 月份的收入。

【举例 1－8】　在收付实现制下，甲企业 2015 年 9 月份支付临时租入设备的两个月租金 8 000 元。根据收付实现制的规则，以支付的现金作为确认费用的依据，则所付 8 000 元全部作为 9 月份费用。

【点拨】　请仔细对比学习【举例 1－5】和【举例 1－7】及【举例 1－6】和【举例 1－8】，相同的业务在两种不同的会计核算基础下确认收入、费用的差别。

事业单位会计核算一般采用收付实现制；事业单位部分经济业务或者事项，以及部分事业单位的会计核算采用权责发生制核算的，由财政部在相关会计制度中具体规定。**【选择题/判断题】**

行政单位会计核算一般采用收付实现制，特殊经济业务和事项应当按照相关会计制度的规定采用权责发生制核算。**【选择题/判断题】**

经典例题讲解

例题 1－38 · 判断题　甲企业 201×年 4 月售出商品，7 月份才能收回货款。收付实现制基础下，甲企业 4 月份没有收到现金，就不确认收入。（　　）

【答案解析】 √　表述正确。

例题 1－39·单选题　目前我国的行政事业单位会计采用的会计基础，主要是（　　）。

A. 权责发生制　　　　B. 应收应付制

C. 收付实现制　　　　D. 统收统支制

【答案解析】　C　目前，我国行政事业单位会计核算一般采用收付实现制，特殊或部分经济业务和事项采用权责发生制核算。

第四节　会计信息的使用者及其质量要求

一、会计信息的使用者

会计信息的使用者主要包括投资者、债权人、企业管理者、政府及其相关部门和社会公众等。

【思考】　会计信息的使用者主要包括哪些？**【多选题】**

【提示】　不同会计信息使用者关注的角度是不同的：如投资者关心企业的盈利能力和发展能力；债权人关心企业的偿债能力和财务风险；政府及其相关部门关心经济资源分配的公平合理等。

经典例题讲解

例题 1－40·多选题　下列各项中，属于会计信息使用者的有（　　）。

A. 投资者　　　　B. 债权人

C. 企业管理者　　　　D. 政府及其相关部门

【答案解析】　ABCD　四个选项表述都正确。

例题 1－41·判断题　企业投资者关心企业的盈利能力和发展能力，他们需要借助会计信息等相关信息来决定是否调整投资、更换管理层和加强企业的内部控制等。（　　）

【答案解析】　√　表述正确。

二、会计信息的质量要求

会计信息质量要求是对企业财务会计报告中所提供高质量会计信息的基本规范，是使财务会计报告中所提供会计信息对投资者等使用者决策有用应具备的基本特征，主要包括可靠性、相关性、可理解性、可比性、实质重于形式、重要性、谨慎性和及时性等。

【点拨 1】　要知道有哪八个会计信息质量要求？**【选择题】**和会计基础、会计基本假设要会区分。

【点拨 2】　对于八个具体的会计信息质量要求，建议从含义、经典例题着手掌握，有些比较抽象，要理解。这个考点非常重要。**【选择题/判断题】**

【提示】 在八个会计信息质量要求中，相对比较重要的是可靠性、可比性、实质重于形式、谨慎性、重要性，注意把握。

（一）可靠性

可靠性要求企业应当以实际发生的交易或者事项为依据进行确认、计量和报告，如实反映符合确认和计量要求的各项会计要素及其他相关信息，保证会计信息真实可靠、内容完整。主要包括三层含义：

（1）以实际发生的交易或者事项为依据进行会计确认、计量和报告（客观性）。

（2）在符合重要性和成本效益原则的前提下，保证会计信息的完整性（完整性）。

（3）在财务报告中列示的会计信息应当是中立的，无偏的（中立性）。

【技巧】 可靠性 = 客观性 + 完整性 + 中立性【多选题】

（二）相关性

相关性要求企业提供的会计信息应当与财务会计报告使用者的经济决策需要相关，有助于财务会计报告使用者对企业过去和现在的情况做出评价，对未来的情况做出预测。

【提示】 可靠性和相关性是统一的，并不矛盾，相关性以可靠性为基础和前提。【判断题】

（三）可理解性

可理解性要求企业提供的会计信息应当清晰明了，便于财务会计报告使用者理解和使用。

【提示】 强调可理解性要求的同时，应假定使用者具有一定的有关企业经营活动和会计方面的知识，并且愿意付出努力去研究这些信息。

（四）可比性

可比性要求企业提供的会计信息应当相互可比。主要包括两层含义：

（1）同一企业不同时期可比（纵向可比）：要求同一企业不同时期发生的相同或者相似的交易或者事项，应当采用一致的会计政策，不得随意变更。但是，满足下列条件之一的，企业可以变更会计政策：①法律、行政法规或者国家统一的会计制度等要求变更；②会计政策变更后能够提供更可靠、更相关的会计信息。

（2）不同企业相同会计期间可比（横向可比）：不同企业同一会计期间发生的相同或者相似的交易或者事项，应当采用统一规定的会计政策，确保会计信息口径一致、相互可比。

【点拨】 关于会计政策变更的原则要把握：是“不得随意变更”，不是“不得变更”。【判断题】

（五）实质重于形式

实质重于形式要求企业应当按照交易或者事项的经济实质进行会计确认、计量和报告，不应仅以交易或者事项的法律形式为依据。

【举例1－9】“实质重于形式”要求的典型应用：融资租赁的会计处理（以融资租赁方式租入的资产视为企业的自有资产）、售后回购的会计处理（法律形式上实现了收入，实质上企业并没有将商品所有权上的主要风险和报酬转移给购货方，没有满足收入确认的各项条件，

不应当确认销售收入)。【单选题】

（六）重要性

重要性要求企业提供的会计信息应当反映与企业财务状况、经营成果和现金流量有关的所有重要交易或者事项。

【思考】 如何判断重要性？如果财务会计报告提供的会计信息的省略或者错报会影响投资者等使用者据此做出决策的，该信息就具有重要性（衡量信息是否具有重要性，关键看其是否导致决策上的差别，如果有差别则视为具有重要性）。一般从项目的性质和金额大小两方面加以判断。【判断题】

（七）谨慎性

谨慎性要求企业对交易或者事项进行会计确认、计量和报告时保持应有的谨慎，不应高估资产或者收益、低估负债或者费用。

【提示】 谨慎性的应用不允许企业设置秘密准备，如果企业故意低估资产或者收益，或者故意高估负债或者费用，会损害会计信息的质量，这是不符合会计准则要求的（即谨慎性要求不应高估资产或者收益、低估负债或者费用，但并不意味着要低估资产或者收益、高估负债或者费用)。【判断题】

【举例1-10】 “谨慎性”要求的典型应用：各类资产减值准备的计提、固定资产加速折旧法的应用、预计负债的确认。【单选题】

（八）及时性

及时性要求企业对于已经发生的交易或者事项，应当及时进行确认、计量和报告，不得提前或者延后。

【解释】 及时性主要有以下要求：及时收集会计信息、及时处理会计信息、及时传递会计信息。

经典例题讲解

例题1-42·多选题 下列各项中，属于会计信息质量要求的有（ ）。

A. 会计分期 B. 实质重于形式 C. 货币计量 D. 重要性

【答案解析】 BD 会计信息质量要求主要包括可靠性、相关性、可理解性、可比性、实质重于形式、重要性、谨慎性和及时性等。AC属于会计基本假设。

例题1-43·多选题 下列各项中，反映了可靠性会计信息质量要求的是（ ）。

A. 以实际发生的交易或者事项为根据进行确认、计量

B. 在符合重要性和成本效益原则的前提下，保证会计信息的完整性

C. 在财务报告中的会计信息应当是真实、完整的

D. 各类企业执行的会计政策应当统一，便于比较

【答案解析】 ABC 可靠性要求企业以实际发生的交易或者事项为依据进行确认、计量和

报告，如实反映符合确认和计量要求的各项会计要素及其他相关信息，保证会计信息真实可靠、内容完整，“可靠性 = 客观性 + 完整性 + 中立性”。选项 D 是可比性要求。

例题 1 – 44 · 单选题 企业将采用融资租赁方式租入的固定资产作为自有资产入账，主要体现的信息质量要求是（　　）。

A. 谨慎性　　B. 实质重于形式　　C. 可靠性　　D. 及时性

【答案解析】 B 融资租入的固定资产视同自有固定资产管理体现的是“实质重于形式”要求。

例题 1 – 45 · 单选题 企业为应收账款计提坏账准备，主要体现的会计信息质量要求是（　　）。

A. 重要性　　B. 谨慎性　　C. 可比性　　D. 可靠性

【答案解析】 B 企业各类资产减值准备的计提（包括应收账款坏账准备的计提），体现了谨慎性的会计信息质量要求。

例题 1 – 46 · 判断题 有助于财务报告使用者对企业过去、现在或者未来的情况做出评价或者预测的会计信息，符合相关性的会计信息质量要求。（　　）

【答案解析】 √ 表述正确。相关性要求企业提供的会计信息应当与财务会计报告使用者的经济决策需要相关，有助于财务会计报告使用者对企业过去和现在的情况做出评价，对未来的情况做出预测。

例题 1 – 47 · 判断题 不会对会计信息使用者的判断和决策产生误导的前提下，企业对财务报告中不重要的会计信息进行省略，充分体现了重要性信息质量的要求。（　　）

【答案解析】 √ 表述正确。

例题 1 – 48 · 多选题 下列各项中，属于会计信息质量的可比性要求的有（　　）。

A. 同一企业不同时期可比　　B. 不同企业相同会计期间可比

C. 不同企业不同会计期间可比　　D. 不同企业相同经济业务可比

【答案解析】 AB 可比性要求企业提供的会计信息应当相互可比，保证同一企业不同时期可比、不同企业相同会计期间可比。

第五节 | 会计准则体系

一、会计准则的构成

会计准则是反映经济活动、确认产权关系、规范收益分配的会计技术标准，是生成和提供会计信息的重要依据，也是政府调控经济活动、规范经济秩序和开展国际经济交往等的重要手段。

我国已颁布的会计准则有《企业会计准则》、《小企业会计准则》和《事业单位会计准则》。

【点拨】 注意会计准则的概念和作用。**【多选题】** 我国已颁布的会计准则有哪些？**【多选题】** 注意没有《行政单位会计准则》。

二、企业会计准则

我国的企业会计准则体系包括基本准则、具体准则、应用指南和解释公告等。2006 年 2 月 15 日，财政部发布了《企业会计准则》，自 2007 年 1 月 1 日起在上市公司范围内施行，并鼓励其他企业执行。

【点拨】 注意我国的企业会计准则体系的组成部分以及两个时间点。**【多选题】**

（1）基本准则：是企业进行会计核算工作必须遵守的基本要求，是制定具体准则、会计准则应用指南、会计准则解释的依据。主要包括：①财务会计报告目标；②会计基本假设；③会计基础；④会计信息质量要求；⑤会计要素分类及其确认、计量原则；⑥财务会计报告。

【点拨】 哪个内容在《基本准则》中规范需要考生掌握。**【选择题/判断题】** 是不是和本课程第一章、第二章所学的内容比较相近？

（2）具体准则。根据基本准则的要求，主要就各项具体业务事项的确认、计量和报告做出的规定，分为一般业务准则（如存货、固定资产、无形资产、长期股权投资、收入、所得税、投资性房地产、职工薪酬、金融工具确认与计量等准则）、特殊业务准则和报告类准则。

【提示】 具体准则规范的内容与基本准则中的内容要会区分。如职工薪酬、金融工具确认与计量等具体业务事项都在具体准则中规定。非常重要。**【选择题/判断题】**

（3）会计准则应用指南：根据基本准则、具体准则制定的，用以指导会计实务的操作性指南。

（4）企业会计准则解释：主要针对企业会计准则实施中遇到的问题做出的相关解释。

三、小企业会计准则

2011 年 10 月 18 日，财政部发布了《小企业会计准则》，要求符合适用条件的小企业自 2013 年 1 月 1 日起执行，并鼓励提前执行。《小企业会计准则》一般适用于在我国境内依法设立、经济规模较小的企业，具体标准参见《小企业会计准则》和《中小企业划型标准规定》。

【点拨】 注意我国《小企业会计准则》相关的两个时间点。**【单选题】**

《小企业会计准则》与《企业会计准则》主要会计处理对比如下：

（一）总区别

（1）简化核算要求。在会计计量方面，要求小企业采用历史成本计量；在财务报告方面，不要求提供所有者权益变动表。

（2）满足税收征管信息需求与有助于银行提供信贷相结合。以税务部门和银行作为小企业外部财务报告信息的主要使用者，基于这两者的信息需求确定会计核算的基本原则；减少了职业判断的内容，消除了小企业会计与税法的大部分差异。

（3）和《企业会计准则》合理分工与有序衔接相结合。对于小企业非经常性发生的、甚至基本不可能发生的交易或事项，一旦发生，可以参照《企业会计准则》的规定执行；规定了转为执行《企业会计准则》应满足的条件和基本衔接原则。

（二）分项区别

1. 存货

（1）存货跌价准备的处理不同。在《企业会计准则》下，资产负债表日，企业根据存货准则确定存货发生减值的，按存货可变现净值低于成本的差额，借记“资产减值损失”科目，贷记“存货跌价准备”科目；在《小企业会计准则》下，不计提存货跌价准备。

（2）投资者投入存货成本的初始计量不同。在《企业会计准则》下，投资者投入存货的成本，应当按照投资合同或协议约定的价值确定，但合同或协议约定价值不公允的除外；在《小企业会计准则》下，应当按照评估价值确定。

（3）盘盈存货的处理不同。在《企业会计准则》下，盘盈存货实现的收益应当冲减管理费用；在《小企业会计准则》下，应计入营业外收入。

2. 金融资产投资

（1）分类不同。在《企业会计准则》下，将金融资产划分为交易性金融资产、可供出售金融资产、持有至到期投资、贷款和应收款项、长期股权投资；在《小企业会计准则》下，将金融资产划分为短期投资、长期债券投资和长期股权投资。

（2）计量属性选择不同。在《企业会计准则》下，交易性金融资产、可供出售金融资产采用公允价值进行后续计量；持有至到期投资、贷款和应收款项采用历史成本（摊余成本）与未来现金流量现值孰低计量；长期股权投资需要区分权益法和成本法，采用账面价值与可收回金额孰低计量；在《小企业会计准则》下，均采用历史成本计量。

（3）减值处理不同。在《企业会计准则》下，除交易性金融资产外，其他金融资产均需要计提减值准备，除长期股权投资外，减值准备均可转回；在《小企业会计准则》下，发生损失时直接冲减资产，不计提减值准备。

（4）投资收益确认不同。在《企业会计准则》下，持有期间投资收益需要根据具体准则确定（主要采用实际利率法）；在《小企业会计准则》下，一般情况下，持有期间投资收益等于应收股利、应收利息，但对于存在折溢价的债券投资、债券的折价或者溢价在存续期间按直线法摊销时，摊销的金额也计入投资收益。

3. 固定资产

（1）投资者投入固定资产成本的初始计量不同。在《企业会计准则》下，投资者投入固定资产的成本，应当按照投资合同或协议约定的价值确定，但合同或协议约定价值不公允的除外；在《小企业会计准则》下，应当按照评估价值和相关税费确定。

（2）减值处理不同。在《企业会计准则》下，均需要计提减值，减值不得转回；在《小企业会计准则》下，发生损失时直接冲减资产，不计提减值准备。

4. 无形资产

（1）减值处理不同。在《企业会计准则》下，均需要计提减值，减值不得转回；在《小企业会计准则》下，发生损失时直接冲减资产，不计提减值准备。

（2）摊销方法不同。在《企业会计准则》下，摊销方法应根据资产经济利益的预期实现方式确定，使用寿命不确定的无形资产不进行摊销；在《小企业会计准则》下，全部采用直线法摊销。

（3）对于不能可靠估计使用寿命的无形资产的处理不同。在《企业会计准则》下，对于该类无形资产，可以不摊销，但需每期进行减值测试；在《小企业会计准则》下，对于该类无形资产，要按照不短于10年的期限进行摊销。

5. 借款

在《企业会计准则》下，利息费用根据实际利率和摊余成本确定；在《小企业会计准则》下，长期借款应当按照借款本金和借款合同利率按期计提利息费用。

6. 收入

在《企业会计准则》下，收入确认时更关注风险报酬是否转移；在《小企业会计准则》下，收入确认时更加关注收到货款或取得收款权利。

7. 所得税费用

在《企业会计准则》下，采用资产负债表债务法，需要确认递延所得税费用；在《小企业会计准则》下，采用应付税款法，不需要确认递延所得税费用。

【点拨】 未特别说明，本课程内容以《企业会计准则》为会计处理的依据。对于《小企业会计准则》和《企业会计准则》的区别要了解。建议本课程第五章结束后再来看本部分内容，考试时有相关题目。**【选择题/判断题】** 特别关注上述分项区别中的第2项金融资产投资、第8项所得税费用及总区别中的第1项简化核算要求（采用历史成本计量、不要求提供所有者权益变动表）。

四、事业单位会计准则

2012年12月6日，财政部修订发布了《事业单位会计准则》，自2013年1月1日起在各级各类事业单位施行。该准则对我国事业单位的会计工作予以规范，共九章。

【补充1】 《事业单位会计准则》将事业单位会计要素划分为资产、负债、净资产、收入、支出（或费用）五类（注意和企业中会计要素的划分是不一样的，没有“利润”要素）。非常重要。**【多选题】**

【补充2】 《事业单位会计准则》要求事业单位采用收付实现制进行会计核算，部分另有规定的经济业务或事项才能采用权责发生制核算。

【补充3】 《事业单位会计准则》要求事业单位的会计报表至少包括资产负债表、收入支出表（或收入费用表）和财政补助收入支出表。

经典例题讲解

例题1－49·多选题 下列有关会计准则的表述中，正确的有（ ）。

A. 是反映经济活动、确认产权、规范收益分配的会计技术标准

B. 是政府调控经济活动、规范经济秩序的重要手段

C. 是生成和提供会计信息的重要依据

D. 是政府从事国际经济交往等的重要手段

【答案解析】 ABCD 四个选项的说法都正确。

例题1－50·判断题 我国的企业会计准则体系包括基本准则、具体准则。（ ）

【答案解析】 × 我国的企业会计准则体系包括基本准则、具体准则、应用指南和解释公告等。

例题1－51·多选题 下列各项中，属于《企业会计准则》中基本准则规范的内容有（　　）。

A. 会计基本假设　　B. 会计信息质量要求

C. 金融工具的确认和计量　　D. 会计要素及其确认标准

【答案解析】 ABD 基本准则规范的内容主要包括：财务会计报告目标；会计基本假设；会计基础；会计信息质量要求；会计要素分类及其确认、计量原则；财务会计报告。C属于具体准则规范的内容。

例题1－52·判断题 小企业进行长期债券投资过程中，发生的折价或溢价金额，应采用实际利率摊销法核算。（　　）

【答案解析】 × 《小企业会计准则》规定，债券的折价或者溢价在债券存续期间内于确认相关债券利息收入时采用直线法进行摊销。

例题1－53·单选题 根据《小企业会计准则》的要求，下列不属于小企业对外投资划分的类别是（　　）。

A. 长期股权投资　B. 短期股权投资　C. 交易性金融资产　D. 长期债权投资

【答案解析】 C 在《小企业会计准则》下，将金融资产划分为短期投资、长期债券投资和长期股权投资。

例题1－54·多选题 下列各项中，属于事业单位会计要素的有（　　）。

A. 收入　B. 负债　C. 净资产　D. 资产

【答案解析】 ABCD 《事业单位会计准则》将事业单位会计要素划分为资产、负债、净资产、收入、支出（或费用）五类。

例题1－55·单选题 应编制股东权益变动表的企业或单位是（　　）。

A. 执行《企业会计准则》的一般企业　　B. 行政单位

C. 执行《小企业会计准则》的小企业　　D. 事业单位

【答案解析】 A 执行《小企业会计准则》的小企业、行政单位、事业单位都不要求编制股东权益变动表。

随章同步练习

一、单项选择题

1. 下列各项中，属于会计主要计量单位的是（　　）。

A. 货币　B. 实物　C. 劳动量　D. 价值

2. 下列关于会计的表述中，不正确的是（　　）。

A. 会计的主要工作是核算和监督　　B. 会计是一项经济管理活动

C. 会计对象是特定主体的特定经济活动　　D. 货币是唯一的计量单位

3. 会计是以货币作为主要计量单位，反映和监督一个单位经济活动的一种（　　）。

A. 方法　B. 手段　C. 信息工具　D. 经济管理工作

4. 下列各项中，属于近代会计产生的标志是（　　）。

A. 司会的设立

B. 英国工业革命的兴起

C.《证券法》和《证券交易法》的颁布

D. 复式记账法的产生和“簿记论”的问世

5. 资金的循环与周转过程不包括（　　）。

A. 销售过程　　B. 生产过程　　C. 供应过程　　D. 分配过程

6. 资金运动过程中，资金形态也相应发生变化，经历了①生产资金、②货币资金、③储备资金、④产品资金等过程。下列各项中，正确反映资金形态变化顺序的是（　　）。

A. ③②①④②　　B. ②③①④②

C. ①②③④②　　D. ⑤②③①④

7. 下列关于企业资金运用的表述中，正确的是（　　）。

A. 企业的资金运用就是从货币资金开始转化为储备资金的过程

B. 企业的资金运用就是从货币资金开始依次转化为储备资金、生产资金的过程

C. 企业的资金运用是指资金投入企业后，在供应、生产和销售环节不断循环和周转

D. 企业的资金运用就是从货币资金开始依次转化为储备资金、生产资金、产品资金的过程

8. 企业以银行存款对外投资所表现出的资金运动形式是（　　）。

A. 资金投入　　B. 资金退出　　C. 资金未发生运动　　D. 资金运用

9. 下列各项中，属于以货币为主要计量单位，对特定主体的经济活动进行确认、计量和报告这一职能的是（　　）。

A. 会计控制职能　　B. 会计核算职能

C. 会计预测职能　　D. 会计监督职能

10. 企业收到某公司支付的款项 10 万元，其中 6 万元为已经实现的销售，4 万元为预收账款，会计人员确认预收账款为 4 万元而不是 10 万元，这个确定具体金额的过程是（　　）。

A. 会计确认　　B. 会计报告　　C. 会计记录　　D. 会计计量

11. 企业用现金购买办公用品，会计人员认为办公用品是用于总经理日常办公，故将该项支出作为管理费用处理。关于上述过程，表述正确的是（　　）。

A. 该项处理属于会计计量　　B. 该项处理属于会计确认

C. 该项处理属于会计记录　　D. 该项处理属于会计报告

12. 下列各项中，不属于会计核算具体内容的是（　　）。

A. 会计计划的制订　　B. 财务成果的核算

C. 收入的计算　　D. 资产的增减

13. 下列会计基本假设中，确立了会计核算空间范围的是（　　）。

A. 会计主体假设　　B. 持续经营假设

C. 会计分期假设　　D. 货币计量假设

14.（　　）是会计工作为之服务的特定单位。

A. 会计要素　　B. 会计对象　　C. 会计主体　　D. 会计科目

15.（　　）假设的目的是为了分期结算账目和编制财务报告。

A. 会计主体　　B. 会计分期　　C. 货币计量　　D. 持续经营

16. 下列各项中，属于境外设立的中国企业向国内报送财务会计报告应当采用的货币是（　　）。

A. 美元　　B. 欧元　　C. 人民币　　D. 所在国货币

17. 会计的基本假设包括会计主体、（　　）、会计分期和货币计量。

A. 权责发生制　　B. 公允价值　　C. 历史成本　　D. 持续经营

18. 下列关于权责发生制的表述中，不正确的是（　　）。

A. 权责发生制是以收入和费用是否归属本期为标准来确认本期的收入和费用的一种方法

B. 权责发生制要求，凡是不属于当期的收入和费用，即使款项已在当期收付，也不作为当期的收入和费用

C. 权责发生制要求，凡是本期收到的收入和付出的费用，不论是否属于本期，都应作为本期的收入和费用

D. 权责发生制要求，凡是当期已经实现的收入和已经发生或应当负担的费用，不论款项是否收付，都应当作为当期的收入和费用

19. 甲企业于201×年8月临时租入一套设备用于生产产品，9月份支付8、9、10三个月租金共计90 000元，对该项租金支出正确的处理是（　　）。

A. 全额计入8月份的制造成本

B. 全额计入10月份的制造成本

C. 全额计入9月份的制造成本

D. 按一定的方法分摊计入8、9、10月份的制造成本

20. 下列有关企业会计基础的表述中，错误的是（　　）。

A. 权责发生制的会计基础，在企业会计核算中发挥了统驭作用

B. 凡不属于当期的费用，即使款项已在当期支付，也不作为当期的费用计入利润表

C. 收付实现制的会计基础，是企业会计核算的根本

D. 凡不属于当期的收入，即使款项已以当期收取，也不作为当期的收入计入利润表

21. 下列各项中，要求企业应当按照交易或者事项的经济实质进行会计确认、计量和报告的会计信息质量要求是（　　）。

A. 可比性　　B. 及时性　　C. 重要性　　D. 实质重于形式

22. 下列各项中，要求企业提供的会计信息应当反映与企业财务状况、经营成果和现金流量有关的所有重要交易或者事项的会计信息质量要求是（　　）。

A. 可比性　　B. 及时性　　C. 重要性　　D. 可理解性

23. 下列各项中，不属于《企业会计准则》中具体准则规范的会计处理内容的是（　　）。

A. 长期股权投资　　B. 会计计量属性与运用原则

C. 投资性房地产　　D. 存货

24. 根据《小企业会计准则》的规定，小企业编制的财务报表可以不包括（　　）。

A. 资产负债表　　B. 利润表　　C. 股东权益变动表　　D. 现金流量表

25. 下列各项中，属于《企业会计准则》和《小企业会计准则》区别的是（　　）。

A. 会计基础不同　　B. 会计假设不同

C. 会计信息质量要求不同　　D. 会计科目设置不同

二、多项选择题

1. 下列各项中，属于资金投入的有（　　）。
A. 本企业收到张三投入的资金 10 万元　B. 企业向投资者分配现金股利 10 万元
C. 企业向银行借入三年期借款 50 万元　D. 企业发行三年期债券 200 万元

2. 下列各项中，属于会计资金运用的有（　　）。
A. 以银行存款购买办公用品　B. 银行存款支付职工薪酬
C. 以银行存款向税务机关缴纳税金　D. 生产产品领用原材料

3.（　　）属于企业资金退出的经济业务。
A. 购买原材料　B. 偿还银行借款
C. 向投资者分配利润　D. 向国家缴纳税金

4. 下列各项中，属于资金运动的具体表现过程有（　　）。
A. 资金的投入　B. 资金的运用　C. 资金的退出　D. 资金的消失

5. 下列各项中，能够反映会计核算职能要求的有（　　）。
A. 对特定主体的经济活动的合法性进行审查
B. 对特定主体的经济活动进行确认
C. 对特定主体的经济活动进行报告
D. 对特定主体的经济活动进行计量

6. 下列各项中，属于会计核算具体内容的有（　　）。
A. 款项和有价证券的收付　B. 财物的收发增减和使用
C. 收入、支出、费用、成本的核算　D. 债权债务的发生和结算

7. 下列各项中，属于会计监督审查主要内容的有（　　）。
A. 经济活动的真实性　B. 经济活动的合法性
C. 经济活动的实用性　D. 经济活动的合理性

8. 下列各项中，属于会计监督中合理性审查的内容有（　　）。
A. 是否符合经营管理方面的要求　B. 是否有利于预算目标的实现
C. 是否符合特定的财务收支计划　D. 是否符合客观经济规律

9. 下列各项中，属于会计核算方法的有（　　）。
A. 复式记账　B. 成本计算　C. 财产清查　D. 编制财务报表

10. 下列关于会计的表述中，正确的有（　　）。
A. 会计的基本职能是对经济活动进行核算和监督
B. 会计是一种经济管理活动
C. 企业法人、非法人单位都可以成为会计主体
D. 会计的主要计量单位是货币

11. 属于企业会计目标的有（　　）。
A. 进行会计核算、实施会计监督
B. 进行财产物资收发、增减和使用
C. 反映企业管理层受托责任履行情况
D. 向财务会计报告使用者提供决策有用的信息

12. 下列各项中，可以视为一个会计主体，但不是法律主体的有（　　）。

A. 营业部　　B. 生产车间　　C. 企业集团　　D. 分公司

13. 下列企业内部部门中，可以作为一个会计主体单独进行核算的有（　　）。

A. 分公司　　B. 营业部　　C. 生产车间　　D. 事业部

14. 下列可以作为企事业单位会计期间的有（　　）。

A. 年度　　B. 季度　　C. 半年度　　D. 月度

15. 下列表述正确的有（　　）。

A. 会计核算过程中采用货币作为主要计量单位

B. 我国企业的会计核算只能以人民币为记账本位币

C. 业务收支以外币为主的单位可以选择某种外币作为记账本位币

D. 在境外设立的中国企业向国内报送的财务报告应当折为人民币

16. 下列说法正确的有（　　）。

A. 会计人员只能核算和监督其所在主体的经济业务，不能核算和监督其他主体的经济业务

B. 会计主体可以是企业中的一个特定部分，也可以是几个企业组成的企业集团

C. 会计主体一定是法律主体

D. 会计主体假设界定了从事会计工作和提供会计信息的空间范围

17. 根据权责发生制原则，应计入本期收入和费用的有（　　）。

A. 本期销售商品一批，并已收款

B. 本期预收客户购货款

C. 本期尚未支付的水电费

D. 本期预付下一季度的报刊费

18. 下列各项中，属于会计信息质量要求的有（　　）。

A. 成本效益原则　　B. 可理解性　　C. 相关性　　D. 权责发生制

19. 下列关于会计信息质量的重要性要求表述中，正确的有（　　）。

A. 重要性的应用需要依赖职业判断

B. 交易或事项是否重要仅取决于项目的性质

C. 交易或事项是否重要仅取决于金额的大小

D. 交易或事项是否重要既取决于项目的性质又取决于金额的大小

20. 下列各项中，属于企业在贯彻会计信息质量的可靠性要求时应该做到的有（　　）。

A. 财务会计报告中列示的会计信息应当是中立的，无偏的

B. 以实际发生的交易或者事项为依据进行会计确认、计量和报告

C. 在符合重要性和成本效益原则的前提下，保证会计信息的完整性

D. 财务会计报告中列示的会计信息应当与财务会计报告使用者的经济决策需要相关

21. 下列各项中，属于《企业会计准则》中具体准则规范的会计处理内容的有（　　）。

A. 固定资产　　B. 财务报告的目标　　C. 投资性房地产　　D. 长期股权投资

22. 下列各项中，《小企业会计准则》和《企业会计准则》均规定可以使用的方法有（　　）。

A. 实际利率摊销法　　B. 所得税核算的债务法

C. 计算存货发出成本的先进先出法　　D. 固定资产折旧的年限平均法

23. 下列各项中，属于事业单位会计要素的有（　　）。
A. 所有者权益　B. 收入　C. 负债　D. 净资产

三、判断题

1. 会计是以货币为主要计量单位，核算和监督一个单位经济活动的一种经济管理工作。（　　）

2. 任何单位的资金都要经过资金投入、资金的循环与周转（即运用）和资金退出这样一个运动过程，这个过程不会因为单位所处国家或地区的不同而不同。（　　）

3. 企业以银行存款向国家缴纳税金，可导致资金退出企业。（　　）

4. 以银行存款购买原材料，是资金投入企业的具体表现。（　　）

5. 会计基本职能包括：进行会计核算、预测经济前景、评价未来业绩、实施会计监督。

6. 会计核算职能，是指会计以货币为主要计量单位，对特定主体的经济活动进行确认、计量和报告。（　　）

7. 会计监督职能，是指对特定主体经济活动和相关会计核算的真实性、合法性和合理性进行监督检查。（　　）

8. 会计确认属于会计监督职能运用的特定方法。（　　）

9. 会计监督是一个过程，它分为事前监督、事中监督和事后监督。（　　）

10. 会计基本假设是企业会计确认、计量和报告的前提，是会计核算所处时间、空间环境等所作的合理设定。（　　）

11. 法律主体一定是一个会计主体，但会计主体不一定是法律主体。（　　）

12. 会计主体假设明确界定了从事会计工作和提供会计信息的空间范围。（　　）

13. 企业内部的部门因为不是法律主体，所以不可以作为一个会计主体单独进行核算。（　　）

14. 持续经营只是一个假定，一旦企业进入清算，就应当改按清算会计处理。（　　）

15. 我国规定以日历年度作为企业的会计年度，即从公历 1 月 1 日到 12 月 31 日为一个会计年度。（　　）

16. 我国会计核算以人民币为记账本位币。（　　）

17. 业务收支以人民币以外的货币为主的企业，可以选定某种外币作为记账本位币，编制的财务报告不需要折算为人民币。（　　）

18. 会计基础是指会计确认、计量和报告的基础，包括权责发生制和收付实现制。（　　）

19. 某企业 201×年 6 月份支付租入设备租金 15 万元，租入设备用于当年 7—12 月份的生产过程，则 15 万元租金应计入当年 7—12 月份的制造成本。（　　）

20. 收付实现制下，凡在不属于当期的收入和费用，即使款项已在当期收付，也不应当作为当期的收入和费用。（　　）

21. 在权责发生制下，企业预收的货款不作为企业本期的收入确认。（　　）

22. 权责发生制以收到或支付现金作为确认收入和费用的标准。（　　）

23. 根据可靠性的会计信息质量要求，企业应在符合重要性和成本效益原则的前提下，保证会计信息的完整性。（　　）

24. 在相关的经济利益很可能流出企业，金额能够可靠计量而且构成现时义务时，企业应

当及时确认预计负债，这体现了会计信息质量的谨慎性要求。（　　）

25.《企业会计准则——基本准则》的主要内容有财务会计报告的目标、会计基本假设、会计基础、会计信息质量要求、会计要素分类及其确认标准、会计计量属性与运用原则和财务会计报告要求等。（　　）

26. 企业会计准则的具体准则分别规范了存货、长期股权投资、固定资产、投资性房地产、金融工具确认和计量等的会计处理。（　　）

27. 职工薪酬的会计处理属于《企业会计准则》中具体准则规范的内容。（　　）

28. 由于许多事业单位具有公益性组织的特征，因此在事业单位的会计要素中不设利润要素。（　　）

四、计算分析题

某企业201×年12月发生经济业务如下（不考虑相关税金因素）：

（1）销售产品一批，售价50 000元，按合同规定下月收回货款。

（2）收回客户上月所欠的货款20 000元。

（3）根据销售合同规定收到某客户的购货定金40 000元，款项已存入银行。

（4）以银行存款支付本季度短期借款利息9 000元。

（5）以银行存款支付下一年财产保险费12 000元。

（6）计算确定本月管理部门应负担的设备租金2 000元。

要求：根据上述经济业务内容分别按权责发生制和收付实现制原则计算确定企业本月的收入和费用的金额，填写下表。

不同核算方式下收入与费用的对比表

单位：元

经济业务序号	权责发生制		收付实现制	
	收　入	费　用	收　入	费　用
（1）				
（2）				
（3）				
（4）				
（5）				
（6）				
合　计				

参考答案及解析

一、单项选择题

1. A　会计的主要计量单位是货币。

2. D　货币是会计的主要计量单位，不是唯一的计量单位，故D错，其余三项表述正确。

3. D　会计是以货币为主要计量单位，反映和监督一个单位经济活动的一种经济管理工作。

4. D 近代会计阶段以复式记账法的产生和“簿记论”的问世为标志。

5. D 资金的循环与周转通常包括供应、生产和销售过程三个阶段。

6. B 资金形态在供应、生产、销售等环节依次发生转变，即：货币资金→储备资金→生产资金→产品资金→货币资金。

7. C 企业的资金运用是指企业的资金投入企业后，在供应、生产和销售等环节不断循环与周转。而资金的循环和周转就是从货币资金开始依次转化为储备资金、生产资金、产品资金，最后又回到货币资金的过程。

8. D 以银行存款对外投资属于资金的运用。

9. B 会计核算职能，又称会计反映职能，是指会计以货币为主要计量单位，对特定主体的经济活动进行确认、计量和报告。

10. D “会计计量”是指在确定会计确认中用以描述某一交易或事项的金额的会计程序。

11. B “会计确认”指运用特定会计方法，以文字和金额同时描述某一交易或事项，使其金额反映在特定主体财务报表中的会计程序。

12. A 一般地，只有经济业务事项引起资金增减变化时，才需要进行记录和反映。而会计计划的制订不会引起资金增减变化，不需要进行会计核算。

13. A 会计主体假设明确界定了从事会计工作和提供会计信息的空间范围。

14. C 会计主体是指会计所核算和监督的特定单位或者组织，是会计确认、计量和报告的空间范围。

15. B 会计分期是指将一个会计主体持续经营的生产经营活动划分为一个个连续的、长短相同的期间，以便分期结算账目和编制财务报告。

16. C 在境外设立的中国企业向国内报送的财务报告，应当折算为人民币。

17. D 会计基本假设包括会计主体、持续经营、会计分期和货币计量四项。

18. C 权责发生制基础要求，凡是当期已经实现的收入和已经发生或应当负担的费用，无论款项是否收付，都应当作为当前的收入和费用，计入利润表；凡是不属于当期的收入和费用，即使款项已在当期收付，也不应当作为当期的收入和费用。C选项属于收付实现制的要求。

19. D 企业应当以权责发生制为基础进行会计确认、计量和报告；权责发生制基础要求，凡是当期已经发生或应当负担的费用，无论款项是否收付，都应当作为当前的费用；凡是不属于当期的费用，即使款项已在当期收付，也不应当作为当期的费用。因此，甲企业虽然是在9月份支付了8、9、10三个月的租金，但应当按一定的方法分摊计入8、9、10月份产品的制造成本。

20. C 企业应当以权责发生制为基础进行会计确认、计量和报告。

21. D 实质重于形式要求企业应当按照交易或者事项的经济实质进行会计确认、计量和报告，不应仅以交易或者事项的法律形式为依据。

22. C 重要性要求企业提供的会计信息应当反映与企业财务状况、经营成果和现金流量有关的所有重要交易或者事项。

23. B 会计计量属性与运用原则属于基本准则规范的内容。

24. C 根据《小企业会计准则》的规定，小企业的财务报表至少应当包括下列组成部分：资产负债表、利润表、现金流量表、附注。

25. D 《企业会计准则》和《小企业会计准则》中规定的某些会计科目设置不同。而ABC选项两者没有区别。

二、多项选择题

1. ACD 资金的投入有两条途径。其一是投资者投入（形成所有者权益）、其二是债权人投入（形成债权人权益，简称负债）。A属于投资者投入（形成所有者权益）、C和D属于债权人投入（形成债权人权益，简称负债）。

2. ABD 资金的运用是指企业的资金投入企业后，在供应、生产和销售等环节不断循环与周转。C 属于资金的退出。

3. BCD 资金退出是资金运动的终点，主要包括偿还各项债务，缴纳各项税费，向所有者分配利润等。

4. ABC 资金运动是资金的形态变化和位置移动，通常表现为资金投入、资金的循环与周转（即运用）和资金退出三个过程。

5. BCD 会计核算职能是指会计以货币为主要计量单位，对特定主体的经济活动进行确认、计量和报告。A 属于会计监督职能。

6. ABCD 四个选项都属于会计核算的具体内容。

7. ABD 会计监督职能（又称会计控制职能），是指对特定主体经济活动和相关会计核算的真实性、合法性和合理性进行监督检查。

8. ABCD “合理性审查”是指检查各项收支是否符合客观经济规律及经营管理方面的需要，保证各项财务收支符合特定的财务收支计划，实现预算目标。

9. ABCD 会计核算方法体系由填制和审核会计凭证、设置会计科目和账户、复式记账、登记会计账簿、成本计算、财产清查、编制财务会计报告等专门方法构成。

10. ABCD 四个选项表述都正确。

11. CD 会计目标包括反映企业管理层受托责任履行情况及向财务会计报告使用者提供决策有用的信息。

12. ABCD 四个选项都不是法律主体，但都可以视为一个会计主体。

13. ABCD 会计主体是指会计所核算和监督的特定单位或者组织，是会计确认、计量和报告的空间范围，四个选项都可以作为一个会计主体单独进行核算。

14. ABCD 我国的会计期间分为年度、半年度、季度和月度，其中半年度、季度和月度称为会计中期。

15. ACD 业务收支以人民币以外的货币为主的单位，可以选定其中一种货币作为记账本位币。因此，选项 B 错误，其余三项表述正确。

16. ABD 法律主体必然是一个会计主体，但是会计主体不一定是法律主体，C 错误，其余三项表述正确。

17. AC 权责发生制基础要求，凡是当期已经实现的收入和已经发生或应当负担的费用，无论款项是否收付，都应当作为当前的收入和费用；凡是不属于当期的收入和费用，即使款项已在当期收付，也不应当作为当期的收入和费用。A 应该属于本期的收入、C 应该属于本期的费用（尽管它尚未支付）；而 B 和 D 虽然已经收到或支付了款项，但都不能算是本期的收入和费用。

18. BC 会计信息质量要求主要包括可靠性、相关性、可理解性、可比性、实质重于形式、重要性、谨慎性和及时性等。

19. AD 重要性的应用需要依赖职业判断，企业应当根据其所处环境和实际情况，从项目的性质和金额大小两方面加以判断。

20. ABC D 项属于相关性的要求。

21. ACD B 选项属于基本准则中规范的内容。

22. CD 在《企业会计准则》下，债券投资持有期间投资收益需要根据具体准则确定（主要采用实际利率法），在《小企业会计准则》下，对于存在折溢价的债券投资、债券的折价或者溢价在存续期间按直线法摊销，在《企业会计准则》下所得税核算采用资产负债表债务法，在《小企业会计准则》下所得税核算采用应付税款法，不需要确认递延所得税费。故 AB 的说法错误。

23. BCD 《事业单位会计准则》将事业单位会计要素划分为资产、负债、净资产、收入、支出（或费用）五类。

三、判断题

1. √ 表述正确。

2. √ 表述正确。

3. √ 表述正确。

4. × 以银行存款购买原材料，是资金运用的具体表现。

5. × 会计基本职能包括会计核算和会计监督。

6. √ 表述正确。

7. √ 表述正确。

8. × 会计确认属于会计核算职能运用的特定方法。

9. √ 表述正确。

10. √ 表述正确。

11. √ 表述正确。

12. √ 表述正确。

13. × 企业内部的部门也可以作为一个会计主体单独进行核算。

14. √ 表述正确。

15. √ 表述正确。日历年度就是公历年度。

16. √ 表述正确。

17. × 业务收支以人民币以外的货币为主的单位，可以选定其中一种货币作为记账本位币，但编制的财务报告应当折算为人民币反映。

18. √ 表述正确

19. √ 表述正确。

20. × 收付实现制以收到或支付现金作为确认收入和费用的标准。

21. √ 表述正确。

22. × 权责发生制是指收入、费用的确认应当以收入和费用的实际发生作为确认的标准，合理确认当期损益的一种会计基础；收付实现制是以收到或支付现金作为确认收入和费用的标准，是与权责发生制相对应的一种会计基础。

23. √ 表述正确。

24. √ 表述正确。

25. √ 表述正确。

26. √ 表述正确。

27. √ 表述正确。

28. √ 表述正确。

四、计算分析题

不同核算方式下收入与费用的对比表

单位：元

经济业务序号	权责发生制		收付实现制	
	收　入	费　用	收　入	费　用
(1)	50 000		0	
(2)	0		20 000	
(3)	0		40 000	
(4)		3 000（=9 000÷3）		9 000
(5)		0		12 000
(6)		2 000		0
合　计	50 000	5 000	60 000	21 000

第二章 chapter 2 会计要素与会计等式

课前导语

本章主要针对会计要素、会计等式进行讲解，是第一章学习内容的深化，是学习“专门会计方法”的概念前提，是重点也是难点，特别是对于初学者而言。学习时要在理解的基础上加以必要的记忆，善于总结规律，辅以足够的练习才能达到最佳的学习效果。本章内容大量出现在选择和判断题中，计算分析题不会有。

考试大纲基本要求

熟悉：会计要素的含义与特征

掌握：会计要素的确认条件与构成、常用的会计计量属性、会计等式的表现形式、基本经济业务的类型及其对会计等式的影响

本章框架结构

会计要素与会计等式
- 1. 会计要素（会计要素的含义、分类、确认、计量）
- 2. 会计等式（会计等式的表现形式、经济业务对会计等式的影响）

第一节 会计要素

一、会计要素的含义与分类

（一）会计要素的含义

会计要素是指根据交易或者事项的经济特征所确定的财务会计对象的基本分类。

【解释】会计要素是对会计对象进行的基本分类，是会计核算对象的具体化，是对资金运动第二层次的划分。

【补充】资金运动是对会计核算和监督内容的最高概括，是第一层次，即会计对象。资金运动的第二层次是会计要素，资金运动的第三层次是会计科目（第三章中讲解）。

（二）会计要素的分类

我国《企业会计准则》将会计要素划分为资产、负债、所有者权益、收入、费用和利润六类，其中，前三类属于反映财务状况的会计要素，在资产负债表中列示；后三类属于反映经营成果的会计要素，在利润表中列示。

【解释】“资产、负债和所有者权益”三项会计要素，是资金运动的静态表现，反映企业“特定日期”的财务状况，是资产负债表的基本要素（又称为“静态要素”、“资产负债表要素”）；“收入、费用和利润”三项会计要素，是资金运动的动态表现，反映企业某一“会计期间”的经营成果，是利润表的基本要素（又称为“动态要素”、“利润表要素”）。这些基本分类在会计上都有特定的含义和特征，为会计分类核算提供了基础，也为财务会计报表构筑了基本框架，因而会计要素也可称为会计报表要素。

经典例题讲解

例题 2-1·多选题 依据我国《企业会计准则》，下列六大会计要素的划分正确的有（　　）。

A. 资产、负债、股东权益、收入、费用和利润

B. 资产、负债、所有者权益、收入、费用和利润

C. 资产、负债、净资产、收入、支出和结余

D. 资产、负债、权益、收入、利得和利润

【答案解析】AB 依据我国《企业会计准则》，企业的会计对象共划分为资产、负债、所有者权益、收入、费用和利润六大会计要素。公司的所有者权益又称为股东权益。

例题 2-2·判断题 会计要素为企业财务会计报表构筑了基本框架，因而会计要素也可称为会计报表要素。（　　）

【答案解析】 √ 表述正确。

例题2－3·单选题 下列关于会计要素的表述中，不正确的是（ ）。

A. 会计要素是会计对象的基本分类

B. 会计要素是会计核算对象的具体化

C. 资产、负债和所有者权益称为静态会计要素

D. 收入、成本和利润构成利润表的基本框架

【答案解析】 D 收入、费用和利润是构成利润表的基本框架，也称为动态会计要素。

例题2－4·多选题 下列各项中，属于反映企业财务状况的会计要素有（ ）。

A. 资产 B. 所有者权益 C. 收入 D. 费用

【答案解析】 AB 会计六要素中，资产、负债和所有者权益要素反映企业的财务状况；收入、费用和利润要素反映企业的经营成果。

二、会计要素的确认

（一）资产

1. 资产的含义与特征

【点拨】 资产的含义和特征非常重要。**【各类题型】**

资产是指企业过去的交易或者事项形成的、由企业拥有或控制的、预期会给企业带来经济利益的资源。

资产具有以下特征：

（1）资产是由企业过去的交易或事项形成的。只有过去的交易或事项才能产生资产，企业预期在未来发生的交易或者事项不形成资产。

【举例2－1】 企业5月份与销售方签订了购销合同，计划在9月份购买一批机器设备，则企业不能在5月份将该批设备确认为资产，而应在9月购买之后将这些设备确认为企业的资产，因为相关的交易或事项是在9月份发生，而不是5月份。

（2）资产是企业拥有或者控制的资源。资产作为一项资源，应当由企业拥有或者控制，具体是指企业享有某项资源的所有权，或者虽然不享有某项资源的所有权，但该资源能被企业所控制。

【举例2－2】 融资租入的固定资产作为企业自有资产管理（由企业“控制”）；经营性租入的资产不是企业的资产（不由企业“拥有或者控制”）；临时性出租给别人的资产是企业的资产（由企业“拥有”）。**【选择题】**

（3）资产预期会给企业带来经济利益。资产预期会给企业带来经济利益，是指资产直接或间接导致现金或者现金等价物流入企业的潜力。

【解释】 如果某一资源预期不能给企业带来经济资源，那么就不能将其确认为企业的资产。如待处理财产损失、不能继续使用的变质或毁损材料以及某些财务挂账等，由于不符合资产定义，均不应当确认为资产。**【选择题/判断题】**

2. 资产的确认条件

将一项资源确认为资产，需要符合资产的定义，还应同时满足以下两个条件：

（1）与该资源有关的经济利益很可能流入企业。

【提示】 资产的确认应与经济利益流入企业的不确定程度判断结合起来——经济利益“很可能”流入企业。

（2）该资源的成本或者价值能够可靠地计量。

【提示】 只有当有关资源的成本或者价值能够可靠地计量，资产才能予以确认——“可计量性是所有会计要素确认的重要前提”。

【点拨】 注意不要将资产的三个特征与两项确认条件混淆起来。【多选题】

3. 资产的分类

资产按流动性进行分类，可以分为流动资产和非流动资产。【多选题】

（1）流动资产是指预计在一个正常营业周期中变现、出售或耗用，或者主要为交易目的而持有，或者预计在资产负债表日起一年内（含一年）变现的资产，以及自资产负债表日起一年内交换其他资产或清偿负债的能力不受限制的现金或现金等价物。

【解释】 一个正常营业周期是指企业从购买用于加工的资产起至实现现金或现金等价物的期间。正常营业周期通常短于一年，在一年内有几个营业周期。但是，也存在正常营业周期长于一年的情况，在这种情况下，与生产循环相关的产成品、应收账款、原材料尽管是超过一年才变现、出售或耗用，仍应作为流动资产。当正常营业周期不能确定时，应当以一年（12个月）作为正常营业周期。即一个正常营业周期可能短于一年，也可能长于一年。【判断题】

【提示】 流动资产主要包括货币资金（库存现金、银行存款、其他货币资金）、交易性金融资产、应收账款、预付账款、应收股利、应收利息、其他应收款、存货等。结合第十章报表项目一并掌握，非常重要。【多选题】

（2）非流动资产是指流动资产以外的资产。

【提示】 非流动资产主要包括长期股权投资、固定资产、无形资产、长期待摊费用等。结合第十章报表项目一并掌握，非常重要。【多选题】

【链接】 什么是其他货币资金、应收及预付款项、存货等，在第五章有讲解，可以提前翻阅学习。

（二）负债

1. 负债的含义与特征

【点拨】 负债的含义和特征非常重要。【各类题型】

负债是指企业过去的交易或者事项形成的，预期会导致经济利益流出企业的现时义务。

负债具有以下特征：

（1）负债是由企业过去的交易或者事项形成的。未来发生的交易或者事项形成的义务（如企业在未来发生的承诺、签订的购买合同等），不属于现时义务，不应当确认为负债。

【举例 2－3】 6月份，企业拟于3个月后购入设备一台，设备价款10万元，6月份不能将应付的10万元作为企业负债。

（2）负债是企业承担的现时义务。现时义务是指企业在现行条件下已承担的义务。这是负债的一个基本特征。

【点拨】 负债不是“潜在义务”，而是“现时义务”。【选择题/判断题】

（3）负债预期会导致经济利益流出企业。这也是负债的一个本质特征。

2. 负债的确认条件

将一项现时义务确认为负债，需要符合负债的定义，还应当同时满足以下两个条件：

（1）与该义务有关的经济利益“很可能”流出企业。

（2）未来流出的经济利益的金额能够可靠地计量。

【点拨】注意不要将负债的三个特征与两项确认条件混淆起来。【多选题】

3. 负债的分类

按偿还期限的长短，一般将负债分为流动负债和非流动负债。【多选题】

（1）流动负债是指预计在一个正常营业周期中偿还，或者主要为交易目的而持有，或者自资产负债表日起一年内（含一年）到期应予以清偿，或者企业无权自主地将清偿推迟至资产负债表日以后一年以上的负债。

【解释】此处的“正常营业周期”的界定与流动资产定义中涉及的“正常营业周期”的界定相一致。

【提示】流动负债主要包括短期借款、应付票据、应付账款、预收账款、应付职工薪酬、应交税费、应付利息、应付股利、其他应付款等。结合第十章报表项目一并掌握，非常重要。【多选题】

（2）非流动负债是指流动负债以外的负债。

【提示】非流动负债主要包括长期借款、应付债券、长期应付款、专项应付款等。结合第十章报表项目一并掌握，非常重要。【多选题】特别小心“应付债券”是非流动负债（我国的债券基本上是中长期的）。

【链接】什么是短期借款、应付及预收款项、应付职工薪酬、应交税费、长期借款等，在第五章有讲解，可以提前翻阅学习。

（三）所有者权益

1. 所有者权益的含义及特征

所有者权益是指企业资产扣除负债后由所有者享有的剩余权益。公司的所有者权益又称为股东权益。所有者权益具有以下特征：

（1）除非发生减资、清算或分派现金股利，企业不需要偿还所有者权益。

（2）企业清算时，只有在清偿所有的负债后，所有者权益才返还给所有者。

（3）所有者凭借所有者权益能够参与企业利润的分配。

【解释】为什么称为“剩余权益”？可以这样理解：在企业清算时，资产要先清偿债务（债权人），有剩余才会分配给投资者（所有者）。因此，所有者权益是所有者对企业资产的剩余索取权，是企业资产中扣除债权人权益后应由所有者享有的部分，即企业全部资产减去全部负债后的余额。它表明企业归谁所有。

【点拨】注意所有者权益的含义及三个特征。【多选题/判断题】

2. 所有者权益的确认条件

所有者权益的确认、计量主要取决于资产、负债、收入、费用等其他会计要素的确认和计量。所有者权益在数量上等于企业资产总额扣除债权人权益后的净额，即为企业的净资产，反映所有者（股东）在企业资产中享有的经济利益。

【提示】所有者权益在数量上等于净资产（资产－负债）。

3. 所有者权益的分类

所有者权益的来源包括：所有者投入的资本、直接计入所有者权益的利得和损失、留存收益。**【多选题】**

所有者权益具体表现为四个（报表）项目：实收资本（股份制企业叫“股本”）、资本公积（含资本溢价或股本溢价、其他资本公积等）、盈余公积和未分配利润。**【多选题】**

（1）所有者投入的资本是指所有者投入企业的资本部分，它既包括构成企业注册资本（实收资本）或者股本部分的金额，也包括投入资本超过注册资本或者股本部分的金额，即资本溢价或者股本溢价，这部分投入资本在我国企业会计准则体系中被计入了资本公积，并在资产负债表中的资本公积项目反映。

（2）直接计入所有者权益的利得和损失，是指不应计入当期损益、会导致所有者权益发生增减变动的、与所有者投入资本或者向所有者分配利润无关的利得或者损失。

（3）留存收益是盈余公积和未分配利润的统称。**【多选题】**

【思考】 在三个来源和四个具体表现（报表项目）之间是什么关系？所有者投入的资本形成实收资本（或股本）和资本公积（资本溢价或股本溢价）；直接计入所有者权益的利得和损失会形成资本公积（一般是其他资本公积）；留存收益是指企业实现的净利润留存于企业的部分，包括盈余公积和未分配利润。

【解释1】 什么是利得？利得是指由企业非日常活动所形成的、会导致所有者权益增加的、与所有者投入资本无关的经济利益的流入；利得又分为：直接计入所有者权益的利得（一般是资本公积——其他资本公积）、直接计入当期利润的利得（主要是营业外收入）。注意和收入要素相区别。**【判断题】**

【解释2】 什么是损失？损失是指由企业非日常活动所形成的、会导致所有者权益减少的、与向所有者分配利润无关的经济利益的流出；损失又分为：直接计入所有者权益的损失（一般是资本公积——其他资本公积）、直接计入当期利润的损失（主要是营业外支出）。注意和费用要素相区别。**【判断题】**

【链接】 具体什么是实收资本、资本公积、盈余公积、未分配利润等，在第五章有讲解，可以提前翻阅学习。

（四）收入

1. 收入的含义与特征

收入是指企业在日常活动中形成的、会导致所有者权益增加的、与所有者投入资本无关的经济利益的总流入。

【解释】 日常活动是指企业为完成其经营目标所从事的经常性活动以及与之相关的活动，包括主营业务收入和其他业务收入。如工业企业制造并销售产品、商业企业销售商品、咨询公司提供咨询服务等，均属于企业的日常活动。

收入具有以下特征：

（1）收入是企业在日常活动中形成的。

【提示】 明确界定日常活动是为了将“收入”与“利得”相区分，因为企业非日常活动所形成的经济利益的流入不能确认为“收入”，而应当计入“利得”。

【举例2-4】 收入：销售商品、出租无形资产和固定资产（转让使用权）、销售材料、提供劳务收入等。非常重要。

【举例 2－5】 利得：接受捐赠、固定资产和无形资产等非流动资产的处置净收益、罚款收益。非常重要。和收入要区分。**【选择题/判断题】**

【提示】 无形资产出租（转让使用权）——属于收入（属于日常活动）；处置无形资产（转让所有权）——属于利得或损失（属于非日常活动），固定资产等非流动资产也如此。

（2）收入会导致所有者权益的增加。

【提示】 企业为第三方或者客户代收的款项，例如增值税、代收利息等，不属于企业的收入，而应该确认为企业的一项负债。

（3）收入是与所有者投入资本无关的经济利益总流入。

【提示】 收入的发生会导致资产的增加或者负债的减少（最终也会导致资产的增加）。**【多选题】**

2. 收入的确认条件

收入的确认除了应当符合定义外，至少应当符合以下条件：

（1）与收入相关的经济利益应当很可能流入企业。

（2）经济利益流入企业的结果会导致资产的增加或者负债的减少。

（3）经济利益的流入额能够可靠计量。

3. 收入的分类

（1）收入按企业从事日常活动在企业的重要性不同，分为主营业务收入、其他业务收入。主营业务收入是由企业的主营业务所带来的收入；其他业务收入是由企业的兼营业务所带来的收入。

（2）收入按性质不同，可分为销售商品收入、提供劳务收入、让渡资产使用权收入等。

【思考】 营业外收入不是收入。对吗？为什么？

【小结】 会计上的收入指的是营业收入，包括主营业务收入和其他业务收入，不包括营业外收入。非常重要的基本概念，必须理清。

【解释 1】 主营业务收入指企业从事某种主要生产、经营活动所取得的营业收入。如制造业的销售产品、半成品和提供工业性劳务作业的收入、商品流通企业的销售商品收入等；其他业务收入指企业除主营业务收入以外的其他销售或其他业务的收入，如材料销售、代购代销手续费、包装物出租、固定资产出租、转让无形资产使用权等收入。简单的说，就是企业工商营业执照中注册的主营和兼营的项目内容，主营的业务内容就是主营业务收入，兼营的业务内容就是其他业务收入。

【解释 2】 营业外收入是企业发生的应直接计入当期利润的利得（非日常活动发生），包括非流动资产（如固定资产、无形资产）处置利得、非货币性资产交换利得、债务重组利得、政府补助利得、盘盈利得、捐赠利得、罚款利得、因债权人原因确实无法支付的应付款项等。**【多选题】**

（五）费用

1. 费用的含义与特征

费用是指企业在日常活动中发生的、会导致所有者权益减少的、与向所有者分配利润无关的经济利益的总流出。

费用具有以下特征：

（1）费用是企业在日常活动中发生的。

【提示】 将费用界定为日常活动所形成的，是为了将其与损失相区分，因为企业非日常活动所形成的经济利益的流出不能确认为“费用”，而应当计入“损失”。**【判断题】**

【举例2-6】 企业进行产品广告宣传，花费10万元，这10万元广告费应该确认为企业的费用；又如，企业处置固定资产发生净损失5万元，这5万元净损失与企业日常经营活动无关，不能作为企业的费用（而应当计入损失）。

（2）费用会导致所有者权益的减少。

【思考】 营业外支出不是费用。对吗？为什么？

【解释】 营业外支出是企业发生的应直接计入当期利润的损失（非日常活动发生），包括非流动资产（如固定资产、无形资产）处置损失、非货币性资产交换损失、债务重组损失、非常损失、公益性捐赠支出、盘亏损失、罚款支出等。营业外支出不属于费用要素。

（3）费用是与向所有者分配利润无关的经济利益的总流出。

【提示】 费用的发生会导致资产的减少或者负债的增加（最终也会导致资产的减少）。**【多选题】**

2. 费用的确认条件

费用的确认除了应当符合定义外，至少应当符合以下条件：

（1）与费用相关的经济利益应当很可能流出企业。

（2）经济利益流出企业的结果会导致资产的减少或者负债的增加。

（3）经济利益的流出额能够可靠计量。

3. 费用的分类

费用包括生产费用与期间费用。**【多选题】**

（1）生产费用是指与企业日常生产经营活动有关的费用。生产费用应按其实际发生情况计入产品的生产成本；对于生产几种产品共同发生的生产费用，应当按照受益原则，采用适当的方法和程序分配计入相关产品的生产成本。

【解释】 生产费用按其经济用途可分为直接材料、直接人工和制造费用。**【多选题】**

【提示】 这里所指的“生产费用”和一般意义上的“生产成本”意思基本相同。

（2）期间费用是指企业本期发生的、不能直接或间接归入产品生产成本，而应直接计入当期损益的各项费用。

【解释】 期间费用包括管理费用、销售费用和财务费用。**【多选题】**

【点拨】 在第五章有对上述具体费用的详细解释，可提前翻阅学习。

（六）利润

1. 利润的含义与特征

利润是指企业在一定会计期间的经营成果。

【解释】 通常情况下，如果企业实现了利润，表明企业的所有者权益将增加，业绩得到了提升；反之，如果企业发生了亏损（即利润为负数），表明企业的所有者权益将减少，业绩下降。**【判断题】**

2. 利润的确认条件

利润反映收入减去费用、直接计入当期利润的利得减去损失后的净额。利润的确认主要依赖于收入和费用，以及直接计入当期利润的利得和损失的确认，其金额的确定也主要取决于收入、费用、利得、损失金额的计量。

【思考】 利润与收入、费用、直接计入当期利润的利得和损失什么关系？

【点拨】 利润反映的内容、其确认条件都非常重要。**【判断题】**

3. 利润的构成

利润包括收入减去费用后的净额、直接计入当期损益的利得和损失等。**【多选题】**

【解释1】 收入减去费用后的净额反映企业日常活动的经营业绩；直接计入当期利润的利得和损失反映企业非日常活动的业绩。即利润 = 日常活动的业绩 + 非日常活动的业绩。注意分辨和理解。**【判断题】**

【解释2】 直接计入当期利润的利得（主要是营业外收入）和损失（主要是营业外支出），是指应当计入当期利润、最终会引起所有者权益发生增减变动的、与所有者投入资本或者向所有者分配利润无关的利得或者损失。知道利得和损失还有一类是什么（直接计入所有者权益的利得和损失）。

【补充】 注意利润有三个层次，即营业利润、利润总额、净利润，在第五章有对上述利润分层的详细解释，可提前翻阅学习。

经典例题讲解

例题2-5·多选题 下列各项中，资产应具备的基本特征有（ ）。

A. 资产由企业过去的交易或事项形成　　B. 必须是投资者投入的

C. 预期会给企业带来经济利益　　D. 由企业拥有或控制

【答案解析】 ACD 资产具有以下特征：资产是由企业过去的交易或事项形成的；资产是企业拥有或者控制的资源；资产预期会给企业带来经济利益。

例题2-6·多选题 下列各项中，应确认为企业资产的有（ ）。

A. 购入的无形资产　　B. 已霉烂变质无使用价值的存货

C. 融资租入的固定资产　　D. 计划下个月购入的材料

【答案解析】 AC 资产是指企业过去的交易或者事项形成的，由企业拥有或者控制的，预期会给企业带来经济利益的资源。选项B预期不会给企业带来经济利益，不符合资产的定义；选项D属于企业未来的交易形成的，也不符合资产的定义。

例题2-7·多选题 下列各项，属于流动资产的有（ ）。

A. 交易性金融资产　　B. 预付账款

C. 预收账款　　D. 持有至到期投资

【答案解析】 AB 预收账款属于负债；持有至到期投资属于非流动资产。

例题2-8·判断题 一个营业周期通常短于一年，但也存在正常营业周期长于一年的情况。（ ）

【答案解析】 √ 表述正确。正常的营业周期通常短于一年，在一年内有几个营业周期。但是，也存在正常营业周期长于一年的情况。

例题2-9·判断题 企业的原材料属于非流动资产。（ ）

【答案解析】 × 原材料属于流动资产。

例题 2－10 · 单选题 负债是指企业过去的交易或者事项形成的，预期会导致经济利益流出企业的（ ）。

A. 现时义务 B. 潜在义务 C. 过去义务 D. 未来义务

【答案解析】 A 负债是企业承担的现时义务，这是负债的一个基本特征。

例题 2－11 · 多选题 下列各项中，属于负债特征的有（ ）。

A. 负债的清偿会导致企业经济利益的流出

B. 负债是企业承担的现时义务

C. 是由过去的交易或事项引起的

D. 未来流出的经济利益的金额能够可靠地计量

【答案解析】 ABC 负债的特征有：负债是由企业过去的交易或者事项形成的；负债是企业承担的现时义务；负债预期导致经济利益流出企业。D 属于负债确认的条件之一。

例题 2－12 · 多选题 负债按偿还期限的长短分类有（ ）。

A. 短期负债 B. 非流动负债 C. 流动负债 D. 长期负债

【答案解析】 BC 按偿还期限的长短，一般将负债分为流动负债和非流动负债。

例题 2－13 · 多选题 下列各项中，属于流动负债的有（ ）。

A. 应付职工薪酬 B. 预收账款 C. 专项应付款 D. 其他应付款

【答案解析】 ABD C 属于非流动负债。

例题 2－14 · 判断题 应收及预收款是资产，应付及预付款是负债。（ ）

【答案解析】 × 应收及预付款是资产，应付及预收款是负债。

例题 2－15 · 单选题 下列各项中，不属于所有者权益的是（ ）。

A. 资本公积 B. 盈余公积 C. 未分配利润 D. 长期股权投资

【答案解析】 D 长期股权投资属于资产，不属于所有者权益。

例题 2－16 · 判断题 企业的所有者权益在数额上等于净资产的价值，即资产总额与负债总额的差额。（ ）

【答案解析】 √ 表述正确。

例题 2－17 · 单选题 下列不可以确认为收入的是（ ）。

A. 咨询公司取得的咨询服务收入 B. 商场的商品销售收入

C. 罚款收入 D. 工业企业出租专利权收入

【答案解析】 C 收入是企业在日常活动中形成的，咨询公司提供咨询服务、商场销售产品、出租无形资产都属于企业的日常活动。罚款收入属于营业外收入，是企业在非日常活动中形成，不确认为收入。

例题 2－18 · 多选题 收入按性质不同，可分为（ ）。

A. 营业外收入 B. 商品销售收入

C. 提供劳务收入 D. 让渡资产使用权收入

【答案解析】 BCD 收入按性质不同，可分为销售商品收入、提供劳务收入、让渡资产使用权收入等。营业外收入不属于收入。

例题 2－19 · 单选题 关于费用，下列说法中错误的是（ ）。

A. 费用是指企业发生的、会导致所有者权益减少的、与向所有者分配利润无关的经济

利益总流出

B. 符合费用定义和费用确认条件的项目，应当列入利润表

C. 费用必须在实际支付现金时才可以确认

D. 费用表现为资产的减少或负债的增加

【答案解析】 C 费用的确认除了应当符合定义外，至少应当符合以下条件：与费用相关的经济利益应当很可能流出企业；经济利益流出企业的结果会导致资产的减少或者负债的增加；经济利益的流出额能够可靠计量。费用的确认与现金的实际支付与否没有关系。C错，其余三项正确。

例题2－20·单选题 期间费用不包括（　　）。

A. 管理费用　　B. 财务费用　　C. 制造费用　　D. 销售费用

【答案解析】 C 期间费用包括管理费用、财务费用、销售费用。

例题2－21·多选题 以下属于费用要素的有（　　）。

A. 制造费用　　B. 管理费用　　C. 财务费用　　D. 预付账款

【答案解析】 ABC 费用包括生产费用和期间费用。其中生产费用包括直接材料、直接人工、制造费用；期间费用包括管理费用、销售费用、财务费用。

例题2－22·多选题 有关会计要素变动情况，以下说法中正确的有（　　）。

A. 取得了收入，可能会表现为资产和收入同时增加

B. 发生了费用，可能会表现为费用的增加和资产的减少

C. 取得了收入，可能会表现为增加收入的同时减少负债

D. 发生了费用，可能会表现为增加费用的同时增加负债

【答案解析】 ABCD 取得收入会导致资产的增加或负债的减少，所以选项AC正确；费用的发生会导致资产的减少或负债的增加，所以选项BD正确。

例题2－23·判断题 利润反映收入减去费用、直接计入当期利润的利得减去损失后的净额。（　　）

【答案解析】 √ 表述正确。

例题2－24·判断题 直接计入当期利润的利得和损失反映企业日常活动的业绩。（　　）

【答案解析】 × 收入减去费用后的净额反映企业日常活动的经营业绩，直接计入当期损益的利得和损失反映企业非日常活动的业绩。

例题2－25·多选题 下列属于留存收益的有（　　）。

A. 盈余公积　　B. 未分配利润　　C. 应付利润　　D. 股本

【答案解析】 AB 留存收益是盈余公积和未分配利润的统称。

三、会计要素的计量

会计要素的计量是为了将符合确认条件的会计要素登记入账并列报于财务报表而确定其金额的过程。

【思考】 会计环节包括确认、计量、报告。各自有什么含义？

（一）会计计量属性及其构成

会计计量属性是指会计要素的数量特征或外在表现形式，反映了会计要素金额的确定基

础，主要包括历史成本（实际成本）、重置成本（现行成本）、可变现净值、现值和公允价值等。

【点拨1】 注意会计计量属性的概念及类型。**【判断题/多选题】**和第一章中的“会计基础”概念会区别。

【点拨2】 建议考生从各计量属性的基本含义、金额的确定规则、具体金额计算、应用情况等方面加以掌握。**【选择题/判断题】**

1. 历史成本

（1）基本含义。历史成本（又称为“实际成本”）是指为取得或制造某项财产物资实际支付的现金或其他等价物。

【提示】 历史成本又称为实际成本。**【单选题】**

（2）金额确定规则。在历史成本计量下：资产按照其购置时支付的现金或者现金等价物的金额，或者按照购置资产时所付出的对价的公允价值计量；负债按照其因承担现时义务而实际收到的款项或者资产的金额，或者承担现时义务的合同金额，或者按照日常活动中为偿还负债预期需要支付的现金或者现金等价物的金额计量。

（3）应用情况。历史成本计量要求对企业资产、负债和所有者权益等项目的计量，应当基于经济业务的实际交易成本，而不考虑随后市场价格变动的影响。企业对会计要素进行计量时，一般应采用历史成本。

【举例2-7】 企业购买不需要安装的设备一台，价款100万元，增值税17万元（可抵扣），另支付运输费0.25万元，包装费0.05万元。款项以银行存款支付。则该固定资产应按历史成本计价，其金额为100.3万元（$100.3=100+0.25+0.05$）。

2. 重置成本

（1）基本含义。重置成本（又称为“现行成本”）是指按照当前市场条件，重新取得同样一项资产所需支付的现金或现金等价物金额。

【提示】 重置成本又称为现行成本。**【单选题】**

（2）金额确定规则。在重置成本计量下：资产按照现在购买相同或者相似资产所需支付的现金或者现金等价物的金额计量；负债按照现在偿付该项债务所需支付的现金或者现金等价物的金额计量。

（3）应用情况。重置成本是现在时点的成本，它强调站在企业主体角度，以投入到某项资产上的价值作为重置成本。在实务中，重置成本多用于盘盈固定资产的计量等。

【举例2-8】 企业在年末财产清查中，发现全新的未入账的设备一台（即资产盘盈），其同类设备的市场价格为40 000元。则企业对这台设备按重置成本计价为40 000元。

3. 可变现净值

（1）基本含义。可变现净值是指在正常生产经营过程中，以预计售价减去进一步加工成本和预计销售费用以及相关税费后的净值。

（2）金额确定规则。在可变现净值计量下：资产按照其正常对外销售所能收到现金或者现金等价物的金额扣减该资产至完工时估计将要发生的成本、估计的销售费用以及相关税费后的金额计量。

（3）应用情况。可变现净值是在不考虑资金时间价值的情况下，计量资产在正常经营过程中可带来的预期净现金流入或流出。可变现净值通常应用于存货资产减值情况下的后续计量。

【举例2-9】 某企业期末A商品的账面价值为100万元，该批商品市场销售价为85万元（不含增值税），估计销售A商品需要发生销售费用等相关税费10万元（不含增值税）。则A商品按可变现净值计价为75万元（75=85-10）。

4. 现值

（1）基本含义。现值是指对未来现金流量以恰当的折现率进行折现后的价值，是考虑资金时间价值的一种计量属性。

（2）金额确定规则。在现值计量下：资产按照预计从其持续使用和最终处置中所产生的未来净现金流入量的折现金额计量；负债按照预计期限内需要偿还的未来净现金流出量的折现金额计量。

（3）应用情况。现值通常用于非流动资产可收回金额、以摊余成本计量的金融资产价值以及分期付款方式取得资产入账价值的确定等。

【举例2-10】 某企业分期付款购买某项资产，总金额为300万元，在未来三年每年年末支付100万元。假定折现率为10%，那么按现值计算该资产总价值为248.69万元（248.69=300÷3×2.4869，2.4869为年金现值系数）。

5. 公允价值

（1）基本含义。公允价值是指市场参与者在计量日发生的有序交易中，出售一项资产所能收到或者转移一项负债所需支付的价格。

【解释】“有序交易”指的是，在计量日前一段时期内相关资产或负债具有惯常市场活动的交易。

【补充】“公允价值”的另一种表述：是指在公平交易中，熟悉情况的交易双方自愿进行资产交换或者债务清偿的金额。

（2）金额确定规则。在公允价值计量下：市场参与者在有序交易中销售资产或转移负债所能收到或所需支付的价格计量。

（3）应用情况。公允价值强调独立于企业主体之外，站在市场的角度以交易双方达成的市场价格作为公允价值。公允价值主要应用于交易性金融资产、交易性金融负债、可供出售金融资产、采用公允价值模式计量的投资性房地产等的计量。

【举例2-11】 某企业持有A上市公司的流通股100万股，公司将其作为交易性金融资产处理。2014年12月31日，该股票的收盘价为每股25元。则该交易性金融资产在2014年12月31日按公允价值入账的价值为2 500万元（2 500=25×100）。

（二）计量属性的运用原则

企业在对会计要素进行计量时，一般应当采用历史成本。采用重置成本、可变现净值、现值、公允价值计量的，应当保证所确定的会计要素金额能够持续取得并可靠计量。

【提示】 对会计要素进行计量时一般应当采用历史成本。【单选题/判断题】注意若采用其他计量属性时，应满足什么条件。【判断题】

经典例题讲解

例题 2－26·多选题　下列各项中，属于会计计量属性的有（　　）。

A. 公允价值　　B. 权责发生制　　C. 收付实现制　　D. 重置成本

【答案解析】　AD　会计计量属性是指会计要素的数量特征或外在表现形式，反映了会计要素金额的确定基础，主要包括历史成本、重置成本、可变现净值、现值和公允价值等。B 和 C 选项属于会计基础。

例题 2－27·单选题　以下会计计量属性中，又称为实际成本的是（　　）。

A. 重置成本　　B. 历史成本　　C. 公允价值　　D. 可变现净值

【答案解析】　B　历史成本又称实际成本，是指为取得或制造某项财产物资实际支付的现金或其他等价物。

例题 2－28·单选题　资产按照现在购买相同或者相似资产所需支付的现金或者现金等价物的金额计量的会计计量属性是（　　）。

A. 历史成本　　B. 重置成本　　C. 公允现值　　D. 现值

【答案解析】　B　重置成本又称现行成本，是指按照当前市场条件，重新取得同样一项资产所需支付的现金或现金等价物金额。

例题 2－29·单选题　下列各项中，通常采用重置成本计量属性的是（　　）。

A. 非流动资产可收回金额的计算　　B. 存货资产减值情况下的后续计量

C. 以摊余成本计量的金融资产价值的确定　　D. 盘盈固定资产的计算

【答案解析】　D　在实务中，重置成本多用于盘盈固定资产的计量等。

例题 2－30·判断题　资产按照其正常对外销售所能收到现金或现金等价物的金额扣减该资产至完工时估计将要发生的成本、估计的销售费用以及相关税费的金额计量为可变现净值计量。（　　）

【答案解析】　√　表述正确。

例题 2－31·单选题　某企业期末 A 库存商品账面价值为 15 万元，同期市场售价为 12 万元，估计销售该种库存商品需要发生的销售费用 1 万元、相关税费 0.5 万元，则该企业 A 库存商品的可变现净值为（　　）万元。

A. 10.5　　B. 11.5　　C. 13.5　　D. 12.5

【答案解析】　A　A 库存商品的可变现净值 = 12 − 1 − 0.5 = 10.5（万元）。

例题 2－32·多选题　下列关于现值计量的表述中，正确的有（　　）。

A. 在现值计量下，资产按照预计从其持续使用和最终处置中所产生的未来净现金流入量的折现金额计算

B. 在现值计量下，资产按照其取得时支付的现金或现金等价物的金额计量

C. 在现值计量下，资产按照现在购买相同或相似资产所需要支付的现金或现金等价物的金额计量

D. 在现值计量下，负债按照预计期限内需要偿还的未来净现金流出量的折现金额计量

【答案解析】　AD　在现值计量下，资产按照预计从其持续使用和最终处置中所产生的未

来净现金流入量的折现金额计量；负债按照预计期限内需要偿还的未来净现金流出量的折现金额计量。

例题 2-33·单选题 下列各项中，通常采用公允价值计量的是（ ）。

A. 非流动资产可收回金额和以摊余成本计量的金融资产价值的确定

B. 存货资产减值情况下的后续计量

C. 交易性金融资产的计量

D. 盘盈固定资产的计量

【答案解析】 C 公允价值主要应用于交易性金融资产、交易性金融负债、可供出售金融资产、采用公允价值模式计量的投资性房地产等的计量。

例题 2-34·单选题 企业在对会计要素进行计量时，一般应当采用（ ）。

A. 历史成本 B. 重置成本 C. 可变净现值 D. 现值

【答案解析】 A 企业在对会计要素进行计量时，一般应当采用历史成本。

例题 2-35·判断题 企业采用重置成本，可变现净值，现值和公允价值计量的，应当保证所确定的会计要素金额能够持续取得并可靠计量。（ ）

【答案解析】 √ 表述正确。

第二节 | 会计等式

会计等式（又称会计恒等式、会计方程式或会计平衡公式），是表明各会计要素之间基本关系的等式。

【解释1】 从形式上看，会计等式反映了各项会计要素之间的内在联系；从本质上看，会计等式揭示了会计主体的产权关系和基本财务状况。**【判断题】**

【解释2】 会计等式是设置账户、复式记账和编制财务报表的理论依据。**【多选题】**

一、会计等式的表现形式

（一）财务状况等式

企业从事生产经营活动，必须拥有一定数量的经济资源作为从事经济活动的基础。资产表明企业拥有什么经济资源和拥有多少经济资源，权益表明经济资源的来源渠道，即谁提供了这些经济资源。也就是说，资产与权益在任何一个时点都必然保持恒等的关系。即：

资产 = 权益

【解释1】 什么是权益？权益就是资金提供者对资产的要求权。企业的资金来源于企业的债权人和所有者，所以权益又分为债权人权益（在会计上称为负债）和所有者权益。

【解释2】 为什么资产 = 权益？资金提供者提供的各种资源经过企业在经营中的运用，就形成以企业名义所持有的各种资产，如房屋建筑物、机器设备、材料、货币资金等。但资金提供者的投入不是无偿的，而是对所提供的资产存在相应的要求权（会计上称为权益），有多少资产，就有多少权益。简单地说，可以把“资产”理解为资金的运用，“权益”理解为资金的来源，两者必然相等。注意理解。

【提示】资产和权益是同一事物的两个不同方面，两者相互依存，不可分割，没有无资产的权益，也没有无权益的资产。【判断题】

由于权益是由债权人权益（企业的负债）和所有者权益两部分构成，因此上式可以写为：

资产 = 负债 + 所有者权益

【提示1】这一等式反映了企业某一"特定时点"资产、负债和所有者权益三者之间平衡关系，被称为"财务状况等式"，"基本会计等式"和"静态会计等式"。（为什么叫"静态会计等式"?）【判断题/选择题】

【提示2】这一等式（既指"资产 = 权益"，也指"资产 = 负债 + 所有者权益"）是复式记账法的理论基础，也是编制资产负债表的依据。【多选题】

（二）经营成果等式

企业在取得收入的同时，必然要发生相应的费用。通过收入与费用的比较，才能确定一定期间实现的利润总额。即：

收入 - 费用 = 利润　（在不考虑利得和损失的情况下）

【提示1】这一等式反映企业"一定时期"收入、费用和利润之间恒等关系，被称为"经营成果等式"、"动态会计等式"（为什么叫"动态会计等式"?）。【判断题/选择题】

【提示2】这一等式反映了利润的实现过程，是编制利润表的依据。【判断题/选择题】

【解释】由于收入属于日常活动中产生的经济利益的流入，不包括非日常活动所形成的利得。费用属于日常活动中导致的经济利益的流出，也不包括非日常活动所形成的损失。所以，收入减去费用，并经过相关利得和损失调整后，才等于利润。

（三）财务状况与经营成果相结合的等式

收入可导致企业资产增加或负债减少，最终会导致所有者权益增加；费用可导致企业资产减少或负债增加，最终会导致所有者权益减少。六个会计要素之间的关系表示如下：

资产 = 负债 + 所有者权益 + （收入 - 费用） = 负债 + 所有者权益 + 利润

【提示】"资产 = 负债 + 所有者权益"反映资金运动的静态状况（"某一时点"）；"收入 - 费用 = 利润"反映资金运动的动态状况（"一定时期"）。资金运动的动态状况最后要反映到各项静态会计要素的变化上，从而使这两个会计等式之间建立了上述勾稽关系。

【思考】收入可能会引起资产、负债、所有者权益如何变化？费用可能会引起资产、负债、所有者权益如何变化？【多选题】

经典例题讲解

例题 2-36・多选题　下列关于会计等式的表述中，正确的有（　　）。

A. 会计等式是进行复式记账和编制财务报表的理论基础

B. "资产 = 负债 + 所有者权益"这一会计等式，体现了企业在某一时期的财务状况

C. "收入 - 费用 = 利润"这一会计等式，是企业资金运动的动态表现

D. 会计等式揭示了会计要素之间的内在联系

【答案解析】 ACD　选项 B 应该为“某一特定时点的财务状况”而不是“某一时期的财务状况”。

例题 2－37·多选题　权益是指企业外部利益主体对企业资产的要求权，包括（　　）。

A. 政府权益　　B. 所有者权益　　C. 社会公众权益　　D. 债权人权益

【答案解析】 BD　权益包括所有者权益和债权人权益。

例题 2－38·多选题　下列以“资产＝负债＋所有者权益”这一会计等式为依据的有（　　）。

A. 编制资产负债表　B. 成本计算　　C. 平行登记　　D. 复式记账

【答案解析】 AD　财务状况等式是复式记账法的理论基础，也是编制资产负债表的依据。

例题 2－39·多选题　下列关于会计等式的表述中，正确的有（　　）。

A. 资产＝负债＋所有者权益　　B. 资产＝权益

C. 资产＝所有者权益　　D. 资产＝负债＋所有者权益＋（收入－费用）

【答案解析】 ABD　资产＝权益、资产＝负债＋所有者权益、资产＝负债＋所有者权益＋（收入－费用）＝资产＝负债＋所有者权益＋利润，因此 C 选项错误。

例题 2－40·判断题　资产与所有者权益始终是相等的。（　　）

【答案解析】 ×　资产与权益始终相等，而权益包括债权人权益和所有者权益。

例题 2－41·判断题　“收入－费用＝利润”反映的是资金运动的动态状况，体现了利润的实现过程，是编制利润表的依据。（　　）

【答案解析】 √　表述正确。

二、经济业务对会计等式的影响

经济业务，又称会计事项，是指在经济活动中使会计要素发生增减变动的交易或者事项。

企业经济业务按其对财务状况等式（“资产＝负债＋所有者权益”）的影响不同可以分为以下九种基本类型：

（1）资产和负债要素同时等额增加。

【举例 2－12】　某公司从银行取得期限为 3 个月的短期借款 100 000 元。

这项经济业务使银行存款（资产）增加 100 000 元，短期借款（负债）增加 100 000 元，等式两边同时增加 100 000 元，等式平衡。

（2）资产和负债要素同时等额减少。

【举例 2－13】　某公司用银行存款偿还前欠货款 50 000 元。

这项经济业务使银行存款（资产）减少 50 000 元，应付账款（负债）减少 50 000 元，等式两边同时减少 50 000 元，等式平衡。

（3）资产和所有者权益要素同时等额增加。

【举例 2－14】　某公司收到所有者追加的投资 100 000 元，款项存入银行。

这项经济业务使银行存款（资产）增加 100 000 元，实收资本（所有者权益）增加 100 000元，等式平衡。

（4）资产和所有者权益要素同时等额减少。

【举例2－15】 某股东撤出对公司的投资500 000元，公司以银行存款支付。

这项经济业务使银行存款（资产）减少500 000元，实收资本（所有者权益）也减少500 000元，等式平衡。

（5）资产要素内部项目等额有增有减，负债和所有者权益要素不变。

【举例2－16】 某公司用银行存款50 000元购买一台设备，设备已交付使用。

这项经济业务使固定资产（资产）增加50 000元，银行存款（资产）减少50 000元，资产内部发生增减变动，资产总额不变，等式平衡。

（6）负债要素内部项目等额有增有减，资产和所有者权益要素不变。

【举例2－17】 某公司向银行借入短期借款30 000元直接用于归还拖欠另一公司的货款。

这项经济业务使应付账款（负债）减少30 000元，同时短期借款（负债）增加30 000元，负债内部发生增减变动，负债总额不变，等式平衡。

（7）所有者权益要素内部项目等额有增有减，资产和负债要素不变。

【举例2－18】 经批准，某公司以资本公积1 000 000元转增实收资本。

这项经济业务使资本公积（所有者权益）减少1 000 000元，实收资本（所有者权益）增加1 000 000元，所有者权益内部发生增减变动，所有者权益总额不变，等式平衡。

（8）负债要素增加，所有者权益要素等额减少，资产要素不变。

【举例2－19】 某公司宣告向投资者分配现金股利2 000 000元。

这项经济业务使未利润分配（所有者权益）减少2 000 000元，应付股利（负债）增加2 000 000元，企业的所有者权益减少，负债增加，且两者金额相等，等式平衡。

（9）负债要素减少，所有者权益要素等额增加，资产要素不变。

【举例2－20】 某公司将应偿还给A企业的购货款1 000 000元转为A企业对本公司的投资。

这项经济业务使应付账款（负债）减少1 000 000元，同时实收资本（所有者权益）增加1 000 000元，即所有者权益增加，负债减少，且两者金额相等，等式平衡。

【小结】 每一项经济业务的发生，都必然会引起会计等式的一方或双方有关项目相互联系地发生等量变化，即当涉及会计等式的一方时，有关项目的数额发生相反方向等额变动；而当涉及会计等式的两方时，有关项目的数额必然会发生相同方向的等额变动，但始终不会打破会计等式的平衡关系。

【点拨】 关于经济业务对财务状况等式（“资产＝负债＋所有者权益”）影响的九种类型，非常重要，务必真正理解。【选择题】但没有必要去“死记”到底有哪九种影响，考生所要做的是理清具体经济业务所引起的会计要素的增减变化，然后再根据会计等式的逻辑关系去分析判断是否正确。

经典例题讲解

例题2－42·单选题 企业向银行借入款项，表现为（　　）。

A. 一项资产减少，一项负债减少　　B. 一项资产减少，一项负债增加

C. 一项资产增加，一项负债减少　　D. 一项资产增加，一项负债增加

【答案解析】 D 企业向银行借入款项，会引起银行存款（资产）增加，企业借款（负

债）增加。

例题2－43·多选题 下列引起资产和负债同时减少的经济业务有（　　）。

A. 以银行存款支付前欠货款　　B. 收回应收账款存入银行

C. 购买材料，款项尚未支付　　D. 以银行存款偿还短期借款

【答案解析】 AD　B选项属于资产要素内部一增一减；C选项属于资产和负债同时增加。

例题2－44·单选题 银行将短期借款6 000 000元转为对本公司的投资，这项经济业务将引起（　　）。

A. 公司资产的减少，所有者权益的增加　　B. 公司负债的增加，所有者权益的减少

C. 公司负债的减少，所有者权益的增加　　D. 公司负债的减少，资产的增加

【答案解析】 C　短期借款属于负债，负债减少；对本公司投资即本公司的实收资本（所有者权益）增加。

例题2－45·单选题 下列经济业务中，引起负债减少，同时所有者权益增加的是（　　）。

A. 将应付账款转为股本　　B. 以银行存款偿还前欠货款

C. 以赊购方式购入材料　　D. 宣告分派现金股利

【答案解析】 A　选项A负债减少，所有者权益增加；选项B资产与负债同时减少，所有者权益不变；选项C资产与负债同时增加，所有者权益不变；选项D负债增加，所有者权益减少。故正确答案为A。

例题2－46·多选题 下列各项中，会导致资产总额增加的有（　　）。

A. 收回某公司前欠货款　　B. 将库存现金送存银行

C. 向银行借入短期借款　　D. 接受投资者投入设备

【答案解析】 CD　A和B选项都属于资产内部一增一减，资产总额不变。C选项是资产和负债等额增加，D选项是资产和所有者权益等额增加。

例题2－47·单选题 下列经济业务中，会引起资产和所有者权益同时增加的是（　　）。

A. 收到银行借款并存入银行　　B. 收到投资者投入的作为出资的原材料

C. 以转账支票归还长期借款　　D. 提取盈余公积

【答案解析】 B　选项B会使原材料增加，实收资本增加，所以资产和所有者权益同时增加。选项A会使资产和负债增加、所有者权益不变；选项C会使资产和负债减少、所有者权益不变；选项D是所有者权益内部项目变化，所有者权益总额不变。

例题2－48·单选题 甲企业将应收乙企业的50 000元货款，改为对乙企业的股权投资，则该经济业务将引起甲企业（　　）。

A. 资产与债权此增彼减　　B. 资产与所有者权益此增彼减

C. 资产内部此增彼减，总额不变　　D. 负债、所有者权益内部此增彼减，总额不变

【答案解析】 C　该业务使得甲企业的应收账款（资产）减少，长期股权投资（资产）增加，属于资产内部项目变动，资产总额不变。

例题2－49·单选题 某企业月初资产总额为50万元，本月发生下列业务：（1）向银行借款30万元存入银行；（2）用银行存款购买材料2万元；（3）收回应收账款8万元存入银行；（4）以银行存款偿还借款6万元。则月末资产总额正确的为（　　）万元。

A. 80　　B. 74　　C. 82　　D. 72

【答案解析】 B　（1）导致资产增加30万元，负债增加30万元；（2）导致银行存款减

少2万元，原材料增加2万元，两者都属于资产，不影响资产总额；（3）导致银行存款增加8万元，应收账款减少8万元，两者都属于资产，不影响资产总额；（4）导致资产减少6万元，负债减少6万元。则月末资产总额 = 50 + 30 − 6 = 74万元。

例题2－50·判断题　经济业务的发生，可能引起资产与权益总额发生变化，但是不会破坏会计基本等式的平衡关系。（　　）

【答案解析】　√　表述正确。

例题2－51·判断题　企业收回应收账款500万元存入银行，这笔业务的发生意味着资产总额增加。（　　）

【答案解析】　×　企业收回应收账款500万元存入银行，导致银行存款（资产）增加500万元，应收账款（资产）减少500万元，不影响资产总额。

例题2－52·判断题　所有经济业务的发生，都会引起会计等式两边发生变化。（　　）

【答案解析】　×　如果只涉及资产类，或者只涉及负债及所有者权益类，会计等式两边不会发生变化。

例题2－53·单选题　下列经济业务中，不会使会计等式两边总额发生变化的是（　　）。

A. 收到投资者以固定资产所进行的投资　　B. 以银行存款偿还应付账款

C. 收到应收账款存入银行　　D. 从银行取得借款存入银行

【答案解析】　C　A会使资产增加、所有者权益增加；B会使资产减少、负债减少；D会使资产增加、负债增加；C会使资产内部此增彼减，资产总额不变，当然负债和所有者权益也不变。

随章同步练习

一、单项选择题

1. 下列关于会计要素表述中，正确的是（　　）。

A. 收入是导致所有者权益增加的经济利益的总流入

B. 负债是企业承担的潜在义务

C. 资产预期能给企业带来经济利益

D. 利润仅包括企业一定期间内收入减去费用后的净额

2.（　　）属于企业的流动资产。

A. 持有至到期投资　　B. 固定资产

C. 长期股权投资　　D. 交易性金融资产

3. 下列说法不正确的是（　　）。

A. 负债是由过去的交易或事项形成的现时义务

B. 负债将导致经济利益流出企业

C. 流动负债是指将在1年或超过1年的一个营业周期内偿还的债务

D. 负债只能以货币偿还

4. 下列各项中，属于流动负债的是（　　）。

A. 长期应付款　　B. 预付账款　　C. 预收账款　　D. 应付债券

5. 收入是企业在日常活动中形成，下列选项中，不属于收入的有（　　）。

A. 收到投资者投入的股票　　B. 让渡固定资产使用权取得的收入

C. 销售一批不用的材料取得的收入　　D. 提供服务取得的收入

6. 依据《企业会计准则》的规定，下列有关收入和利得的表述中，正确的是（　　）。

A. 收入源于日常活动，利得源于非日常活动

B. 收入会影响利润，利得也一定会影响利润

C. 收入会导致经济利益的流入，利得不一定会导致经济利益的流入

D. 收入会导致所有者权益的增加，利得不一定会导致所有者权益的增加

7. 下列各项中不应确认为费用的是（　　）。

A. 广告宣传费　　B. 财务费用

C. 管理费用　　D. 固定资产处置净损失

8. 下列关于生产费用和期间费用的表述中，不正确的是（　　）。

A. 生产费用是指与企业日常生产经营活动有关的费用

B. 期间费用是指应直接计入当期损益的各项费用

C. 生产费用可分为直接材料、直接人工和制造费用

D. 期间费用包括营业成本、管理费用、销售费用和财务费用

9. 下列各项中，影响利润的因素是（　　）。

A. 资产　　B. 负债　　C. 费用　　D. 所有者权益

10. 下列关于所有者权益的表述中，正确的是（　　）。

A. 所有者权益是指企业资产扣除负债后由所有者享有的剩余权益

B. 所有者权益是指企业投资者投入的资本，即实收资本

C. 所有者权益的来源仅包括所有者投入的资本和留存收益

D. 所有者权益通常划分为实收资本、资本公积和未分配利润

11. 下列关于历史成本计量的表述中，正确的是（　　）。

A. 历史成本就是某项财产物资的账面价值

B. 历史成本就是公平交易中，熟悉情况的交易双方自愿认可的成本

C. 历史成本就是取得某项财产物资时考虑资金时间价值的成本

D. 历史成本就是取得或制造某项财产物资时实际支付的现金或其他等价物

12. 某企业库存材料账面价值100万元，如果该材料受资产专用性限制无法直接出售，用该材料生产产品，则产品的市场售价120万元（不含增值税）。已知用该材料加工产品需要再投入加工成本15万元，预计发生销售费用2万元，如果不考虑相关税费，该批材料的可变现净值（　　）万元。

A. 103　　B. 85　　C. 105　　D. 83

13. 下列各项中，通常采用现值计量属性的是（　　）。

A. 非流动资产可收回金额和以摊余成本计量的金融资产价值额确定

B. 盘盈固定资产的

C. 交易性金融资产的计量

D. 存货资产减值情况下的后续计量

14. 下列各项中，通常采用可变现净值计量属性的是（　　）。

A. 盘盈固定资产的计量　　B. 以摊余成本计量的金融资产价值的确定

C. 非流动资产可收回金额的计算　　D. 存货资产减值情况下的后续计量

15. 下列说法中，符合“资产 = 负债 + 所有者权益”会计等式的是（　　）。

A. 资产内部项目的同增或同减　　B. 负债及所有者权益项目同增同减

C. 资产和负债项目同增同减　　D. 资产和负债项目一增一减

16. 甲企业收回应收账款 500 万元，存入银行，这一业务引起的会计要素变动是（　　）。

A. 资产减少，负债增加　　B. 资产总额不变

C. 资产增加，负债减少　　D. 资产增加，负债增加

17.（　　）能够使资产总额减少。

A. 用银行存款偿还应付账款　　B. 向银行借款并存入银行

C. 向银行借款直接偿还应付账款　　D. 接受投资者投入的银行存款

18. 甲公司期初资产总额为 1 200 万元，期末资产总额为 1 500 万元，本期负债减少了 200 万元，期初所有者权益为 800 万元，则期末所有者权益为（　　）万元。

A. 1 400　　B. 1 300　　C. 1 000　　D. 1 100

19. 下列经济业务中，会使企业月末资产总额发生变化的是（　　）。

A. 从银行提取库存现金　　B. 购买原材料，货款未付

C. 购买原材料，货款已付　　D. 将库存现金存入银行

20. 下列经济业务会引起企业资产和所有者权益同时增加的（　　）。

A. 从银行取得短期借款　　B. 自当期净利润中提取盈余公积

C. 预收购货单位货款　　D. 收到外单位作为资本投入的机器设备

21. 下列各项中，会导致会计等式左右两边同时增加的经济业务是（　　）。

A. 从银行提现　　B. 从银行借入短期借款

C. 用资本公积转增资本　　D. 签发商业汇票支付前欠货款

22. 下列等式中，不正确的是（　　）。

A. 资产 = 负债 + 所有者权益

B. 期末资产 = 期末负债 + 期初所有者权益 + 本期增加的所有者权益 - 本期减少的所有者权益

C. 债权人权益 + 所有者权益 = 负债 + 所有者权益

D. 期末资产 = 期末负债 + 期初所有者权益

23. 企业以银行存款支付应付账款，会引起相关会计要素变化，下列表述中，正确的是（　　）。

A. 一项资产增加，另一项资产的减少　　B. 一项资产减少，一项负债增加

C. 一项资产减少，一项负债减少　　D. 一项负债减少，另一项负债增加

24. 某企业月初资产总额为 300 万元，本月发生下列经济业务：（1）赊购材料 10 万元；（2）用银行存款偿还短期借款 20 万元；（3）收到购货单位偿还欠款 15 万元存入银行。月末资产总额为（　　）万元。

A. 290　　B. 295　　C. 310　　D. 305

二、多项选择题

1. 反映企业财务状况的会计要素有（　　）。

A. 所有者权益　B. 收入　C. 费用　D. 资产

2. 下列各项中，属于资产的基本特征有（　　）。

A. 资产是由企业过去的交易或者事项形成的

B. 资产是企业拥有或者控制的资源

C. 资产预期会给企业带来经济利益

D. 资产是由企业将要发生的交易或者事项形成的

3. 下列选项中，属于流动资产的有（　　）。

A. 材料采购　B. 在建工程　C. 应收票据　D. 应付债券

4. 下列各项中，下列属于非流动资产的有（　　）。

A. 工程物资　B. 固定资产　C. 长期股权投资　D. 无形资产

5. 下列各项中，属于流动负债的有（　　）。

A. 应付职工薪酬　B. 其他应付款　C. 应付债券　D. 应付股利

6. 关于负债的表述，正确的有（　　）。

A. 负债表现为债权人对企业净资产的索取权

B. 负债按偿还期限的长短分为流动负债和非流动负债

C. 负债是企业过去的交易或者事项形成的

D. 负债预期导致经济利益流出企业

7. 关于费用的表述，正确的有（　　）。

A. 费用会导致所有者权益的减少

B. 费用是企业在日常活动中发生的

C. 费用可能表现为资产的减少或负债的增加

D. 费用可能同时表现为资产的减少和负债的增加

8. 按照《企业会计准则》的规定，以下表述中错误的有（　　）。

A. 费用导致经济利益的流出，最终导致所有者权益减少

B. 损失导致经济利益的流出，属于会计准则定义的“费用”

C. 利得导致经济利益的流入，但是不属于会计准则定义的“收入”

D. 生产费用属于费用，期间费用属于损失

9. 关于利润的表述正确的有（　　）。

A. 利润是企业一定会计期间的经营成果

B. 通常情况下，如果企业实现了利润，表明企业的所有者权益增加，业绩得到了提升

C. 利润的确认只依赖于收入和费用的确认

D. 利润包括收入减去费用后的净额，直接计入当期利润的利得和损失

10. 关于收入表述正确的（　　）。

A. 收入可能同时表现为资产的增加和负债的减少

B. 收入可能表现为资产的增加，也可能表现为负债的减少

C. 收入会导致所有者权益的增加

D. 收入是企业在日常活动中形成的

11. 下列各项中，应计入收入的有（ ）。

A. 商品销售收入　　B. 原材料销售收入
C. 无形资产使用费收入　　D. 固定资产租金收入

12. 下列属于生产费用的有（ ）。

A. 直接人工　　B. 直接材料　　C. 管理费用　　D. 制造费用

13. 下列各项中构成利润总额的有（ ）。

A. 直接计入当期利润的利得和损失　　B. 盈余公积
C. 收入减去费用后的净额　　D. 所得税费用

14. 下列属于会计计量属性的有（ ）。

A. 公允价值　　B. 历史成本　　C. 现值　　D. 重置成本

15. 关于会计要素的计量，下列表述正确的有（ ）。

A. 公允价值主要应用于交易性金融资产、交易性金融负债、可供出售的金融资产、采用公允价值模式计量的投资性房地产等的计量
B. 可变现净值通常应用于存货减值情况下的后续计量
C. 现值通常应用于非流动资产可收回金额和以摊余成本计量的金融资产价值的确定
D. 历史成本计量应基于经济业务的实际交易成本而不应考虑随后市场价格变动的影响

16. 关于历史成本计量的表述正确的有（ ）。

A. 历史成本就是取得或制造某项财产物资时所实际支付的现金或其他等价物
B. 在历史成本计量下，负债按照其因承担现实义务而实际收到的款项或者资产的金额计量
C. 在历史成本计量下，资产按照当前市场条件，重新取得同样一项资产所需支付的现金或现金等价物金额计量
D. 在历史成本计量下，资产按照其购置时支付的现金或者现金等价物的金额计量

17. 关于重置成本计量表述正确的有（ ）。

A. 在重置成本计量下，资产按照其取得时支付的现金或现金等价物的金额计量
B. 在重置成本计量下，资产按照其对外销售所能收到的现金或现金等价物的金额计量
C. 在重置成本计量下，资产按照现在购买相同或者相似资产所需要支付的现金或现金等价物的金额计量
D. 重置成本是现在时点的成本

18. 下列关于会计要素的计量表述中，正确的有（ ）。

A. 公允价值是指市场参与者在计量日发生的有序交易中，出售一项资产所能收到或者转移一项负债所需支付的价格
B. 重置成本是指按照当前市场条件重新取得同样一项资产所需支付的现金或现金等价物金额
C. 可变现净值等于预计售价减去进一步加工成本和预计销售费用以及相关税费后的净值
D. 现值是指对未来现金流量以恰当的折现率进行折现后的价值

19. 下面可以反映财务状况的会计等式有（ ）。

A. 收入－费用＝利润　　　　B. 资产－负债＝所有者权益

C. 资产＝负债＋所有者权益　　　　D. 收入－成本＝利润

20. 企业期末计算所有者权益，下列等式错误的是（　　）。

A. 期末资产－本期费用＝期末所有者权益

B. 期末负债＋本期费用＝期末所有者权益

C. 期末资产－期末负债＝期末所有者权益

D. 本期收入－本期费用＝期末所有者权益

21. 根据会计等式可知，下列哪些经济业务不会发生（　　）。

A. 资产增加、负债减少、所有者权益不变

B. 资产不变、负债增加、所有者权益增加

C. 资产有增有减、权益不变

D. 债权人权益增加、所有者权益减少、资产不变

22. 企业以银行存款购入一项资产，以下描述正确的有（　　）。

A. 一项负债增加　B. 另一项资产减少　C. 一项资产增加　D. 另一项负债减少

23. 下列经济业务中，会引起资产与负债同时增加的业务有（　　）。

A. 用银行存款偿还应付货款　　　　B. 从银行取得短期借款

C. 从银行提取现金　　　　D. 购买固定资产款未付

24. 将资本公积转增资本的经济业务，企业要素发生变化描述错误的有（　　）。

A. 所有者权益一增一减　　　　B. 资产和所有者权益同时增加

C. 负债增加，所有者权益减少　　　　D. 资产和负债同时增加

25. 下列各项中，会导致资产总额增加的有（　　）。

A. 收回某公司前欠货款　　　　B. 将现金送存银行

C. 向银行借入短期借款　　　　D. 接受投资者投入设备

26. 下列引起资产和负债同时减少的经济业务有（　　）。

A. 以银行存款支付前欠货款　　　　B. 收回应收账款存入银行

C. 购买材料，款项尚未支付　　　　D. 以银行存款偿还短期借款

27. 下列选项中，以“资产＝负债＋所有者权益”这一会计等式为理论依据的有（　　）。

A. 平行登记　B. 编制资产负债表　C. 复式记账　D. 成本计算

28. 一项资产增加，不可能引起的有（　　）。

A. 另一项资产的减少　　　　B. 一项收入的减少

C. 一项负债的减少　　　　D. 一项负债的增加

三、判断题

1. 会计要素是对会计对象的基本分类。（　　）

2. 收入、费用和利润三项会计要素反映企业的财务状况。（　　）

3. 依据《企业会计准则》，企业的会计对象共划分为资产、负债、净资产、收入、支出和结余六大会计要素。（　　）

4. 资产是指企业过去的交易或事项形成，并由企业拥有或者控制的、预期会给企业带来经济利益的资源。（　　）

5. 企业临时租用一辆汽车，租入汽车时确认为企业的资产。 （ ）

6. 某一财产物资要成为企业的资产，其所有权必须属于企业。 （ ）

7. 负债是指企业过去的交易事项形成的现时义务，履行该义务预期会导致经济利益流出企业。 （ ）

8. 费用可表现为资产的减少或负债的增加。 （ ）

9. 费用包括生产费用和期间费用。 （ ）

10. 收入是指企业在经济活动中形成的经济利益的总流入，包括主营业务收入、其他业务收入和营业外收入。 （ ）

11. 收入是指企业在非日常活动中形成的、会导致所有者权益者增加的、与所有者投入资本无关的经济利益的总流入。 （ ）

12. 利润是指企业在一定会计期间的经营成果。通常情况下，如果企业实现了利润，表明企业的所有者权益将增加，业绩得到了提升；反之，如果企业发生了亏损，表明企业的所有者权益将减少，业绩下降。 （ ）

13. 利润不包括企业非日常活动中发生的直接计入当期损益的利得和损失。 （ ）

14. 利润金额的确定主要取决于收入、费用、利得、损失金额的计量。 （ ）

15. 重置成本是指按照当前市场条件，重新取得同样一项资产所需支付的现金或者现金等价物的金额。 （ ）

16. 在可变现净值计量下，资产按照预计从其持续使用和最终处置中所产生的未来净现金流入量的折现额计量。 （ ）

17. 在现值计量下，资产按照预计从其持续使用中所产生的未来净现金流入量的折现金额计量；负债按照预计期限内需要偿还的未来净现金流出量的折现金额计量。 （ ）

18. 按公允价值计量，是指资产和负债按照在公平交易中，熟悉情况的交易双方自愿进行资产交换或者债务清偿的金额计量。 （ ）

19. 根据《企业会计准则》的规定，会计计量只能采用历史成本。 （ ）

20. 资产和权益反映的是同一事物的两个不同方面。 （ ）

21. 企业资产的增加必然表现为权益的增加。 （ ）

22. 基本会计等式是复式记账法的理论基础，也是企业编制资产负债表的依据。 （ ）

23. 无论发生什么经济业务，会计等式两边会计要素总额的平衡关系都不会被破坏。 （ ）

24. “收入－费用＝利润”这一会计等式，是企业计算确定经营成果、编制利润表的依据。 （ ）

25. 以银行存款购买原材料，这一经济业务的发生对资产总额没有影响。 （ ）

26. 以银行存款偿还前欠货款，这一经济业务的发生会引起资产与负债同时减少。 （ ）

27. 企业接受投资者投入实物，能使资产和所有者权益同时增加。 （ ）

28. 企业向银行借入款项，表现为一项资产增加，一项负债减少。 （ ）

参考答案及解析

一、单项选择题

1. C　收入是指企业在日常活动中形成的、会导致所有者权益增加的、与所有者投入资本无关的经济利益的总流入，A表述不正确；负债是指企业过去的交易或者事项形成的，预期会导致经济利益流出企业的现时义务，B表述不正确；利润包括收入减去费用后的净额、直接计入当期利润的利得和损失等，D表述不正确。

2. D　交易性金融资产属于流动资产；ABC都属于非流动资产。

3. D　负债是指企业由过去的交易或者事项形成的、预期会导致经济利益流出企业的现时义务。通常在1年或超过1年的一个营业周期内偿还的债务，称为流动负债。负债的清偿不仅可以是货币偿还，还可以是实物资产偿还或者以提供劳务偿还等。

4. C　AD属于非流动负债；B属于资产。

5. A　收入是指企业在日常活动中形成的、会导致所有者权益增加的、与所有者投入资本无关的经济利益的总流入。BCD选项都属于收入；A属于所有者投入的资本，不属于收入。

6. A　收入会影响利润，利得可能会影响利润（如果是直接计入所有者权益的利得则不影响利润），B错；收入和利得都会导致经济利益的流入，C错；收入和利得最终都会导致所有者权益的增加，D错。只有A是正确的。

7. D　固定资产处置净损失属于损失（营业外支出）而不属于费用。广告宣传费属于销售费用，而销售费用、管理费用、财务费用都属于费用。

8. D　期间费用包括管理费用、销售费用和财务费用，D错，其余三项正确。

9. C　利润是指企业在一定会计期间的经营成果。包括收入减去费用后的净额、直接计入当期利润的利得和损失等。因此费用会影响利润。

10. A　所有者权益是指企业资产扣除负债后由所有者享有的剩余权益；所有者权益的来源有三类：所有者投入的资本、直接计入所有者权益的利得和损失、留存收益；所有者权益具体表现为：实收资本（股份制企业叫“股本”）、资本公积、盈余公积和未分配利润。只有A是正确的。

11. D　历史成本，又称为实际成本，是指取得或制造某项财产物资实际支付的现金或其他等价物。ABC表述的都不是历史成本。

12. A　该批材料的可变现净值 = 120 - 2 - 15 = 103（万元）。

13. A　现值通常用于非流动资产可收回金额、以摊余成本计量的金融资产价值以及分期付款方式取得资产入账价值的确定等。

14. D　可变现净值通常应用于存货资产减值情况下的后续计量。

15. C　根据“资产 = 负债 + 所有者权益”会计等式，ABD选项都不可能出现。

16. B　企业收回应收账款500万元存入银行使得应收账款减少、银行存款增加，而两者都属于资产。

17. A　A使资产减少、负债减少；B使资产增加、负债增加；C使一项负债增加、另一项负债减少；D使资产增加、所有者权益增加。

18. B　期初资产总额为1 200万元，期初所有者权益为800万元，则期初负债为400万元（1 200 - 800）；而本期负债减少了200万元，则期末负债为200万元（400 - 200）；又期末资产总额为1 500万元，则期末所有者权益为1 300万元（1 500 - 200）。

19. B　ACD都是一项资产增加、另一项资产减少，资产总额不变；只有B资产增加、负债增加。

20. D A资产增加、负债增加；B所有者权益内部此增彼减；C资产增加、负债增加；D资产增加、所有者权益增加。

21. B A是资产内部此增彼减，等式左右都不变；B是资产增加、负债增加，等式左右两边同时增加；C是所有者权益内部此增彼减，等式左右都不变；D是负债（应付账款减少、应付票据增加）内部此增彼减，等式左右都不变。

22. D 期末资产 = 期末负债 + 期末所有者权益，D错，其余三项表述正确。

23. C 以银行存款支付应付账款，会使资产和负债同时减少。

24. A 资产总额 = 300 + 10 - 20 = 290万元。注意：收到购货单位偿还欠款15万元存入银行对资产总额没有影响。

二、多项选择题

1. AD 反映企业财务状况的会计要素有资产、负债、所有者权益。

2. ABC 资产是指企业过去的交易或者事项形成的、由企业拥有或控制的、预期会给企业带来经济利益的资源。

3. AC B属于非流动资产，D属于非流动负债。

4. ABCD 四个选项都属于非流动资产。

5. ABD 应付债券属于非流动负债。

6. BCD 对企业净资产的索取权应该是所有者的权益，A错误，其余三项表述正确。

7. ABCD 四个选项表述都正确。

8. BD 按照《企业会计准则》，损失是指由企业非日常活动所发生的、会导致所有者权益减少的、与向所有者分配利润无关的经济利益的流出，所以B选项不正确；费用是企业日常经营活动中的经济利益流出，包括生产费用和期间费用，所以选项D不正确。

9. ABD 利润的确认除了依赖收入和费用的确认外，还和直接计入当期利润的利得和损失有关，C错误，其余三项表述正确。

10. ABCD 四个选项表述都正确。

11. ABCD A属于主营业务收入、BCD都属于其他业务收入，而收入包括主营业务收入和其他业务收入。

12. ABD 生产费用由直接人工、直接材料和制造费用构成。

13. AC 利润包括收入减去费用后的净额、直接计入当期利润的利得和损失等。

14. ABCD 会计计量属性主要包括：历史成本、重置成本、可变现净值、现值和公允价值等。

15. ABCD 四个选项的表述都正确。

16. ABD C选项表述的是重置成本，其余三项表述正确。

17. CD A选项表述的是历史成本、B选项表述的是可变现净值。

18. ABCD 四个选项的表述都正确。

19. BC 反映财务状况的会计等式为"资产 = 负债 + 所有者权益"。

20. ABD 只有"期末资产 - 期末负债 = 期末所有者权益"是正确的，其余错误。

21. AB 根据"资产 = 负债 + 所有者权益"，可以判断AB不可能发生。

22. BC 以银行存款购入一项资产，使得一项资产增加，另一项资产减少。

23. BD A使资产和负债同时减少、C是资产内部一增一减。

24. BCD 将资本公积转增资本是所有者权益内部一增一减。

25. CD AB是资产内部一增一减，资产总额不变。

26. AD B选项是资产内部一增一减，C选项是资产和负债同时增加。

27. BC 财务状况等式"资产 = 负债 + 所有者权益"是复式记账法的理论基础，也是编制资产负债表的依据。

28. BC 根据“资产＝负债＋所有者权益＋收入－费用”这一会计等式，可以判断BC不可能发生。

三、判断题

1. √ 表述正确。

2. × 收入、费用和利润三项会计要素反映企业的经营成果。

3. × 依据《企业会计准则》，企业的会计对象共划分为资产、负债、所有者权益、收入、费用和利润六大会计要素。

4. √ 表述正确。

5. × 临时租用一辆汽车不符合资产的定义，不能确认为资产。

6. × 资产应当由企业拥有或者控制，具体是指企业享有某项资源的所有权，或者虽然不享有某项资源的所有权，但该资源能被企业所控制。

7. √ 表述正确。

8. √ 表述正确。

9. √ 表述正确。

10. × 收入不包括营业外收入。

11. × 收入是指企业在日常活动中形成的、会导致所有者权益增加的、与所有者投入资本无关的经济利益的总流入。

12. √ 表述正确。

13. × 利润包括企业非日常活动中发生的直接计入当期损益的利得和损失。

14. √ 表述正确。

15. √ 表述正确。

16. × 可变现净值，是指在正常生产经营过程中，以预计售价减去进一步加工成本和预计销售费用以及相关税费后的净值。

17. × 在现值计量下，资产按照预计从其持续使用和最终处置中所产生的未来净现金流入量的折现金额计量；负债按照预计期限内需要偿还的未来净现金流出量的折现金额计量。

18. √ 表述正确。

19. × 根据《企业会计准则》的规定，企业在对会计要素进行计量时，一般应当采用历史成本；采用重置成本、可变现净值、现值、公允价值计量的，应当保证所确定的会计要素金额能够持续取得并可靠计量。

20. √ 表述正确。

21. √ 表述正确。资产＝权益。

22. √ 表述正确。

23. √ 表述正确。

24. √ 表述正确。

25. √ 表述正确。

26. √ 表述正确。

27. √ 表述正确。

28. × 企业向银行借入款项，表现为资产和负债同时增加。

第三章 chapter 3 会计科目与账户

课前导语

本章主要是针对会计科目与账户的相关内容进行讲解。企业根据生产经营特点和管理要求在会计制度中事先确定会计科目，然后根据这些科目在账簿中开立账户，分门别类地记录各项经济业务。设置会计科目和账户是保证会计核算具有系统性的专门方法。和第二章一样，学习时建议要在理解的基础上加以必要的记忆。本章难度不大，“记忆性”内容稍多，考试时计算分析题不会涉及。

考试大纲基本要求

了解：会计科目与账户的概念、会计科目与账户的分类
熟悉：会计科目设置的原则、常用的会计科目
掌握：账户的结构、账户与会计科目的关系

本章框架结构

会计科目与账户
- 1. 会计科目（会计科目的概念、分类、设置）
- 2. 账户（账户的概念、分类、功能、结构、账户与会计科目的关系）

第一节 会计科目

一、会计科目的概念与分类

（一）会计科目的概念

会计科目（简称“科目”），是对会计要素的具体内容进行分类核算的项目，是进行会计核算和提供会计信息的基础。

【链接】 资金运动是对会计核算和监督的内容的最高概括，是第一层次，即会计对象。资金运动的第二层次是会计要素，资金运动的第三层次是会计科目。

【解释】 会计要素是对会计对象的基本分类，但六项会计要素仍显得过于粗略，为了全面、系统、详细地对各项会计要素的具体内容及其增减变化情况进行核算和监督，有必要对会计要素按其经济内容做进一步分类（即设置会计科目）。

【提示】 务必区分会计对象、会计要素、会计科目三个术语的关系。**【选择题/判断题】** 非常重要，不要混淆：①会计要素是对会计对象的基本分类；②会计科目是对会计要素的具体内容进行分类核算的项目。

经典例题讲解

例题3－1·单选题 （　　）是对会计要素的具体内容进行分类核算的项目。

A. 会计对象　　B. 会计科目

C. 会计账户　　D. 明细分类账

【答案解析】 B 会计科目是对会计要素的具体内容进行分类核算的项目。

例题3－2·判断题 会计科目是对会计对象的基本分类，是会计核算对象的具体化。（　　）

【答案解析】 × 会计要素是对会计对象的基本分类，而会计科目是对会计要素的具体内容进行分类核算的项目。

（二）会计科目的分类

会计科目可按其反映的经济内容（即所属会计要素）、所提供信息的详细程度及其统驭关系分类。

【点拨】 注意会计科目两种分类依据及其相应的分类结果。**【多选题】**

1. 按反映的经济内容（所属会计要素）分类

会计科目按其反映的经济内容不同，可分为资产类科目、负债类科目、共同类科目、所有者权益类科目、成本类科目和损益类科目等六类。

【点拨】 对于会计科目的分类，要注意掌握具体某个科目属于哪一类科目，要会区分（常用会计科目应该熟悉，最好会背诵，因为这关系到第四章中借贷记账法的学习。如果不知道某个科目属于哪一类科目，借贷记账法学起来会非常吃力）。【选择题/判断题】

（1）资产类科目，是对资产要素的具体内容进行分类核算的项目，按资产的流动性分为反映流动资产的科目和反映非流动资产的科目。

【链接1】 反映流动资产的科目有“库存现金”、“银行存款”、“其他货币资金”、“交易性金融资产”、“原材料”、“应收账款”、“预付账款”、“库存商品”等。

【链接2】 反映非流动资产的科目有“长期股权投资”、“长期应收款”、“固定资产”、“在建工程”、“无形资产”、“持有至到期投资”、“可供出售金融资产”、“长期待摊费用”等。【多选题】

【解释】 在资产类科目中，还有一些是反映资产价值损耗或损失的科目，如“累计折旧”、“累计摊销”、“坏账准备”、“存货跌价准备”等，被称为“备抵科目”。

【提示】 资产类科目归属于资产要素。

（2）负债类科目，是对负债要素的具体内容进行分类核算的项目，按负债的偿还期限分为反映流动负债的科目和反映非流动负债的科目。

【链接1】 反映流动负债的科目有“短期借款”、“应付账款”、“预收账款”、“应付职工薪酬”、“应交税费”等。

【链接2】 反映非流动负债的科目有“长期借款”、“应付债券”、“长期应付款”等。需特别注意“应付债券”属于反映非流动负债的科目。【多选题】

【提示】 负债类科目归属于负债要素。

（3）共同类科目，是既有资产性质又有负债性质的科目，主要有“清算资金往来”、“外汇买卖”、“衍生工具”、“套期工具”、“被套期项目”等科目。

【点拨】 哪些属于共同类科目？【多选题】

（4）所有者权益类科目，是对所有者权益要素的具体内容进行分类核算的项目，按所有者权益的形成和性质不同可分为反映资本的科目和反映留存收益的科目。

【链接1】反映资本的科目有“实收资本”（或“股本”）、“资本公积”等。

【链接2】反映留存收益的科目有“盈余公积”、“本年利润”、“利润分配”等。【多选题】

【提示】 所有者权益类科目一般归属于所有者权益要素。但“本年利润”科目特殊，它归属于利润要素，由于企业实现利润会增加所有者权益，因而将其作为所有者权益科目（即“本年利润”科目属于所有者权益类科目，但归属于利润要素）。注意理解和区分。【选择题】

（5）成本类科目，是对可归属于产品生产成本、劳务成本等的具体内容进行分类核算的项目，按成本的内容和性质的不同可分为反映制造成本的科目、反映劳务成本的科目等。

【链接1】 反映制造成本的科目有“生产成本”、“制造费用”科目。

【链接2】 反映劳务成本的科目有“劳务成本”等。【多选题】

【提示】 成本类科目归属于资产要素（需特别小心）特别是从“余额”角度分析。为什么？成本是企业生产产品、提供劳务所消耗的价值的体现，如果成本类科目有余额，反映的实质是某项“资产”。如“生产成本”科目有余额，反映的是尚未加工完成的各项在产品的成本，期末应填列到“存货”报表项目中，而“存货”就是一项资产。从费用的“发生额”角度，也可以将其归为“费用”要素。

【点拨】 在考试中，判断是否属于成本类科目的题目最多、最重要。成本类科目一共就四个：生产成本、制造费用、劳务成本、研发支出。其余都不是成本类科目。非常重要。【多选题】

（6）损益类科目，是对收入、费用等的具体内容进行分类核算的项目。

【链接1】 反映收入的科目有“主营业务收入”、“其他业务收入”、“营业外收入”等。

【链接2】 反映费用的科目有“主营业务成本”、“其他业务成本”、“管理费用”、“财务费用”、“销售费用”、“所得税费用”、“营业外支出”等。【多选题】

【提示】 损益类科目一般分别归属于收入要素和费用要素。

【解释】 为讲解方便，我们在讲“损益类”科目时，一般还会继续细分为“收入类”科目和“费用类”科目，大家学习的时候应注意，知道“收入类”科目和“费用类”科目都属于“损益类”科目，都具有损益类科目的特点就可以了。

【小结1】 在会计科目的分类中，有几个带“费用”字眼的科目很容易搞错。“长期待摊费用”属于资产类科目（不属于费用类科目）；“制造费用”属于成本类科目（不属于费用类科目）；“财务费用”、“销售费用”、“管理费用”、“所得税费用”属于费用类科目。

【小结2】 会计要素有六大类，分别是资产、负债、所有者权益、收入、费用、利润；会计科目按其反映的经济内容（即所属会计要素）也分为六大类，分别是资产类科目、负债类科目、共同类科目、所有者权益类科目、成本类科目和损益类科目。注意两个“六大类”既有不同，也有交叉。对其中某类科目归属于哪一个会计要素，应注意总结一下。

2. 按提供信息的详细程度及其统驭关系分类

会计科目按其提供信息的详细程度及其统驭关系，可以分为总分类科目和明细分类科目。

（1）总分类科目（又称“总账科目”或“一级科目”），是对会计要素的具体内容进行总括分类，提供总括信息的会计科目。

【举例3-1】 国家统一会计制度规定的会计科目（会计科目表中列示的科目），就是总分类科目。如：“应收账款”、“应付账款”、“原材料”、“实收资本”等。【选择题】

【点拨】 注意总分类科目的“别称”及作用。【选择题】

（2）明细分类科目（又称“明细科目”），是对总分类科目做进一步分类，提供更为详细和具体会计信息的科目。如果某一总分类科目所属的明细分类科目较多，可在总分类科目下设置二级明细科目，在二级明细科目下设置三级明细科目。

【解释】 二级明细科目是对总分类科目进一步分类的科目，三级明细科目是对二级明细科目进一步分类的科目。二级明细科目、三级明细科目是有的，而且都属于明细科目。

【思考】 是否有一级明细科目的说法？

【举例3-2】 “应收账款”科目按债务人名称或姓名设置明细科目，反映应收账款的具体对象。如“应收账款”下设“A公司”、“B公司”、“C公司”等明细科目。

总分类科目与各级明细分类科目之间的关系，以原材料为例，如表3-1所示。

【思考】 务必仔细看清楚表3-1中总分类科目与所属明细分类科目之间的关系：哪一个是总分类科目（总账科目、一级科目）、哪一个是明细分类科目（明细科目）、哪一个是二级明细科目（二级科目）、哪一个是三级明细科目（三级科目）？非常重要。注意总分类科目、明细分类科目（二级明细科目、三级明细科目）的区别。【选择题】

【小结】 总分类科目和明细分类科目的关系是：总分类科目对其所属的明细分类科目具

有统驭和控制的作用，而明细分类科目是对其所归属的总分类科目的补充和说明。总分类科目及其所属明细科目，共同反映经济业务既总括又详细的情况。【选择题/判断题】

表 3－1　　总分类科目与所属明细分类科目之间的关系

总分类科目（一级科目）	明细分类科目	
	二级明细科目	三级明细科目
原材料	原材料及主要材料	甲材料
		乙材料
	辅助材料	润滑油
		油漆
	燃料	焦炭
		汽油

经典例题讲解

例题 3－3·单选题　会计科目按其反映的经济内容分类，“利润分配”科目属于（　　）。

A. 资产类科目　　B. 所有者权益类科目

C. 成本类科目　　D. 损益类科目

【答案解析】　B　“利润分配”属于所有者权益类科目。

例题 3－4·单选题　下列各项中，不属于损益类科目的是（　　）。

A. “制造费用”科目　　B. “销售费用”科目

C. “投资收益”科目　　D. “其他业务成本”科目

【答案解析】　A　“制造费用”属于成本类科目。

例题 3－5·单选题　“预收账款”科目属于（　　）。

A. 资产类科目　　B. 负债类科目

C. 所有者权益类科目　　D. 投资类科目

【答案解析】　B　“预收账款”属于负债类科目。

例题 3－6·单选题　下列各项中，属于资产类的科目是（　　）。

A. “累计折旧”　　B. “应付账款”

C. “主营业务收入”　　D. “实收资本”

【答案解析】　A　“累计折旧”属于资产类科目，“主营业务收入”属于损益类科目，“应付账款”属于负债类科目，“实收资本”属于所有者权益类科目。

例题 3－7·判断题　“坏账准备”、“长期投资减值准备”、“累计折旧”、“无形资产减值准备”、“存货跌价准备”科目均属于资产类科目。（　　）

【答案解析】　√　表述正确。

例题 3－8·判断题　“应付账款”和“预付账款”均属于负债类科目。（　　）

【答案解析】　×　“应付账款”属于负债类科目，“预付账款”属于资产类科目。

例题 3－9·单选题　会计科目按其反映的经济内容分类，“资本公积”属于（　　）科目。

A. 资产类　　B. 负债类　　C. 所有者权益类　　D. 损益类

【答案解析】 C “资本公积”属于所有者权益类科目。

例题 3－10 · 判断题 “营业税金及附加”科目属于成本类科目。(　　)

【答案解析】 × “营业税金及附加”属于损益类科目。

例题 3－11 · 多选题 下列所有者权益类科目中，不能用来反映投资者投入资本的科目有(　　)。

A. “利润分配”　　B. “实收资本”　　C. “资本公积”　　D. “本年利润”

【答案解析】 AD 反映资本的科目有“实收资本”(或“股本”)、“资本公积”等。

例题 3－12 · 判断题 按成本的不同内容和性质，成本类科目分为反映制造成本的科目和反映销售成本的科目。(　　)

【答案解析】 × 成本类科目按成本的不同内容和性质可分为反映制造成本的科目和反映劳务成本的科目。

例题 3－13 · 多选题 下列科目中，属于成本类科目的有(　　)。

A. “劳务成本”　　B. “主营业务成本”

C. “材料成本差异”　　D. “生产成本”

【答案解析】 AD 成本类科目只有 4 个：“生产成本”、“制造费用”、“劳务成本”、“研发”支出。选项 B 属于损益类科目。选项 C 属于资产类科目。

例题 3－14 · 多选题 下列选项中，属于资产负债表科目的有(　　)。

A. “存货跌价准备”　　B. “库存商品”

C. “生产成本”　　D. “原材料”

【答案解析】 ABCD 资产负债表科目是指在资产负债表中反映的科目，即一般包括资产类科目、负债类、成本类科目。ABD 属于资产类科目，C 属于成本类科目。

例题 3－15 · 多选题 下列不属于利润要素但属于所有者权益类会计科目的有(　　)。

A. “本年利润”　　B. “实收资本”　　C. “资本公积”　　D. “盈余公积”

【答案解析】 BCD “本年利润”科目属于所有者权益类科目、利润要素。其余三项属于所有者权益类科目、所有者权益要素。

例题 3－16 · 单选题 会计科目按提供信息的详细程度及其统驭关系分类，可以分为(　　)。

A. 二级科目和三级科目

B. 资产类、负债类、所有者权益类、成本类、损益类

C. 一级科目和二级科目

D. 一级科目和明细科目

【答案解析】 D 会计科目按提供信息的详细程度及其统驭关系分为总分类科目(又称“总账科目”或“一级科目”)和明细分类科目(又称“明细科目”)。

例题 3－17 · 多选题 下列关于明细分类科目的表述中，正确的有(　　)。

A. 明细分类科目也称“一级会计科目”

B. 明细分类科目是对会计要素进行总括分类的科目

C. 明细分类科目是对总分类科目做进一步分类的科目

D. 明细分类科目是能提供更加详细具体会计信息的科目

【答案解析】 CD 明细分类科目也称“明细科目”，它是对总分类科目作进一步分类，

提供更详细、更具体会计信息的科目。总分类科目也称“一级会计科目”，是对会计要素的具体内容进行总括分类，提供总括信息的会计科目。

例题 3－18 · 单选题　下列不属于总账科目的是（　　）。

A. “原材料”　　B. “甲材料”　　C. “应付账款”　　D. “应收账款”

【答案解析】　B　“甲材料”不是总账科目，可以在“原材料”总账科目下设“甲材料”明细科目。

例题 3－19 · 多选题　下列科目中，属于三级科目的有（　　）。

A. “应交税费——应交增值税”

B. “应交税费”

C. “应交税费——应交增值税（进项税额）”

D. “应交税费——应交增值税（销项税额）”

【答案解析】　CD　A 是二级（明细）科目、B 是一级科目、CD 属于三级（明细）科目。

例题 3－20 · 判断题　对于明细科目较多的总账科目，可在总分类科目与明细分类科目之间设置二级或多级科目。（　　）

【答案解析】　√　表述正确。

二、会计科目的设置

（一）会计科目设置的原则

（1）合法性原则：所设置的会计科目应当符合国家有关法律法规的规定。

【解释】　在我国，总分类科目原则上由财政部统一制定。对于国家统一会计制度规定的会计科目，只有在不影响会计核算要求和会计报表指标汇总，以及对外提供统一的财务报表的前提下，企业才能根据自身的生产经营特点，适当自行增设、减少或合并某些会计科目。

（2）相关性原则：会计科目的设置，应为提供有关各方所需要的会计信息服务，满足对外报告与对内管理的要求。

【解释】　主要是考虑会计信息使用者的需要，提高会计核算所提供的会计信息相关性，满足相关各方的信息需求。

（3）实用性原则：在合法性的基础上，企业应当根据组织形式、所处行业、经营内容、业务种类等自身特点，设置符合企业需要的会计科目。

【点拨】　对于会计科目的设置原则，不仅要知道有哪三个原则（合法性、相关性、实用性）**【多选题】**，而且要仔细理解每个原则的含义。**【多选题/判断题】**

（二）常用会计科目

表 3－2 是企业会计科目按其反映的经济内容的不同进行的分类。

【链接】　再次提醒，企业常用的会计科目最好会背诵，至少要熟悉，经常复习。因为这关系到第四章第二节借贷记账法的学习。如果不知道某个具体科目属于哪一类科目，借贷记账法是基本学不好的。更何况对于会计科目本身，也有很多考题让你判断属于什么类型的科目，非常重要。具体运用将在第五章讲解。

表 3-2　　企业常用的会计科目表

编号	名　称	编号	名　称
	一、资产类		二、负债类
1001	库存现金	2001	短期借款
1002	银行存款	2201	应付票据
1012	其他货币资金	2201	应付账款
1101	交易性金融资产	2202	预收账款
1121	应收票据	2211	应付职工薪酬
1122	应收账款	2221	应交税费
1123	预付账款	2231	应付利息
1131	应收股利	2232	应付股利
1132	应收利息	2241	其他应付款
1221	其他应收款	2501	长期借款
1231	坏账准备	2501	应付债券
1401	材料采购	2701	长期应付款
1402	在途物资	2711	专项应付款
1403	原材料	2801	预计负债
1404	材料成本差异	2901	递延所得税负债
1405	库存商品		三、共同类（略）
1406	发出商品		四、所有者权益类
1407	商品进销差价	4001	实收资本
1408	委托加工物资	4002	资本公积
1471	存货跌价准备	4101	盈余公积
1501	持有至到期投资	4103	本年利润
1502	持有至到期投资减值准备	4104	利润分配
1503	可供出售金融资产		五、成本类
1511	长期股权投资	5001	生产成本
1512	长期股权投资减值准备	5101	制造费用
1521	投资性房地产	5201	劳务成本
1531	长期应收款	5301	研发支出
1601	固定资产		六、损益类
1602	累计折旧	6001	主营业务收入
1603	固定资产减值准备	6051	其他业务收入
1604	在建工程	6101	公允价值变动损益
1605	工程物资	6111	投资收益
1606	固定资产清理	6301	营业外收入
1701	无形资产	6401	主营业务成本
1702	累计摊销	6402	其他业务成本

续表

编号	名　　称	编号	名　　称
1703	无形资产减值准备	6403	营业税金及附加
1711	商誉	6601	销售费用
1801	长期待摊费用	6602	管理费用
1811	递延所得税资产	6603	财务费用
1901	待处理财产损溢	6701	资产减值损失
		6711	营业外支出
		6801	所得税费用
		6901	以前年度损益调整

经典例题讲解

例题 3－21 · 单选题　在设置会计科目时，应当遵守一定的原则，下列不属于这一原则的是（　　）。

A. 真实性　　B. 合法性　　C. 相关性　　D. 实用性

【答案解析】　A　会计科目在设置过程中应遵循合法性、相关性、实用性原则。

例题 3－22 · 单选题　在我国，总分类科目制定的权威部门是（　　）。

A. 财政部　　B. 银监会　　C. 保监会　　D. 国家税务总局

【答案解析】　A　在我国，总分类科目原则上由财政部统一制定。

例题 3－23 · 判断题　所有的总分类科目都应该设置明细科目，进行明细核算。（　　）

【答案解析】　×　并不是所有的总分类科目都需要进行细分并设立明细科目，细分与否视企业实际情况而定。比如库存现金一般就只设置总账科目。

例题 3－24 · 判断题　单位在不违背国家统一会计制度规定的前提下，可以根据需要增设某些会计科目。（　　）

【答案解析】　√　表述正确。

例题 3－25 · 多选题　关于会计科目设置应遵循的相关性原则表述正确的有（　　）。

A. 会计科目的设置应当有利于提高会计核算所提供的会计信息相关性

B. 会计科目的设置应当满足对外报告和对内管理的要求

C. 会计科目的设置应当为提供有关各方面所需要的会计信息服务

D. 会计科目的设置应当根据企业自身特点，符合企业需要

【答案解析】　ABC　D 的表述属于实用性原则。

例题 3－26 · 单选题　下列有关会计科目设置原则的阐述中，错误的是（　　）。

A. 可比性原则是指会计科目的设置，应为提供有关各方所需要的会计信息服务，满足对外报告与对内管理的要求

B. 相关性原则是指会计科目的设置，应为提供有关各方面所需要的会计信息服务，满足对外报告与对内管理的要求

C. 合法性原则是指为了保证会计信息的可比性，所设置的会计科目应该符合国家有关

法律法规的规定

D. 实用性原则是指在合法性的基础上，应该根据企业自身特点，设置符合企业需要的会计科目

【答案解析】 A 会计科目的设置应遵循合法性原则、相关性原则和实用性原则。

第二节 账 户

一、账户的概念与分类

（一）账户的概念

账户是根据会计科目设置的，具有一定格式和结构，用于分类反映会计要素增减变动情况及其结果的载体。

【解释】 会计科目仅仅是对会计要素的具体内容进行分类核算的项目和标志，并不能反映交易或事项的发生所引起的会计要素各项目的增减变动情况和结果。因此，还必须设置账户以便对交易或事项进行系统、连续的记录。请注意账户的作用。【判断题】

【提示】 注意账户是根据会计科目设置的，即先有科目，再有账户。【单选题】

（二）账户的分类

账户可根据其核算的经济内容、提供信息的详细程度及其统驭关系进行分类。

1. 根据核算的经济内容分类

账户分为资产类账户、负债类账户、共同类账户、所有者权益类账户、成本类账户和损益类账户六类。其中，有些资产类账户、负债类账户和所有者权益类账户存在备抵账户。

【解释】 备抵账户（又称“抵减账户”），是指用来抵减被调整账户余额，以确定被调整账户实有数额而设置的独立账户。如“累计折旧”账户是“固定资产”账户的备抵账户。其他备抵账户还有“累计摊销”、“坏账准备”、“存货跌价准备”等。

【点拨】 哪些类型账户存在备抵账户？【多选题】哪些具体账户属于备抵账户？【多选题】

2. 根据提供信息的详细程度及其统驭关系分类

账户分为总分类账户和明细分类账户。

（1）总分类账户，又称为“总账账户”或“一级账户”，是根据总分类科目设置的账户。总分类账户以下统称为“明细分类账户”。

【解释】 在总分类账户中，只使用货币计量单位。【判断题】

（2）明细分类账户，又称“明细账户”，是根据明细分类账科目设置的账户。

【解释】 明细分类账户的核算，除了用货币计量以外，必要时还需要使用实物计量、劳动计量等来计量。【判断题】和总分类账户的特点相区分。

【小结】 总分类账户和所属明细分类账户核算的内容相同，只是反映内容的详细程度有所不同，两者相互补充、相互制约、相互核对。总分类账户统驭和控制所属明细分类账户，明细分类账户从属于总分类账户。

【提示】　并不是所有的总分类账户都需要进行细分并设立明细账户，细分与否视企业实际情况而定。

【点拨】　从账户分类的学习中，可以看出，“账户”和“会计科目”基本一样，可以混用。只要注意前述“（一）账户的概念”中讲解的内容就行，其余内容考试时两者基本可以不加区分。

二、账户的功能与结构

（一）账户的功能

账户的功能在于连续、系统、完整地提供企业经济活动中各会计要素增减变动及其结果的具体信息。

（1）会计要素在特定会计期间增加和减少的金额，分别称为账户的“本期增加发生额”和“本期减少发生额”，两者统称为账户的“本期发生额”。

（2）会计要素在会计期末的增减变动结果，称为账户的“余额”，具体表现为期初余额和期末余额，账户上期的期末余额转入本期，即为本期的期初余额；账户本期的期末余额转入下期，即为下期的期初余额。

（3）账户的期初余额、期末余额、本期增加发生额和本期减少发生额统称为账户的四个金额要素。对于同一账户而言，它们之间的基本关系为：

期末余额 = 期初余额 + 本期增加发生额 - 本期减少发生额

【提示】　注意账户有哪四个金额要素（各自代表什么意思?），以及四个金额要素之间的关系。非常重要。在第四章中有具体应用。**【选择题】**

【小结】　账户的本期发生额属于“动态”经济指标范畴（某一会计期间增加或减少变动的状况）；账户的余额属于“静态”经济指标范畴（某一时日或某一时刻的存在状况）。

（二）账户的结构

账户的结构（见图 3 - 1）是指账户的组成部分及其相互关系。账户通常由以下内容组成：

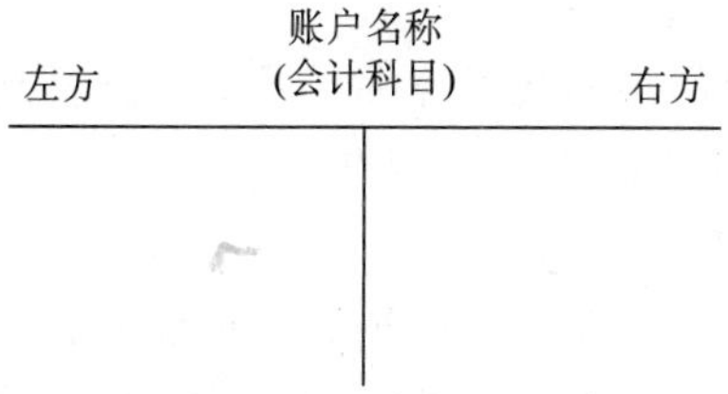

图 3 - 1　“T”形账户示意图

（1）账户名称，即会计科目；

（2）日期，即所依据记账凭证中注明的日期；

（3）凭证字号，即所依据记账凭证的编号；

（4）摘要，即经济业务的简要说明；

（5）金额，即增加额、减少额和余额。

【点拨】　注意账户的组成内容（结构）有五个方面。**【多选题】**

【解释 1】 从账户名称、记录增加额和减少额的左右两方来看，账户结构在整体上类似于汉字“丁”和大写的英文字母“T”。因此，账户的基本结构在实务中被形象地称为“丁”字账户或者“T”形账户。

【解释 2】 账户一般分为左右两方，按相反方向记录增加额和减少额，即一方登记增加额，另一方登记减少额。至于账户的哪一方登记增加额，哪一方登记减少额，取决于所采用的记账方法和所记录经济内容的性质。注意理解，并不是说账户的哪一方肯定登记增加或登记减少。

三、账户与会计科目的关系

从理论上讲，会计科目与账户是两个不同的概念，两者既有联系，又有区别。

（1）联系：会计科目与账户都是对会计对象具体内容的分类，两者核算内容一致（口径一致），性质相同。

（2）区别：会计科目是账户的名称，也是设置账户的依据；账户是会计科目的具体运用，具有一定的结构和格式，并通过其结构反映某项经济内容的增减变动及其余额。

【小结】 会计科目仅仅是账户的名称，不存在结构和格式；而账户则具有一定的格式和结构。没有会计科目，账户便失去了设置的依据；没有账户，会计科目就无法发挥作用。在实际工作中，对会计科目和账户一般不加严格区分，而是相互通用。

经典例题讲解

例题 3－27·单选题 账户是根据（　　）设置的，具有一定的格式和结构，用于分类反映会计要素增减变动情况及结果的载体。

A. 会计对象　　B. 会计要素　　C. 会计科目　　D. 会计信息

【答案解析】 C 账户是根据会计科目设置的，具有一定格式和结构，用于分类反映会计要素增减变动情况及其结果的载体。

例题 3－28·判断题 账户的功能在于连续、系统、完整地提供企业经济活动中各会计要素增减变动及其结果的具体信息。（　　）

【答案解析】 √ 表述正确。

例题 3－29·单选题 下列有关账户的阐述中，正确的是（　　）。

A. 总分类账户可以提供明细核算资料的指标，它是对明细分类账户的具体化和补充说明

B. 明细分类账户的核算，除了用货币计量以外，必要时还需要使用劳动计量单位等来计量

C. 明细分类账户可以提供总括的核算资料和指标，是对其所隶属总分类账户的综合

D. 总账和明细分类账户两者之间没有任何关系

【答案解析】 B 在总分类账户中，只使用货币计量单位，它可以提供总括的核算资料和指标，是对其所属的明细分类账户资料的综合；明细分类账户的核算，除了用货币计量以外，必要时还需要使用实物计量、劳动计量单位等来计量。明细账户是提供明细核算资料的指标，

它是对总分类账户的具体化和补充说明。只有 B 的说法正确。

例题 3－30·多选题　以下账户类别中，可能存在相应备抵账户的有（　　）。

A. 损益类账户　　B. 资产类账户

C. 负债类账户　　D. 所有者权益类账户

【答案解析】 BCD　有些资产类账户、负债类账户和所有者权益类账户存在备抵账户。

例题 3－31·多选题　账户的各项金额要素的关系可用（　　）表示。

A. 本期期末余额＝本期期初余额＋本期增加发生额－本期减少发生额

B. 本期期末余额－本期期初余额＝本期增加发生额－本期减少发生额

C. 本期期末余额－本期期初余额－本期增加发生额＝本期减少发生额

D. 本期期末余额＋本期减少发生额＝本期期初余额＋本期增加发生额

【答案解析】 ABD　本期期末余额－本期期初余额－本期增加发生额＝－本期减少发生额。所以选项 C 不正确。

例题 3－32·多选题　一个完整账户的结构包括的构成项目有（　　）。

A. 账户名称　　B. 凭证字号　　C. 摘要　　D. 金额

【答案解析】 ABCD　账户通常由以下内容组成：①账户名称，即会计科目；②日期，即所依据记账凭证中注明的日期；③凭证字号，即所依据记账凭证的编号；④摘要，即经济业务的简要说明；⑤金额，即增加额、减少额和余额。

例题 3－33·单选题　下列关于账户的结构的有关阐述中，不正确的是（　　）。

A. “T”形账户分为增加金额栏、减少金额栏、余额栏三个部分

B. 简易结构的账户又称“T”形账户

C. “T”形账户分为左右两方，一边计入增加额，一边计入减少额

D. 借贷记账法下，“T”形账户的左边称为“借方”，右边称为“贷方”

【答案解析】 A　“T”形账户包括三个部分：账户名称、记录增加的部分和记录减少的部分。A 的说法错误，其余三项表述正确。

例题 3－34·多选题　下列有关科目与账户的关系说法正确的是（　　）。

A. 两者口径一致，性质相同

B. 账户是设置会计科目的依据

C. 账户具有一定的格式和结构，而会计科目不具有格式和结构

D. 没有账户，科目就无法发挥作用

【答案解析】 ACD　会计科目和账户的联系是：会计科目与账户都是对会计对象具体内容的分类，两者核算内容一致，性质相同。区别是：会计科目是账户的名称，也是设置账户的依据；账户则是根据会计科目设置的，账户是会计科目的具体运用。没有会计科目，账户便失去了设置的依据；没有账户，会计科目就无法发挥作用。会计科目不存在结构；而账户则具有一定的格式和结构。

例题 3－35·单选题　企业“库存现金”账户期初余额为 5 000 元，本期增加发生额为 3 000元，期末余额为 2 000 元，则本期减少发生额为（　　）元。

A. 3 000　　B. 4 000　　C. 5 000　　D. 6 000

【答案解析】 D　由于期末余额＝期初余额＋本期增加发生额－本期减少发生额，故本期减少发生额＝期初余额＋本期增加发生额－期末余额＝5 000＋3 000－2 000＝6 000（元）。

随章同步练习

一、单项选择题

1. 下列有关会计科目概念所作的表述中，正确的是（　　）。
A. 会计科目是对会计主体的具体内容进行分类核算的项目
B. 会计科目是对经济业务的具体内容进行分类核算的项目
C. 会计科目是对会计对象的具体内容进行分类核算的项目
D. 会计科目是对会计要素的具体内容进行分类核算的项目

2. 下列各项中，属于流动资产类科目的是（　　）。
A. “在建工程”　B. “库存商品”　C. “固定资产”　D. “无形资产”

3. 下列各项中，属于负债类科目的是（　　）。
A. “长期待摊费用”　B. “应收账款”
C. “预付账款”　D. “预收账款”

4. 下列各项中，不属于所有者权益类科目的是（　　）。
A. “投资收益”　B. “本年利润”　C. “盈余公积”　D. “利润分配”

5. 下列各项中，不属于损益类科目的是（　　）。
A. “本年利润”　B. “投资收益”
C. “营业外收入”　D. “其他业务收入”

6. “坏账准备”属于（　　）科目。
A. 负债类　B. 所有者权益类
C. 损益类　D. 资产类

7. “所得税费用”属于（　　）类科目。
A. 资产　B. 负债　C. 损益　D. 所有者权益

8. 下列各项中，“主营业务收入”科目所属的类型是（　　）。
A. 损益类　B. 资产类　C. 成本类　D. 负债类

9. 下列所有者权益科目中，属于反映留存收益的科目是（　　）。
A. “利润分配”　B. “实收资本”　C. “资本公积”　D. “股本”

10. 下列项目中，属于成本类科目的是（　　）。
A. “生产成本”　B. “主营业务成本”
C. “营业税金及附加”　D. “其他业务成本”

11. 下列科目中，属于总账科目的是（　　）。
A. “应交税费——应交增值税”
B. “应交税费——应交增值税（销项税额）”
C. “应交税费——应交增值税（进项税额）”
D. “应交税费”

12. 下列有关会计科目的阐述中，错误的是（　　）。

A. 会计科目按其提供信息的详细程度及其统驭关系，可以分为总分类科目和明细分类科目

B. 明细分类科目是对总分类科目做进一步分类，提供更详细和具体会计信息的科目

C. 企业在任何情况下都不能对明细分类科目再进一步分级设置二级科目或三级科目

D. 总分类科目是对会计要素的具体内容进行总括分类，提供总括信息的会计科目

13. 下列选项中，不属于会计科目设置原则的是（　　）。

A. 可靠性原则　　B. 实用性原则　　C. 合法性原则　　D. 相关性原则

14. 根据会计科目设置的，具有一定格式和结构，用于分类反映会计要素增减变动情况及其结果的载体是（　　）。

A. 记账凭证　　B. 财务报表　　C. 账簿　　D. 账户

15. 开设明细分类账户的依据是（　　）。

A. 总分类科目　　B. 明细分类科目　　C. 试算平衡表　　D. 会计要素内容

16. 以下有关账户的阐述中，错误的是（　　）。

A. 总分类账户又称总账账户或一级账户

B. 总分类账户以下统称为明细分类账户

C. 在总分类账户中，既可使用货币计量单位，也可使用实物计量单位

D. 总分类账户可以提供总括的核算资料和指标，是对其所属明细分类账户资料的综合

17. 下列属于备抵账户的是（　　）。

A. “应收账款”　　B. “无形资产”　　C. “固定资产”　　D. “存货跌价准备”

18. 下列选项中，属于利润表账户的是（　　）。

A. 资产类账户　　B. 负债类账户　　C. 所有者权益账户　　D. 反映费用的账户

二、多项选择题

1. 对于制造业企业，“原材料”科目属于（　　）。

A. 明细分类科目　　B. 资产类科目　　C. 总分类科目　　D. 成本类科目

2. 属于会计科目分类方法的有（　　）。

A. 按企业内部管理与外部信息需要分类

B. 按其反映的经济内容（即所属会计要素）分类

C. 按其核算的具体内容分类

D. 按所提供信息的详细程度及统驭关系分类

3. 属于总分类科目的有（　　）。

A. “累计折旧”　　B. “持有至到期投资”

C. “待处理财产损溢”　　D. “累计摊销”

4. 下列各项中，属于资产类科目的有（　　）。

A. “预收账款”　　B. “库存现金”　　C. “应收账款”　　D. “预付账款”

5. 下列各项中，不属于成本类科目的有（　　）。

A. “制造费用”　　B. “原材料”　　C. “生产成本”　　D. “管理费用”

6. 下列会计科目反映制造成本的有（　　）。

A. “制造费用”　　B. “管理费用”　　C. “库存商品”　　D. “生产成本”

7. 下列会计科目反映资本的有（　　）。

A. “盈余公积”　B. “实收资本”　C. “本年利润”　D. “资本公积”

8. 下列会计科目中，属于核算非流动负债的有（　　）。

A. “其他应付款”　B. “长期借款”　C. “长期应付款”　D. “应付债券”

9. 下列会计科目中，属于所有者权益类科目的有（　　）。

A. “主营业务成本”B. “盈余公积”　C. “利润分配”　D. “其他业务收入”

10. 下列各项中，属于损益类科目的有（　　）。

A. “销售费用”　B. “管理费用”　C. “应收账款”　D. “制造费用”

11. 关于明细科目表述正确的（　　）。

A. 明细分类科目又称明细科目，是对总分类科目做进一步分类的科目

B. 明细分类科目提供详细、具体的会计信息

C. 明细分类科目反应各种经济业务的详细情况

D. 二级明细科目是对一级明细科目进一步分类的科目

12. 下列关于会计科目设置原则的阐述中，正确的有（　　）。

A. 可比性原则是指会计科目的设置，应为提供有关各方所需要的会计信息服务，满足对外报告与对内管理的要求

B. 合法性原则是指为了保证会计信息的可比性，所设置的会计科目应该符合国家有关法律法规的规定

C. 灵活性原则是指在合法性的基础上，应该根据企业自身特点，设置符合企业需要的会计科目

D. 相关性原则是指会计科目的设置，应为提供有关各方所需的会计信息服务，满足对外报告与对内管理的要求

13. 下列科目中，不属于二级科目的有（　　）。

A. “应交税费”

B. “应交税费——应交增值税”

C. “应交税费——应交增值税（进项税额）”

D. “应交税费——应交增值税（销项税额）”

14. 下列关于会计科目和会计账户关系的表述中，正确的有（　　）。

A. 没有账户，会计科目就无法发挥作用

B. 会计科目是账户的名称，也是设置账户的依据

C. 会计科目不存在结构，账户则具有一定的格式和结构

D. 两者都是对会计对象具体内容的分类，两者核算内容一致，性质相同

15. 下列关于账户概念的表述中，正确的有（　　）。

A. 账户是根据会计科目设置的

B. 账户是用于分类反映会计要素增减变动情况及其结果的载体

C. 账户具有一定格式和结构

D. 账户不具有一定格式和结构

三、判断题

1. 会计科目是对会计对象的具体分类，同时也是对会计要素的具体分类。　（　　）

2. 按所有者权益的形成和性质，所有者权益科目分为反映资本的科目和反映留存收益的科目。（ ）

3. 按资产的流动性，资产类科目分为反映流动资产的科目和反映固定资产的科目。（ ）

4. 所有者权益类科目下的“本年利润”、“利润分配”科目属于利润会计要素，由于企业实现利润会增加所有者权益而将其作为所有者权益类科目。（ ）

5. “管理费用”属于成本类科目。（ ）

6. “其他业务成本”属于损益类科目。（ ）

7. “投资收益”属于资产类科目。（ ）

8. “预付账款”属于资产类科目，而“制造费用”属于成本类科目。（ ）

9. “资本公积”、“盈余公积”都是反映企业留存收益的科目。（ ）

10. 反映企业资本的科目有“实收资本”、“资本公积”。（ ）

11. “生产成本”属于成本类科目。（ ）

12. 总分类科目及其所属明细科目，共同反映经济业务既总括又详细的情况。（ ）

13. 会计科目设置过程中应遵循合法性、相关性、合理性原则。（ ）

14. 会计科目能反映会计要素各项目的增减变化情况和结果。（ ）

15. 会计科目按其提供信息的详细程度及其统驭关系，可以分为总分类科目和明细分类科目。（ ）

16. 会计科目是账户的名称，账户是会计科目的载体和具体运用。（ ）

17. 根据核算的经济内容不同，账户分为资产类账户、负债类账户、共同类账户、所有者权益类账户、成本类账户和损益类账户六类。（ ）

18. 账户是根据会计科目开设的，两者的结构一致，性质相同。（ ）

19. 账户分为左右两方，左方登记增加，右方登记减少。（ ）

20. “累计折旧”账户期末余额一般在贷方，因此属于负债类账户。（ ）

21. 由于企业各种资产、负债、成本、费用等要素内容复杂多样，为方便管理，明细分类账户的设置越细越好。（ ）

参考答案及解析

一、单项选择题

1. D 会计科目是对会计要素的具体内容进行分类核算的项目。
2. B “库存商品”属于流动资产类科目，其余三项都属于非流动资产类科目。
3. D “预收账款”属于负债类科目，其余三项都属于资产类科目。
4. A “投资收益”属于损益类科目，其余三项都属于所有者权益类科目。
5. A “本年利润”属于所有者权益类科目，其余三项都属于损益类科目。
6. D “坏账准备”属于资产类科目。
7. C “所得税费用”属于反映费用的损益类科目。
8. A “主营业务收入”属于反映收入的损益类科目。

9. A　反映资本的科目有“实收资本”（或“股本”）、“资本公积”等；反映留存收益的科目有“盈余公积”、“本年利润”、“利润分配”等。

10. A　BCD都属于损益类科目。

11. D　ABC都属于明细分类科目。

12. C　如果某一总分类科目所属的明细分类科目较多，可在总分类科目下设置二级明细科目，在二级明细科目下设置三级明细科目。

13. A　会计科目的设置原则中，没有可靠性的要求。

14. D　账户是根据会计科目设置的，具有一定格式和结构，用于分类反映会计要素增减变动情况及其结果的载体

15. B　账户根据会计科目开设。明细分类账户是根据明细分类科目开设的。

16. C　在总分类账户中，只使用货币计量单位。

17. D　D属于备抵账户，其余三项都属于被调整账户。

18. D　反映收入、费用、利润的账户一般称为利润表账户。

二、多项选择题

1. BC　“原材料”科目属于资产类科目、总分类科目。

2. BD　会计科目可按其反映的经济内容（即所属会计要素）分类，也可以按所提供信息的详细程度及其统驭关系分类。

3. ABCD　四个选项都属于总分类科目。

4. BCD　A“预收账款”属于负债类科目。

5. BD　“原材料”属于资产类科目，“管理费用”属于损益类科目。成本类科目包括“生产成本”、“制造费用”、“劳务成本”、“研发支出”。

6. AD　反映制造成本的科目有“生产成本”、“制造费用”科目。

7. BD　反映资本的科目有“实收资本”（或“股本”）、“资本公积”等。

8. BCD　A核算流动负债，其余三项核算非流动负债。

9. BC　AD属于损益类科目。

10. AB　C“应收账款”属于资产类科目，选项D“制造费用”属于成本类科目。

11. ABC　二级明细科目是对总分类科目进一步分类的科目，D错，其余三项表述正确。

12. BD　会计科目的设置应遵循三个原则：合法性、相关性和实用性。

13. ACD　A属于一级科目，CD属于三级明细科目。

14. ABCD　四个选项的表述都正确。

15. ABC　账户是根据会计科目设置的，具有一定格式和结构，用于分类反映会计要素增减变动情况及其结果的载体。

三、判断题

1. ×　会计要素是对会计对象的基本分类，会计科目是对会计要素具体内容进行分类核算的项目。

2. √　表述正确。

3. ×　按资产的流动性，资产类科目分为反映流动资产的科目和反映非流动资产的科目。

4. ×　所有者权益类科目下的本年利润科目属于利润会计要素，由于企业实现利润会增加所有者权益而将其作为所有者权益类科目。利润分配本身就属于所有者权益要素，而不是利润要素。

5. ×　“管理费用”属于损益类科目。

6. √　表述正确。

7. ×　“投资收益”属于损益类科目。

8. √　表述正确。

9. ×　“资本公积”是反映资本的科目；“盈余公积”是反映留存收益的科目。

10. √　表述正确。

11. √　表述正确。

12. √　表述正确。

13. ×　会计科目设置过程中应遵循合法性、相关性、实用性原则。

14. ×　会计科目仅仅是对会计要素的具体内容进行分类核算的项目和标志，并不能反映交易或事项的发生所引起的会计要素各项目的增减变动情况和结果。

15. √　表述正确。

16. √　表述正确。

17. √　表述正确。

18. ×　账户是根据会计科目开设的，两者核算内容一致，性质相同。

19. ×　账户分为左右两方，哪一方记增加，哪方记减少，取决于企业所采用的记账方法和所记录经济内容的性质。

20. ×　“累计折旧”账户是“固定资产”的备抵账户，属于资产类账户。

21. ×　明细分类账户的设立取决于企业内部经营管理的特殊要求，并不是设置越细越好。

第四章 chapter 4 会计记账方法

课前导语

本章是会计核算的基础，应重点掌握借贷记账法下不同性质账户的基本结构和记账规则、会计分录及借贷记账法下的试算平衡等重点内容。本章是全书的重点章节，将为后面章节特别是第五章的学习奠定基础。一般初学者出现畏难情绪的也是在这一章，因此务必要"攻下"这个难关。本章内容中的试算平衡表会成为从业资格考试计算分析题的出题点之一，特别是围绕具体某一账户及相关经济业务，要求填列其本期借、贷方发生额和余额的计算分析题，大家一定要重视，可以说几乎肯定"抽到"。

考试大纲基本要求

了解：复式记账法的概念与种类、会计分录的分类

熟悉：借贷记账法的原理

掌握：借贷记账法下的账户结构、借贷记账法下的试算平衡

本章框架结构

会计记账方法
- 1. 会计记账方法的种类（单式记账法、复制记账法）
- 2. 借贷记账法（借贷记账法的概念、借贷记账法下的账户结构、借贷记账法的记账规则、借贷记账法下的账户对应关系与会计分录、借贷记账法下的试算平衡）

第一节 | 会计记账方法的种类

记账方法，就是指在账户中记录经济业务的具体手段及方式。记账方法按其登记方式的不同，可划分为单式记账法与复式记账法两种。

【点拨】 注意记账方法的分类依据及其结果。【选择题/判断题】

一、单式记账法

单式记账法是指对发生的每一项经济业务，只在一个账户中加以登记的记账方法。

【举例 4－1】 企业以银行存款购入一台设备，只登记“银行存款”账户的减少，而不登记“固定资产”账户的增加。

【解释 1】 单式记账法记账手续简单，但没有完整的账户体系，账户之间的记录没有直接联系和相互平衡关系。

【解释 2】 单式记账法不能全面、系统地反映各项会计要素的增减变动情况和经济业务的来龙去脉，也不便于检查账户记录的正确性和完整性。

【点拨】 注意单式记账法的特点和优缺点。【选择题】

经典例题讲解

例题 4－1·多选题　下列关于单式记账法的表述中，正确的有（　　）。

A. 不便于检查账户记录的正确性和完整性

B. 单式记账法记账手续简单，但没有一个完整的账户体系

C. 单式记账法是指对发生的每一项经济业务，只在一个账户中加以登记的记账方法

D. 单式记账法不能全面、系统地反映各项会计要素的增减变动情况和经济业务的来龙去脉

【答案解析】 ABCD　四个关于单式记账法的表述都正确。

二、复式记账法

（一）复式记账法的概念

复式记账法是指对于每一笔经济业务，都必须用相等的金额在两个或两个以上相互联系的账户中进行登记，全面系统地反映会计要素增减变化的一种记账方法。

【举例 4－2】 以银行存款购买原材料，采用复式记账法，则应以相等的金额，一方面在“银行存款”账户中记录银行存款减少，另一方面在“原材料”账户中记录原材料增加。

【提示】 现代会计运用复式记账法。单式记账法已经淘汰。

【点拨】 复式记账法的概念非常重要，主要考察记录规则（用相等的金额在两个或两个以上相互联系的账户中进行记录）。

（二）复式记账法的优点

与单式记账法相比，复式记账法的优点主要有：

（1）能够全面反映经济业务内容和资金运动的来龙去脉。

【解释】 每一项经济业务都要在两个或两个以上的账户中进行相互联系的记录，不仅能反映经济活动的过程和结果，而且还能反映资金运动的来龙去脉。

（2）能够进行试算平衡，便于查账和对账。

【解释】 每一项经济业务都以相等的金额进行对应记录，便于核对和检查记录结果。

【点拨】 注意复式记账法的特点和优缺点。【选择题】

（三）复式记账法的种类

复式记账法按记账符号不同可分为借贷记账法、增减记账法和收付记账法等。借贷记账法是目前国际上通用的记账方法，我国《企业会计准则》规定企业应当采用借贷记账法记账。

【点拨】 注意复式记账法的三种类型以及划分的依据。【多选题】

【提示】 我国企业采用借贷记账法记账。【单选题】

经典例题讲解

例题 4－2·多选题 复式记账法与单式记账法相比，具有的显著优点有（　　）。

A. 能够全面反映经济业务内容　　B. 能够进行试算平衡，便于查账和对账

C. 能够反映资金运动的来龙去脉　　D. 记账手续简单

【答案解析】 ABC 复式记账法的优点主要有：能够全面反映经济业务内容和资金运动的来龙去脉；能够进行试算平衡，便于查账和对账。D 属于单式记账法的优点。

例题 4－3·判断题 复式记账法是指对所发生的每项经济业务都以会计凭证为依据，一方面记入有关总分类账户，另一方面记入总账所属明细分类账户的方法。（　　）

【答案解析】 × 复式记账法是指对于每一笔经济业务，都必须用相等的金额在两个或两个以上相互联系的账户中进行登记，全面系统地反映会计要素增减变化的一种记账方法；平行登记是指对所发生的每项经济业务都以会计凭证为依据，一方面记入有关总分类账户，另一方面记入总账所属明细分类账户的方法。

例题 4－4·单选题 复式记账法是指对于每一笔经济业务，都必须用相等的金额在（　　）相互联系的账户中进行登记，全面系统地反映会计要素增减变化的一种记账方法。

A. 一个　　B. 两个

C. 三个　　D. 两个或两个以上

【答案解析】 D 复式记账法是指对于每一笔经济业务，都必须用相等的金额在两个或两个以上相互联系的账户中进行登记，全面系统地反映会计要素增减变化的一种记账方法。

例题 4－5·多选题 下列选项中，属于复式记账法的有（　　）。

A. 借贷记账法　　B. 增减记账法　　C. 正负记账法　　D. 收付记账法

【答案解析】 ABD　复式记账法按照记账符号的不同，有借贷记账法、增减记账法和收付记账法等。

例题 4-6·单选题　我国《企业会计准则》中规定，企业应当采用的记账方法是（　　）。

A. 增减记账法　　B. 收付记账法　　C. 单式记账法　　D. 借贷记账法

【答案解析】 D　我国《企业会计准则》规定企业应当采用借贷记账法记账。

第二节 | 借贷记账法

一、借贷记账法的概念

借贷记账法是以“借”和“贷”作为记账符号的一种复式记账法。

【提示】 借贷记账法的概念是在复式记账法概念的基础上引入了具体的记账符号“借”和“贷”。

二、借贷记账法下账户的结构

（一）借贷记账法下账户的基本结构

借贷记账法下，账户的左方称为“借方”，右方称为“贷方”。所有账户的借方和贷方按相反方向记录增加数和减少数，即一方登记增加额，另一方就登记减少额。

【提示】 至于“借”表示增加，还是“贷”表示增加，则取决于账户的性质与所记录经济内容的性质。非常重要。**【判断题】**

通常而言，资产、成本和费用类账户的增加用“借”表示，减少用“贷”表示；负债、所有者权益和收入类账户的增加用“贷”表示，减少用“借”表示。备抵账户的结构与所调整账户的结构正好相反。

【解释】 我们从会计等式中知道，资产与权益是同一事物的两个不同方面。这句话非常重要，可以简单归纳为：资产类账户和权益类账户反映的内容应该是相反的。比如资产类账户的借方表示增加，那么权益类账户的贷方就表示增加。

【点拨】 下面讲解的内容可以说是从业资格考试会计基础课程最“难”、最需要“理解”的部分，也是最“重要”的部分。如果账户的结构没有掌握，那么写会计分录就无从谈起。而区分账户结构的前提，是要先知道某个具体账户属于什么类型（第三章第一节）。因此，下面的内容必须不折不扣地掌握。

（二）资产和成本类账户的结构

在借贷记账法下，资产类、成本类账户的借方登记增加额；贷方登记减少额；期末余额一般在借方，有些账户可能无余额。其余额计算公式为：

期末借方余额 = 期初借方余额 + 本期借方发生额 - 本期贷方发生额

资产及成本类账户的结构如图 4－1 所示。

借方　　资产及成本类账户	贷方
期初余额 本期增加额	本期减少额
本期借方发生额合计	本期贷方发生额合计
期末余额	

图 4－1　资产及成本类账户的结构

【思考】　什么是发生额、什么是余额？请参考第三章第二节。

【提示 1】　一般来说，某类账户的期末余额的方向与该类账户登记增加数的方向一致。

【提示 2】　资产类备抵账户的结构与所调整账户的结构正好相反。

【思考】　为什么成本类账户的结构与资产类账户的结构会一致？可以这样理解：企业生产的产品，是企业资产的一种存在形态，也就是说，属于资产范畴（还记得成本类账户一般归属于资产要素吗?）。只是为了单独考核生产成本的需要而独立设置了成本类账户。因此，成本类账户的结构与资产类账户的结构是一致的。

（三）负债和所有者权益类账户的结构

在借贷记账法下，负债类、所有者权益类账户的借方登记减少额；贷方登记增加额；期末余额一般在贷方，有些账户可能无余额。其余额计算公式为：

期末贷方余额＝期初贷方余额＋本期贷方发生额－本期借方发生额

负债及所有者权益类账户的结构如图 4－2 所示。

借方　　负债及所有者权益类账户	贷方
本期减少额	期初余额 本期增加额
本期借方发生额合计	本期贷方发生额合计
	期末余额

图 4－2　负债及所有者权益类账户的结构

【解释】　权益类（负债及所有者权益类）账户的结构与资产类账户的结构正好相反，其贷方登记权益（负债及所有者权益）的增加额，借方登记权益（负债及所有者权益）的减少额。同样，权益（负债及所有者权益）的余额，一般应为贷方余额（其发生额增加的方向）。

【提示】　负债和所有者权益备抵账户的结构与所调整账户的结构正好相反。

【思考】　负债及所有者权益类账户的结构和资产类账户相反。考虑一下，资产类账户的借方表示什么？贷方表示什么？负债及所有者权益类账户借方表示什么？贷方表示什么？这样的总结对大家会很有帮助。

（四）损益类账户的结构

损益类账户包括收入类账户和费用类账户。

1. 收入类账户的结构

在借贷记账法下，收入类账户的借方登记减少额；贷方登记增加额。本期收入净额在期末转入“本年利润”账户，用以计算当期损益，结转后无余额。

收入类账户的结构如图 4－3 所示。

借方　　收入类账户	贷方
本期减少额 本期转出额	本期增加额
本期借方发生额合计	本期贷方发生额合计

图 4－3　收入类账户的结构

【技巧】 收入的取得最终会导致所有者权益增加，因此收入类账户结构和所有者权益类账户的结构基本相同，如增加都在“贷方”。

【提示】 收入类账户期末结转后无余额，非常重要。为什么没有余额？需要注意的是损益类账户期末通常都没有余额。因为损益类账户期末都要结转到“本年利润”账户，从而使自身的余额变为零。

2. 费用类账户的结构

在借贷记账法下，费用类账户的借方登记增加额；贷方登记减少额。本期费用净额在期末转入“本年利润”账户，用以计算当期损益，结转后无余额。

费用类账户的结构如图 4－4 所示。

借方　　费用类账户	贷方
本期增加额	本期减少额 本期转出额
本期借方发生额合计	本期贷方发生额合计

图 4－4　费用类账户的结构

【技巧】 费用的发生最终会导致所有者权益减少，因此费用类账户结构和所有者权益类账户的结构基本相反，如费用类的增加在“借方”，而所有者权益类的增加在“贷方”；既然和所有者权益类账户结构基本相反，就意味着和资产类账户结构基本相同（因为资产类账户和所有者权益类账户结构是相反的）。

【提示】 费用类账户期末结转后无余额。其原理同收入类账户的解释。

【小结】 各类账户结构的比较如表 4－1 所示。

表 4－1　　各类账户结构的比较

账　　户	借方	贷方	余　　额	举　　例
资产类账户	增加	减少	借方	银行存款、应收账款
负债类账户	减少	增加	贷方	应付账款、短期借款
所有者权益类账户	减少	增加	贷方	实收资本、本年利润
成本类账户	增加	减少	借方	生产成本、制造费用
收入类账户（损益类）	减少	增加	期末结转后无余额	主营业务收入、营业外收入
费用类账户（损益类）	增加	减少	期末结转后无余额	管理费用、主营业务成本

注：不管是资产类备抵账户，还是负债和所有者权益类备抵账户，其结构都与所调整账户的结构正好相反。

【技巧】 如何快速、准确地记忆上述账户结构，看看能不能使用这样一种逻辑：

第一，首先最应该知道的是资产类账户的结构（借方表示增加、贷方表示减少，期末余额一般在借方），后面的逻辑“推导”都以资产类账户为基础。

第二，知道权益类账户（包括负债类和所有者权益类）和资产类账户结构相反（借方表示减少、贷方表示增加，期末余额一般在贷方）。

第三，成本类账户和资产类账户是“一体”的，即账户结构是一样的（借方表示增加、贷方表示减少，期末如果有余额，一般在借方）。

第四，收入类账户和所有者权益类账户结构相同、费用类账户和所有者权益类账户结构相反。

【小结】 资产、成本、费用类账户结构类似：借方表示增加、贷方表示减少，期末余额一般在借方；负债、所有者权益、收入类账户结构类似：借方表示减少、贷方表示增加，期末余额一般在贷方。当然还要知道损益类账户（含收入类和费用类）期末结转后无余额。

【链接】 上面最“简约”的总结即使知道了，还要有个前提才能真正掌握账户的结构，即能判断某个具体账户属于哪一类（第三章第一节）。

经典例题讲解

例题 4－7·单选题　“预付账款”账户的期末余额等于（　　）。

A. 期初余额＋贷方发生额－借方发生额

B. 期初余额＋借方发生额－贷方发生额

C. 期初余额＋贷方发生额＋借方发生额

D. 期初余额－贷方发生额－借方发生额

【答案解析】 B　“预付账款”属于资产类账户，增加在借方，减少在贷方，余额一般在借方；所以该账户的期末余额＝期初余额＋借方发生额－贷方发生额。

例题 4－8·多选题　下列各项中，在借贷记账法下，关于负债类账户结构特点表述正确的有（　　）。

A. 期末余额一般在贷方

B. 期末贷方余额＝期初贷方余额＋本期贷方发生额－本期借方发生额

C. 借方登记减少额

D. 贷方登记增加额

【答案解析】 ABCD 负债类账户贷方登记增加，借方登记减少，期末余额一般在贷方。期末贷方余额 = 期初贷方余额 + 本期贷方发生额 - 本期借方发生额，选项 ABCD 均正确。

例题 4-9·多选题 下列关于损益类账户的表述中，正确的有（ ）。

A. 费用类账户的增加额记借方

B. 收入类账户的减少额记借方

C. 期末一般无余额

D. 年末一定要结转到“利润分配”账户

【答案解析】 ABC 收入类账户借方登记减少，贷方登记增加，期末结转后该类账户无余额；费用类账户借方登记增加，贷方登记减少，期末结转后该类账户无余额。损益类账户期末要转入“本年利润”账户。

例题 4-10·单选题 有关资产类账户说法不正确的是（ ）。

A. 借方登记增加　　B. 贷方登记减少

C. 借方登记减少　　D. 期末余额一般在借方

【答案解析】 C 资产类账户的借方表示增加、贷方表示减少，期末余额一般在借方。

例题 4-11·单选题 对于费用类账户来讲，下列不正确的是（ ）。

A. 费用的增加额记入账户的借方　　B. 如有期末余额，必定为贷方余额

C. 期末结转后一般没有余额　　D. 贷方登记费用的减少数

【答案解析】 B 费用类账户的借方表示增加、贷方表示减少，期末结转后一般没有余额。

例题 4-12·单选题 在借贷记账法下，成本类账户的期末余额一般（ ）。

A. 在借方　　B. 为零　　C. 在贷方　　D. 在减少方

【答案解析】 A 成本类账户的期末余额一般在借方。

例题 4-13·多选题 下列各项中，在借贷记账法下，账户借方登记的项目有（ ）。

A. 资产的减少　　B. 负债的减少

C. 所有者权益的减少　　D. 费用的减少

【答案解析】 BC 选项 AD 通过账户的贷方登记。

例题 4-14·单选题 在借贷记账法下，账户的贷方用来登记（ ）。

A. 收入类账户的减少　　B. 所有者权益类账户的增加

C. 负债类账户的减少　　D. 成本类账户的增加

【答案解析】 B 账户的贷方用来登记资产类账户的减少、负债和所有者权益类账户的增加、收入类账户的增加、成本账户类的减少、费用类账户的减少。

例题 4-15·判断题 “制造费用”和“管理费用”都应当在期末转入“本年利润”账户。（ ）

【答案解析】 × 损益类账户应当在期末转入“本年利润”账户，而“制造费用”并不是损益类账户，是成本类账户。

例题 4-16·单选题 下列各项中，属于“实收资本”账户期末余额的计算公式是（ ）。

A. 期末余额 = 期初余额 + 本期借方发生额 + 本期贷方发生额

B. 期末余额 = 期初余额 + 本期借方发生额 - 本期贷方发生额

C. 期末余额 = 期初余额 - 本期借方发生额 - 本期贷方发生额

D. 期末余额 = 期初余额 - 本期借方发生额 + 本期贷方发生额

【答案解析】 D “实收资本”属于所有者权益类账户，所有者权益类账户的借方登记减少额，贷方登记增加额，期末余额一般在贷方。其余额计算公式为：期末余额 = 期初余额 + 本期贷方发生额 - 本期借方发生额。

例题 4-17·单选题 甲公司月初“银行存款”账户借方余额为 100 万元，本月发生下列业务：①以银行存款购买原材料 10 万元；②向银行借款 60 万元，款项存入银行；③以银行存款归还前欠货款 30 万元；④收回应收账款 20 万元，款项已存入银行。月末公司“银行存款”账户借方余额为（　　）万元。

A. 60　　B. 120　　C. 100　　D. 140

【答案解析】 D ①“银行存款”账户减少 10 万元；②“银行存款”账户增加 60 万元；③“银行存款”账户减少 30 万元；④“银行存款”账户增加 20 万元。因此月末公司“银行存款”账户借方余额 = 100 - 10 + 60 - 30 + 20 = 140（万元）。

例题 4-18·单选题 已知“长期股权投资”账户期初余额 63 000 元，本期贷方发生额 20 000 元，期末余额 100 000 元，则该账户的借方发生额为（　　）元。

A. 17 000　　B. 143 000　　C. 183 000　　D. 57 000

【答案解析】 D “长期股权投资”是资产类账户，其账户期末余额 = 期初余额 + 本期借方发生额 - 本期贷方发生额。本题中该账户的借方发生额 = 期末余额 - 期初余额 + 本期贷方发生额 = 100 000 - 63 000 + 20 000 = 57 000（元）。

例题 4-19·判断题 在借贷记账法下，是“借”表示增加，还是“贷”表示增加，取决于账户的性质与所记录经济内容的性质。（　　）

【答案解析】 √ 表述正确。

三、借贷记账法的记账规则

记账规则是指采用某种记账方法登记具体经济业务时应当遵循的规律。

【解释】 借贷记账法的记账规则是“有借必有贷，借贷必相等”。即当发生经济业务时，企业必须按照相同的金额，一方面记入一个或多个账户的借方，另一方面同时记入一个或几个账户的贷方，借方金额合计与贷方金额合计必须相等。非常重要的规则，注意理解。

【举例 4-3】 甲企业获得所有者 A 追加投入资本 100 000 元存入开户银行。

这笔经济业务的发生，引起资产方的“银行存款”账户增加了 100 000 元，应记入该账户的借方；权益方的“实收资本”账户也增加了 100 000 元，应记入该账户的贷方。有借有贷，借贷金额相等。

【举例 4-4】 甲企业从银行提取现金 5 000 元。

这笔经济业务的发生，引起资产方的“库存现金”账户增加了 5 000 元，应记入该账户借方；“银行存款”账户减少了 5 000 元，应记入该账户的贷方。有借有贷，借贷金额相等。

【举例 4-5】 甲企业开出支票，动用银行存款 18 000 元偿还前欠货款。

这笔经济业务的发生，引起权益方的“应付账款”账户减少 18 000 元，应记入该账户借方；资产方的“银行存款”账户减少 18 000 元，应记入该账户的贷方。有借有贷，借贷金额相等。

【举例 4-6】 甲企业申请，银行同意将甲企业短期借款 30 000 元展期两年，变更为长期借款。

这笔经济业务的发生，使权益方的“短期借款”账户减少了 30 000 元，应记入该账户借方；而权益方的“长期借款”账户则增加了 30 000 元，应记入该账户贷方。有借有贷，借贷金额相等。

经典例题讲解

例题 4-20·单选题 下列关于借贷记账法的表述中，错误的是（ ）。

A. 借贷记账法是一种复式记账方法

B. 借贷记账法遵循“有借必有贷，借贷必相等”的记账规则

C. 借贷记账法下，“借”表示增加，“贷”表示减少

D. 借贷记账法以“借”和“贷”作为记账符号

【答案解析】 C 资产、成本和费用类账户的增加用“借”表示，减少用“贷”表示；负债、所有者权益和收入类账户的增加用“贷”表示，减少用“借”表示。C 的表述错误，其余三项正确。

例题 4-21·多选题 下列关于“有借必有贷，借贷必相等”记账规则的表述正确的有（ ）。

A. 计入一个账户的借方，必须同时记入另一个或几个账户的贷方

B. 计入一个账户的贷方，必须同时记入另一个或几个账户的借方

C. 记入几个账户的贷方，必须同时记入另几个账户的贷方

D. 计入一个账户的借方，必须同时记入该账户的贷方

【答案解析】 AB 借贷记账法的记账规则是“有借必有贷，借贷必相等”。即当发生经济交易或事项时，企业必须按照相同的金额，一方面记入一个或多个账户的借方，另一方面同时记入一个或几个账户的贷方，借方金额合计与贷方金额合计必须相等。

四、借贷记账法下的账户对应关系与会计分录

（一）账户的对应关系

账户的对应关系是指采用借贷记账法对每笔交易或事项进行记录时，相关账户之间形成的应借、应贷的相互关系（“借”记账户和“贷”记账户之间的联系）。存在对应关系的账户称为“对应账户”。

【举例 4-7】 购买新机器记入“固定资产”账户的借方，同时因为支付了银行存款，所以记入“银行存款”账户的贷方。这样，在“固定资产”账户和“银行存款”账户之间就形成了应借、应贷的关系，即账户的对应关系。这两个账户互称为对应账户。

【点拨】 应注意账户的对应关系及对应账户的概念。**【判断题】**

（二）会计分录

1. 会计分录的含义

会计分录，简称“分录”，是对每项经济业务列示出应借、应贷的账户名称（科目）及其金额的一种记录。

【提示】在我国，会计分录记载于记账凭证中。【判断题】

【解释】会计分录由应借应贷方向、相互对应的科目及其金额三个要素构成。注意会计分录的三要素是哪些。【多选题】

【举例4-8】甲企业获得所有者A追加投入资本100 000元存入开户银行。会计分录为：

借：银行存款　100 000

　　贷：实收资本　100 000

【举例4-9】甲企业从银行提取现金5 000元。会计分录为：

借：库存现金　5 000

　　贷：银行存款　5 000

【举例4-10】甲企业开出支票动用银行存款18 000元，偿还前欠货款。会计分录为：

借：应付账款　18 000

　　贷：银行存款　18 000

【举例4-11】甲企业申请，银行同意将甲企业短期借款30 000元展期两年，变更为长期借款。会计分录为：

借：短期借款　30 000

　　贷：长期借款　30 000

2. 会计分录的分类

按照所涉及账户的多少，会计分录分为简单会计分录和复合会计分录。

【解释1】简单会计分录指只涉及一个账户借方和另一个账户贷方的会计分录，即“一借一贷”的会计分录。

【解释2】复合会计分录指由两个以上（不含两个）对应账户组成的会计分录，即“一借多贷”、“多借一贷”或“多借多贷”的会计分录。【多选题】

【提示】注意这里的“多”、“一”都是针对总账账户而言，不考虑明细账户。

【举例4-12】企业购入原材料10 000元，已用银行存款支付6 000元，另4 000元货款暂欠。

此笔业务涉及的账户有三个：“原材料”、“银行存款”、“应付账款”，应做“一借两贷”的复合分录：

借：原材料　10 000

　　贷：银行存款　6 000

　　　　应付账款　4 000

【小结】“多借多贷”的分录是不能编制还是要尽量避免？“多借多贷”复合分录的对应关系从总体上实现了借方和贷方的金额相等，但为了保持账户对应关系清晰，只能是在经济业务客观存在复杂关系时，才编制“多借多贷”的复合会计分录。一般不应把不同经济业务合并在一起编制“多借多贷”的会计分录。

3. 会计分录的书写格式

（1）先借后贷、分行列示。“贷”字与借方科目的首个文字对齐，借贷方金额适当错开。

（2）复合会计分录中，“借”、“贷”通常只列示在第一个借方科目和第一个贷方科目前。

(3) 需要列示明细科目时，从左向右列示，二级科目前加破折号，三级科目放在一对小圆括号中。

(4) 借方或贷方有两个或两个以上二级科目属于一个一级科目时，一级科目只在第一个二级科目前列出，其余省略。

4. 会计分录的编制步骤

(1) 分析经济业务所涉及的会计科目。

(2) 确定各会计科目增加或减少的金额。

(3) 明确各会计科目的应借应贷方向及其金额。

(4) 编制会计分录，检查是否符合记账规则。

经典例题讲解

例题 4-22·单选题 会计分录的基本要素不包括（ ）。

A. 摘要 B. 记账方向 C. 金额 D. 账户名称

【答案解析】 A 会计分录的三要素包括应借应贷方向、金额和相互对应的科目。

例题 4-23·多选题 运用借贷记账法编制会计分录时，可以编制（ ）。

A. 一借一贷的分录 B. 多借多贷的分录

C. 多借一贷的分录 D. 一借多贷的分录

【答案解析】 ABCD 按照所涉及账户的多少，会计分录可以分为简单分录与复合分录两种类型。简单分录即“一借一贷”的会计分录；复合分录指由至少三个对应账户所组成的会计分录。即“一借多贷”、“多借一贷”、“多借多贷”。

例题 4-24·判断题 会计分录，简称“分录”，是对每项经济业务列示出应借、应贷的账户名称及其金额的一种记录。（ ）

【答案解析】 √ 表述正确。

例题 4-25·多选题 关于会计分录的表述中，正确的有（ ）。

A. 借贷方向、科目名称和金额构成会计分录的三要素

B. 会计分录可以分为简单分录和复合分录

C. 多借多贷会计分录，除特殊情况外，一般不使用

D. 在实际工作中，编制会计分录是通过填制原始凭证来完成的

【答案解析】 ABC 在实际工作中，编制会计分录是通过填制记账凭证来完成的。

例题 4-26·单选题 下列各项中，属于简单会计分录的是（ ）。

A. 一借一贷的分录 B. 多借一贷的分录

C. 多借多贷的分录 D. 一借多贷的分录

【答案解析】 A 简单会计分录是指一借一贷的分录。复合会计分录是指一借多贷、多借一贷或多借多贷的分录。

例题 4-27·单选题 下列会计分录中，属于复合会计分录的是（ ）。

A. 借：生产成本

　　贷：制造费用

B. 借：银行存款
　　贷：实收资本——A 公司
　　　　　　　　——B 公司

C. 借：原材料——甲材料
　　　　　　——乙材料
　　贷：银行存款

D. 借：管理费用
　　　制造费用
　　贷：累计摊销

【答案解析】 D　复合会计分录指由至少三个对应账户所组成的会计分录。即“一借多贷”、“多借一贷”、“多借多贷”。D 选项是“多借一贷”，而 ABC 都是“一借一贷”（即简单分录）。

例题 4-28·判断题　复合会计分录指的是多借多贷形式的会计分录。（　　）

【答案解析】 ×　复合会计分录指由至少三个对应账户所组成的会计分录。即“一借多贷”、“多借一贷”、“多借多贷”等。

例题 4-29·多选题　下列关于会计分录的书写格式说法正确的有（　　）。

A. 先借后贷　　B. 左右错开

C. 一借多贷，贷方文字对齐　　D. 一贷多借，借方金额对齐

【答案解析】 ABCD　会计分录的书写格式包括上借下贷，左右错开。具体表现为：先借后贷，左右错开，在一借多贷或一贷多借和多借多贷的情况下，借方或贷方的文字要对齐，金额也要对齐。故选 ABCD。

五、借贷记账法下的试算平衡

（一）试算平衡的含义

试算平衡，是指根据借贷记账法的记账规则和资产与权益的恒等关系，通过对所有账户的发生额和余额的汇总计算和比较，来检查账户记录是否正确的一种方法。

【解释】 如何理解平衡关系？根据会计等式可知，采用借贷记账法，所有账户期初借方余额和期初贷方余额必然相等，而会计期间内对于发生的每一项经济业务都是用借贷相等的金额来记录，因此全部账户的借方发生额和贷方发生额也必然相等，从而全部账户的借方余额也必然与贷方余额相等，这就形成了会计账户之间的一系列的平衡关系。

【点拨】 注意试算平衡的概念、作用。**【单选题/判断题】**

（二）试算平衡的分类

1. 发生额试算平衡

发生额试算平衡是指全部账户本期借方发生额合计与全部账户本期贷方发生额合计保持平衡，即：

全部账户本期借方发生额合计 = 全部账户本期贷方发生额合计

【提示 1】 发生额试算平衡的直接依据是借贷记账法的记账规则。**【单选题】**

【提示2】 一定要注意是“全部账户”的本期借方发生额合计和本期贷方发生额合计相等。不是“单个”或是“某类”账户。

【思考】 对于“单个”账户，一定期间（如某一个月）内其借方发生额合计和贷方发生额合计有什么数量上的关系？【选择题】

2. 余额试算平衡

余额试算平衡是指全部账户借方期末（初）余额合计与全部账户贷方期末（初）余额合计保持平衡，即：

全部账户借方期初余额合计 = 全部账户贷方期初余额合计

全部账户借方期末余额合计 = 全部账户贷方期末余额合计

【提示】 余额试算平衡的直接依据是财务状况等式。【单选题】

【解释】 上述两种平衡关系，可以用来检查会计账户记录的正确性。如果都保持平衡，说明记账工作基本是正确的。

【思考】 发生额试算平衡和余额试算平衡的依据各是什么？是“有借必有贷，借贷必相等”的记账规则还是“资产 = 权益”的会计恒等关系？【单选题】

【总结】 试算平衡分为两大类平衡（发生额试算平衡和余额试算平衡），具体表现为三方面平衡（把余额平衡分为期初余额平衡和期末余额平衡）。

（三）试算平衡表的编制

【点拨】 试算平衡表的填制要充分重视，有计算分析题。特别是其“变换”的形式。

试算平衡表通常是在期末结出各账户的本期发生额合计和期末余额后编制的，试算平衡表中一般应设置“期初余额”、“本期发生额”和“期末余额”三大栏目，其下分设“借方”和“贷方”两个小栏。各大栏中的借方合计与贷方合计应该平衡相等，否则，便存在记账错误。

【提示】 实务中，试算平衡是通过编制试算平衡表进行的。【单选题】“试算平衡表”也称为“总分类账发生额试算平衡表”。

【点拨】 试算平衡表的一般格式如表4－2所示。务必会填写，具体可参见随章同步练习。

表4－2 试算平衡表

年 月 日

单位：元

账户名称	期初余额		本期发生额		期末余额	
	借方	贷方	借方	贷方	借方	贷方
库存现金						
银行存款						
短期借款						
应付账款						
长期借款						
实收资本						
……						
……						
合计						

【技巧】 填写试算平衡表只要基于两种“技术”，基本就不成问题。

（1）“纵向”：要知道下列三个“相等”关系，即“借方期初余额合计 = 贷方期初余额合计、本期借方发生额合计 = 本期贷方发生额合计、借方期末余额合计 = 贷方期末余额合计”。

（2）“横向”：要知道各类账户期末余额、期初余额、本期发生额之间的关系，如“资产类账户期末余额 = 期初余额 + 本期借方发生额 - 本期贷方发生额、负债和所有者权益类账户期末余额 = 期初余额 + 本期贷方发生额 - 本期借方发生额”。

【点拨 1】 填写试算平衡表还有一种考试类型，就是先告知总账账户的“期初余额”，再给出一些本期的经济业务，然后让填写期末的试算平衡表。这类题比较难一些，不是很常见。答题要点是：对本期发生的经济业务会写会计分录，然后根据会计分录所涉及的会计账户进行汇总，将发生额填写到试算平衡表的“本期发生额”中，最后根据账户性质和“期初余额”、“本期发生额”，填写“期末余额”。填写完毕后可以根据试算平衡表的平衡公式验证账户记录正确与否（上述过程和实际工作是一致的）。

【点拨 2】 还有一类题型比“试算平衡表”更简单，但更重要，务必掌握。其基本模式为：给出若干个（一般是两个）账户的期初余额，再列出 3 ~ 4 笔经济业务，然后让考生填列这些账户的本期借方发生额、贷方发生额及余额（相当于不用填表的“试算平衡表”）。请结合随章同步练习的计算分析题学习掌握，非常非常重要。

通过试算平衡表验证，如果借贷不平衡，说明账户记录和计算肯定有错误，必须立即检查，进行更正。但即便试算平衡表是平衡的，并不能说明账户记录绝对正确（只能说基本正确），因为有些错误并不会影响借贷双方的平衡关系。如：

（1）漏记某项经济业务。

（2）重记某项经济业务。

（3）借贷双方金额同时多记或少记，且金额一致。

（4）记错有关账户。

（5）颠倒了记账方向。

（6）偶然发生多记和少记并相互抵消。

【提示】 关于试算平衡表的作用要理性判断，即使试算平衡了，也不能表明记账一定正确。**【判断题】**

【思考】 哪些错误是试算平衡表发现不了的？核心“要点”是：如果某项错误记录后不影响借贷双方的平衡关系，就不能通过试算平衡表发现错误。非常重要，一定要理解。**【多选题】**

经典例题讲解

例题 4 - 30 · 多选题 借贷记账法的试算平衡方法包括（　　）。

A. 增加额试算平衡法　　B. 减少额试算平衡法

C. 发生额试算平衡法　　D. 余额试算平衡法

【答案解析】 CD 试算平衡方法包括发生额试算平衡法和余额试算平衡法两种。

例题 4 - 31 · 多选题 某企业月末编制试算平衡表时，因“库存现金”账户的余额计算不正确，导致试算平衡中全部账户月末借方余额合计为 168 000 元，而全部账户月末贷方余额合计为 160 000 元，则“库存现金”账户（　　）。

A. 为借方余额　　B. 为贷方余额

C. 贷方余额多记 8 000 元　　D. 借方余额多记 8 000 元

【答案解析】 AD　试算平衡中全部会计账户月末借方余额合计应该等于全部账户月末贷方余额合计。根据“库存现金”账户的性质，应该是借方余额，且是由于其计算不正确而导致试算不平衡，则由此可以认定“库存现金”账户是借方余额多记了 8 000（168 000 - 160 000）元。

例题 4 - 32 · 多选题　关于借贷记账法下的试算平衡，下列表述中正确的有（　　）。

A. 试算平衡包括发生额试算平衡和余额试算平衡两种

B. 编制试算平衡表时，必须保证所有账户的余额或发生额均列入试算平衡表内

C. 试算平衡表借贷不相等，肯定账户记录有错误

D. 试算平衡表是平衡的，并不能肯定账户记录绝对正确的

【答案解析】 ABCD　四个选项的表述都正确。

例题 4 - 33 · 单选题　账户期末余额试算平衡的公式是（　　）。

A. 全部账户的期末借方余额合计 = 全部账户的期初借方余额合计 - 全部账户的期初贷方余额合计 + 全部账户的期末贷方余额合计

B. 全部账户的期末借方余额合计 = 全部账户的期初借方余额合计 + 全部账户的期初贷方余额合计 - 全部账户的期末贷方余额合计

C. 全部账户的期末借方余额合计 = 全部账户的期初借方余额合计 + 全部账户的期初贷方余额合计 + 全部账户的期末贷方余额合计

D. 全部账户的期末借方余额合计 = 全部账户的期末贷方余额合计

【答案解析】 D　账户期末余额试算平衡的平衡公式为：全部账户的期末借方余额合计 = 全部账户的期末贷方余额合计。

例题 4 - 34 · 多选题　下列会计等式正确反映试算平衡关系的有（　　）。

A. 全部账户本期借方余额合计 = 全部账户本期贷方余额合计

B. 全部账户本期借方发生额合计 = 全部账户本期贷方发生额合计

C. 资产类账户借方发生额合计 = 资产类账户贷方发生额合计

D. 负债类账户借方发生额合计 = 负债类账户贷方发生额合计

【答案解析】 AB　平衡关系主要包括：全部账户的借方余额合计数 = 全部账户的贷方余额合计数（余额平衡）、全部账户的本期借方发生额合计数 = 全部账户的本期贷方发生额合计数（发生额平衡）。

例题 4 - 35 · 单选题　发生额试算平衡是根据（　　）来确定的。

A. 借贷记账法的记账规则　　B. 资产 = 负债 + 所有者权益

C. 收入 - 费用 = 利润　　D. 平行登记原则

【答案解析】 A　发生额试算平衡是根据借贷记账法的记账规则来确定的。

例题 4 - 36 · 多选题　下列选项中，不会影响试算平衡的有（　　）。

A. 漏记某项经济业务　　B. 借方和贷方都多记相同金额

C. 重记某项经济业务　　D. 借贷科目用错

【答案解析】 ABCD　四个选项都不会影响借贷双方的平衡，所以无法通过试算平衡表检

查出来。

例题 4－37·多选题 下列错误中，可以通过试算平衡发现的有（ ）。

A. 漏记一项经济业务　　B. 借方发生额大于贷方发生额

C. 应借应贷科目颠倒　　D. 借方余额小于贷方余额

【答案解析】 BD 选项 AC 不会影响借贷双方的平衡，无法通过试算平衡表检查出来；而选项 BD 可以通过试算平衡发现。

例题 4－38·判断题 总分类账发生额及余额试算平衡表中本期借方发生额合计等于本期贷方发生额合计，说明账户发生额记录肯定没有错误。（ ）

【答案解析】 × 如果总分类账发生额及余额试算平衡表（即试算平衡表）经过试算都是平衡的，也不能说明账户记录就是正确的，因为有些错误的出现并不会影响借贷双方的平衡关系。例如漏记、重记某项经济业务，或者是某项经济业务发生后，记错了账户，借贷仍然是平衡的。

随章同步练习

一、单项选择题

1. 下列选项中，不属于复式记账法的是（ ）。

A. 借贷记账法　　B. 增减记账法

C. 收付记账法　　D. 正负记账法

2. 复式记账法要求对每一笔经济业务都要以相等的金额，在（ ）。

A. 一个或两个以上相互联系的账户中进行记录

B. 两个或两个以上相互联系的账户中进行记录

C. 两个或两个以上账户中进行记录

D. 一个或两个以上账户进行记录

3. 下列关于借贷记账法的表述中，正确的是（ ）。

A. 漏记一项经济业务通过试算平衡可以发现

B. 借贷记账法是复式记账法的一种

C. 在借贷记账法下，负债增加记借方，减少记贷方

D. 在借贷记账法下，“借”代表增加，“贷”代表减少

4. 下列关于资产类账户结构的表述中，正确的是（ ）。

A. 增加记贷方　　B. 增加记借方　　C. 减少记借方　　D. 期末无余额

5. 下列关于所有者权益类账户结构的表述中，正确的是（ ）。

A. 增加记贷方　　B. 增加记借方

C. 减少记贷方　　D. 期末无余额

6. 甲公司月初“应付账款”账户贷方余额为 400 万元。本月发生下列业务：（1）赊购原材料一批并取得增值税专用发票上记载的总价款为 100 万元，增值税为 17 万元；（2）偿付上月所欠货款 280 万元，则甲公司“应付账款”账户余额为（ ）万元。

A. 借方 563　　B. 贷方 237　　C. 贷方 563　　D. 借方 237

7. “应收账款”账户的期末余额等于（　　）。

A. 期初余额 + 本期借方发生额 - 本期贷方发生额

B. 期初余额 - 本期借方发生额 - 本期贷方发生额

C. 期初余额 + 本期借方发生额 + 本期贷方发生额

D. 期初余额 - 本期借方发生额 + 本期贷方发生额

8. “固定资产”账户的期初余额为 250 000 元，本期借方发生额为 145 000 元，贷方发生额 105 000 元，则期末余额为（　　）元。

A. 借方 21 000　　B. 借方 290 000

C. 贷方 210 000　　D. 借方 200 000

9. 已知“预付账款”账户本期借方发生额为 5 400 元，贷方发生额为 3 000 元，期末借方余额 8 000 元，则期初余额为（　　）元。

A. 4 000　　B. 10 400　　C. 5 600　　D. 400

10.（　　）不属于成本类账户的记账规则。

A. 期末余额在贷方　　B. 期末余额在借方

C. 减少记贷方　　D. 增加记借方

11. 费用类账户期末一般（　　）。

A. 余额在借方或贷方　　B. 余额在贷方

C. 余额在借方　　D. 无余额

12. 下列选项中，与“累计折旧”具有相同账户结构的是（　　）。

A. 累计摊销　　B. 固定资产　　C. 无形资产　　D. 商誉

13. 下列关于会计分录的表述中，不正确的是（　　）。

A. 应借应贷方向、科目名称和金额构成了会计分录的三要素

B. 会计分录按涉及账户的多少，可以分为简单会计分录和复合会计分录

C. 复合会计分录是指涉及两个以上（不含两个）对应账户所组成的会计分录

D. 会计实际工作中，最常用的会计分录为一借一贷、多借多贷分录

14. 下列表述中正确的是（　　）。

A. 从某个企业看，其全部账户的借方余额合计与全部账户的贷方余额合计不一定相等

B. 不能编制多借多贷的会计分录

C. 试算平衡的目的是验证企业的全部账户的借方发生额合计与借方余额合计是否相等

D. 从某个会计分录看，其借方账户与贷方账户之间互为对应账户

15. 下列各项中，就企业一个月的全部经济业务来说，正确的是（　　）。

A. 每个资产账户的借方发生额大于贷方发生额

B. 资产类账户借方发生额合计大于、等于、小于贷方发生额合计都有可能出现

C. 每个资产账户的借方发生额小于贷方发生额

D. 资产类账户借方发生额小于贷方发生额合计

16. 下列选项中，可以通过试算平衡表检查错误的是（　　）。

A. 借贷科目用错　　B. 重记某项经济业务

C. 漏记某项经济业务　　D. 借方多记金额

17. 下列有关期末编制试算平衡表的表述中，正确的是（　　）。

A. 试算不平衡，但账户记录正确

B. 平衡关系成立，账户记录一定正确

C. 试算不平衡，账户记录不正确

D. 平衡关系成立，账户记录一定不正确

二、多项选择题

1. 下列关于复式记账法的表述中，正确的有（　　）。

A. 复式记账法能够进行试算平衡，便于查账和对账

B. 复式记账法可以通过账户记录，完整、系统地反映经济活动的过程和结果

C. 复式记账法可以全面、系统地反映各项会计要素的增减变动和经济业务的来龙去脉

D. 复式记账法对于每一笔经济业务，都要在两个或两个以上的账户进行相互联系的记录

2. 下列关于借贷记账法的说法中正确的有（　　）。

A. 借贷记账法下哪一方登记增加，哪一方登记减少取决于账户的性质

B. 可以进行发生额试算平衡和余额试算平衡

C. 以“有借必有贷，借贷必相等”作为记账规则

D. 以“借”“贷”作为记账符号

3. 下列各项中，属于在借贷记账法下，可以在账户借方登记的有（　　）。

A. 负债的减少　　B. 资产的增加

C. 收入的减少　　D. 所有者权益的增加

4. 下列关于损益类账户的表述中，正确的有（　　）。

A. 期末一般无余额

B. 收入类账户的减少额记借方

C. 期末一般要结转到“利润分配”账户

D. 费用类账户的增加额记借方

5. 下列关于借贷记账法下的账户结构的表述中，正确的有（　　）。

A. 负债增加记借方，负债减少记贷方

B. 资产增加记借方，资产减少记贷方

C. 费用增加记借方，费用减少记贷方

D. 收入增加记贷方，收入减少记借方

6. 下列账户中，期末一般无余额的有（　　）。

A. 营业税金及附加　B. 所得税费用　　C. 实收资本　　D. 主营业务收入

7. 在借贷记账法下，账户的贷方应登记（　　）。

A. 负债、收入的增加数　　B. 负债、收入的减少数

C. 资产、成本的减少数　　D. 资产、成本的增加数

8. 下列关于账户结构的表述中，正确的有（　　）。

A. 资产类账户借方登记减少数　　B. 负债类账户借方登记减少数

C. 费用类账户借方登记减少数　　D. 收入类账户贷方登记增加数

9. 会计分录的构成要素有（　　）。

A. 应借方向　　　　B. 应贷方向

C. 账户名称　　　　D. 金额

10. 编制试算平衡表时，下列做法正确的有（　　）。

A. 必须保证所有账户的余额均已记录试算平衡表

B. 即使试算平衡，也不能说明账户记录绝对正确

C. 如果试算不平衡，账户记录肯定有错应认真检查直到平衡为止

D. 如果试算平衡，说明账户记录正确无误

11. 某企业月末编制试算平衡表时，因"银行存款"账户的余额计算不正确，导致试算平衡中月末借方余额合计为258 000元，而全部账户月末贷方余额合计为250 000元，则"银行存款"账户（　　）。

A. 为借方余额　　　　B. 为贷方余额

C. 贷方余额多记8 000元　　　　D. 借方余额多记8 000元

12. 下列各项关于计算平衡的等式表述中，正确的有（　　）。

A. 全部账户本期借方发生额合计＝全部账户本期贷方发生额合计

B. 全部账户借方期末发生额合计＝全部账户贷方期末发生额合计

C. 全部账户借方期初余额合计＝全部账户贷方期初余额合计

D. 全部账户借方期初余额合计＝全部账户贷方期末余额合计

13. 总分类账户余额试算平衡中的平衡关系有（　　）。

A. 全部账户的本期借方发生额合计＝全部账户的本期贷方发生额合计

B. 全部账户的期初借方余额合计＝全部账户的期末贷方余额合计

C. 全部账户的期初借方余额合计＝全部账户的期初贷方余额合计

D. 全部账户的期末借方余额合计＝全部账户的期末贷方余额合计

14. 下列各项中，不影响试算平衡的有（　　）。

A. 重记某项经济业务　　　　B. 借贷科目用错

C. 借贷方向颠倒　　　　D. 漏记某项经济业务

三、判断题

1. 复式记账法是以资产与权益平衡关系作为记账基础，对于每一笔经济业务，都要在两个或两个以上相互联系的账户中进行登记，系统地反映资金运动变化结果的一种记账方法。（　　）

2. 复式记账法包括借贷记账法、收付记账法和增减记账法三种。（　　）

3. 借贷记账法的记账规则为：有借必有贷，借贷必相等。即对于每一笔经济业务都只要在两个账户中以借方和贷方相等的金额进行登记。（　　）

4. 借贷记账法下，负债类账户与所有者权益账户通常都有期末余额，而且在借方。（　　）

5. "借方期末余额＝借方期初余额＋本期借方发生额－本期贷方发生额"这一公式适用于任何性质账户的结算。（　　）

6. 对于不同性质的账户，借贷的含义有所不同。（　　）

7. 费用类账户的结构与资产类账户结构完全相同。（　　）

8. 在借贷记账法下，所有者权益类账户与费用类账户的结构截然相反。（ ）

9. 在会计处理中，只能编制一借一贷、一借多贷、一贷多借的会计分录，而不能编制多借多贷的会计分录，以避免对应关系混乱。（ ）

10. 在借贷记账法下，“借”表示增加、“贷”表示减少。（ ）

11. 账户的对应关系是指采用借贷记账法对每笔交易或事项进行记录时，相关账户之间形成的应借、应贷的相互关系。存在对应关系的账户称为“对应账户”。（ ）

12. 发生额试算平衡是根据资产与权益的恒等关系，检验本期发生额记录是否正确的方法。（ ）

13. 期末进行试算平衡时，发现所有总分类账户的本期借方发生额合计数与所有总分类账户的本期贷方发生额合计数不相等，则说明账户记录不正确。（ ）

14. 为判断账户记录是否正确，常用编制试算平衡表的方法。只要试算平衡表实现平衡，即说明科目记录正确无误。（ ）

四、计算分析题

1. 甲公司201×年5月1日“银行存款”账户与“短期借款”账户余额如下表所示。

单位：元

账户名称	期初借方余额	账户名称	期初贷方余额
银行存款	82 000	短期借款	45 000

甲公司5月份发生下列经济业务：

（1）借入短期借款300 000元存入银行。

（2）用银行存款支付工资100 000元。

（3）用银行存款支付500元购买办公用品。

（4）销售商品款存入银行5 000元。

要求计算：

（1）“银行存款”账户本月借方发生额合计为（ ）元。

（2）“银行存款”账户本月贷方发生额合计为（ ）元。

（3）“银行存款”账户本月月末余额为（ ）元。

（4）“短期借款”账户本月贷方发生额合计为（ ）元。

（5）“短期借款”账户本月月末余额为（ ）元。

2. 乙公司201×年5月1日期“库存现金”账户与“应付账款”账户余额如下表所示。

单位：元

账户名称	期初借方余额	账户名称	期初贷方余额
库存现金	9 000	应付账款	46 000

乙公司5月份发生下列经济业务：

（1）从银行提取现金300 000元。

（2）用现金发放职工工资300 000元。

（3）用现金500元购买办公用品。

(4) 购买材料应付款5 000元。

要求计算：

(1)“库存现金”账户本月借方发生额合计为（　　）元。

(2)“库存现金”账户本月贷方发生额合计为（　　）元。

(3)“库存现金”账户本月月末余额为（　　）元。

(4)“应付账款”账户本月贷方发生额合计为（　　）元。

(5)“应付账款”账户本月月末余额为（　　）元。

3. 某企业201×年12月31日总分类科目试算平衡表如下表所示。

试算平衡表

201×年12月31日

单位：元

账户名称	期初余额		本期发生额		期末余额	
	借方	贷方	借方	贷方	借方	贷方
库存现金	7 200		1 200	3 600	(1)	
银行存款	96 000		(2)	75 600	(3)	
库存商品	60 000		26 400	38 400	48 000	
应收账款	(4)		(5)	10 800	96 000	
无形资产	118 200		28 800	27 000	120 000	
实收资本		180 000		36 000		216 000
盈余公积		48 000	24 000	12 000		36 000
短期借款		60 000	42 000			18 000
应付债券		96 000	10 200	79 800		165 600
合计	384 000	384 000	283 200	283 200	435 600	435 600

要求：根据试算平衡的原理计算填列试算平衡表中项目（1）～（5）的金额。（不要求列出计算过程）

4. 某企业201×年6月初有关总分类账户余额如下表所示。

单位：元

会计科目	期初借方余额	会计科目	期初贷方余额
库存现金	10 000	短期借款	130 000
银行存款	160 000	应付票据	120 000
原材料	200 000	应付账款	100 000
固定资产	11 000 000	实收资本	11 020 000
合计	11 370 000	合计	11 370 000

该企业本月份发生经济业务如下：

(1) 收到投资者按投资合同交来的资本金420 000元，已存入银行。

(2) 向银行借入期限为3个月的借款600 000元存入银行。

（3）从银行提取现金 8 000 元作为备用。

（4）购买材料 60 000 元（假定不考虑增值税因素）已验收入库，款未付。

（5）签发 3 个月到期的商业汇票 50 000 元抵付上月所欠货款。

（6）用银行存款 100 000 元偿还前欠的短期借款。

（7）用银行存款 300 000 元购买无需安装的机器设备一台（假定不考虑增值税因素），设备已交付使用。

（8）购买材料 40 000 元（假定不考虑增值税因素），其中用银行存款支付 30 000 元，其余货款尚欠，材料已验收入库。

（9）以银行存款偿还短期借款 100 000 元，偿还应付账款 60 000 元。

要求：根据上述资料编制试算平衡表。

试算平衡表

201×年 6 月 30 日　　单位：元

账户名称	期初余额		本期发生额		期末余额	
	借方	贷方	借方	贷方	借方	贷方
库存现金						
银行存款						
原材料						
固定资产						
短期借款						
应付票据						
应付账款						
实收资本						
合计						

参考答案及解析

一、单项选择题

1. D　复式记账法包括借贷记账法、增减记账法、收付记账法。

2. B　复式记账法是指对于每一笔经济业务，都必须用相等的金额在两个或两个以上相互联系的账户中进行登记，全面系统地反映会计要素增减变化的一种记账方法。

3. B　漏记一项经济业务不能通过试算平衡发现，A 错误；在借贷记账法下，负债增加记贷方，减少记借方，C 错误；在借贷记账法下，“借”表示增加还是“贷”表示增加，由账户的性质与所记录经济内容的性质决定，D 错误。

4. B　资产类账户的借方登记增加额，贷方登记减少额，期末余额一般在借方，有些账户可能无余额。

5. A　所有者权益类账户的借方登记减少额，贷方登记增加额，期末余额一般在贷方，有些账户可能无余额。

6. B　“应付账款”账户余额 =400+100+17-280=237（元）（贷方）。

7. A　“应收账款”账户的期末余额 = 期初余额 + 本期借方发生额 − 本期贷方发生额（适用于资产类账户）。

8. B　“固定资产”账户期末余额 = 250 000 + 145 000 − 105 000 = 290 000（元）（借方）。

9. C　“预付账款”属于资产类账户，其余额计算公式为：期末借方余额 = 期初借方余额 + 本期借方发生额 − 本期贷方发生额，则期初借方余额 = 期末借方余额 + 本期贷方发生额 − 本期借方发生额 = 8 000 + 3 000 − 5 400 = 5 600（元）。

10. A　成本类账户的借方登记成本的增加额，贷方登记成本的减少额，期末若有余额，应在借方。

11. D　损益类账户（含收入类和费用类账户）期末结转后通常都没有余额。

12. A　“累计折旧”与“累计摊销”均为资产类的备抵账户，贷方余额，贷记增加额，借记减少额。

13. D　会计实际工作中，多借多贷分录较少出现（一般只能是在一笔经济交易或事项客观存在复杂关系时，才需要编制多借多贷的复合会计分录），D 错误，其余三项表述正确。

14. D　全部账户的借方余额合计与全部账户的贷方余额合计应该相等，A 错误；多借多贷的会计分录可以编制，但尽量少编制，B 错误；试算平衡的目的是检查各类账户的记录是否正确，C 错误。

15. B　就单个账户而言，其本期借方发生额合计大于、等于、小于贷方发生额合计都有可能出现。

16. D　借方多记金额的情况可以通过试算平衡表发现错误。ABC 选项由于不影响平衡关系，无法通过试算平衡表发现错误。

17. C　试算平衡表只是通过借贷金额是否平衡来检查账户记录是否正确的一种方法。如果借贷双方发生额或余额相等，可以表明账户记录基本正确，但有些错误并不影响借贷双方的平衡。因此，试算不平衡，表示记账一定有错误，但试算平衡时，不能表明记账一定正确。

二、多项选择题

1. ABCD　四个选项的说法都正确。

2. ABCD　四个选项的说法都正确。

3. ABC　账户借方登记资产的增加、成本的增加、费用的增加、负债的减少、所有者权益的减少、收入的减少。

4. ABD　损益类账户期末一般要结转到“本年利润”账户，C 错误，其余三项正确。

5. BCD　通常而言，资产、成本和费用类账户的增加用“借”表示，减少用“贷”表示；负债、所有者权益和收入类账户的增加用“贷”表示，减少用“借”表示。备抵账户的结构与所调整账户的结构正好相反。

6. ABD　损益类账户期末一般无余额。ABD 都属于损益类账户，C 属于所有者权益类账户。

7. AC　在借贷记账法下，账户的贷方登记资产、成本、费用的减少数，负债、所有者权益、收入的增加数。

8. BD　资产类账户借方登记增加数、费用类账户借方登记增加数，AC 错误。

9. ABCD　应借应贷的方向、账户名称和金额构成了会计分录的三要素。

10. ABC　即使试算平衡，也不能说明账户记录绝对正确，D 错误。

11. AD　试算平衡中全部账户月末借方余额合计应该等于全部账户月末贷方余额合计。根据“银行存款”账户的性质，应该是借方余额，且是由于其计算不正确而导致试算不平衡，则由此可以认定“银行存款”账户是借方余额多记了 8 000（258 000 − 250 000）元。

12. AC　平衡关系主要包括三个方面：全部账户的借方期初余额合计数 = 全部账户的贷方期初余额合计数、全部账户的本期借方发生额合计数 = 全部账户的本期贷方发生额合计数、全部账户的借方期末余额合计数 = 全部账户的贷方期末余额合计数。

13. CD　余额平衡关系主要包括：全部账户的借方期初余额合计数 = 全部账户的贷方期初余额合计数、全部账户的借方期末余额合计数 = 全部账户的贷方期末余额合计数。

14. ABCD　四个选项都不会影响试算平衡关系。

三、判断题

1. √　表述正确。

2. √　表述正确。

3. ×　借贷记账法的记账规则是“有借必有贷，借贷必相等”。即当发生经济业务时，企业必须按照相同的金额，一方面记入一个或多个账户的借方，另一方面同时记入一个或几个账户的贷方，借方金额合计与贷方金额合计必须相等。

4. ×　负债类账户与所有者权益账户通常都有期末余额，而且在贷方。

5. ×　“借方期末余额 = 借方期初余额 + 本期借方发生额 - 本期贷方发生额”这一公式适用于资产类、成本类等账户的结算，并不是适用于任何性质账户的结算。

6. √　表述正确。

7. ×　费用类账户的结构与资产类账户结构基本相同，不同的是费用类账户期末一般没有余额。

8. √　表述正确。

9. ×　在会计处理中，可以编制多借多贷的会计分录。但为了避免对应关系混乱，尽量少编多借多贷分录。

10. ×　“借”表示增加还是“贷”表示增加，取决于账户的性质与所记录经济内容的性质。

11. √　表述正确。

12. ×　发生额试算平衡是根据借贷记账法“有借必有贷，借贷必相等”的记账规则，来判断一定时期内会计记录是否正确的方法。

13. √　表述正确。

14. ×　即便试算平衡表是平衡的，并不能说明账户记录绝对正确，因为有些错误并不会影响借贷双方的平衡关系。

四、计算分析题

1.

（1）305 000。注：业务（1）300 000 + 业务（4）5 000 = 305 000（元）。

（2）100 500。注：业务（2）100 000 + 业务（3）500 = 100 500（元）。

（3）286 500。注：82 000 + 305 000 - 100 500 = 286 500（元）。

（4）300 000。注：业务（1）300 000（元）。

（5）345 000。注：45 000 + 300 000 = 345 000（元）。

2.

（1）300 000。注：业务（1）300 000（元）。

（2）300 500。注：业务（2）300 000 + 业务（3）500 = 300 500（元）。

（3）8 500。注：9 000 + 300 000 - 300 500 = 8 500（元）。

（4）5 000。注：业务（4）5 000（元）。

（5）51 000。注：46 000 + 5 000 = 51 000（元）。

3.

（1）4 800　（2）146 400　（3）166 800　（4）102 600　（5）4 200

4.

试算平衡表

201×年6月30日　　　　单位：元

账户名称	期初余额		本期发生额		期末余额	
	借方	贷方	借方	贷方	借方	贷方
库存现金	10 000		8 000		18 000	
银行存款	160 000		1 020 000	598 000	582 000	
原材料	200 000		100 000		300 000	
固定资产	11 000 000		300 000		11 300 000	
短期借款		130 000	200 000	600 000		530 000
应付票据		120 000		50 000		170 000
应付账款		100 000	110 000	70 000		60 000
实收资本		11 020 000		420 000		11 440 000
合计	11 370 000	11 370 000	1 738 000	1 738 000	12 200 000	12 200 000

第五章 chapter 5 借贷记账法下主要经济业务的账务处理

课前导语

本章内容属于会计在实际工作中的应用，是本门课程学习的重点、难点内容。涉及的知识点很多，不仅仅是一些会计分录，还会涉及很多基本概念、账户结构的理解等等，需要大家打起十二分的精神应对。从会计分录考试角度来讲，本章讲解中出现过的例子都必须掌握，而且要举一反三，融会贯通。

本章的考试出题点主要有三个方面，都很重要。首先是主要经济业务的账务处理（会计分录），每个例题都要掌握；其次是一些相关的概念，如企业资金的循环与周转过程是怎样的？所有者投入资本的构成包括什么？固定资产的概念和特征是什么？什么是固定资产折旧？折旧方法有哪些？生产费用的构成是什么？期间费用包括哪三种？哪些属于营业外收入？销售收入确认的条件有什么？利润分配的顺序是怎么样的？等等；最后考核点是对常见账户结构的理解，新大纲中对这一部分的要求很多，而账户的结构对初学者来讲比较抽象，建议结合具体实例加以理解和掌握。如某个账户的借贷方分别登记什么？余额在什么方向？各有什么含义？明细账户如何设置？等等。

考试大纲基本要求

掌握：企业资金的循环与周转过程、核算企业主要经济业务的会计科目、企业主要经济业务的账务处理、企业净利润的计算、企业净利润的分配

本章框架结构

借贷记账法下主要经济业务的账务处理

1. 企业的主要经济业务
2. 资金筹集业务的账务处理（所有者权益筹资业务、负债筹资业务）
3. 固定资产业务的账务处理（固定资产的概念与特征、固定资产的成本、折旧、账户设置、账务处理）
4. 材料采购业务的账务处理（材料的采购成本、账户设置、账务处理）
5. 生产业务的账务处理（生产费用的构成、账户设置、账务处理）
6. 销售业务的账务处理（商品销售收入的确认与计量、账户设置、账务处理）
7. 期间费用的账务处理（期间费用的构成、账户设置、账务处理）
8. 利润形成与分配业务的账务处理

第一节　企业的主要经济业务

会计核算和监督的内容是社会再生产过程中能以货币表现的经济活动，即资金运动或价值运动。企业的资金运动表现为资金投入、资金运用和资金退出三个过程。

（1）资金的投入是单位取得资金的过程，是资金运动的起点（主要体现在本章第二节资金筹集业务的账务处理）。

（2）企业的资金投入企业后，在供应、生产和销售等环节不断循环与周转。

①供应阶段：使用货币资金购置机器设备等固定资产、购买原材料等为生产产品做好物资准备（主要体现在本章第三节固定资产购买业务、本章第四节材料采购业务）；

②生产阶段：原材料等劳动对象通过加工转化为产成品，伴随着生产过程的各种耗费以及使用厂房、机器设备等劳动资料形成折旧费用等（主要体现在本章第三节固定资产折旧处理、本章第五节生产业务、本章第七节期间费用的账务处理）；

③销售阶段：销售产品并办理结算等，收回货款或者形成债权。收入抵成本、费用后，形成企业的利润（主要体现在本章第六节销售业务、本章第七节期间费用的账务处理、本章第八节利润形成的账务处理）。

（3）资金退出是资金运动的终点，包括偿还各项债务、缴纳各项税费、向所有者分配利润等（主要体现在本章第八节利润分配业务的账务处理）。

【点拨】 本章的编写体例就是按照资金的运动过程来编写的，要注意体会，有所感悟，这样学习也进入了“循环”，效果会更好。

【思考】 从上述资金运动的过程分析，是否能得出本章学习的经济业务是哪些？（注意看“节”的标题：资金筹集业务、固定资产业务、材料采购业务、生产业务、销售业务、期间费用、利润形成和分配业务）

第二节 资金筹集业务的账务处理

【补充】 在具体业务讲解之前，先补充四个最常见、最简单也很容易考到的业务，先找找感觉：

①从银行提取现金：

借：库存现金

　　贷：银行存款

②将现金缴存银行：

借：银行存款

　　贷：库存现金

③收到应收账款，存入银行：

借：银行存款

　　贷：应收账款

④用银行存款支付应付账款：

借：应付账款

　　贷：银行存款

企业的资金筹集业务按其资金来源通常分为所有者权益筹资和负债筹资。

【解释1】 所有者权益筹资形成所有者的权益（通常称为权益资本），包括投资者的投资及其增值【多选题】，这部分资本的所有者既享有企业的经营收益，也承担企业的经营风险。【判断题】

【解释2】 负债筹资形成债权人的权益（通常称为债务资本），主要包括企业向债权人借入的资金和结算形成的负债资金等，这部分资本的所有者享有按约收回本金和利息的权利。【判断题】

一、所有者权益筹资业务

（一）所有者投入资本的构成

所有者投入资本按照投资主体的不同可以分为国家资本金（指有权代表国家投资的政府部门或者机构以国有资产投入企业形成）、法人资本金（指其他法人单位以其依法可以支配的资产投入企业形成）、个人资本金（指社会公众以个人合法财产投入企业形成）和外商资本金（指外国投资者以及我国香港、澳门和台湾地区投资者向境内企业投资形成）等。

【点拨】 注意所有者投入资本的四种类型及具体含义。【多选题/判断题】

所有者投入的资本主要包括实收资本（或股本）和资本公积。【多选题/判断题】

(1) 实收资本（或股本）是指企业的投资者按照企业章程、合同或协议的约定，实际投入企业的资本金（即在企业注册资本（或股本）中所占份额）以及按照有关规定由资本公积、盈余公积等转增资本的资金。

【思考】 注意“实收资本”和“投入资本”是不同的概念。一般来说，“投入资本”大于等于“实收资本”，为什么？

(2) 资本公积是企业收到投资者投入的超出其在企业注册资本（或股本）中所占份额的投资，以及直接计入所有者权益的利得和损失等。资本公积主要用于转增资本。

【提示】 资本公积的组成是非常重要的概念。【判断题】还要注意“资本公积”两个明细账户分别核算什么，后面有讲解。

（二）账户设置

【提示】 账户结构学习的总体要求：在学习中，要非常注意总结、比较，特别是要和具体例题的账务处理结合起来效果会更好，要不然靠“死记”是没有用的。在考试中主要有三方面的考核：其一是账户结构本身，比如该账户的作用是什么？比如“借方”登记什么？“贷方”登记什么？“余额”在什么方向，表示什么含义？明细账户如何设置？等等；其二是在具体账务处理中的应用（即会计分录，是重点）；其三是从账户结构中延伸出的一些基本概念的考核，比如哪些属于“营业外收入”而不是“收入”、哪些属于“营业外支出”而不是“费用”等等，注意掌握。【各类题型】

【点拨】 在对所有者权益筹资业务核算中，企业通常设置下列账户，要结合第三、四章内容注意“归类”分析：①“实收资本（或股本）”、“资本公积”属于所有者权益类账户：借方登记减少、贷方登记增加、余额一般在贷方；②“银行存款”属于资产类账户：借方登记增加、贷方登记减少、余额一般在借方。

1. “实收资本（或股本）”账户（见表5－1）

表5－1 “实收资本（或股本）”账户说明

项目	具体内容
账户性质	所有者权益类账户
用途	核算企业接受投资者投入的实收资本
借方登记	所有者投入企业资本金的减少额（表示减少）
贷方登记	所有者投入企业资本金的增加额（表示增加）
余额方向及含义	在贷方，反映企业期末实收资本（或股本）总额
明细账户设置	可按投资者的不同设置明细账户核算

【提示】 股份有限公司一般设置“股本”账户，其他企业一般设置“实收资本”账户。两者含义基本相同，但金额的计算方法却不一样，后面将以例题加以说明。

2. “资本公积”账户（见表5－2）

表 5 – 2 “资本公积”账户说明

项　目	具 体 内 容
账户性质	所有者权益类账户
用途	核算企业收到投资者出资额超出其在注册资本或股本中所占份额的部分，以及直接计入所有者权益的利得和损失等
借方登记	资本公积的减少额（表示减少）
贷方登记	资本公积的增加额（表示增加）
余额方向及含义	在贷方，反映企业期末资本公积的结余数额
明细账户设置	可按资本公积的来源不同，分别用“资本溢价（或股本溢价）”、“其他资本公积”进行明细核算 【解释1】“资本溢价”指的是企业收到投资者出资额超出其在注册资本中所占份额的部分；“股本溢价”指的是股份有限公司发行股票时实际收到的款额超过股票面值总额（务必注意是超过“面值总额”）的部分 【解释2】“其他资本公积”指的是除资本溢价（或股本溢价）项目以外所形成的资本公积，其中主要是直接计入所有者权益的利得和损失

3. “银行存款”账户（见表 5 – 3）

表 5 – 3 “银行存款”账户说明

项　目	具 体 内 容
账户性质	资产类账户
用途	核算企业存入银行或其他金融机构的各种款项 【解释】银行汇票存款、银行本票存款、信用卡存款、信用证保证金存款、存出投资款、外埠存款等，通过“其他货币资金”账户核算，不通过“银行存款”账户核算。非常重要。【选择题/判断题】
借方登记	存入的款项（表示增加）
贷方登记	提取或支出的存款（表示减少）
余额方向及含义	在借方，反映企业存在银行或其他金融机构的各种款项
明细账户设置	应当按照开户银行、存款种类等分别进行明细核算

（三）账务处理

【举例 5 – 1】 某公司收到投资者投入货币资金 100 000 元；投入原材料 50 000 元；投入机器一台，评估价 20 000 元；投入专利技术一项，评估价为 70 000 元。假定不考虑增值税因素，相关会计分录如下：

借：银行存款　　100 000
　　原材料　　50 000
　　固定资产　　20 000
　　无形资产　　70 000
　贷：实收资本　　240 000

【补充】 企业接受投资者作价投入的非现金资产（如固定资产、存货、无形资产等），应按投资合同或协议约定价值确定非现金资产价值（但投资合同或协议约定价值不公允的除外）和在注册资本中应享有的份额。注意“非现金资产”在此处的入账价值如何确定？

【举例5-2】 某公司收到投资者投入资本300 000元，其中200 000元作为实收资本，另100 000元作为资本公积，公司收到投资后存入银行，相关手续已办妥。相关会计分录如下：

借：银行存款　　300 000

　　贷：实收资本　　200 000

　　　　资本公积——资本溢价　　100 000

（注：300 000-200 000）

【举例5-3】 某股份有限公司发行普通股10 000 000股，每股面值1元，每股发行价格5元。假定股票发行成功，股款50 000 000元已全部收到，不考虑发行过程中的税费等因素。相关会计分录如下：

应记入“资本公积”科目的金额＝50 000 000-10 000 000×1 ＝40 000 000（元）

借：银行存款　　50 000 000

（注：10 000 000×5）

　　贷：股本　　10 000 000

（注：10 000 000×1）

　　　　资本公积——股本溢价　　40 000 000

（注：50 000 000-10 000 000）

【提示】 股份有限公司发行股票收到现金资产时，借记“银行存款”等科目，按每股股票面值和发行股份总额的乘积计算的金额，贷记“股本”科目，实际收到的金额与该股本之间的差额贷记“资本公积——股本溢价”科目。

【小结】 企业接受投资者投入的资本，借记“银行存款”、“固定资产”、“无形资产”、“长期股权投资”等科目，按其在注册资本或股本中所占份额，贷记“实收资本（或股本）”科目；按其差额，贷记“资本公积——资本溢价（或股本溢价）”科目。

二、负债筹资业务

（一）负债筹资的构成

负债筹资主要包括短期借款、长期借款以及结算形成的负债等。

【提示】 对企业而言，“负债”是一种筹资渠道，注意理解。另外，注意负债筹资的主要方式。

（1）短期借款是指企业为了满足其生产经营对资金的临时性需要而向银行或其他金融机构等借入的偿还期限在一年以内（含一年）的各种借款。

（2）长期借款是指企业向银行或其他金融机构等借入的偿还期限在一年以上（不含一年）的各种借款。

（3）结算形成的负债主要有应付账款、应付职工薪酬、应交税费等。

【点拨】 注意上述三个“名词解释”。**【判断题】** 特别注意“短期借款”和“长期借款”的区别是什么。

（二）账户设置

【点拨】 在对负债筹资业务核算中，企业通常设置下列账户，要结合第三、四章内容注意“归类”分析：①“短期借款”、“长期借款”、“应付利息”属于负债类账户：借方登记减少、贷方登记增加、余额一般在贷方；②“财务费用”属于损益类（费用类）账户：借方登记增加、贷方登记减少、期末结转后无余额。

1. “短期借款”账户（见表5-4）

表5-4 “短期借款”账户说明

项目	具体内容
账户性质	负债类账户
用途	核算企业的短期借款
借方登记	短期借款本金的减少额（表示减少）
贷方登记	短期借款本金的增加额（表示增加）
余额方向及含义	在贷方，反映企业期末尚未归还的短期借款
明细账户设置	可按借款种类、贷款人和币种进行明细核算

【提示】“短期借款”账户只反映借款本金，借款利息不在本账户反映。

2. “长期借款”账户（见表5-5）

表5-5 “长期借款”账户说明

项目	具体内容
账户性质	负债类账户
用途	核算企业的长期借款
借方登记	长期借款本息的减少额（表示减少）
贷方登记	长期借款本息的增加额（表示增加）
余额方向及含义	在贷方，反映企业期末尚未偿还的长期借款
明细账户设置	可按贷款单位和贷款种类，分别对“本金”、“利息调整”等进行明细核算 【解释】长期借款中“利息调整”的初始产生额是指借款合同中约定的本金与借款所实际收到款项产生的差额

3. “应付利息”账户（见表5-6）

表5-6 “应付利息”账户说明

项目	具体内容
账户性质	负债类账户
用途	核算企业按照合同约定应支付的利息，包括吸收存款、分期付息到期还本的长期借款、企业债券等应支付的利息 【补充】按照合同约定应付未付利息一般记入“应付利息”账户，但请注意它是流动负债账户，不能反映非流动负债。典型的例子是：分期付息到期还本长期借款的应付未付利息记入“应付利息”账户，而到期一次还本付息长期借款的应付未付利息却记入“长期借款——应计利息”账户。注意区别
借方登记	归还的利息（表示减少）
贷方登记	企业按合同利率计算确定的应付未付利息（表示增加）
余额方向及含义	在贷方，反映企业应付未付的利息
明细账户设置	可按存款人或债权人进行明细核算

4. “财务费用”账户（见表5－7）

表5－7　“财务费用”账户说明

项　目	具体内容
账户性质	损益类账户
用途	核算企业为筹集生产经营所需资金等而发生的筹资费用，包括利息支出（减利息收入）、汇兑损益以及相关的手续费、企业发生的现金折扣或收到的现金折扣等 **【提示】** 为购建或生产满足资本化条件的资产发生的应予资本化的借款费用，通过“在建工程”、“制造费用”等账户核算，不通过“财务费用”账户核算。注意区别 **【点拨】** 注意财务费用包括哪些内容？**【多选题/判断题】**
借方登记	手续费、利息费用等的增加额（表示增加）
贷方登记	应冲减财务费用的利息收入等（表示减少）
余额方向及含义	期末结转后，该账户无余额
明细账户设置	可按费用项目进行明细核算

【链接】 在本章第七节期间费用的账务处理讲解中还会讲到“财务费用”账户，完全一样。

（三）账务处理

1. 短期借款的账务处理

【举例5－4】 甲公司于201×年1月1日向银行借入一笔生产经营用短期借款，共计800 000元，期限为6月，年利率为6%。根据与银行签署的借款协议，该项借款本金到期后一次归还；利息按月计提，分季支付。相关会计分录如下：

（1）1月1日，借入短期借款。

借：银行存款　　800 000

　　贷：短期借款　　800 000

（2）1月31日，计提利息。

本月应计提的利息金额＝800 000×6%÷12＝4 000（元）

借：财务费用　　4 000

　　贷：应付利息　　4 000

注：2月末计提利息费用的会计分录同上。

（3）3月31日，支付第一季度利息费用。

借：应付利息　　8 000

（注：已计提的前2个月的利息，原先放在“应付利息”的贷方）

　　财务费用　　4 000

（注：未计提的第3个月的利息）

　　贷：银行存款　　12 000

（4）4月30日，计提利息。

借：财务费用　　4 000

　　贷：应付利息　　4 000

注：5 月末计提利息费用的会计分录同上。

（5）6 月 30 日，支付第二季度利息费用。

借：应付利息　　8 000

　　财务费用　　4 000

　　贷：银行存款　　12 000

同时归还本金：

借：短期借款　　800 000

　　贷：银行存款　　800 000

【小结】 ①企业借入的各种短期借款，借记“银行存款”科目，贷记“短期借款”科目；归还借款时做相反的会计分录；②资产负债表日，应按计算确定的短期借款利息费用，借记“财务费用”科目，贷记“银行存款”、“应付利息”等科目。

【点拨】 关于短期借款的核算可以从借入、计提利息、支付利息、归还本息等四个环节进行学习和理解，比较有思维障碍的可能是季末归还一个季度（3 个月）利息的处理，再仔细看看。

2. 长期借款的账务处理

【举例 5-5】 2014 年 1 月 1 日，甲公司为集中购买一批材料（借入的长期借款用于企业的生产经营，产生的利息记入财务费用）向银行借入资金 3 000 000 元，借款期限为 3 年，年利率为 8%，到期一次还本付息，不计复利，所借款项已存入银行。相关会计分录如下：

（1）2014 年 1 月 1 日，借入长期借款。

借：银行存款　　3 000 000

　　贷：长期借款——本金　　3 000 000

（2）2014 年 1 月 31 日，甲公司计提长期借款利息。

应计提的利息金额 = 3 000 000 × 8% ÷ 12 = 20 000（元）

借：财务费用　　20 000

　　贷：长期借款——应计利息　　20 000

2014 年 2 月至 2016 年 11 月，各月计提利息会计分录同上。

（3）2016 年 12 月 31 日，归还长期借款和利息。

借：长期借款——本金　　3 000 000

　　　　　　——应计利息　　700 000

（注：已计提的 35 个月利息）

　　财务费用　　20 000

（注：未计提的 2016 年 12 月份利息）

　　贷：银行存款　　3 720 000

【小结】 ①企业借入长期借款，应按实际收到的金额，借记“银行存款”科目，按借款本金贷记“长期借款——本金”科目；如存在差额，还应借记“长期借款——利息调整”科目（注：和短期借款不一样）；**【单选题/判断题】** ②资产负债表日，应按确定的长期借款利息费用，借记“在建工程”、“制造费用”、“财务费用”、“研发支出”等科目，按确定的应付未付利息，贷记“应付利息”或“长期借款——应计利息”科目，按其差额，贷记“长期借款——利息调整”等科目。**【判断题/多选题】** ③企业归还长期借款的本金时，应按归还的金额，借记“长期借款——本金”科目，贷记“银行存款”科目；按归还的利息，借记“应付利息”、“财务费用”、“长期借款——应计利息”等科目，贷记“银行存款”科目。

【点拨】 关于长期借款的核算也可以从借入、计提利息、支付利息、归还本息等四个环节进行学习和理解。

经典例题讲解

例题5－1·单选题 下列各项中，不属于企业资金筹集来源的是（　　）。

A. 投资者的投资　　B. 销售收入

C. 向债权人借入的资金　　D. 投资者投资的增值

【答案解析】 B　企业的资金筹集业务按其资金来源通常分为所有者权益筹资和负债筹资。所有者权益筹资包括投资者的投资及其增值，负债筹资主要包括企业向债权人借入的资金和结算形成的负债资金等。

例题5－2·判断题 企业投资者既享有企业的经营收益，也承担企业的经营风险。（　　）

【答案解析】 √　表述正确。

例题5－3·多选题 下列各项中，属于按照投资主体不同划分的投入资本金的有（　　）。

A. 国家资本金　　B. 法人资本金　　C. 个人资本金　　D. 外商资本金

【答案解析】 ABCD　所有者投入资本按照投资主体的不同可以分为国家资本金、法人资本金、个人资本金和外商资本金等。

例题5－4·判断题 国家资本金是指有权代表国家投资的政府部门或者机构以国有资产投入企业形成的资本金。（　　）

【答案解析】 √　表述正确。

例题5－5·单选题 （　　）是指企业收到投资者投入超出其在企业注册资本或股本中所占份额的投资，以及直接计入所有者权益的利得和损失等。

A. 资本公积　　B. 实收资本　　C. 未分配利润　　D. 盈余公积

【答案解析】 A　资本公积是企业收到投资者投入的超出其在企业注册资本（或股本）中所占份额的投资，以及直接计入所有者权益的利得和损失等。

例题5－6·判断题 实收资本（或股本）是指企业的投资者按照企业章程、合同或协议的约定，实际投入企业的资本金以及按照有关规定由资本公积、盈余公积等转增资本的资金。（　　）

【答案解析】 √　表述正确。

例题5－7·单选题 下列各项中，用以核算企业接受投资者投入资本的账户是（　　）。

A. 短期借款　　B. 实收资本（或股本）

C. 盈余公积　　D. 资本公积

【答案解析】 B　“实收资本（或股本）”账户核算企业接受投资者投入的实收资本。

例题5－8·判断题 企业借入长期借款本金与实际收到的金额存在差额的，需要通过“长期借款——利息调整”科目核算。（　　）

【答案解析】 √　表述正确。

例题5－9·单选题 某企业201×年6月1日从银行借入一笔生产经营用的短期借款，金额为 800 万元，期限 3 个月，年利率为 9%。6 月 30 日，该企业计提月利息时应编制的会计分录为（　　）。

A. 借：财务费用　60 000
　　贷：应付利息　60 000

B. 借：财务费用　60 000
　　贷：预提费用　60 000

C. 借：预提费用　60 000
　　贷：应付利息　60 000

D. 借：财务费用　60 000
　　贷：短期借款　60 000

【答案解析】 A　短期借款按月计提利息费用时，借记“财务费用”科目，贷记“应付利息”科目。月利息 = 8 000 000 × 9% ÷ 12 = 60 000（元）。

例题 5－10·单选题　某企业从银行借入三年期借款，应贷记的账户是（　　）。

A. 短期借款　B. 长期应付款　C. 库存现金　D. 长期借款

【答案解析】 D　企业向银行或其他金融机构等借入的偿还期限在一年以内（含一年）的借款通过“短期借款”账户进行核算，期限在一年以上（不含一年）的借款通过“长期借款”账户核算。

例题 5－11·多选题　企业从银行借入的期限为 1 个月的借款到期，偿还该借款本息时所编制会计分录可能涉及的账户有（　　）。

A. 管理费用　B. 短期借款　C. 财务费用　D. 银行存款

【答案解析】 BCD　该业务的会计分录为：

借：财务费用
　　短期借款
　　贷：银行存款

例题 5－12·单选题　下列各项中，用于核算企业存入银行或其他金融机构的各种款项的账户是（　　）。

A. 银行存款　B. 其他货币资金　C. 短期借款　D. 库存现金

【答案解析】 A　“银行存款”账户核算企业存入银行或其他金融机构的各种款项。

例题 5－13·判断题　银行汇票存款、银行本票存款、信用证保证金存款、信用卡存款、外埠存款和存出投资款应通过“其他货币资金”账户核算。（　　）

【答案解析】 √　表述正确。

第三节　固定资产业务的账务处理

一、固定资产的概念与特征

固定资产是指为生产商品、提供劳务、出租或者经营管理而持有、使用寿命超过一个会计年度的有形资产。

固定资产同时具有以下特征：

（1）属于一种有形资产（注：这一特征将固定资产与无形资产区别开来）。

（2）为生产商品、提供劳务、出租或者经营管理而持有（注：持有固定资产的目的不是直接用于出售）。

（3）使用寿命超过一个会计年度（注：固定资产是长期资产，要通过计提折旧方式逐渐减少其账面价值）。

【点拨】 注意固定资产的概念与特征。**【判断题/多选题】**

二、固定资产的成本

固定资产的成本是指企业购建某项固定资产达到预定可使用状态前所发生的一切合理、必要的支出。

【提示】 固定资产的成本涉及固定资产"入账价值"的问题，就是企业取得的固定资产以什么样的"金额"入账。一般来说，固定资产的成本与取得方式有关。

【补充】 固定资产的取得方式主要包括：外购、自行建造、投资者投入、非货币性资产交换、债务重组、企业合并和融资租赁等。会计从业资格考试账务处理以外购方式为主。

外购固定资产的成本，包括购买价款、相关税费、使固定资产达到预定可使用状态前所发生的可归属于该项资产的运输费、装卸费、安装费和专业人员服务费等。

【点拨】 上述外购固定资产的成本构成非常重要，务必掌握。**【多选题】** 特别注意：2009年1月1日增值税转型改革后，企业购建（包括购进、接受捐赠、实物投资、自制、改扩建和安装）生产用固定资产发生的增值税进项税额可以从销项税额中抵扣，即购买时支付的增值税记入"应交税费——应交增值税（进项税额）"科目，不构成固定资产的成本。

三、固定资产的折旧

固定资产折旧是指在固定资产使用寿命内，按照确定的方法对应计折旧额进行的系统分摊。其中，应计折旧额是指应当计提折旧的固定资产的原价扣除其预计净残值后的金额。已计提减值准备的固定资产，还应当扣除已计提的固定资产减值准备累计金额。

【解释】 预计净残值是指假定固定资产的预计使用寿命已满并处于使用寿命终了时的预期状态，企业从该项资产的处置中获得的扣除预计处置费用后的金额。预计净残值率是指固定资产预计净残值额占其原价的比率。预计净残值一经确定，不得随意变更。

【提示】

固定资产账面价值 = "固定资产"账户余额 - "累计折旧"账户余额 - "固定资产减值准备"账户余额

在资产负债表上"固定资产"项目填列也是这个原理。

企业应当按月对所有的固定资产计提折旧，但是，已提足折旧仍继续使用的固定资产、单独计价入账的土地和持有待售的固定资产除外。提足折旧是指已经提足该项固定资产的应计折旧额。

【提示】 注意是"按月"计提折旧，另外还要注意"哪些"固定资产是不提折旧的：已提足折旧仍继续使用的固定资产、单独计价入账的土地和持有待售的固定资产，除此之外的所有固定资产都要计提折旧。如因进行大修理而停用的固定资产应当照提折旧。**【判断题/多选题】**

当月增加的固定资产，当月不计提折旧，从下月起计提折旧；当月减少的固定资产，当月仍计提折旧，从下月起不计提折旧。提前报废的固定资产，不再补提折旧。

【提示】 以上是非常重要的计提折旧"规则"。口诀为"当月增加当月不提、当月减少当月照提"。**【判断题/计算分析题】**

企业可选用的折旧方法有年限平均法、工作量法、双倍余额递减法和年数总和法等。

【点拨】 知道有四种折旧方法。**【多选题】** 会计从业资格考试主要考察年限平均法和工作量法，这两种方法的计算要求掌握。**【计算分析题】**

（1）年限平均法（又称直线法），是指将固定资产的应计折旧额均匀地分摊到固定资产预计使用寿命内的一种方法，各月应计提折旧额的计算公式如下：

月折旧额 =（固定资产原价 - 预计净残值）×月折旧率

其中：月折旧率 = 年折旧率 ÷12

年折旧率 =1 ÷ 预计使用寿命（年）×100%

【举例 5 - 6】 某公司有一幢厂房，原价为 240 000 元，预计可使用 10 年，预计报废时的净残值率为 4%。则每月应计提的折旧额计算如下：

年折旧率 =1 ÷10 ×100% =10%

月折旧率 =10% ÷12≈0.8333%

月折旧额 =（240 000 - 240 000 ×4%）× 0.8333% =1 920（元）

【提示】 也可直接计算：240 000 ×（1 - 4%）÷10 ÷12 =1920（元）

（2）工作量法，是根据实际工作量计算每期应提折旧额的一种方法。计算公式如下：

某项固定资产月折旧额 = 该项固定资产当月工作量 × 单位工作量折旧额

其中：单位工作量折旧额 = 固定资产原价 ×（1 - 预计净残值率）÷ 预计总工作量

【举例 5 - 7】 某企业的一辆运货卡车的原价为 600 000 元，预计总行驶里程为 500 000 千米，预计报废时的净残值率为 5%，本月行驶 4 000 千米，该辆汽车的月折旧额计算如下：

单位里程折旧额 =600 000 ×（1 - 5%）÷500 000 =1.14（元/千米）

本月折旧额 =4 000 ×1.14 =4 560（元）

四、账户设置

【点拨】 在对固定资产业务的核算中，企业通常设置下列账户，要结合第三、第四章内容注意"归类"分析：①"在建工程"、"工程物资"、"固定资产"属于资产类账户：借方登记增加、贷方登记减少、余额一般在借方；②"累计折旧"属于"固定资产"的备抵账户（也属于资产类账户），其结构与"固定资产"账户结构正好相反。

1. "在建工程"账户（见表 5 - 8）

表 5-8　　“在建工程”账户说明

项　　目	具 体 内 容
账户性质	资产类账户
用途	核算企业基建、更新改造等在建工程发生的支出
借方登记	企业各项在建工程的实际支出（表示增加）
贷方登记	工程达到预定可使用状态时转出的成本等（表示减少）
余额方向及含义	在借方，反映企业期末尚未达到预定可使用状态的在建工程的成本
明细账户设置	可按“建筑工程”、“安装工程”、“在安装设备”、“待摊支出”以及单项工程等进行明细核算

【解释】 尚未达到预定可使用状态的在建工程的成本，一般先通过“在建工程”账户归集，等达到预定可使用状态，再从“在建工程”转入“固定资产”账户。特别地，对于购入需要安装的固定资产，也先通过“在建工程”归集核算。

2. “工程物资”账户（见表 5-9）

表 5-9　　“工程物资”账户说明

项　目	具 体 内 容
账户性质	资产类账户
用途	核算企业为在建工程准备的各种物资的成本，包括工程用材料、尚未安装的设备以及为生产准备的工器具等
借方登记	企业购入工程物资的成本（表示增加）
贷方登记	领用工程物资的成本（表示减少）
余额方向及含义	在借方，反映企业期末为在建工程准备的各种物资的成本
明细账户设置	可按“专用材料”、“专用设备”、“工器具”等进行明细核算

【提示】 “工程物资”不属于存货，它属于非流动资产。其账户余额不填列在“存货”报表项目，而单独填列在“工程物资”报表项目中，请结合第十章学习。

3. “固定资产”账户（见表 5-10）

表 5-10　　“固定资产”账户说明

项　　目	具 体 内 容
账户性质	资产类账户
用途	核算企业持有的固定资产原价
借方登记	固定资产原价的增加（表示增加）
贷方登记	固定资产原价的减少（表示减少）
余额方向及含义	在借方，反映企业期末固定资产的原价
明细账户设置	可按固定资产类别和项目进行明细核算

【解释】 “固定资产”账户只反映“固定资产原价”。因此，对于某一项固定资产，除非发生处置、盘亏或有符合资本化条件的后续支出，一般该项“固定资产”账户金额不会变动。

日常反映固定资产由于使用、磨损和损耗而使固定资产价值减少的，是通过其备抵账户“累计折旧”的增加来实现的，注意理解。

4. “累计折旧”账户（见表5－11）

表5－11　“累计折旧”账户说明

项　目	具体内容
账户性质	资产类备抵账户
用途	核算企业固定资产计提的累计折旧
借方登记	因减少固定资产而转出的累计折旧（表示减少）
贷方登记	按月提取的折旧额，即累计折旧的增加额（表示增加）
余额方向及含义	在贷方，反映期末固定资产的累计折旧额
明细账户设置	可按固定资产的类别或项目进行明细核算

【提示】 “累计折旧”账户是“固定资产”账户的备抵账户，其结构和“固定资产”账户相反，折旧额的增加是在“累计折旧”科目的贷方。

五、账务处理

（一）固定资产的购入

【举例5－8】 甲公司购入一台不需要安装就可以投入使用的生产设备，取得的增值税专用发票上注明的设备价款为600 000元，增值税税额为102 000元，以上均以银行转账支付。假定不考虑其他税费。相关会计分录如下：

借：固定资产　　600 000

　　应交税费——应交增值税（进项税额）　　102 000

　　贷：银行存款　　702 000

【小结】 企业购入不需要安装的固定资产，按应计入固定资产成本的金额，借记“固定资产”、“应交税费——应交增值税（进项税额）”科目，贷记“银行存款”等科目。**【判断题】**

【补充】 购入需要安装的固定资产，应在购入的固定资产取得成本的基础上加上安装调试成本等，作为购入固定资产的成本，先通过“在建工程”科目核算，待安装完毕达到预定可使用状态时，再由“在建工程”科目转入“固定资产”科目。

（二）固定资产的折旧

【举例5－9】 某公司某月固定资产计提折旧情况如下：

（1）生产车间厂房计提折旧76 000元，机器设备计提折旧90 000元。

（2）管理部门房屋建筑物计提折旧130 000元，运输工具计提折旧48 000元。

（3）销售部门房屋建筑物计提折旧64 000元，运输工具计提折旧52 600元。

（4）当月新购置管理用机器设备一台，成本为5 400 000元，预计使用寿命为10年，该企业同类设备计提折旧采用年限平均法。相关会计分录如下：

借：制造费用　　166 000
（注：76 000 + 90 000）
　　管理费用　　178 000
（注：130 000 + 48 000）
　　销售费用　　116 600
（注：64 000 + 52 600）
　贷：累计折旧　　460 600

【思考】 本例中，新购置的机器设备本月不计提折旧。（为什么？）

【小结】 企业按月计提的固定资产折旧，根据固定资产用途计入相关资产的成本或者当期损益，借记“制造费用”、“销售费用”、“管理费用”、“研发支出”、“其他业务成本”等科目，贷记“累计折旧”科目。**【多选题/分录题】** 务必掌握。具体如下：

①企业自行建造固定资产过程中使用的固定资产，其计提的折旧应记入“在建工程”科目；

②生产车间所使用的固定资产，其计提的折旧应记入“制造费用”科目；

③行政管理部门所使用的固定资产，其计提的折旧应记入“管理费用”科目；

④销售部门所使用的固定资产，其计提的折旧应记入“销售费用”科目；

⑤经营租出的固定资产，其计提的折旧额应记入“其他业务成本”科目；

⑥未使用的固定资产，其计提的折旧应记入“管理费用”（注意不区分部门）科目；

⑦企业自行研发无形资产过程中使用的固定资产，其计提的折旧应记入“研发支出”科目。

经典例题讲解

例题 5 - 14 · 判断题 固定资产是指为生产商品、提供劳务、出租或者经营管理而持有的、使用寿命超过一个会计年度的有形资产。（　　）

【答案解析】 √　表述正确。

例题 5 - 15 · 多选题 下列关于固定资产特征的表述中，正确的有（　　）。

A. 固定资产为有形资产

B. 固定资产的变现能力很弱

C. 固定资产使用寿命超过一个会计年度

D. 固定资产是为生产商品、提供劳务、出租或者经营管理而持有

【答案解析】 ACD　固定资产同时具有以下特征：属于一种有形资产；为生产商品、提供劳务、出租或者经营管理而持有；使用寿命超过一个会计年度。

例题 5 - 16 · 判断题 “在建工程”账户属于资产类账户，用以核算企业基建、更新改造等在建工程发生的支出。（　　）

【答案解析】 √　表述正确。

例题 5 - 17 · 判断题 “累计折旧”账户期末余额在贷方，反映期末固定资产累计折旧额。（　　）

【答案解析】 √ 表述正确。

例题5-18·判断题 企业购入不需要安装的固定资产，按应计入固定资产成本的金额，借记“固定资产”科目，贷记“银行存款”等科目（ ）。

【答案解析】 × 企业购入不需要安装的固定资产，按应计入固定资产成本的金额，借记“固定资产”、“应交税费——应交增值税（进项税额）”科目，贷记“银行存款”等科目。

例题5-19·单选题 计提基本生产车间所使用的生产设备折旧时，应编制的会计分录是（ ）。

A. 借记“生产成本”科目，贷记“固定资产”科目

B. 借记“制造费用”科目，贷记“固定资产”科目

C. 借记“生产成本”科目，贷记“累计折旧”科目

D. 借记“制造费用”科目，贷记“累计折旧”科目

【答案解析】 D 生产车间所使用的固定资产，其计提的折旧应记入“制造费用”科目。

例题5-20·多选题 甲企业购入不需要安装即可投入使用的生产设备一台，收到的增值税专用发票上注明的设备价款为30万元，增值税额为5.1万元（根据税法有关规定允许抵扣），全部款项通过银行转账支付。下列相关会计处理中，正确的有（ ）。

A. 借记“应交税费”科目5.1万元　　B. 借记“固定资产”科目35.1万元

C. 贷记“银行存款”科目35.1万元　　D. 借记“固定资产”科目30万元

【答案解析】 ACD 企业购入不需要安装的固定资产，应按实际支付的购买价款、相关税费以及使固定资产达到预定可使用状态前所发生的可归属于该项资产的运输费、装卸费、安装费和专业人员服务费等，作为固定资产的成本，借记“固定资产”科目，按可以抵扣的增值税进项税额，借记“应交税费——应交增值税（进项税额）”科目，按实际支付的款项，贷记“银行存款”等科目。

例题5-21·多选题 企业计提固定资产折旧时，下列会计分录中，正确的有（ ）。

A. 计提公司总部行政管理部门固定资产折旧：借记“管理费用”科目，贷记“累计折旧”科目

B. 计提生产车间固定资产折旧：借记“制造费用”科目，贷记“累计折旧”科目

C. 计提专设销售机构固定资产折旧：借记“销售费用”科目，贷记“累计折旧”科目

D. 计提自建工程使用的固定资产折旧：借记“在建工程”科目，贷记“累计折旧”科目

【答案解析】 ABCD 四个选项的表述都正确。

例题5-22·判断题 固定资产折旧采用年限平均法，年折旧率计算公式的分子是“1-预计净残值率”。（ ）

【答案解析】 × 年限平均法的年折旧率=1÷预计使用寿命（年）×100%。

例题5-23·多选题 下列各项固定资产，应当计提折旧的有（ ）。

A. 闲置的固定资产

B. 单独计价入账的土地

C. 处于修理过程而停止使用的固定资产

D. 已提足折旧仍继续使用的固定资产

【答案解析】 AC 单独计价入账的土地、已提足折旧仍继续使用的固定资产、持有待售的固定资产不计提折旧。

第四节　材料采购业务的账务处理

一、材料的采购成本

材料的采购成本是指企业物资从采购到入库前所发生的全部支出，包括购买价款、相关税费、运输费、装卸费、保险费以及其他可归属于采购成本的费用。

【提示】材料采购成本的构成需要掌握。其实质是材料的“入账价值”问题，即企业采购的材料以多少金额入账。【单选题/分录题】

二、账户设置

【点拨】　在对材料采购业务核算中，企业通常设置下列账户，要结合第三、第四章内容注意“归类”分析：①“原材料”、“材料采购”、“材料成本差异”、“在途物资”、“预付账款”属于资产类账户：借方登记增加、贷方登记减少、余额一般在借方；②“应付账款”、“应付票据”、“应交税费”属于负债类账户：借方登记减少、贷方登记增加、余额一般在贷方。

1. “原材料”账户（见表5－12）

表5－12　“原材料”账户说明

项　　目	具　体　内　容
账户性质	资产类账户
用途	核算企业库存的各种材料，包括原料及主要材料、辅助材料、外购半成品（外购件）、修理用备件（备品备件）、包装材料、燃料等的计划成本或实际成本
借方登记	已验收入库材料的成本（表示增加）
贷方登记	发出材料的成本（表示减少）
余额方向及含义	在借方，反映企业库存材料的计划成本或实际成本
明细账户设置	可按材料的保管地点（仓库）、材料的类别、品种和规格等进行明细核算

【点拨】　注意在“实际成本法”和“计划成本法”中都用到“原材料”账户，但其含义有区别：在“实际成本法”中，“原材料”账户核算企业各种材料的实际成本；在“计划成本法”中，“原材料”账户核算企业各种材料的计划成本。

【补充1】　企业收到来料加工装配业务的原料、零件等，应当设置“备查簿”进行登记，而不通过“原材料”账户登记。【判断题】

【补充2】　存货是指企业在日常活动中持有以备出售的产成品或商品、处在生产过程中的在产品、在生产过程或提供劳务过程中耗用的材料和物料等，包括各类材料、在产品、半成品、产成品或库存商品以及包装物、低值易耗品、委托代销商品等。

2. “材料采购”账户（见表5-13）

表5-13 “材料采购”账户说明

项目	具体内容
账户性质	资产类账户
用途	核算企业采用计划成本进行材料日常核算而购入材料的采购成本
借方登记	企业采用计划成本进行核算时，采购材料的实际成本以及材料入库时结转的节约差异（表示增加）
贷方登记	入库材料的计划成本以及材料入库时结转的超支差异（表示减少）
余额方向及含义	在借方，反映企业在途材料的采购成本
明细账户设置	可按供应单位和材料品种进行明细核算

【提示】“材料采购”账户只有在采用“计划成本法”时才会出现，其“借贷”方反映的内容比较难理解，建议结合具体例题来掌握。【选择题/分录题】

3. “材料成本差异”账户（见表5-14）

表5-14 “材料成本差异”账户说明

项目	具体内容
账户性质	资产类账户
用途	核算企业采用计划成本进行日常核算的材料计划成本与实际成本的差额
借方登记	入库材料形成的超支差异以及转出的发出材料应负担的节约差异
贷方登记	入库材料形成的节约差异以及转出的发出材料应负担的超支差异
余额方向及含义	（1）若在借方，反映企业库存材料等的实际成本大于计划成本的差异（即超支差异） （2）若在贷方，反映企业库存材料等的实际成本小于计划成本的差异（即节约差异）
明细账户设置	可以分别对“原材料”、“周转材料”等，按照类别或品种进行明细核算

【提示】“材料成本差异”账户只有在采用“计划成本法”时才会出现，其“借贷方”、“余额”反映的内容比较难理解，建议结合具体例题来掌握。【选择题/分录题】特别小心“节约差异”和“超支差异”各是什么意思？各反映在“材料成本差异”账户的什么方向？【判断题】

4. “在途物资”账户（见表5-15）

表5-15 “在途物资”账户说明

项目	具体内容
账户性质	资产类账户
用途	核算企业采用实际成本（或进价）进行材料、商品等物资的日常核算、货款已付尚未验收入库的在途物资的采购成本
借方登记	购入材料、商品等物资的买价和采购费用（采购实际成本）（表示增加）
贷方登记	已验收入库材料、商品等物资应结转的实际采购成本（表示减少）
余额方向及含义	在借方，反映企业期末在途材料、商品等物资的采购成本
明细账户设置	可按供应单位和物资品种进行明细核算

【解释】“在途物资”账户只在采用“实际成本法”时才使用。请注意“实际成本法”下“在途物资”和“原材料”账户的区别：“在途物资”强调“尚未验收入库”、“原材料”强调“已验收入库”。

【提示】实际成本法下，“在途物资”和“原材料”入账价值的确定原则一致。

5. “应付账款”账户（见表5-16）

表5-16　“应付账款”账户说明

项　目	具体内容
账户性质	负债类账户
用途	核算企业因购买材料、商品和接受劳务等经营活动应支付的款项
借方登记	偿还的应付账款（表示减少）
贷方登记	企业因购入材料、商品和接受劳务等尚未支付的款项（表示增加）
余额方向及含义	（1）一般在贷方，反映企业期末尚未支付的应付账款余额 （2）如果在借方，反映企业期末预付账款余额 【技巧】“应付账款”账户的余额方向及含义非常重要，注意两点：第一，它与其他负债类账户一样，一般来说余额在“贷方”，反映的是“欠别人多少钱”；第二，余额也可以在“借方”，反映的却是“预付账款”的内涵，即“别人欠你多少货”。务必灵活掌握，特别在第十章填写财务报表时是非常重要的考核点
明细账户设置	可按债权人进行明细核算

【补充】对于经查明确实无法支付的应付款项可按规定程序报经批准后，转作“营业外收入”。【判断题/分录题】

6. “应付票据”账户（见表5-17）

表5-17　“应付票据”账户说明

项　目	具体内容
账户性质	负债类账户
用途	核算企业购买材料、商品和接受劳务等开出、承兑的商业汇票，包括银行承兑汇票和商业承兑汇票 【提示】特别小心什么情况下用“应付票据”账户核算（仅指企业开出的商业汇票，包括银行承兑汇票和商业承兑汇票）？什么情况下用“应付账款”账户核算（纯粹凭商业信用）？什么情况下用“银行存款”账户核算（银行转账、支票支付）？什么情况下用“其他货币资金”账户核算（用银行汇票、银行本票等支付）？注意区分，在账务处理时要举一反三
借方登记	企业已经支付或者到期无力支付的商业汇票（表示减少）
贷方登记	企业开出承兑的商业汇票（表示增加）
余额方向及含义	在贷方，反映企业尚未到期的商业汇票的票面金额
明细账户设置	可按供货单位进行明细核算

7. “预付账款”账户（见表5-18）

表 5－18 “预付账款”账户说明

项　目	具 体 内 容
账户性质	资产类账户
用途	核算企业按照合同规定预付的款项 【提示】预付款项情况不多的，也可以不设置该账户，将预付的款项直接记入“应付账款”账户的“借方”。【判断题】仔细考虑一下，其实“预付账款”和“应付账款”在有些情况下是可以混用的，虽然从性质来说，前者属于“资产”类、后者属于“负债”类，注意理解
借方登记	企业因购货等业务预付的款项（表示增加）
贷方登记	企业收到货物后应支付的款项等（表示减少）
余额方向及含义	（1）一般在借方，反映企业预付的款项 （2）如果在贷方，反映企业尚需补付的款项 【技巧】“预付账款”属于资产类账户，因此期末余额和其他资产类一样，一般在“借方”，表示“别人欠你多少货”；若期末余额在“贷方”了，那其实质就是“应付账款”，表示的是“欠别人多少钱”
明细账户设置	可按供货单位进行明细核算

8. “应交税费”账户（见表 5－19）

表 5－19 “应交税费”账户说明

项　目	具 体 内 容
账户性质	负债类账户
用途	核算企业按照税法等规定计算应交纳的各种税费，包括增值税、消费税、营业税、所得税、资源税、土地增值税、城市维护建设税、房产税、土地使用税、车船使用税、教育费附加、矿产资源补偿费等，企业代扣代交的个人所得税等，也通过本账户核算 【小结】应交未交的哪些税种要通过“应交税费”账户核算？其实就是那些需要“计提”的税种，即先计算确认要交多少税，然后再上交，在“计提”和“缴纳”之间有时间差。还有些税种是没有上述时间差的，那就不必通过“应交税费”账户来核算，如耕地占用税、契税、印花税和车辆购置税，直接借记有关账户，贷记“银行存款”账户即可。注意区别。【选择题】
借方登记	实际缴纳的各种税费（表示减少）
贷方登记	各种应交未交税费的增加额（表示增加）
余额方向及含义	（1）一般在贷方，反映企业尚未缴纳的税费 （2）若在借方，反映企业多交或尚未抵扣的税费
明细账户设置	可按应交的税费项目进行明细核算

【补充】对其中最常用的“应交税费——应交增值税（进项税额）”、“应交税费——应交增值税（销项税额）”账户应结合税法知识、实际例题加以掌握：①购买时，对于可以抵扣的增值税进项税额，一般纳税人根据收到的增值税专用发票上注明的增值税额，借记“应交税费——应交增值税（进项税额）”科目；小规模纳税人由于不能抵扣增值税，所以不用这个明细科目。②销售时，对于增值税销项税额，一般纳税人应贷记“应交税费——应交增值税（销项税额）”；小规模纳税人应贷记“应交税费——应交增值税”科目。【分录题】

三、账务处理

材料的日常收发结存可以采用实际成本核算，也可以采用计划成本核算。**【多选题】**

（一）实际成本法核算的账务处理

【解释】 材料采用实际成本核算时，材料的收发及结存，无论总分类核算还是明细分类核算，均按照实际成本计价，不存在成本差异的计算与结转问题。使用的会计科目有“原材料”、“在途物资”等。

【提示】 材料若已验收入库——用“原材料”账户；材料若尚未验收入库——用“在途物资”账户。注意区别，其具体处理流程和含义是一致的。

1. 材料已验收入库

【举例5－10】 根据与某钢厂的购销合同规定，甲公司购买原材料，向该钢厂预付100 000元货款的80%，计80 000元，通过汇兑方式汇出。甲公司收到该钢厂发运来的原材料并验收入库。有关发票账单记载，该批货物的货款100 000元，增值税税额17 000元，对方代垫包装费3 000元，所欠款项以银行存款付讫。该公司采用实际成本法核算原材料。相关会计分录如下：

（1）预付货款时：

借：预付账款　　80 000

　　贷：银行存款　　80 000

（2）材料入库时：

借：原材料　　103 000

（注：100 000＋3 000）

　　应交税费——应交增值税（进项税额）　　17 000

　　贷：预付账款　　120 000

（3）补付货款时：

借：预付账款　　40 000

　　贷：银行存款　　40 000

【举例5－11】 甲公司外购一批原材料，专用发票上记载的货款为25 000元，增值税税额4 350元，材料已经验收入库。如果开出一张金额为10 000元的商业汇票，其余货款未付。该公司采用实际成本法核算原材料。相关会计分录如下：

借：原材料　　25 000

　　应交税费——应交增值税（进项税额）　　4 350

　　贷：应付账款　　19 350

　　　　应付票据　　10 000

【提示】 这个例题的“贷方”可以有多种“变形”。如果是没有支付货款：贷方为“应付账款”账户；如果是用银行汇票、银行本票支付：贷方为“其他货币资金”账户；如果是签发商业汇票支付：贷方为“应付票据”账户；如果是用支票或通过汇兑支付：贷方为“银行存款”账户等。大家要融会贯通、举一反三。

【举例5－12】 甲公司采用托收承付结算方式购入原材料一批，材料已验收入库。月末发票账单尚未收到也无法确定其实际成本，暂估价值为30 000元。上述购入原材料于次月收到发票账单，增值税专用发票上记载的货款为31 000元，增值税税额5 270元，对方代垫保险费2 000元，已用银行存款付讫。该公司采用实际成本法核算原材料。相关会计分录如下：

（1）月末暂估入账时：

借：原材料　　30 000

　　贷：应付账款——暂估应付账款　　30 000

（2）下月初做相反会计分录予以冲回：

借：应付账款——暂估应付账款　　30 000

　　贷：原材料　　30 000

（3）收到发票账单时：

借：原材料　　33 000

（注：31 000 + 2 000）

　　应交税费——应交增值税（进项税额）　　5 270

　　贷：银行存款　　38 270

【小结1】 如果货款已经支付，发票账单已到，材料已验收入库，按支付的实际金额，借记"原材料"、"应交税费——应交增值税（进项税额）"等科目，贷记"银行存款"、"预付账款"、"其他货币资金"等科目。请区分各在什么时候用"银行存款"、"预付账款"、"其他货币资金"科目，可参考前面"应付票据"账户结构讲解中的提示。

【小结2】 如果货款尚未支付，材料已经验收入库，按相关发票凭证上应付的金额，借记"原材料"、"应交税费——应交增值税（进项税额）"等科目，贷记"应付账款"、"应付票据"等科目。

【小结3】 如果货款尚未支付，材料已经验收入库，但月末仍未收到相关发票凭证，按照暂估价入账，即借记"原材料"科目，贷记"应付账款"等科目。下月初做相反分录予以冲回，收到相关发票账单后再编制会计分录。请区分与前两种情况的不同：前两种都是收到了相关发票账单，因此有确定的金额可以入账；而第三种是月末仍未收到发票账单但材料又已验收入库，为了真实反映实际的财务状况，就得先"暂估入账"。请注意这种情况的处理程序。

【判断题/分录题】

【提示】 如果材料已经验收入库，同时发票账单已到，则借记"原材料"、"应交税费——应交增值税（进项税额）"等科目，贷方根据付款方式不同在会计处理上也有所不同；如果材料已经验收入库，但月末发票账单仍未到，则应"暂估入账"。

【思考】 "原材料"的入账价值是如何确定的？（采购成本 = 买价 + 采购费用）

2. 材料尚未验收入库

【举例5-13】 甲公司采用汇兑结算方式购入原材料一批，发票及账单已收到，增值税专用发票上注明的价款为20 000元，增值税税额3 400元。支付保险费1 000元，材料尚未到达。相关会计分录如下：

借：在途物资　　21 000

（注：20 000 + 1 000）

　　应交税费——应交增值税（进项税额）　　3 400

　　贷：银行存款　　24 400

上述购入的原材料收到，并验收入库时，相关会计分录如下：

借：原材料　　21 000

　　贷：在途物资　　21 000

【小结】　如果货款已经支付，发票账单已到，但材料尚未验收入库，按支付的金额，借记“在途物资”、“应交税费——应交增值税（进项税额）”等科目，贷记“银行存款”等科目；待材料到达、入库后，再根据收料单，由“在途物资”科目转入“原材料”科目核算。

【提示】　用“在途物资”科目核算的关键点是“尚未验收入库”，即“还在途中”。

3. 采购费用的分配

【举例 5－14】　甲公司为制造企业，增值税一般纳税人。2015 年 7 月 1 日从乙公司购入 M 材料、N 材料。其中，M 材料 14 000 千克，单价 18 元；N 材料 86 000 千克，单价 5 元。增值税专用发票上列示的货款金额为 682 000 元，增值税额为 115 940 元，货款未付。7 月 5 日，用银行存款支付 M、N 材料共同的运杂费等采购费用 12 000 元，并以 M、N 材料的采购数量为标准将其分配计入 M、N 材料成本。请计算 M、N 材料的采购成本各是多少元？

①采购费用的分配率＝12 000÷（14 000＋86 000）＝0. 12（元/千克）

②M 材料分配的采购费用＝14 000×0. 12＝1 680（元）

N 材料分配的采购费用＝86 000×0. 12＝10 320（元）

③M 材料的采购成本＝14 000×18＋1 680＝253 680（元）

N 材料的采购成本＝86 000×5＋10 320＝440 320（元）

【小结】　购进一种以上材料需要分配采购费用的核算主要分为三步：首先，进行采购费用的分配；其次，计算每种材料的采购成本（该种材料的买价＋应负担的采购费用）；再次，编制购进材料的会计分录。其中采购费用可以依据投资额（买价）、重量、数量、体积等标准分配，分配率＝采购费用总额÷分配标准之和，某种材料应负担的采购费用＝该种材料的分配标准×分配率。非常简单但又非常重要的计算。**【计算分析题】**

（二）计划成本法核算的账务处理

【解释】　材料采用计划成本核算时，材料的收发及结存，无论总分类核算还是明细分类核算，均按照计划成本计价。使用的会计科目有“原材料”、“材料采购”、“材料成本差异”等。材料实际成本与计划成本的差异，通过“材料成本差异”科目核算。月末，计算本月发出材料应负担的成本差异并进行分摊，根据领用材料的用途计入相关资产的成本或者当期损益，从而将发出材料的计划成本调整为实际成本。（本质上还是实际成本：将实际成本分为计划成本和差异两部分）

【点拨】　在会计从业资格考试中，实际成本法采购（第四节）、领用（第五节）的核算都需要掌握；而对于计划成本法主要掌握采购（第四节）的核算即可。

1. 材料已验收入库

【举例 5－15】　甲公司购入原材料一批，专用发票上记载的货款为 3 000 000 元，增值税税额 510 000 元，发票账单已收到，计划成本为 3 200 000 元，已验收入库，全部款项以银行存款支付。该公司采用计划成本法核算原材料。相关会计分录如下：

（1）采购时，根据发票账单：

借：材料采购　3 000 000

（注：反映材料的实际成本）

应交税费——应交增值税（进项税额）　510 000

贷：银行存款　3 510 000

（2）验收入库时：

借：原材料　3 200 000

（注：反映材料的计划成本）

贷：材料采购　3 200 000

（注：反映材料的计划成本）

借：材料采购　200 000

（注：反映“节约差异”3 200 000 – 3 000 000）

贷：材料成本差异　200 000

（注：反映“节约差异”3 200 000 – 3 000 000）

【小结 1】 如果货款已经支付，发票账单已到，材料已验收入库，按支付的实际金额，借记“材料采购”、“应交税费——应交增值税（进项税额）”等科目，贷记“银行存款”等科目；按计划成本金额，借记“原材料”科目，贷记“材料采购”科目；按计划成本与实际成本之间的差额，借记（或贷记）“材料采购”科目，贷记（或借记）“材料成本差异”科目。

【小结 2】 如果货款尚未支付，材料已经验收入库，按相关发票凭证上应付的金额，借记“材料采购”、“应交税费——应交增值税（进项税额）”等科目，贷记“应付账款”、“应付票据”等科目；按计划成本金额，借记“原材料”科目，贷记“材料采购”科目；按计划成本与实际成本之间的差额，借记（或贷记）“材料采购”科目，贷记（或借记）“材料成本差异”科目。注：【小结 1】和【小结 2】两种情况看起来很啰嗦，但仔细分析，其区别在于货款的“支付方式”，其他的处理原则是一致的，注意总结。

【小结 3】 如果材料已经验收入库，货款尚未支付，月末仍未收到相关发票凭证，按照计划成本暂估入账，即借记“原材料”科目，贷记“应付账款”等科目。下月初做相反分录予以冲回，收到账单后再编制会计分录。注：这一种情况与“实际成本法”的处理思路是一致的。

【解释】 在确认“材料成本差异”的时候：按实际成本大于计划成本的差异（即超支差异），借记“材料成本差异”科目，贷记“材料采购”科目；按实际成本小于计划成本的差异（即节约差异），借记“材料采购”科目，贷记“材料成本差异”科目。即超支差异记入“材料成本差异”的借方，节约差异记入“材料成本差异”的贷方。上述表述可能比较“绕口”，但核心思想是材料验收入库后，使得“材料采购”科目变成无余额，然后“材料成本差异”就放到“对应方向”。抓住这一条，这个问题就容易解决了。

2. 材料尚未验收入库

【小结】 如果相关发票凭证已到，但材料尚未验收入库，按支付或应付的实际金额，借记“材料采购”、“应交税费——应交增值税（进项税额）”等科目，贷记“银行存款”、“应付账款”等科目；待验收入库时再做后续分录。

【提示】 在计划成本法下，购入的材料无论是否验收入库，都要先通过“材料采购”科目进行核算，以反映企业所购材料的实际成本，从而与“原材料”科目相比较，计算确定材料差异成本。

经典例题讲解

例题 5 - 24 · 单选题 下列各项中，不应计入材料采购成本的费用是（ ）。

A. 材料买价 B. 运杂费 C. 运输途中保险费 D. 采购人员差旅费

【答案解析】 D 材料的采购成本是指企业物资从采购到入库前所发生的全部支出，包括购买价款、相关税费、运输费、装卸费、保险费以及其他可归属于采购成本的费用。

例题 5 - 25 · 多选题 下列各项中，表述正确的选项有（ ）。

A. 企业收到来料加工装配业务的原料、零件等，也应当在“原材料”账户进行登记

B. “原材料”账户借方登记已验收入库材料的成本

C. 企业收到来料加工装配业务的原料，零件等，应当设置备查账簿进行登记

D. “原材料”账户期末贷方余额反映企业库存材料的计划成本或实际成本

【答案解析】 BC 企业收到来料加工装配业务的原料、零件等，应当设置备查账簿进行登记。“原材料”账户借方登记已验收入库材料的成本，贷方登记发出材料的成本。期末余额在借方，反映企业库存材料的计划成本或实际成本。故 BC 为正确答案。

例题 5 - 26 · 判断题 “在途物资”账户可按供应单位和物资品种进行明细核算。（ ）

【答案解析】 √ 表述正确。

例题 5 - 27 · 多选题 下列关于“应付账款”账户说法错误的有（ ）。

A. 借方余额表示尚未偿还的款项

B. 应按照采购商品设置明细科目

C. 余额一般在贷方

D. 核算购买或接受劳务等应支付的款项

【答案解析】 AB “应付账款”账户借方登记偿还的应付账款，贷方登记尚未支付的款项。期末余额一般在贷方，反映企业期末尚未支付的应付账款余额；如果在借方，反映企业期末预付账款余额。该账户可按债权人进行明细核算。故 AB 说法错误。

例题 5 - 28 · 单选题 某公司同时购进 A、B 两种材料。A 材料 3 000 千克，单价 25 元，计价款 75 000 元，增值税税额为 12 750 元；B 材料 2 000 千克，单价 40 元，计价款 80 000 元，增值税税额为 13 600 元。发生运杂费 1 500 元（不考虑运费的增值税），所有款项均以银行存款支付。运杂费按材料的重量比例进行分配。则其中 A 材料的采购成本为（ ）元。

A. 75 900 B. 88 650 C. 80 600 D. 87 750

【答案解析】 A A 材料的采购成本 = 75 000 + 1 500 ÷（3 000 + 2 000）× 3 000 = 75 900（元）。

例题 5 - 29 · 多选题 下列关于“材料采购”账户的表述中，正确的有（ ）。

A. 是计算材料采购成本的账户

B. 借方登记材料的买价和采购费用

C. 贷方登记入库材料的实际成本

D. 期末如有余额在借方，反映企业在途材料的采购成本

【答案解析】 ABCD 四个选项表述都正确。

例题 5－30·多选题 下列关于“材料成本差异”账户贷方核算内容的表述中，正确的有（　　）。

A. 购进材料实际成本小于计划成本的差额　B. 发出材料应负担的节约差异

C. 发出材料应负担的超支差异　D. 购进材料实际成本大于计划成本的差额

【答案解析】 AC “材料成本差异”账户贷方登记入库材料形成的节约差异以及转出的发出材料应负担的超支差异。

例题 5－31·单选题 为了核算已经付款购买但尚未入库的材料的实际成本，企业应该设置（　　）账户。

A. 库存商品　B. 原材料　C. 工程物资　D. 在途物资

【答案解析】 D “在途物资”账户用于核算企业采用实际成本（或进价）进行材料、商品等物资的日常核算、货款已付尚未验收入库的在途物资的采购成本。

例题 5－32·单选题 “应交税费”账户期末余额一般在贷方，反映的是（　　）。

A. 企业尚未抵扣的税费　B. 企业多缴或尚未抵扣的税费

C. 企业尚未缴纳的税费　D. 企业多缴的税费

【答案解析】 C “应交税费”科目贷方登记应缴纳的各种税费，借方登记实际缴纳的税费，期末余额在贷方，反映企业尚未缴纳的税费；期末余额在借方，反映企业多缴或尚未抵扣的税费。

例题 5－33·单选题 下列各项中，不通过“应交税费”账户进行核算的是（　　）。

A. 印花税　B. 增值税　C. 营业税　D. 消费税

【答案解析】 A 印花税不需要预提，不通过“应交税费”账户处理。缴纳印花税时，直接借记“管理费用”，贷记“银行存款”等账户。

例题 5－34·判断题 预付款项情况不多的企业，可以不设置“预付账款”账户，直接通过“应收账款”账户核算。（　　）

【答案解析】 × 预付款项情况不多的，也可以不设置该账户，将预付的款项直接记入“应付账款”账户。

例题 5－35·多选题 3 月 12 日，甲公司与乙公司签订原材料采购合同，并向乙公司预付货款 72 万元。4 月 30 日，甲公司收到乙公司发来的材料并验收入库，取得的增值税专用发票上记载的价款为 180 万元，增值税为 30.6 万元。甲公司当即以银行存款补付剩余款项 138.6 万元。下列分录（金额单位为万元）正确的有（　　）。

A. 借：原材料　180.0
　　应交税费——应交增值税（进项税额）　30.6
　　贷：预付账款　210.6

B. 借：预付账款　72
　　贷：银行存款　72

C. 借：预付账款　138.6
　　贷：银行存款　138.6

D. 借：应收账款　72
　　贷：银行存款　72

【答案解析】 ABC　企业根据购货合同的规定向供应单位预付款项时，借记“预付账款”科目，贷记“银行存款”科目；企业收到所购物资，按应计入购入物资成本的金额，借记“原材料”、“库存商品”、“应交税费——应交增值税（进项税额）”等科目，贷记“预付账款”科目；当预付货款小于采购货物所需支付的款项时，应将不足部分补付，借记“预付账款”科目，贷记“银行存款”科目。

第五节　生产业务的账务处理

企业产品的生产过程同时也是生产资料的耗费过程。企业在生产过程中发生的各项生产费用，是企业为获得收入而预先垫支并需要得到补偿的资金耗费。这些费用最终都要归集、分配给特定的产品，形成产品的成本。

【解释】 产品成本的核算就是把一定时期内企业生产过程中所发生的费用，按其性质和发生地点，分类归集、汇总、核算，计算出该时期内生产费用发生总额，并按适当方法分别计算出各种产品的实际成本和单位成本等。

【链接】 费用包括生产费用与期间费用，注意区别。前者要记入产品的生产成本，后者不能直接或间接归入产品生产成本。

一、生产费用的构成

生产费用是指与企业日常生产经营活动有关的费用，按其经济用途可分为直接材料、直接人工和制造费用。

【提示】 注意生产费用的三个构成部分。**【多选题】** 不要和期间费用（管理费用、销售费用、财务费用）混淆起来，非常重要的概念。

（1）直接材料。直接材料是指构成产品实体的原材料以及有助于产品形成的主要材料和辅助材料。

（2）直接人工。直接人工是指直接从事产品生产的工人的职工薪酬。

（3）制造费用。制造费用是指企业为生产产品和提供劳务而发生的各项间接费用。

【提示】 注意上述三个概念。**【判断题】** 此外，还要了解制造费用包括了间接材料、间接人工和其他间接费用。

【点拨】 注意制造费用在企业中典型例子，非常重要。包括生产部门（如车间）发生的水电费、办公费、固定资产折旧、无形资产摊销、管理人员的职工薪酬、劳动保护费、国家规定的有关环保费用、季节性和修理期间的停工损失等。特别小心这些典型例子的定语都是“生产部门（如车间）发生的”。注意制造费用不能直接计入成本，需要按一定标准分配计入成本核算对象。**【多选题/分录题】**

二、账户设置

【点拨】 在对生产业务核算中，企业通常设置下列账户，要结合第三、四章内容注意

“归类”分析：①“生产成本”、“制造费用”属于成本类账户：借方登记增加、贷方登记减少、余额一般在借方（和资产类结构一样）；②“库存商品”属于资产类账户：借方登记增加、贷方登记减少、余额一般在借方；③“应付职工薪酬”属于负债类账户：借方登记减少、贷方登记增加、余额一般在贷方。

1. “生产成本”账户（见表5－20）

表5－20 “生产成本”账户说明

项目	具体内容
账户性质	成本类账户
用途	核算企业生产各种产品（产成品、自制半成品等）、自制材料、自制工具、自制设备等发生的各项生产成本
借方登记	应计入产品生产成本的各项费用，包括直接计入产品生产成本的直接材料费、直接人工费和其他直接支出，以及期末按照一定的方法分配计入产品生产成本的制造费用（表示增加）
贷方登记	完工入库产成品应结转的生产成本（表示减少）
余额方向及含义	在借方，反映企业期末尚未加工完成的在产品成本
明细账户设置	可按基本生产成本和辅助生产成本进行明细分类核算

【思考】 特别重要的是，“生产成本”账户的期末余额表示什么意思（企业期末尚未加工完成的在产品成本）？和第十章财务报表相联系，若有余额，应填列在报表哪一项目（“存货”栏，为什么？）。

2. “制造费用”账户（见表5－21）

表5－21 “制造费用”账户说明

项目	具体内容
账户性质	成本类账户
用途	核算企业生产车间（部门）为生产产品和提供劳务而发生的各项间接费用
借方登记	实际发生的各项制造费用（表示增加）
贷方登记	期末按照一定标准分配转入“生产成本”账户借方的应计入产品成本的制造费用（表示减少）
余额方向及含义	期末结转后，该账户一般无余额 【解释】“制造费用”不是损益类账户，但期末结转后，一般也无余额（分配转入到“生产成本”账户）；而损益类账户转入了“本年利润”账户而无余额。注意区别
明细账户设置	可按不同的生产车间、部门和费用项目进行明细核算

【提示】 记入“制造费用”账户和“生产成本”账户有什么区别：直接费用记入“生产成本”；间接费用记入“制造费用”。当然“制造费用”最后也会按照一定的标准分配转入“生产成本”账户。

3. “库存商品”账户（见表5－22）

表 5－22 “库存商品”账户说明

项目	具体内容
账户性质	资产类账户
用途	核算企业库存的各种商品的实际成本（或进价）或计划成本（或售价），包括库存产成品、外购商品、存放在门市部准备出售的商品、发出展览的商品以及寄存在外的商品等 **【点拨】** 注意哪些属于企业的库存商品，不看存放地点，而看“所有权”
借方登记	验收入库的库存商品成本（表示增加）
贷方登记	发出的库存商品成本（表示减少）
余额方向及含义	在借方，反映企业期末库存商品的实际成本（或进价）或计划成本（或售价）
明细账户设置	可按库存商品的种类、品种和规格等进行明细核算

4. “应付职工薪酬”账户（见表 5－23）

表 5－23 “应付职工薪酬”账户说明

项目	具体内容
账户性质	负债类账户
用途	核算企业根据有关规定应付给职工的各种薪酬
借方登记	本月实际支付的职工薪酬数额（表示减少）
贷方登记	本月计算的应付职工薪酬总额，包括各种工资、奖金、津贴和福利费等（表示增加） **【提示】** 职工薪酬不仅仅包括“工资”，还包括很多其他内容，如“职工福利费”、“社会保险费”等。在其设置的明细账户上也可以看出。**【判断题】**
余额方向及含义	在贷方，反映企业应付未付的职工薪酬
明细账户设置	可按“工资”、“职工福利”、“社会保险费”、“住房公积金”、“工会经费”、“职工教育经费”、“非货币性福利”、“辞退福利”、“股份支付”等进行明细核算

三、账务处理

（一）材料费用的归集与分配

【举例 5－16】 4 月，甲公司根据“发料凭证汇总表”的记录，基本生产车间领用 A 材料 20 000 元，辅助生产车间领用 A 材料 10 000 元，车间管理部门领用 A 材料 5 000 元，企业行政管理部门领用 A 材料 3 000 元。相关会计分录如下：

借：生产成本——基本生产成本　　20 000
　　　　　　——辅助生产成本　　10 000
　　制造费用　　5 000
　　管理费用　　3 000
　贷：原材料——A 材料　　38 000

【解释】 在确定材料费用时，应根据领料凭证区分车间、部门和不同用途后，按照确定的结果将发出材料的成本借记“生产成本”、“制造费用”、“管理费用”、“其他业务成本”等科目，贷记“原材料”等科目。注意关键是具体怎么区分“借方”是什么科目的。

【小结1】 对于直接用于某种产品生产的材料费用，应直接计入该产品生产成本明细账中的直接材料费用项目；对于由多种产品共同耗用、应由这些产品共同负担的材料费用，应选择适当的标准在这些产品之间进行分配，按分担的金额计入相应的成本计算对象（生产产品的品种、类别等）。生产经营领用材料，借记“生产成本”（基本生产车间领用的记入“生产成本——基本生产成本”科目，辅助生产车间领用的记入“生产成本——辅助生产成本”）科目。**【判断题/分录题】**

【小结2】 对于为提供生产条件等间接消耗的各种材料费用，应先通过“制造费用”科目进行归集，期末再同其他间接费用一起按照一定的标准分配计入有关产品成本。车间管理部门领用材料或车间一般耗用材料借记“制造费用”科目。**【判断题/分录题】**

【小结3】 对于行政管理部门领用的材料费用，应记入“管理费用”科目。**【判断题/分录题】**

【补充】 销售部门领用材料，借记“销售费用”科目；出售材料结转成本，借记“其他业务成本”科目（因为出售材料的收入记入“其他业务收入”科目，配比原则）。

【点拨】 上述关于材料费用的归集和分配原则非常重要，请务必结合例子掌握。还要提醒一点：对于由多种产品共同耗用、应由这些产品共同负担的材料费用，应选择适当的标准（比如完工产品的数量）在这些产品之间进行分配，按分担的金额计入相应的成本计算对象。**【计算题】**

（二）职工薪酬的归集与分配

职工薪酬是指企业为获得职工（指与企业订立劳动合同的所有人员，含全职、兼职和临时职工，也包括虽未与企业订立劳动合同但由企业正式任命的人员，还包括虽未与企业订立劳动合同或未由其正式任命但向企业所提供服务与职工所提供服务类似的人员）提供的服务或解除劳动关系而给予各种形式的报酬或补偿，具体包括：短期薪酬、离职后福利、辞退福利和其他长期职工福利。企业提供给职工配偶、子女、受赡养人、已故员工遗属及其他受益人等的福利，也属于职工薪酬。

【解释】 其中的“短期薪酬”指的是企业在职工提供相关服务的年度报告期间结束后12个月内需要全部予以支付的职工薪酬，因解除与职工的劳动关系给予的补偿除外。短期薪酬具体包括：职工工资、奖金、津贴和补贴、职工福利费、医疗保险费、工伤保险费和生育保险费等社会保险费、住房公积金、工会经费和职工教育经费、短期带薪缺勤、短期利润分享计划、非货币性福利以及其他短期薪酬。

【点拨】 注意职工薪酬的概念、组成。**【多选题/判断题】** 注意和我们一般“工资”的概念不一样。

【举例5-17】 7月，甲公司本月应付职工工资总额为693 000元，“工资费用分配汇总表”中列示的产品生产人员的工资为480 000元，车间管理人员的工资为105 000元，厂部管理人员的工资为90 600元，专设销售机构人员工资为17 400元。月末，以银行存款支付。相关会计分录如下：

借：生产成本——基本生产成本	480 000
制造费用	105 000
管理费用	90 600

　　销售费用　　17 400

　　贷：应付职工薪酬　　693 000

支付时，相关会计分录如下：

借：应付职工薪酬　　693 000

　　贷：银行存款　　693 000

【小结】 对于短期职工薪酬，企业应当在职工为其提供服务的会计期间，按实际发生额确认为负债（贷记“应付职工薪酬”科目），并计入当期损益或相关资产成本。企业应当根据职工提供服务的受益对象，分别按下列情况处理：

（1）应由生产产品、提供劳务负担的短期职工薪酬，计入产品成本或劳务成本。其中，生产工人的短期职工薪酬应借记“生产成本”科目；生产车间管理人员的短期职工薪酬属于间接费用，应借记“制造费用”科目，贷记“应付职工薪酬”科目。

当企业采用计件工资制时，生产工人的短期职工薪酬属于直接费用，应直接计入有关产品的成本。当企业采用计时工资制时，对于只生产一种产品的生产工人的短期职工薪酬也属于直接费用，应直接计入产品成本；对于同时生产多种产品的生产工人的短期职工薪酬，则需采用一定的分配标准（实际生产工时或定额生产工时等）分配计入产品成本。**【判断题】**

（2）应由在建工程、无形资产负担的短期职工薪酬，计入建造固定资产或无形资产成本。

（3）除上述两种情况之外的其他短期职工薪酬应计入当期损益。如企业行政管理部门人员和专设销售机构销售人员的短期职工薪酬均属于期间费用，应分别借记“管理费用”、“销售费用”等科目，贷记“应付职工薪酬”科目。

【补充】 企业按照有关规定向职工支付工资、奖金、津贴、补贴等，借记“应付职工薪酬——工资、奖金、津贴和补贴”科目，贷记“银行存款”、“库存现金”等科目；企业从应付职工薪酬中扣还的各种款项（代垫的家属药费、个人所得税等），借记“应付职工薪酬”科目，贷记“银行存款”、“库存现金”、“其他应收款”、“应交税费——应交个人所得税”等科目。比较难，注意理解。

【举例5－18】 承【举例5－17】，7月份甲企业根据有关规定，分别按照职工工资总额的2%和1.5%的计提标准，确认应付工会经费和职工教育经费。相关会计分录如下：

借：生产成本——基本生产成本　　16 800

　　制造费用　　3 675

　　管理费用　　3 171

　　销售费用　　609

　　贷：应付职工薪酬——工会经费　　13 860

　　　　　　　　　　——职工教育经费　　10 395

本例中，应确认的应付职工薪酬＝(480 000＋105 000＋90 600＋17 400)×(2%＋1.5%)＝24 255（元），其中，工会经费为13 860元，职工教育经费为10 395元。

本例中，应记入“生产成本”科目的金额＝480 000×(2%＋1.5%)＝16 800（元）；应记入“制造费用”科目的金额＝105 000×(2%＋1.5%)＝3 675（元）；应记入“管理费用”科目的金额＝90 600×(2%＋1.5%)＝3 171（元）；应记入“销售费用”科目的金额＝17 400×(2%＋1.5%)＝609（元）。

【小结】 对于国家规定了计提基础和计提比例的医疗保险费、工伤保险费、生育保险费等社会保险费和住房公积金，以及按规定提取的工会经费和职工教育经费，企业应当在职工为其提供服务的会计期间，根据规定的计提基础和计提比例计算确定相应的职工薪酬金额，并确认相关负债，按照受益对象计入当期损益或相关资产成本，借记“生产成本”、“制造费用”、“管理费用”等科目，贷记“应付职工薪酬”科目。

【点拨】 上述关于职工薪酬（包括工资及其他国家规定了计提基础和计提比例的职工薪酬）的归集和分配原则非常重要，请务必结合例题掌握。还要提醒一点：对于由多种产品共同耗用、应由这些产品共同负担的职工薪酬，应选择适当的标准（比如完工产品的数量）在这些产品之间进行分配，按分担的金额计入相应的成本计算对象。**【计算题】**

（三）制造费用的归集与分配

【举例 5-19】 某公司按照生产工时比例分配制造费用，其中 A 产品生产工时为 4 500 小时，B 产品生产工时为 4 000 小时。该公司本月发生的制造费用为 68 000 元，按照生产工时比例进行分配。计算如下：

制造费用分配率 =68 000 ÷（4 500 +4 000）=8（元/工时）

A 产品负担的制造费用额 =4 500 ×8 =36 000（元）

B 产品负担的制造费用额 =4 000 ×8 =32 000（元）

分配时，相关会计分录如下：

借：生产成本——A 产品　　36 000

　　　　　　——B 产品　　32 000

　贷：制造费用　　68 000

【小结 1】 企业发生的制造费用，应当按照合理的分配标准按月分配计入各成本核算对象的生产成本。企业可以采取的分配标准包括机器工时、人工工时、计划分配率等。注意制造费用的分配标准。**【多选题】**

【小结 2】 企业发生制造费用时，借记“制造费用”科目，贷记“累计折旧”、“银行存款”、“应付职工薪酬”等科目（如在【举例 5-16】、【举例 5-17】中都出现了借“制造费用”）；结转或分摊时，借记“生产成本”等科目，贷记“制造费用”科目。**【分录题】**

【提示】 请结合前面“制造费用”账户结构的讲解，理解其借方、贷方、余额各有什么特征。非常重要。

【思考】 在生产一种产品的车间中，制造费用可以直接计入产品成本（为什么?）；在生产多种产品的车间中，企业应根据制造费用的性质，合理选择分配方法，将制造费用分配计入各种产品成本。两句话都很重要。**【判断题】**（其实对于材料费用、职工薪酬归集和分配，基本原理也是一样的。）

（四）完工产品生产成本的计算与结转

产品生产成本计算是指将企业生产过程中为制造产品所发生的各种费用按照成本计算对象进行归集和分配，以便计算各种产品的总成本和单位成本。

【链接】 有关产品成本信息是进行库存商品计价和确定销售成本的依据，产品生产成本计算是会计核算的一项重要内容。还记得第一章中讲的会计核算方法体系中包括“成本计算”吗?**【判断题】**

企业应设置产品生产成本明细账，用来归集应计入各种产品的生产费用。通过对材料费用、职工薪酬和制造费用的归集和分配，企业各月生产产品所发生的生产费用已记入“生产成本”借方科目中。具体计算规则如下：

（1）如果月末某种产品全部完工，该种产品生产成本明细账所归集的费用总额，就是该种完工产品的总成本。用完工产品总成本除以该种产品的完工总产量即可计算出该种产品的单位成本。

（2）如果月末某种产品全部未完工，该种产品生产成本明细账所归集的费用总额，就是该种产品在产品的总成本。

（3）如果月末某种产品一部分完工，一部分未完工，这时归集在产品成本明细账中的费用总额还要采取适当的分配方法在完工产品和在产品之间进行分配，然后才能计算出完工产品的总成本和单位成本。完工产品成本的基本计算公式为：

完工产品生产成本 = 期初在产品成本 + 本期发生的生产费用 - 期末在产品成本。

【点拨】 注意上述产品成本计算的基本规则，特别是第（3）种情况。**【单选题/判断题】**

【举例 5 - 20】 某公司月末无在产品，生产的 A、B 产品全部完工，其中 A 产品总成本为 826 000 元，B 产品总成本为 902 000 元。A、B 产品已验收入库，结转成本。相关会计分录如下：

借：库存商品——A 产品　　826 000
　　　　　　——B 产品　　902 000
　贷：生产成本——A 产品　　826 000
　　　　　　　——B 产品　　902 000

【小结】 当产品生产完成并验收入库时，借记“库存商品”科目，贷记“生产成本”科目。**【分录题】**

经典例题讲解

例题 5 - 36 · 判断题 “制造费用”账户用以核算企业生产车间（部门）为生产产品和提供劳务而发生的各项间接费用。（　　）

【答案解析】 √ 表述正确。

例题 5 - 37 · 多选题 下列各项中，属于制造费用的有（　　）。

A. 车间生产设备折旧　　B. 产品销售人员薪酬
C. 车间管理人员薪酬　　D. 企业总部行政管理人员薪酬

【答案解析】 AC 制造费用是指企业为生产产品和提供劳务而发生的各项间接费用，包括生产部门（如车间）发生的水电费、办公费、固定资产折旧、无形资产摊销、管理人员的职工薪酬、劳动保护费、国家规定的有关环保费用、季节性和修理期间的停工损失等。B 属于销售费用，D 属于管理费用。

例题 5 - 38 · 多选题 下列关于“库存商品”账户的表述中，正确的有（　　）。

A. 贷方登记发出的库存商品成本
B. 期末借方余额反映库存商品的实际成本或计划成本

C. 期末借方余额反映已销售商品成本

D. 借方登记验收入库的库存商品成本

【答案解析】 ABD “库存商品”账户借方登记验收入库的库存商品成本，贷方登记发出的库存商品成本。期末余额在借方，反映各种库存商品的实际成本或计划成本。

例题5-39·单选题 下列选项中，不可对“库存商品”账户进行明细核算的是（　　）。

A. 库存商品的种类　　B. 库存商品的品种

C. 库存商品的规格　　D. 库存商品的数量

【答案解析】 D “库存商品”账户可按库存商品的种类、品种和规格等进行明细核算。

例题5-40·多选题 关于“生产成本”账户的表述，正确的有（　　）。

A. 贷方反映完工转出的产品成本

B. 可按成本核算对象设置基本生产成本和辅助生产成本明细账

C. 借方反映所发生的各项生产费用

D. 期末一定无余额

【答案解析】 ABC “生产成本”账户借方登记应计入产品生产成本的各项费用，包括直接计入产品生产成本的直接材料费、直接人工费和其他直接支出，以及期末按照一定的方法分配计入产品生产成本的制造费用；贷方登记完工入库产成品应结转的生产成本。期末余额在借方，反映企业期末尚未加工完成的在产品成本。该账户可按基本生产成本和辅助生产成本进行明细分类核算。

例题5-41·单选题 5月份，某企业生产车间生产甲产品直接耗用原材料2 000元，生产乙产品直接耗用原材料4 000元，车间管理部门耗用原材料1 000元，正确的会计分录是（　　）。

A. 借：制造费用　　7 000
　　贷：原材料　　7 000

B. 借：生产成本　　6 000
　　管理费用　　1 000
　　贷：原材料　　7 000

C. 借：生产成本　　6 000
　　制造费用　　1 000
　　贷：原材料　　7 000

D. 借：生产成本　　7 000
　　贷：原材料　　7 000

【答案解析】 C 生产经营领用材料，借记“生产成本”（基本生产车间领用的记入“生产成本——基本生产成本”，辅助生产车间领用的记入“生产成本——辅助生产成本”）、“制造费用”（车间管理部门领用或一般耗用）、“销售费用”（销售部门领用）、“管理费用”（行政管理部门领用）等科目，贷记“原材料”科目；出售材料结转成本，借记“其他业务成本”科目（出售材料的收入记入“其他业务收入”），贷记“原材料”科目。

例题5-42·多选题 下列各项中，应确认为应付职工薪酬的有（　　）。

A. 支付临时工的工资　　B. 发放给困难职工的补助金

C. 缴纳职工的工伤保险费　　D. 支付辞退职工的经济补偿金

【答案解析】 ABCD　以上选项均应计入应付职工薪酬。

例题 5－43·判断题　企业为职工缴纳的基本养老保险金、补充养老保险费以及为职工购买的商业养老保险，均不属于企业提供的职工薪酬。（　　）

【答案解析】 ×　企业为职工缴纳的基本养老保险金、补充养老保险费以及为职工购买的商业养老保险，均属于企业为获得职工提供的服务而给予的报酬，属于职工薪酬的范畴。

例题 5－44·多选题　下列各项中，关于“应付职工薪酬”账户说法正确的有（　　）。

A. 该账户借方登记本月实际支付的职工薪酬数额

B. 借方用于登记本月应该支付给职工的薪酬数额

C. 贷方登记本月计算的应该支付的职工薪酬数额

D. 该账户期末一定无余额

【答案解析】 AC　“应付职工薪酬”账户借方登记本月实际支付的职工薪酬数额；贷方登记本月计算的应付职工薪酬总额，包括各种工资、奖金、津贴和福利费等。期末余额在贷方，反映企业应付未付的职工薪酬。

例题 5－45·判断题　当企业采用计件工资制时，生产工人的短期职工薪酬属于直接费用，应直接计入有关产品的成本。（　　）

【答案解析】 √　表述正确。

例题 5－46·多选题　本月应付职工工资 5 万元，其中生产工人工资 4 万元，车间管理人员 2 000 元，企业管理人员 8 000 元，下列账户中与该项经济业务相关的有（　　）。

A. 应付职工薪酬　　B. 制造费用　　C. 管理费用　　D. 销售费用

【答案解析】 ABC　该项经济业务的会计分录为：

借：生成成本	40 000	
制造费用	2 000	
管理费用	8 000	
贷：应付职工薪酬		50 0000

例题 5－47·单选题　企业生产车间为生产产品发生的各项间接费用，可先通过“制造费用”科目归集，期末再按一定的标准和方法分配记入相关科目，应分配记入的账户是（　　）。

A. 利润分配　　B. 库存商品　　C. 管理费用　　D. 生产成本

【答案解析】 D　期末将本期实际发生的制造费用总额分配计入各种产品的生产成本时，从“制造费用”账户转出，转入“生产成本”账户。借记“生产成本”，贷记“制造费用”。

例题 5－48·单选题　某生产车间生产甲、乙两种产品，2015 年 8 月共发生车间管理人员工资 70 000 元，水电费 10 000 元。假定制造费用采用生产工时比例法在甲、乙产品间分配，其中甲产品的生产工时为 1 200 小时，乙产品的生产工时为 800 小时。当月甲产品应分配的制造费用为（　　）元。

A. 42 000　　B. 32 000　　C. 48 000　　D. 28 000

【答案解析】 C　甲产品应分配的制造费用 = (70 000 + 10 000) ÷ (1 200 + 800) × 1 200 = 48 000（元）。

例题 5－49·多选题　下列会计科目中与“生产成本”账户借方发生对应关系的有（　　）。

A. 应付职工薪酬　　B. 原材料　　C. 销售费用　　D. 制造费用

【答案解析】 ABD　构成产品成本的三大部分（直接材料、直接人工和制造费用）结转至生产成本时，借记“生产成本”账户，分别贷记“原材料”、“应付职工薪酬”、“制造费用”账户。

例题 5－50·单选题 下列计算完工产品成本的公式中，正确的是（　　）。

A. 完工产品成本＝期初在产品成本＋本期生产费用－期末在产品成本

B. 完工产品成本＝期初在产品成本＋本期生产费用＋期末在产品成本

C. 完工产品成本＝期初在产品成本－本期生产费用－期末在产品成本

D. 完工产品成本＝期初在产品成本－本期生产费用＋期末在产品成本

【答案解析】 A 完工产品成本＝期初在产品成本＋本期生产费用－期末在产品成本。

例题 5－51·单选题 某企业生产 A 产品，5 月初在产品成本为 7 万元，5 月份发生如下费用：生产领用材料 12 万元，生产工人工资 4 万元，制造费用 2 万元，管理费用 3 万元，广告费 1.6 万元，月末在产品成本为 6 万元。则该企业 5 月份完工产品的生产成本为（　　）万元。

A. 19　　B. 23.6　　C. 22　　D. 16

【答案解析】 A 管理费用和广告费用直接计入当期损益，不构成产品生产成本。该企业 5 月份完工产品的生产成本＝7＋12＋4＋2－6＝19（万元）。

第六节 | 销售业务的账务处理

一、商品销售收入的确认与计量

企业销售商品收入的确认，必须同时符合以下条件：

（1）企业已将商品所有权上的主要风险和报酬转移给购货方。

【解释】 与商品所有权有关的风险，是指商品可能发生减值或毁损等形成的损失；与商品所有权有关的报酬，是指商品价值增值或通过使用商品等形成的经济利益。**【判断题】**

（2）企业既没有保留通常与商品所有权相联系的继续管理权，也没有对已售出的商品实施控制。

【解释】 如果企业在商品销售后保留了与商品所有权相联系的继续管理权，或能够继续对其实施有效控制，说明商品所有权上的主要风险和报酬没有转移，销售交易不能成立，不能确认收入，如“售后租回”。

（3）收入的金额能够可靠地计量。

【解释】 如果收入的金额不能够合理估计，则无法确认收入。

（4）相关的经济利益很可能流入企业。

【解释】“很可能”指的是：销售商品价款收回的可能性超过 50%。**【判断题】**

【提示】 企业在销售商品时，如估计销售价款不是很可能收回，即使收入确认的其他条件均已满足，也不应当确认收入。

（5）相关的已发生或将发生的成本能够可靠地计量。

【解释】 销售商品相关的已发生或将发生的成本不能够合理地估计，此时企业不应确认收入。若已收到价款，应将已收到的价款确认为"负债"。

【提示】 商品销售收入的确认条件比较抽象。注意对五个确认条件本身及其细节的理解。【多选题/判断题】

【链接】 收入包括主营业务收入和其他业务收入。主营业务收入是由企业的主营业务所带来的收入；其他业务收入是除主营业务活动以外的其他经营活动实现的收入。收入按性质的不同，可分为销售商品收入、提供劳务收入、让渡资产使用权收入等。【多选题】

二、账户设置

【点拨】 在销售业务核算中，企业通常设置下列账户，要结合第三、四章内容注意"归类"分析：①"主营业务收入"、"其他业务收入"属于损益类（收入类）账户：借方登记减少、贷方登记增加、期末结转后无余额；②"主营业务成本"、"其他业务成本"、"营业税金及附加"属于损益类（费用类）账户：借方登记增加、贷方登记减少、期末结转后无余额；③"应收账款"、"应收票据"属于资产类账户：借方登记增加、贷方登记减少、余额一般在借方；④"预收账款"属于负债类账户：借方登记减少、贷方登记增加、余额一般在贷方。

1. "主营业务收入"账户（见表5-24）

表5-24　"主营业务收入"账户说明

项　目	具 体 内 容
账户性质	损益类账户
用途	核算企业确认的销售商品、提供劳务等主营业务的收入
借方登记	期末转入"本年利润"账户的主营业务收入（按净额结转），以及发生销售退回和销售折让时应冲减本期的主营业务收入（表示减少）
贷方登记	企业实现的主营业务收入（表示增加）
余额方向及含义	期末结转后，该账户无余额
明细账户设置方法	应按照主营业务的种类设置明细账户

【提示】 主营业务收入是指企业为完成其经营目标所从事的经常性活动所实现的收入。考生要能判断一项收入是否属于"主营业务收入"。【选择题】

2. "其他业务收入"账户（见表5-25）

表5-25　"其他业务收入"账户说明

项　目	具 体 内 容
账户性质	损益类账户
用途	核算企业确认的除主营业务活动以外的其他经营活动实现的收入，包括出租固定资产、出租无形资产（即转让无形资产的使用权，如转让商标使用权等）、出租包装物和商品、销售材料等 【提示】特别注意哪些业务属于其他业务收入。【多选题/分录题】是否可总结为"出租资产"和"销售材料"两大类。

续表

项　目	具 体 内 容
借方登记	期末转入“本年利润”账户的其他业务收入（表示减少）
贷方登记	企业实现的其他业务收入（表示增加）
余额方向及含义	期末结转后，该账户无余额
明细账户设置方法	可按其他业务的种类设置明细账户

3. “应收账款”账户（见表5－26）

表5－26　“应收账款”账户说明

项　目	具 体 内 容
账户性质	资产类账户
用途	核算企业因销售商品、提供劳务等经营活动应收取的款项
借方登记	由于销售商品以及提供劳务等发生的应收账款，包括应收取的价款、税款和代垫款等（表示增加） **【提示】**应收账款包括哪三部分？要注意不仅仅包括应收取的价款，还包括应收取的税款（增值税销项税额）和应收的代垫款等。销售商品涉及现金折扣的，应当按照不扣除现金折扣前的总额确定商品的销售收入和应收账款的金额。销售商品涉及商业折扣的，应当按照扣除商业折扣后的金额确定商品的销售收入。**【多选题】**
贷方登记	已经收回的应收账款（表示减少）
余额方向及含义	（1）通常在借方，反映企业尚未收回的应收账款 （2）余额如果在贷方，反映企业预收的账款 **【技巧】**“应收账款”账户的余额方向及含义非常重要，注意两点：第一，它和其他资产类账户一样，一般来说余额在“借方”，反映的是“别人欠你多少钱”；第二，也可以在“贷方”，反映的却是“预收账款”的内涵，即“你欠别人多少货”。务必灵活掌握，特别在第十章填写财务报表时是非常重要的考核点
明细账户设置方法	应按不同的债务人设置明细账户

4. “应收票据”账户（见表5－27）

表5－27　“应收票据”账户说明

项　目	具 体 内 容
账户性质	资产类账户
用途	核算企业因销售商品、提供劳务等而收到的商业汇票 **【点拨】**特别小心什么情况下用“应收票据”账户核算（仅指企业收到商业汇票，包括银行承兑汇票和商业承兑汇票）？什么情况下用“应收账款”账户核算（纯粹凭商业信用而未收）？什么情况下用“银行存款”账户核算（通过银行转账、支票收款）？什么情况下用“其他货币资金”账户核算（收到银行汇票、银行本票等）？注意区分，在账务处理时要举一反三
借方登记	企业收到的应收票据（表示增加）
贷方登记	票据到期收回的应收票据（表示减少）
余额方向及含义	在借方，反映企业持有的商业汇票的票面金额
明细账户设置方法	可按开出、承兑商业汇票的单位设置明细账户

5. “预收账款”账户（见表5－28）

表5－28　“预收账款”账户说明

项　目	具 体 内 容
账户性质	负债类账户
用途	核算企业按照合同规定预收的款项 【技巧】预收别人款项是不是意味着“你欠别人多少货”？那就是企业的一项“债务”，是企业的一项负债，务必理解。这是一般意义上的理解 【提示】预收账款情况不多的，也可以不设置本账户，将预收的款项直接记入“应收账款”账户的“贷方”。【判断题】仔细考虑一下，其实“预收账款”和“应收账款”在某些情况下是可以混用的，虽然从性质来说，前者属于“负债”类、后者属于“资产”类，注意理解
借方登记	销售实现时按实现的收入转销的预收款项等（表示减少）
贷方登记	企业向购货单位预收的款项等（表示增加）
余额方向及含义	（1）期末余额在贷方，反映企业预收的款项 （2）期末余额在借方，反映企业已转销但尚未收取的款项 【技巧】“预收账款”属于负债类账户，因此期末余额和其他负债类一样，一般在“贷方”，表示“你欠别人多少货”；若期末余额在“借方”了，那其实质就是“应收账款”，表示的是“别人欠你多少钱”
明细账户设置方法	可按购货单位设置明细账户

6. “主营业务成本”账户（见表5－29）

表5－29　“主营业务成本”账户说明

项　目	具 体 内 容
账户性质	损益类账户
用途	核算企业确认销售商品、提供劳务等主营业务收入时应结转的成本 【技巧】配比原则：“主营业务收入”对应“主营业务成本”。确认了“主营业务收入”，原则上就要结转“主营业务成本”，不要忘记
借方登记	主营业务发生的实际成本（表示增加）
贷方登记	期末转入“本年利润”账户的主营业务成本（表示减少）
余额方向及含义	期末结转后，该账户无余额
明细账户设置方法	可按主营业务的种类设置明细账户

7. “其他业务成本”账户（见表5－30）

表5－30　“其他业务成本”账户说明

项　目	具 体 内 容
账户性质	损益类账户
用途	核算企业确认的除主营业务活动以外的其他经营活动所发生的支出，包括销售材料的成本、出租固定资产的折旧额、出租无形资产的摊销额、出租包装物的成本或摊销额等 【提示】特别注意哪些业务需要结转其他业务成本。【多选题/分录题】是否可总结为“出租资产”和“销售材料”两大类（也就是和“其他业务收入”相对应，也是配比原则）

续表

项　目	具　体　内　容
借方登记	其他业务的支出额（表示增加）
贷方登记	期末转入“本年利润”账户的其他业务支出额（表示减少）
余额方向及含义	期末结转后，该账户无余额
明细账户设置方法	可按其他业务的种类设置明细账户

8. “营业税金及附加”账户（见表5－31）

表5－31　“营业税金及附加”账户说明

项　目	具　体　内　容
账户性质	损益类账户
用途	核算企业经营活动发生的营业税、消费税、城市维护建设税、资源税和教育费附加等相关税费 **【补充】**注意哪些税种要借记“营业税金及附加”账户。**【多选题/分录题】**还有一些税种是不通过该账户核算的，最典型的几个要掌握：①房产税、车船税、土地使用税、印花税在“管理费用”账户核算，但与投资性房地产有关的房产税、土地使用税在“营业税金及附加”账户核算；②企业所得税通过“所得税费用”账户核算；③企业增值税不构成企业的损益，不通过损益类账户核算；④个人所得税是个人缴纳，企业只是代扣代缴，也不构成企业的损益，不通过损益类账户核算
借方登记	企业应按规定计算确定的与经营活动相关的税费（表示增加）
贷方登记	期末转入“本年利润”账户的与经营活动相关的税费（表示减少）
余额方向及含义	期末结转后，该账户无余额

三、账务处理

（一）主营业务收入和主营业务成本的账务处理

【举例5－21】 甲公司向乙公司销售一批商品，开具的增值税专用发票上注明的售价为700 000元，增值税税额为119 000元。甲公司已将商品送抵乙公司，并收到乙公司支付的货款819 000元。该批商品的成本为600 000元。相关会计分录如下：

（1）取得商品销售收入：

借：银行存款	819 000	
贷：主营业务收入		700 000
应交税费——应交增值税（销项税额）		119 000

（2）结转商品成本：

借：主营业务成本	600 000	
贷：库存商品		600 000

【点拨】 非常典型的分录，必须掌握。

【思考】

问：上述例题可能的变化点在哪里？

答：主要体现在货款的支付方式上。

问：如果甲公司在销售商品的同时就收到了一张已承兑的商业汇票，那分录又该如何修改？

答：将借方“银行存款”改为“应收票据”即可。

问：如果收到的是一张银行汇票或银行本票，那又该如何修改呢？

答：将借方“银行存款”改为“其他货币资金”即可。

问：如果乙公司未付款，那又该如何修改？

答：将借方“银行存款”改为“应收账款”即可。

【举例 5-22】 甲公司为增值税一般纳税人。6 月 3 日，甲公司与乙公司签订供货合同，向乙公司出售一批产品，货款金额共计 200 000 元，应交增值税 34 000 元。根据购货合同的规定，乙公司在购货合同签订后 1 周内，应当向甲公司预付货款 120 000 元，剩余货款在交货后付清。6 月 9 日，甲公司收到乙公司预付货款 120 000 元存入银行，6 月 19 日甲公司将货物发运到乙公司并开具增值税专用发票，乙公司验收货物后付清了剩余货款。该批产品的成本为 180 000 元。相关会计分录如下：

（1）收到乙公司预付的货款时：

借：银行存款　　120 000

　　贷：预收账款　　120 000

（2）向乙公司发出货物时：

借：预收账款　　234 000

　　贷：主营业务收入　　200 000

　　　　应交税费——应交增值税（销项税额）　　34 000

（3）收到乙公司补付的货款时：

借：银行存款　　114 000

　　贷：预收账款　　114 000

（4）同时结转产品成本：

借：主营业务成本　　180 000

　　贷：库存商品　　180 000

【小结 1】 企业销售商品或提供劳务实现的收入，应按实际收到、应收或者预收的金额，借记“银行存款”、“应收账款”、“应收票据”、“预收账款”等科目，按确认的营业收入，贷记“主营业务收入”科目。

【小结 2】 期（月）末，企业应根据本期（月）销售各种商品、提供各种劳务等实际成本，计算应结转的主营业务成本，借记“主营业务成本”科目，贷记“库存商品”、“劳务成本”等科目。

【解释】 对于增值税销项税额，一般纳税人应贷记“应交税费——应交增值税（销项税额）”科目；小规模纳税人应贷记“应交税费——应交增值税”科目（注意一般纳税人和小规模纳税人在增值税销项税额处理上的不同）。**【判断题】**

【提示】 注意“主营业务收入”和“主营业务成本”的配比：特别在销售商品的业务中，“主营业务收入”会增加，必定会出现“主营业务成本”的增加、“库存商品”的减少。**【分录题】**

（二）其他业务收入与其他业务成本的账务处理

【举例5-23】 甲公司销售一批原材料，开具的增值税专用发票上注明的售价为30 000元，增值税税额为5 100元，款项已由银行收讫。该批原材料的实际成本为23 000元。相关会计分录为：

（1）取得原材料销售收入：

借：银行存款	35 100	
贷：其他业务收入		30 000
应交税费——应交增值税（销项税额）		5 100

（2）结转材料成本：

借：其他业务成本	23 000	
贷：原材料		23 000

【点拨】 非常典型的分录，必须掌握。【分录题】

【小结】 当企业发生其他业务收入时，借记“银行存款”、“应收账款”、“应收票据”等科目，按确定的收入金额，贷记“其他业务收入”科目，同时确认有关税金；在结转其他业务收入的同一会计期间，企业应根据本期应结转的其他业务成本金额，借记“其他业务成本”科目，贷记“原材料”、“累计折旧”、“应付职工薪酬”等科目。

【提示1】 是否注意到了【举例5-21】和【举例5-23】的区别和联系？

【提示2】 注意“其他业务收入”和“其他业务成本”的配比，特别在销售多余材料的业务中，“其他业务收入”会增加，必定会出现“其他业务成本”的增加、“原材料”的减少。

经典例题讲解

例题5-52·多选题 下列各项中，属于企业确认商品销售收入时必须同时符合的条件有（ ）。

A. 相关的已发生或将发生的成本能够可靠地计量

B. 企业已将商品所有权上的主要风险和报酬转移给购货方

C. 收入的金额能够可靠地计量，且相关的经济利益很可能流入企业

D. 企业既没有保留通常与商品所有权相联系的继续管理权，也没有对已售出的商品实施控制

【答案解析】 ABCD 企业销售商品收入的确认，必须同时符合以下条件：企业已将商品所有权上的主要风险和报酬转移给购货方；企业既没有保留通常与商品所有权相联系的继续管理权，也没有对已售出的商品实施控制；收入的金额能够可靠地计量；相关的经济利益很可能流入企业；相关的已发生或将发生的成本能够可靠地计量。

例题5-53·判断题 与商品所有权上的主要风险是指商品可能发生减值或毁损等形成的损失。（ ）

【答案解析】 √ 表述正确。

例题5-54·判断题 销售商品价款收回的可能性超过50%，则可以确认相关的经济利益

很可能流入企业。（　　）

【答案解析】 √　表述正确。

例题 5－55·多选题　下列各项中，企业应计入营业收入的有（　　）。

A. 非流动资产处置利得　　B. 包装物租金收入

C. 商品销售收入　　D. 出售交易性金融资产利得

【答案解析】 BC　A 计入营业外收入、B 计入营业收入（其他业务收入）、C 计入营业收入（主营业务收入）、D 计入投资收益。

例题 5－56·多选题　下列各项中，工业企业应确认为其他业务收入的有（　　）。

A. 对外销售材料收入　　B. 处置固定资产净收益

C. 转让商标使用权收入　　D. 出售专利所有权收入

【答案解析】 AC　企业实现的原材料销售收入、包装物租金收入、固定资产租金收入、无形资产使用费收入等，通常通过“其他业务收入”科目核算。BD 不属于收入，应计入处置非流动资产利得（营业外收入）。

例题 5－57·多选题　下列各项中，工业企业应确认为其他业务成本的有（　　）。

A. 销售材料的成本

B. 出售商品的成本

C. 以经营租赁方式出租设备计提的折旧额

D. 出租包装物的成本

【答案解析】 ACD　其他业务成本是指企业确认的除主营业务活动以外的其他经营活动所发生的成本，包括销售材料的成本、出租固定资产的折旧额、出租无形资产的摊销额、出租包装物的成本或摊销额等。B 应确认为主营业务成本。

例题 5－58·单选题　下列选项中，应收账款的入账价值不包括的是（　　）。

A. 商业折扣　　B. 增值税（销项税额）

C. 现金折扣　　D. 代购货方垫付的运杂费

【答案解析】 A　应收账款的入账价值包括：销售货物或提供劳务的价款、增值税，以及代购货方垫付的包装费、运杂费等。销售商品涉及现金折扣的，应当按照不扣除现金折扣前的总额确定商品的销售收入和应收账款的金额。销售商品涉及商业折扣的，应当按照扣除商业折扣后的金额确定商品的销售收入。

例题 5－59·多选题　下列费用中，通过“营业税金及附加”科目核算的有（　　）。

A. 教育费附加　　B. 营业税　　C. 增值税　　D. 城市维护建设税

【答案解析】 ABD　营业税金及附加是指企业按规定计算确定的营业税、消费税、城市维护建设税、资源税和教育费附加等税费。增值税、企业所得税、个人所得税、印花税等不通过“营业税金及附加”科目核算。

例题 5－60·判断题　不单独设置“预收账款”账户的企业，预收的账款可以在“应付账款”账户核算。（　　）

【答案解析】 ×　预收账款情况不多的，也可以不设置“预收账款”账户，将预收的款项直接记入“应收账款”账户。

例题 5－61·多选题　下列关于“应收账款”账户的表述正确的有（　　）。

A. 贷方余额反映企业预收的款项

B. 贷方登记应收账款的收回及确认的坏账损失

C. 借方余额反映企业尚未收回的应收账款

D. 借方登记因赊销商品等发生的应收账款

【答案解析】 ABCD “应收账款”账户借方登记应收账款的增加，贷方登记应收账款的收回及确认的坏账损失，期末余额一般在借方，反映企业尚未收回的应收账款（如果期末余额在贷方，则反映企业预收的款项）。

例题5－62·多选题 本月出售产品一批，价款5 000元（已记入“预收账款”账户）。该产品生产成本4 000元，不考虑增值税因素。下列会计分录中，正确的有（　　）。

A. 借：预收账款　　5 000
　　贷：主营业务收入　　5 000

B. 借：主营业务成本　　4 000
　　贷：库存商品　　4 000

C. 借：银行存款　　5 000
　　贷：主营业务收入　　5 000

D. 借：主营业务成本　　4 000
　　贷：生产成本　　4 000

【答案解析】 AB 该业务AB的分录是正确的。

例题5－63·单选题 某公司销售产品10件，每件售价300元，发票上注明该批产品的价款为3 000元，该公司收到一张已承兑的包含全部款项的商业汇票，该笔销售满足收入确认的条件，不考虑相关税费，下列关于确认收入的账务处理中，正确的是（　　）。

A. 借：主营业务收入　　3 000
　　贷：应收票据　　3 000

B. 借：主营业务收入　　3 000
　　贷：应收账款　　3 000

C. 借：应收账款　　3 000
　　贷：主营业务收入　　3 000

D. 借：应收票据　　3 000
　　贷：主营业务收入　　3 000

【答案解析】 D 收到已承兑的商业汇票，应通过“应收票据”科目核算，D是正确的会计分录。

第七节　期间费用的账务处理

一、期间费用的构成

期间费用是指企业日常活动中不能直接归属于某个特定成本核算对象的，在发生时应直接计入当期损益的各种费用。其构成如表 5-32 所示。

【提示】 期间费用是直接计入当期损益的费用，注意理解其概念，和生产费用不同。【判断题】

【解释】 期间费用包括管理费用、销售费用和财务费用（就这三项，不包括制造费用等）。非常重要。【多选题】

表 5-32 期间费用的构成

期间费用	含义	典型例子
管理费用	企业为组织和管理企业生产经营活动所发生的各种费用	企业在筹建期间发生的开办费、董事会和行政管理部门在企业的经营管理中发生的或者应由企业统一负担的公司经费（包括行政管理部门职工薪酬、修理费、物料消耗、低值易耗品摊销、办公费和差旅费等）、董事会会费（包括董事会成员津贴、会议费和差旅费等）、聘请中介机构费、咨询费（含顾问费）、诉讼费、业务招待费、房产税、车船税、土地使用税、印花税、技术转让费、矿产资源补偿费、研究费用、排污费以及企业生产车间（部门）和行政管理部门发生的固定资产修理费用等后续支出 【提示 1】 “四税”（房产税、车船税、土地使用税、印花税）记入管理费用 【提示 2】 生产车间（部门）和行政管理部门发生的固定资产修理费用都记入管理费用，并不记入制造费用
销售费用	企业销售商品和材料、提供劳务的过程中发生的各种费用 【提示】 销售费用不包括销售商品本身的成本和劳务成本。销售的产品的成本属于“主营业务成本”，提供劳务所发生的成本属于“劳务成本”	保险费、包装费、展览费和广告费、商品维修费、预计产品质量保证损失、运输费、装卸费等以及为销售本企业商品而专设的销售机构（含销售网点、售后服务网点等）的职工薪酬、业务费、折旧费，以及企业发生的与专设销售机构相关的固定资产修理费用等后续支出
财务费用	企业为筹集生产经营所需资金等而发生的筹资费用	利息支出（减利息收入）、汇兑损益以及相关的手续费、企业发生或收到的现金折扣等

【点拨】 三项期间费用的含义及包括的相关内容要熟悉，会区分。【选择题/判断题】 特别是一些和惯常思维有冲突的项目（表中以【提示】的字眼出现）。

二、账户设置

【点拨】 在期间费用核算中，企业通常设置下列账户，要结合第三、四章内容注意“归类”分析：“管理费用”、“销售费用”、“财务费用”都属于损益类（费用类）账户：借方登记增加、贷方登记减少、期末结转后无余额。

1. “管理费用”账户（见表 5-33）

表5-33 “管理费用”账户说明

项　目	具 体 内 容
账户性质	损益类账户
用途	核算企业为组织和管理企业生产经营所发生的管理费用
借方登记	发生的各项管理费用（表示增加）
贷方登记	期末转入“本年利润”账户的管理费用额（表示减少）
余额方向及含义	期末结转后，该账户无余额
明细账户设置方法	可按费用项目设置明细账户

2. “销售费用”账户（见表5-34）

表5-34 “销售费用”账户说明

项　目	具 体 内 容
账户性质	损益类账户
用途	核算企业发生的各项销售费用
借方登记	发生的各项销售费用（表示增加）
贷方登记	期末转入“本年利润”账户的销售费用额（表示减少）
余额方向及含义	期末结转后，该账户无余额
明细账户设置方法	可按费用项目设置明细账户

3. “财务费用”账户（见表5-35）

表5-35 “财务费用”账户说明

项　目	具 体 内 容
账户性质	损益类账户
用途	核算企业为筹集生产经营所需资金等而发生的筹资费用，包括利息支出（减利息收入）、汇兑损益以及相关的手续费、企业发生的现金折扣或收到的现金折扣等
借方登记	手续费、利息费用等的增加额（表示增加）
贷方登记	应冲减财务费用的利息收入等（表示减少）
余额方向及含义	期末结转后，该账户无余额
明细账户设置方法	可按费用项目设置明细账户

【解释】 为购建或生产满足资本化条件的资产发生的应予资本化的借款费用，通过“在建工程”、“制造费用”等账户核算，不在“财务费用”账户核算。

三、账务处理

（一）管理费用的账务处理

【举例5-24】 某公司7月22日为拓展产品销售市场发生业务招待费50 000元，用银行存款支付。相关会计分录如下：

借：管理费用——业务招待费　　　　50 000

　贷：银行存款　　　　50 000

【举例5-25】　某公司行政部9月份共发生费用224 000元，其中：行政人员薪酬150 000元，行政部专用办公设备折旧费45 000元，报销行政人员差旅费21 000元（假定报销人员均未预借差旅费），其他办公、水电费8 000元（均用银行存款支付）。相关会计分录如下：

借：管理费用　224 000
　贷：应付职工薪酬　150 000
　　累计折旧　45 000
　　库存现金　21 000
　　银行存款　8 000

【小结1】　企业在筹建期间内发生的开办费，包括人员工资、办公费、培训费、差旅费、印刷费、注册登记费以及不计入固定资产成本的借款费用等在实际发生时，借记“管理费用”科目，贷记“应付利息”、“银行存款”等科目。

【小结2】　行政管理部门人员的职工薪酬，借记“管理费用”科目，贷记“应付职工薪酬”科目。

【小结3】　行政管理部门计提的固定资产折旧，借记“管理费用”科目，贷记“累计折旧”科目。

【小结4】　行政管理部门发生的办公费、水电费、业务招待费、聘请中介机构费、咨询费、诉讼费、技术转让费、企业研究费用，借记“管理费用”科目，贷记“银行存款”、“研发支出”等科目。

（二）销售费用的账务处理

【举例5-26】　某公司1月12日销售一批产品，销售过程中发生运输费5 000元、装卸费2 000元，均用银行存款支付。相关会计分录如下：

借：销售费用——运输费　5 000
　　　　　——装卸费　2 000
　贷：银行存款　7 000

【举例5-27】　某公司销售部2015年8月份共发生费用220 000元，其中：销售人员薪酬100 000元，销售部专用办公设备折旧费50 000元，业务费70 000元（用银行存款支付）。相关会计分录如下：

借：销售费用　220 000
　贷：应付职工薪酬　100 000
　　累计折旧　50 000
　　银行存款　70 000

【小结1】　企业在销售商品过程中发生的包装费、保险费、展览费和广告费、运输费、装卸费等费用，借记“销售费用”科目，贷记“库存现金”、“银行存款”等科目。

【小结2】　企业发生的为销售本企业商品而专设的销售机构的职工薪酬、业务费等费用，借记“销售费用”科目，贷记“应付职工薪酬”、“银行存款”、“累计折旧”等科目。

（三）财务费用的账务处理

【举例5-28】　某公司于1月1日向银行借入生产经营用短期借款360 000元，期限6个月，年利率5%，该借款本金到期后一次归还，利息分月预提，按季支付。该公司计提利息的会计分录如下：

每月末，预提当月应计利息：360 000×5%÷12＝1 500（元）

借：财务费用——利息支出　　1 500

　　贷：应付利息　　1 500

【举例5－29】 某公司9月2日用银行存款支付银行手续费400元。相关会计分录如下：

借：财务费用——手续费　　400

　　贷：银行存款　　400

【举例5－30】 8月7日，某公司在购买材料业务中，获得对方给予的现金折扣4 000元。相关会计分录如下：

借：应付账款　　4 000

　　贷：财务费用　　4 000

【小结1】 企业发生的财务费用，借记“财务费用”科目，贷记“银行存款”、“应付利息”等科目。

【小结2】 发生的应冲减财务费用的利息收入、汇兑损益、现金折扣，借记“银行存款”、“应付账款”等科目，贷记“财务费用”科目。

经典例题讲解

例题5－64·多选题 下列项目中，属于期间费用的有（　　）。

A. 销售费用　　B. 制造费用　　C. 管理费用　　D. 财务费用

【答案解析】 ACD 期间费用包括销售费用、管理费用、财务费用。制造费用不属于期间费用，属于生产费用。

例题5－65·判断题 管理费用是企业行政管理部门为组织和管理生产经营活动而发生的各项费用，包括行政人员的工资和福利费、办公费、折旧费和广告宣传费、借款利息等。（　　）

【答案解析】 × 广告宣传费、借款利息不属于管理费用。折旧费也不一定都属于管理费用。

例题5－66·判断题 销售费用是指企业在销售商品和材料、提供劳务过程中发生的各项费用，包括企业在销售商品过程中发生的保险费、包装费、展览费和广告费等，以及企业发生的为销售本企业商品而专设的销售机构的职工薪酬、业务费、折旧费等。（　　）

【答案解析】 √ 表述正确。

例题5－67·单选题 企业发生的下列各项费用中，应计入管理费用的是（　　）。

A. 招待费　　B. 坏账损失　　C. 展览费　　D. 广告费

【答案解析】 A 管理费用是指企业为组织和管理生产经营活动而发生的各种管理费用，包括企业在筹建期间发生的开办费、董事会和行政管理部门在企业的经营管理中发生的或者应由企业统一负担的公司经费等。C和D计入销售费用、B计入资产减值损失。

例题5－68·单选题 下列各项中，应计入管理费用的是（　　）。

A. 预计产品质量保证损失　　B. 聘请中介机构年报审计费

C. 专设售后服务网点的职工薪酬　　D. 企业负担的生产职工养老保险费

【答案解析】 B　选项 A 和 C 计入销售费用；选项 D 计入生产成本；选项 B 计入管理费用。

例题 5－69·单选题　下列各项中，用以核算企业为筹集生产经营所需资金等而发生的筹资费用的账户是（　　）。

A. 管理费用　　B. 销售费用　　C. 财务费用　　D. 研发支出

【答案解析】 C　"财务费用"账户用以核算企业为筹集生产经营所需资金等而发生的筹资费用。

例题 5－70·判断题　"财务费用"账户核算企业产生的利息费用，因此财务费用属于负债类账户。（　　）

【答案解析】 ×　"财务费用"属于损益类账户。

第八节 | 利润形成与分配业务的账务处理

一、利润形成的账务处理

（一）利润的形成

利润是指企业在一定会计期间的经营成果，包括收入减去费用后的净额、直接计入当期损益的利得和损失等。

【提示】 利润由营业利润、利润总额和净利润三个层次构成。**【多选题】**

1. 营业利润

营业利润这一指标能够比较恰当地反映企业管理者的经营业绩，其计算公式如下：

营业利润＝营业收入－营业成本－营业税金及附加－销售费用－管理费用－财务费用－资产减值损失＋公允价值变动收益（－公允价值变动损失）＋投资收益（－投资损失）

【解释】 营业收入＝主营业务收入＋其他业务收入；营业成本＝主营业务成本＋其他业务成本。

2. 利润总额

利润总额（又称税前利润），是营业利润加上营业外收入减去营业外支出后的金额，其计算公式如下：

利润总额＝营业利润＋营业外收入－营业外支出

3. 净利润

净利润（又称税后利润），是利润总额扣除所得税费用后的净额，其计算公式如下：

净利润＝利润总额－所得税费用

【点拨 1】 关于利润的概念、构成及计算公式务必结合第二章（会计要素）、第十章（利润表）掌握。**【各类题型】**

【点拨2】 特别对于三个利润层次的计算（会具体计算），要和第十章利润表的填列“链接”起来，在利润表填列的计算分析题中，肯定会出现“营业利润”、“利润总额”、“净利润”这三个栏目的填写。

【思考】 哪些“项目”会影响这三个不同的利润层次？比如“营业外收入”会影响“营业利润”吗？会影响“利润总额”吗？【单选题】

【提示】 “净利润”和“利润总额”的关系是：净利润 = 利润总额 - 所得税费用。请注意减去的不是“应交税费——应交所得税”，而是“所得税费用”，注意区别。【单选题】

（二）账户设置

【点拨】 在利润形成业务的核算中，企业通常设置下列账户，要结合第三、四章内容注意“归类”分析：①“投资收益”、“营业外收入”属于损益类（收入类）账户：借方登记减少、贷方登记增加、期末结转后无余额；②“营业外支出”、“所得税费用”属于损益类（费用类）账户：借方登记增加、贷方登记减少、期末结转后无余额；③“本年利润”账户属于所有者权益类账户：借方登记减少、贷方登记增加、期末一般在贷方（通俗来讲，“所有者权益类账户”期末余额在贷方表示“好事”，期末余额在借方表示“坏事”）。

1. “本年利润”账户（见表5-36）

表5-36　“本年利润”账户说明

项　目	具　体　内　容
账户性质	所有者权益类账户
用途	核算企业当期实现的净利润（或发生的净亏损），企业期（月）末结转利润时，应将各损益类账户的金额转入本账户，结平各损益类账户
借方登记	企业期（月）末转入的主营业务成本、营业税金及附加、其他业务成本、管理费用、财务费用、销售费用、营业外支出、投资损失和所得税费用（表示减少）
贷方登记	企业期（月）末转入的主营业务收入、其他业务收入、营业外收入和投资收益等（表示增加）
余额方向及含义	（1）上述结转完成后，余额如在贷方，即为当期实现的净利润；余额如在借方，即为当期发生的净亏损 （2）年度终了，应将本年收入和支出相抵后结出的本年实现的净利润（或发生的净亏损），转入“利润分配——未分配利润”账户贷方（或借方），结转后本账户无余额 【提示】期（月）末结转后，“本年利润”账户的余额可能在借方，也有可能在贷方（贷方为当期实现的净利润，是“好事”；借方为当期发生的净亏损，是“坏事”）；但请注意，年度终了，“本年利润”账户余额要转入“利润分配——未分配利润”账户，从而“本年利润”账户最后应该也无余额

2. “投资收益”账户（表5-37）

表5-37　“投资收益”账户说明

项　目	具　体　内　容
账户性质	损益类账户
用途	核算企业确认的投资收益或投资损失

续表

项目	具体内容
借方登记	发生的投资损失和期末转入“本年利润”账户的投资净收益（表示减少）
贷方登记	实现的投资收益和期末转入“本年利润”账户的投资净损失（表示增加）
余额方向及含义	期末结转后，该账户无余额
明细账户设置方法	可按投资项目设置明细账户

3. “营业外收入”账户（表5-38）

表5-38　“营业外收入”账户说明

项目	具体内容
账户性质	损益类账户
用途	核算企业发生的各项营业外收入，主要包括非流动资产处置利得（含固定资产、无形资产处置利得）、非货币性资产交换利得、债务重组利得、政府补助、盘盈利得、捐赠利得等 **【思考】** 营业外收入包括哪些内容？非常重要。**【多选题】** **【提示】** 如果属于营业外收入了，那就不属于（营业）收入了
借方登记	会计期末转入“本年利润”账户的营业外收入额（表示减少）
贷方登记	营业外收入的实现，即营业外收入的增加额（表示增加）
余额方向及含义	期末结转后，该账户无余额
明细账户设置方法	可按营业外收入项目设置明细账户

4. “营业外支出”账户（表5-39）

表5-39　“营业外支出”账户说明

项目	具体内容
账户性质	损益类账户
用途	核算企业发生的各项营业外支出，包括非流动资产处置损失（含固定资产、无形资产处置损失）、非货币性资产交换损失、债务重组损失、公益性捐赠支出、非常损失、盘亏损失、罚款支出（如税收滞纳金）等 **【思考】** 营业外支出包括哪些内容？非常重要。**【多选题】** **【提示】** 如果属于营业外支出了，那就不属于费用了
借方登记	营业外支出的发生，即营业外支出的增加额（表示增加）
贷方登记	期末转入“本年利润”账户的营业外支出额（表示减少）
余额方向及含义	期末结转后，该账户无余额
明细账户设置方法	可按支出项目设置明细账户

5. “所得税费用”账户（见表5-40）

表 5－40 “所得税费用”账户说明

项　目	具 体 内 容
账户性质	损益类账户
用途	核算企业确认的应从当期利润总额中扣除的所得税费用
借方登记	企业应计入当期损益的所得税（表示增加） 【点拨】“所得税费用”借方登记的是“应计入当期损益的所得税”，并不是“应交的所得税”。当然，在会计从业资格考试中，这两者往往相等
贷方登记	企业期末转入“本年利润”账户的所得税（表示减少）
余额方向及含义	期末结转后，该账户无余额

（三）账务处理

【举例 5－31】 甲公司 2014 年有关损益类账户的发生额见表 5－41：

表 5－41　　单位：元

账户名称	结账前余额
主营业务收入	3 000 000（贷）
其他业务收入	350 000（贷）
公允价值变动损益	10 000（贷）
投资收益	300 000（贷）
营业外收入	25 000（贷）
主营业务成本	2 300 000（借）
其他业务成本	200 000（借）
营业税金及附加	40 000（借）
销售费用	250 000（借）
管理费用	300 000（借）
财务费用	50 000（借）
资产减值损失	10 000（借）
营业外支出	100 000（借）

假定没有纳税调整事项，该公司所得税率为 25%。

（1）结转各项收入、利得类账户：

借：主营业务收入　　3 000 000
　　其他业务收入　　350 000
　　公允价值变动损益　　10 000
　　投资收益　　300 000
　　营业外收入　　25 000
　　贷：本年利润　　3 685 000

（2）结转各项费用、损失类账户：

借：本年利润　　3 250 000

　　贷：主营业务成本　　2 300 000

　　　　其他业务成本　　200 000

　　　　营业税金及附加　　40 000

　　　　销售费用　　250 000

　　　　管理费用　　300 000

　　　　财务费用　　50 000

　　　　资产减值损失　　10 000

　　　　营业外支出　　100 000

【解释】 经过上述结转后，“本年利润”账户的贷方发生额合计 3 685 000 元减去借方发生额合计 3 250 000 元，即为利润总额（税前利润）435 000 元。（思考：是不是“本年利润”账户的贷方余额?）

【技巧】 对于损益类账户的结转，可以用这样的思路：原先发生的时候主要在什么方向的，结转至“本年利润”的时候就放在相反的方向（目的是结平损益类账户）。如：“主营业务收入”平时发生的时候主要在“贷方”，那结转时就放在“借方”；既然“主营业务收入”已经放“借方”，那“本年利润”就在“贷方”了。依此类推，就可以得出上述结转的分录了，不会弄错。记住一条，损益类科目结转后无余额，反映一定期间的收入、利得、费用、损失的科目最后归集到“本年利润”中。那再问一句，年度终了“本年利润”有余额吗?

（3）应确认的所得税费用为：

所得税费用 =435 000 × 25% =108 750（元）

借：所得税费用　　108 750

　　贷：应交税费——应交所得税　　108 750

（4）结转所得税费用时：

借：本年利润　　108 750

　　贷：所得税费用　　108 750

【补充】 当期应交所得税 = 应纳税所得额 × 所得税税率

【技巧】 在不存在纳税调整事项的情况下，应纳税所得额等于税前会计利润。在会计从业资格考试中，一般税前会计利润都等于应纳税所得额，那“所得税费用”就和“应交税费——应交所得税”相等了，即直接等于“利润总额 × 所得税税率”。

【提示 1】 企业所得税的计算（计提）是通过“所得税费用”科目核算的，尤其小心和其他税种的区别。**【单选题】**

【提示 2】 “所得税费用”科目既然属于损益类科目，也要结转至“本年利润”科目。结转后“所得税费用”科目也应没有余额。至于怎么结转，和前面损益类科目结转的技巧一样，可以参阅前面内容的讲解。

【解释】 经过上述结转后，“本年利润”账户的贷方余额变成了 326 250 元（435 000 - 108 750），即为净利润 326 250 元。

【小结】 会计期末（月末或年末）结转各项收入时，借记“主营业务收入”、“其他业务收入”、“营业外收入”等科目，贷记“本年利润”科目；结转各项支出时，借记“本年利润”科目，贷记“主营业务成本”、“营业税金及附加”、“其他业务成本”、“管理费用”、“财务费用”、“销售费用”、“资产减值损失”、“营业外支出”、“所得税费用”等科目。

经典例题讲解

例题 5-71·单选题 某公司3月损益类账户结转前余额如下：营业收入（贷方）55 000元，营业外收入（贷方）5 000元，投资收益（贷方）15 000元，销售费用（借方）3 000元，营业成本（借方）21 000元，则该公司3月的营业利润为（　　）元。

A. 51 000　　B. 46 000　　C. 31 000　　D. 34 000

【答案解析】 B　该公司3月的营业利润 = 55 000 + 15 000 - 3 000 - 21 000 = 46 000（元）。

例题 5-72·多选题 下列各项中，应计入营业外支出的有（　　）。

A. 资产减值损失　　B. 债务重组损失

C. 公益性捐赠支出　　D. 非流动资产处置损失

【答案解析】 BCD　营业外支出包括非流动资产处置损失（包括固定资产、无形资产处置损失）、非货币性资产交换损失、债务重组损失、公益性捐赠支出、非常损失、盘亏损失、罚款支出等。

例题 5-73·判断题 企业期（月）末结转利润时，应将各损益类账户的金额转入“本年利润”账户，结平各损益类账户。（　　）

【答案解析】 √　表述正确。

例题 5-74·判断题 月末结转利润后，“本年利润”账户如为借方余额，表示自年初至本月末累计发生的亏损。（　　）

【答案解析】 √　表述正确。

例题 5-75·多选题 期末损益类账户结转时，下列选项中，属于“本年利润”账户贷方的对应账户有（　　）。

A. 其他业务收入　　B. 主营业务收入　　C. 营业税金及附加　　D. 主营业务成本

【答案解析】 AB　“本年利润”账户贷方的对应账户应该是借方，而在结转损益时，收入及利得账户在借方。

例题 5-76·单选题 某企业用银行存款支付税款滞纳金为40 000元。其会计分录的借方为（　　）。

A. 借：营业外支出 40 000　　B. 借：管理费用 40 000

C. 借：销售费用 40 000　　D. 借：财务费用 40 000

【答案解析】 A　企业支付的税款滞纳金属于营业外支出。“营业外支出”账户用以核算企业发生的各项营业外支出，包括非流动资产处置损失、非货币性资产交换损失、债务重组损失、公益性捐赠支出、非常损失、盘亏损失、罚款支出等。

例题 5-77·单选题 企业计算应交所得税进行会计处理时，下列会计分录中，正确的是（　　）。

A. 借：本年利润
　　贷：所得税费用

B. 借：所得税费用
　　贷：应交税费——应交所得税

C. 借：所得税费用
　　贷：银行存款

D. 借：管理费用
　　贷：所得税费用

【答案解析】 B 计算应交所得税进行会计处理时，借记“所得税费用”科目，贷记“应交税费——应交所得税”科目。

二、利润分配的账务处理

（一）利润分配的顺序

按照我国《公司法》的有关规定，利润分配应按下列顺序进行：

（1）计算可供分配的利润。企业在利润分配前，应根据本年净利润（或亏损）与年初未分配利润（或亏损）、其他转入的金额（如盈余公积弥补的亏损）等项目，计算可供分配的利润，即：

可供分配的利润 = 本期净利润（或亏损） + 年初未分配利润 - 弥补以前年度的亏损 + 其他转入的金额。

【解释】 如果可供分配的利润为负数（即累计亏损），则不能进行后续分配；如果可供分配利润为正数（即累计盈利），则可进行后续分配。

【思考】 注意可供分配的利润如何计算。【单选题】它和当年实现的净利润或发生的亏损是不同的。

【点拨】 利润分配首先分配的是“弥补以前年度尚未弥补的亏损”。【单选题】

（2）提取法定盈余公积。按照《公司法》的有关规定，公司应当按照当年净利润（抵减年初累计亏损后）的10%提取法定盈余公积，提取的法定盈余公积累计额超过注册资本50%以上的，可以不再提取。

【解释】 如果不存在年初累计亏损，提取法定盈余公积的基数是“当年净利润”；如果存在年初累计亏损，提取法定盈余公积的基数是可供分配的利润。注意区别。【单选题】

【提示】 关于法定盈余公积提取的“法律规定”，注意计算型【单选题/判断题】，特别是上述规定中的“10%”、“50%”两个比例要注意。

（3）提取任意盈余公积。公司提取法定盈余公积后，经股东会或者股东大会决议，还可以从净利润中提取任意盈余公积。

【解释】 提取任意盈余公积的基数和提取法定盈余公积的基数相同，只是提取比例不同。

（4）向投资者分配利润（或股利）。企业可供分配的利润扣除提取的盈余公积（含法定盈余公积和任意盈余公积）后，形成可供投资者分配的利润，即：

可供投资者分配的利润 = 可供分配的利润 - 提取的盈余公积（含法定盈余公积和任意盈余公积）。

【补充】 企业可采用现金股利、股票股利和财产股利等形式向投资者分配利润（或股利）。【判断题】

【点拨】 注意利润分配的顺序。【多选题】

【提示】 可供投资者分配的利润扣除向投资者分配利润的余额形成企业的未分配利润。注意区分三个层次的“未分配利润”：可供分配的利润、可供投资者分配的利润、可供以后分配的未分配利润，注意计算型【选择题】。

【链接】 留存收益是盈余公积和未分配利润的统称。非常重要的概念，它不包括资本公积和实收资本。【多选题】

（二）账户设置

【点拨】 在利润分配业务核算中，企业通常设置下列账户，要结合第三、四章内容注意“归类”分析：①“应付股利”属于负债类账户：借方登记减少、贷方登记增加、期末余额一般在贷方；②“利润分配”、“盈余公积”属于所有者权益类账户：借方登记减少、贷方登记增加、期末一般在贷方（通俗来讲，“所有者权益类账户”期末余额在贷方表示“好事”，期末余额在借方表示“坏事”）。

1.“利润分配”账户（见表5－42）

表5－42 “利润分配”账户说明

项　目	具体内容
账户性质	所有者权益类账户
用途	核算企业利润的分配（或亏损的弥补）和历年分配（或弥补）后的余额
借方登记	实际分配的利润额，包括提取的盈余公积和分配给投资者的利润，以及年末从“本年利润”账户转入的全年发生的净亏损（表示减少）
贷方登记	用盈余公积弥补的亏损额等其他转入数，以及年末从“本年利润”账户转入的全年实现的净利润（表示增加）
余额方向及含义	（1）年末，应将“利润分配”账户下的其他明细账户的余额转入“未分配利润”明细账户，结转后，除“未分配利润”明细账户可能有余额外，其他各个明细账户均无余额 **【提示】** 上述原理非常重要，看看“利润分配”下有哪些明细账户，它们之间最后如何处理。**【多选题】** （2）“未分配利润”明细账户的贷方余额为历年累积的未分配利润（即可供以后年度分配的利润，是“好事情”），借方余额为历年累积的未弥补亏损（即留待以后年度弥补的亏损，是“坏事情”），非常重要**【选择题】**
明细账户设置方法	应当分别“提取法定盈余公积”、“提取任意盈余公积”、“应付现金股利或利润”、“转作股本的股利”、“盈余公积补亏”和“未分配利润”等进行明细核算

2.“盈余公积”账户（见表5－43）

表5－43 “盈余公积”账户说明

项　目	具体内容
账户性质	所有者权益类账户
用途	核算企业从净利润中提取的盈余公积
借方登记	实际使用的盈余公积，即盈余公积的减少额（表示减少）
贷方登记	提取的盈余公积，即盈余公积的增加额（表示增加）
余额方向及含义	在贷方，反映企业结余的盈余公积
明细账户设置方法	应当分别对“法定盈余公积”、“任意盈余公积”进行明细核算

3.“应付股利”账户（见表5－44）

表 5－44　　“应付股利”账户说明

项　目	具　体　内　容
账户性质	负债类账户
用途	核算企业分配的现金股利或利润 【解释】该账户只核算应付未付的“现金股利或利润”
借方登记	实际支付给投资者的股利或利润，即应付股利的减少额（表示减少）
贷方登记	应付给投资者股利或利润的增加额（表示增加）
余额方向及含义	在贷方，反映企业应付未付的现金股利或利润
明细账户设置方法	可按投资者进行明细核算

（三）账务处理

1. 净利润转入利润分配

【举例 5－32】　续【举例 5－31】，将本年利润转入利润分配。相关会计分录如下：

借：本年利润　　326 250

　　贷：利润分配——未分配利润　　326 250

【小结】　会计期末，企业应将当年实现的净利润转入“利润分配——未分配利润”科目，即借记“本年利润”科目，贷记“利润分配——未分配利润”科目，如为净亏损，则做相反会计分录。

【技巧】该分录处理完后，“本年利润”科目也没有余额了。所有的经营成果都反映在“利润分配——未分配利润”科目中。大家可以考虑一条线索：损益类科目（收入、费用、利得、损失）→“本年利润”科目→“利润分配——未分配利润”科目。

【补充】　结转前，如果“利润分配——未分配利润”明细科目的余额在借方（即原先有未弥补亏损），上述结转当年所实现净利润的分录，同时反映了当年实现的净利润自动弥补以前年度亏损的情况。因此，在用当年实现的净利润弥补以前年度亏损时，不需另行编制会计分录。非常重要。**【判断题】**

2. 提取盈余公积

【举例 5－33】　续【举例 5－32】，假定甲公司按当年净利润的 10% 提取法定盈余公积，按当年净利润的 5% 提取任意盈余公积。相关会计分录如下：

借：利润分配——提取法定盈余公积　　32 625.00

　　　　　　——提取任意盈余公积　　16 312.50

　　贷：盈余公积——法定盈余公积　　32 625.00

（注：326 250 × 10%）

　　　　　　——任意盈余公积　　16 312.50

（注：326 250 × 5%）

【小结】　企业提取的法定盈余公积，借记“利润分配——提取法定盈余公积”科目，贷记“盈余公积——法定盈余公积”科目；提取的任意盈余公积，借记“利润分配——提取任意盈余公积”科目，贷记“盈余公积——任意盈余公积”科目。

【思考】　注意提取法定盈余公积和任意盈余公积的基数如何确定。要考虑是否存在年初累计亏损。和前面的讲解联系一下，要会计算。

3. 向投资者分配利润或股利

【举例5-34】 续【举例5-33】，该公司宣告发放现金股利200 000元。相关会计分录如下：

借：利润分配——应付现金股利　　200 000

　　贷：应付股利　　200 000

支付现金股利时，相关会计分录如下：

借：应付股利　　200 000

　　贷：银行存款　　200 000

【小结】 企业根据股东大会或类似机构审议批准的利润分配方案，按应支付的现金股利或利润，借记“利润分配——应付现金股利”科目，贷记“应付股利”等科目；以股票股利转作股本的金额，借记“利润分配——转作股本股利”科目，贷记“股本”等科目。

4. 盈余公积补亏

【小结】 企业发生的亏损，除用当年实现的净利润弥补外，还可使用累积的盈余公积弥补。以盈余公积弥补亏损时，借记“盈余公积”科目，贷记“利润分配——盈余公积补亏”科目。

【点拨】 要会写上述分录，并注意该类业务对相关会计要素变动有什么影响。**【选择题】**

5. 企业未分配利润的形成

【举例5-35】 续【举例5-34】，该公司形成未分配利润的相关会计分录如下：

借：利润分配——未分配利润　　248 937.50

　　贷：利润分配——提取法定盈余公积　　32 625.00

　　　　　　　——提取任意盈余公积　　16 312.50

　　　　　　　——应付现金股利　　200 000.00

【解释1】 至此，该公司“利润分配——未分配利润”账户的余额为贷方77 312.50元（326 250-248 937.50，假设年初没有余额），表示该企业累计未分配利润。

【解释2】 至此，该公司“利润分配”科目除“未分配利润”明细科目外，其他明细科目都已没有余额。注意观察和验证。

【小结】 年度终了，企业应将“利润分配”科目所属其他明细科目的余额转入该科目“未分配利润”明细科目，即借记“利润分配——未分配利润”、“利润分配——盈余公积补亏”等科目，贷记“利润分配——提取法定盈余公积”、“利润分配——提取任意盈余公积”、“利润分配——应付现金股利”、“利润分配——转作股本股利”等科目。结转后，“利润分配”科目中除“未分配利润”明细科目外，所属其他明细科目无余额。“未分配利润”明细科目的贷方余额表示累积未分配的利润，该科目如果出现借方余额，则表示累积未弥补的亏损。注意余额的借贷方各表示什么意思。**【多选题】**

【总结】 ①年度终了，企业应将“本年利润”科目的本年累计余额转入“利润分配——未分配利润”科目。如“本年利润”为贷方余额，借记“本年利润”科目，贷记“利润分配——未分配利润”科目；如为借方余额，做相反的会计分录。结转后“本年利润”科目应无余额；②年度终了利润分配完毕，还要将“利润分配”科目所属其他明细科目的余额转入本科目的“未分配利润”明细科目。结转后，“利润分配”科目除“未分配利润”明细科目外，其他明细科目应无余额。非常重要的原理。**【各类题型】**

经典例题讲解

例题 5－78 · 单选题 企业实现的净利润，应按照国家的规定和投资者的决议进行合理的分配，下列各项中，首先分配的是（ ）。

A. 弥补以前年度尚未弥补的亏损 B. 提取任意盈余公积

C. 向投资者分配利润 D. 提取法定盈余公积

【答案解析】 A 利润分配首先分配的是弥补以前年度尚未弥补的亏损。

例题 5－79 · 多选题 下列关于利润分配的表述中，正确的有（ ）。

A. 首先计算可供分配利润

B. 如果可供分配利润为正数，才能进行后续分配

C. 提取法定盈余公积后，经股东会或者股东大会决议，可提取任意盈余公积

D. 提取法定和任意盈余公积后，可向投资者分配利润

【答案解析】 ABCD 四个选项表述都正确。

例题 5－80 · 单选题 某公司年初累计亏损 20 万元，当年实现净利润 100 万元，则提取公积金的基数为（ ）万元。

A. 80 B. 90 C. 100 D. 120

【答案解析】 A 如果不存在年初累计亏损，提取公积金的基数是"当年净利润"；如果存在年初累计亏损，提取公积金的基数是可供分配的利润。该公司提取公积金的基数＝100－20＝80（万元）。

例题 5－81 · 判断题 企业只能用现金、财产形式向投资者分配股利。（ ）

【答案解析】 × 企业可以采取现金股利、股票股利和财产股利等形式向投资者分配利润（或股利）。

例题 5－82 · 判断题 年度终了，企业应将"本年利润"科目的本年累计余额转入"利润分配——未分配利润"科目。（ ）

【答案解析】 √ 表述正确。

例题 5－83 · 判断题 如果企业出现本年亏损，将"本年利润"的借方余额转入"利润分配——未分配利润"后，"利润分配——未分配利润"账户一定为借方余额。（ ）

【答案解析】 × 不一定就是借方余额，"利润分配——未分配利润"账户可能有贷方的期初余额，互相冲减后，"利润分配——未分配利润"账户可能还有借方余额。

例题 5－84 · 多选题 关于"利润分配——未分配利润"账户的表述，正确的有（ ）。

A. 期末余额表示本年净利润减去分配的利润

B. 期末贷方余额表示累计未分配利润

C. 期末借方余额表示本年超额分配的利润

D. 期末借方余额表示累计未弥补亏损

【答案解析】 BD "利润分配"账户核算企业利润的分配（或亏损的弥补）和历年分配（或弥补）后的余额。该账户的年末余额，若是"贷方"，反映企业历年积存的未分配利润；若是"借方"，反映企业历年积存的未弥补亏损。

例题 5-85·单选题 企业根据股东大会审议批准的利润分配方案，确认应付给股东的现金股利。正确的会计分录是（ ）。

A. 借记应付股利，贷记利润分配　　B. 借记利润分配，贷记盈余公积

C. 借记利润分配，贷记应付股利　　D. 借记应付股利，贷记库存现金

【答案解析】 C 宣布发放现金股利的分录是：

借：利润分配——应付现金股利

　贷：应付股利

例题 5-86·多选题 下列与“利润分配”账户借方发生对应关系的有（ ）。

A. 所得税费用　　B. 本年利润　　C. 盈余公积　　D. 应付股利

【答案解析】 BCD A 与本年利润发生对应关系，不与利润分配发生对应关系。其他 BCD 与利润分配发生对应关系的情况如下：

B. 年终结转本年利润（可能会相反）：

借：利润分配

　贷：本年利润

C. 提取盈余公积：

借：利润分配

　贷：盈余公积

D. 宣布发放现金股利：

借：利润分配

　贷：应付股利

例题 5-87·多选题 年度终了，企业应将“利润分配”科目所属明细科目的余额转入“利润分配——未分配利润”明细科目，这些明细科目有（ ）。

A. 应付现金股利　　B. 提取法定盈余公积

C. 提取任意盈余公积　　D. 盈余公积补亏

【答案解析】 ABCD 年度终了，企业应将“利润分配”科目所属其他明细科目的余额转入该科目“未分配利润”明细科目，即借记“利润分配——未分配利润”、“利润分配——盈余公积补亏”等科目，贷记“利润分配——提取法定盈余公积”、“利润分配——提取任意盈余公积”、“利润分配——应付现金股利”、“利润分配——转作股本股利”等科目。

例题 5-88·单选题 下列各账户中，年末结转后可能有余额的是（ ）。

A. 营业外收入　　B. 主营业务收入

C. 营业外支出　　D. 利润分配——未分配利润

【答案解析】 D 营业外收入、主营业务收入、营业外支出这三个账户在年末均应将本期发生额结转至本年利润账户，结转后无余额。利润分配——未分配利润账户可能有余额。

随章同步练习

一、单项选择题

1. 下列关于“实收资本”账户的表述中，不正确的是（ ）。

A. 属于所有者权益的科目　　B. 借方登记按规定减少的资本

C. 贷方登记投资者投入的资本　　D. 期末无余额

2. 某企业于1月1日向银行借入一笔生产经营用短期借款50 000元，期限6个月，年利率为6%，利息分月计提，分季支付，期末一次归还本金。3月31日，企业支付第一季度利息编制的会计分录是（　　）。

A. 借：应付账款　750

贷：银行存款　750

B. 借：短期借款　750

贷：银行存款　750

C. 借：短期借款　500

财务费用　250

贷：银行存款　750

D. 借：应付利息　500

财务费用　250

贷：银行存款　750

3. 下列各项中，属于实际成本法下“原材料”账户借方登记的是（　　）。

A. 验收入库的原材料的实际成本　　B. 完工入库的产品的实际成本

C. 发出原材料的实际成本　　D. 预付的货款

4. 关于“库存商品”账户，下列说法错误的是（　　）。

A. 期末本账户一定无余额

B. 该账户借方登记验收入库的库存商品成本

C. 贷方登记发出的库存商品成本

D. 期末余额在借方，反映企业期末库存商品的实际成本（或进价）或计划成本（或售价）

5. “应付账款”账户的期末贷方余额反映的是（　　）。

A. 企业购买商品、接受劳务等发生的应收账款

B. 尚未支付的应付账款

C. 以冲销的无法支付的应付账款

D. 已偿还的应付账款

6. 2013年12月20日某企业购入小汽车一辆，行政管理部门使用，支付价款（不含增值税）为450 000元，预计使用寿命为6年，预计净残值为30 000元，采用年限折旧法计提折旧。2014年计提小汽车折旧的会计分录为（　　）。

A. 借：制造费用　75 000

贷：累计折旧　75 000

B. 借：管理费用　75 000

贷：累计折旧　75 000

C. 借：管理费用　70 000

贷：固定资产　70 000

D. 借：管理费用　70 000

贷：累计折旧 70 000

7. 企业基本生产车间的一台大型机器设备出租给他人使用，对该设备计提折旧时应借记的账户是（　　）。

A. 生产成本　B. 制造费用　C. 其他业务成本　D. 累计折旧

8. 下列账户中，企业在计提固定资产折旧时，不可能涉及的账户是（　　）。

A. 管理费用　B. 制造费用　C. 固定资产　D. 累计折旧

9. 某公司计提3月车间管理人员工资，对该项经济业务进行账务处理时，应记入的借方账户是（　　）。

A. 生产成本　B. 财务费用　C. 管理费用　D. 制造费用

10. "生产成本"账户的期末借方余额反映的是（　　）。

A. 当期发生的各项生产费用　B. 累计发生的各项生产费用

C. 完工产品的实际成本　D. 尚未加工完成的各项在产品的成本

11. 下列各项中，属于制造企业主营业务收入的是（　　）。

A. 包装物出租收入　B. 材料销售收入

C. 销售商品收入　D. 转让无形资产使用权收入

12. 企业销售商品取得20万元，出租厂房收取租金5万元，出售不需要的机器设备取得8万元，出售多余原材料取得3万元，转让商标使用权取得15万元，则企业本期应确认收入金额为（　　）万元。

A. 28　B. 23　C. 51　D. 43

13. 下列各项税费中，通过"营业税金及附加"账户核算的是（　　）。

A. 增值税　B. 营业税　C. 企业所得税　D. 个人所得税

14. 某企业销售商品一批，增值税专用发票上标明价款为60万元，适用的增值税率为17%。为购买方垫付的运杂费2万元，款项尚未收回，该企业确认的应收账款应该是（　　）万元。

A. 60　B. 62　C. 70.2　D. 72.2

15. 下列各项中，应当借记"应收账款"账户的是（　　）。

A. 计提坏账准备　B. 收回应收账款

C. 因赊销商品而增加应收账款　D. 确认实际发生的坏账损失

16. 企业收回应收的货款，应贷记的账户是（　　）。

A. 其他应收款　B. 预付账款

C. 应收账款　D. 银行存款

17. 预收账款情况不多的企业，可以不设"预收账款"账户，而将预收的款项直接记入的账户是（　　）。

A. 应收账款　B. 预付账款　C. 其他应付款　D. 应付账款

18. 某企业行政管理部门以现金5 000元购办公用品，下列会计科目中，应借记的账户是（　　）。

A. 制造费用　B. 管理费用　C. 生产成本　D. 销售费用

19. 企业本期销售商品成本为100万元，罚款支出12万元，发生管理费用5万元，销售费用10万元，则企业本期应确认的期间费用为（　　）万元。

A. 27　　B. 15　　C. 127　　D. 115

20. 下列各项中，应计入管理费用的是（　　）。

A. 筹建期间的开办费　　B. 预计产品质量保证损失

C. 生产车间管理人员工资　　D. 专设销售机构的固定资产修理费

21. 下列交易或事项，不应确认为营业外支出的是（　　）。

A. 公益性捐赠支出　　B. 无形资产处置损失

C. 固定资产盘亏损失　　D. 固定资产减值损失

22. 关于“本年利润”账户借方余额的表述正确的是（　　）。

A. 费用总额　　B. 本年累计取得的利润总额

C. 本年累计产生的亏损总额　　D. 收入总额

23. 企业确认的所得税，应记入的借方账户是（　　）。

A. 应交税费　　B. 销售费用　　C. 财务费用　　D. 所得税费用

24. 某企业全部损益账户的本月发生额如下：主营业务收入 800 万元，主营业务成本 500 万元，营业税金及附加 86 万元，销售费用 50 万元，管理费用 40 万元，财务费用 10 万元，营业外收入 5 万元，所得税费用 44 万元。则利润表中“净利润”项目的本月数为（　　）万元。

A. 75　　B. 119　　C. 114　　D. 79

25. 某企业某年发生的营业收入为 1 000 万元，营业成本为 600 万元，销售费用为 20 万元，管理费用为 50 万元，财务费用为 10 万元，投资收益为 40 万元，资产减值损失为 70 万元（损失），公允价值变动损益为 80 万元（收益），营业外收入为 25 万元，营业外支出为 15 万元，该企业该年的营业利润为（　　）万元。

A. 330　　B. 390　　C. 320　　D. 370

26. 某企业盈余公积年初余额为 50 万元（无年初累计亏损），本年利润总额为 600 万元，所得税费用为 150 万元，按当年净利润 10% 提取法定盈余公积，按当年净利润的 5% 提取任意盈余公积。该企业盈余公积年末余额为（　　）万元。

A. 117.5　　B. 50　　C. 67.5　　D. 140

27. 某企业年初未分配利润为 100 万元，当年实现净利润 2 000 万元，按 10% 计提法定盈余公积，向投资者分配利润 300 万元，该企业年末未分配利润为（　　）万元。

A. 1 600　　B. 1 800　　C. 1 900　　D. 2 100

28. 经批准，某公司用盈余公积 10 000 元转增资本，下列关于该项经济业务的账务处理中，正确的是（　　）。

A. 借：实收资本　　10 000
　　贷：盈余公积　　10 000

B. 借：资本公积　　10 000
　　贷：盈余公积　　10 000

C. 借：盈余公积　　10 000
　　贷：资本公积　　10 000

D. 借：盈余公积　　10 000
　　贷：实收资本　　10 000

二、多项选择题

1. 下列会计处理中，反映企业资金筹集业务的有（　　）。

A. 借记“银行存款”账户，贷记“实收资本”账户

B. 借记“固定资产”账户，贷记“银行存款”账户

C. 借记“银行存款”账户，贷记“主营业务收入”账户

D. 借记“银行存款”账户，贷记“长期借款”账户

2. 收到投资者投入的固定资产20万元，下列关于此项经济业务账务处理的表述中，正确的有（　　）。

A. 借记“固定资产”20万元　　B. 贷记“实收资本”20万元

C. 贷记“固定资产”20万元　　D. 借记“实收资本”20万元

3. 下列各项中，属于资本公积来源的有（　　）。

A. 盈余公积转入　　B. 直接计入所有者权益的利得

C. 资本溢价或股本溢价　　D. 从企业实现的净利润提取

4. 下列各项中，通过“其他货币资金”账户核算的有（　　）。

A. 银行汇票存款　　B. 外埠存款　　C. 信用卡存款　　D. 银行本票存款

5. 对“短期借款”账户可以用来进行明细分类核算的项目有（　　）。

A. 借款种类　　B. 借款的时间　　C. 币种　　D. 贷款人

6. 企业购入材料6 000元，以银行存款支付3 000元，余额未付，材料已入库。这一经济业务涉及的账户有（　　）。

A. 原材料　　B. 主营业务成本　　C. 应付账款　　D. 银行存款

7. 企业预付货款采购物资，下列业务中，应当借记“预付账款”账户的有（　　）。

A. 收到所购物资确认物资成本　　B. 向供应单位预付款项

C. 收回多付的货款　　D. 补付预付不足的货款

8. 关于“应付账款”账户的表述，正确的有（　　）。

A. 贷方登记企业购买材料、商品和接受劳务等发生的应付账款

B. 期末贷方余额反映企业尚未支付的应付账款

C. 一般应按照债权人设置明细科目进行明细核算

D. 借方登记偿还的应付账款或已冲减的无法支付的应付账款

9. 计提固定资产折旧时分录借方可以计入的账户有（　　）。

A. 制造费用　　B. 管理费用　　C. 销售费用　　D. 累计折旧

10. 工业企业结转发出材料成本时，下列会计分录中，正确的有（　　）。

A. 属于对外销售材料的：借记“其他业务成本”账户，贷记“原材料”账户

B. 属于生产车间生产产品领用材料的：借记“生产成本”账户，贷记“原材料”账户

C. 属于车间管理部门领用材料的：借记“制造费用”账户，贷记“原材料”账户

D. 属于公司总部行政管理部门领用材料的：借记“管理费用”账户，贷记“原材料”账户

11. 企业应当在月末计算本月应支付的职工薪酬总额，并形成一项负债，下列可能借记的账户有（　　）。

A. 财务费用　B. 销售费用　C. 制造费用　D. 生产成本

12. 下列属于职工薪酬范围的有（　　）。

A. 职工工资　B. 职工福利费　C. 社会保险费　D. 住房公积金

13. 下列各项中，属于制造费用的有（　　）。

A. 企业总部行政管理人员薪酬　B. 车间生产设备折旧费

C. 产品销售人员薪酬　D. 车间管理人员薪酬

14. 下列关于“生产成本”账户的表述中，正确的有（　　）。

A. 主要用于核算企业进行工业性生产发生的各项生产成本

B. 借方反映所发生的各项生产费用

C. 贷方反映完工转出的产品成本

D. 期末借方余额反映尚未加工完成的各项在产品的成本

15. 下列关于“应收账款”账户的表述中，正确的有（　　）。

A. 贷方余额反映企业预收的款项

B. 借方登记因赊销商品等应收账款的增加

C. 借方余额反映企业尚未收回的应收账款

D. 贷方登记应收账款的收回及确认的坏账损失

16. 下列关于“应收账款”账户期末余额的表述中，正确的有（　　）。

A. 借方余额反映企业尚未收回的应收账款

B. 贷方余额反映企业预收的款项

C. 贷方余额反映企业尚未收回的应收账款

D. 借方余额反映企业预收的款项

17. 下列各项税金应通过“应交税费”账户进行核算的有（　　）。

A. 增值税　B. 消费税　C. 所得税　D. 印花税

18. “应交税费”账户期末余额在借方，反映的业务有（　　）。

A. 企业多缴的税费　B. 企业尚未抵扣的税费

C. 企业尚未缴纳的税费　D. 企业尚未计算的税费

19. 下列各项中，工业企业通常通过“其他业务收入”账户核算的有（　　）。

A. 商品销售收入　B. 固定资产出租收入

C. 原材料销售收入　D. 无形资产使用费收入

20. 下列不通过“营业税金及附加”账户核算的有（　　）。

A. 企业所得税　B. 营业税　C. 增值税　D. 教育费附加

21. 下列关于“主营业务收入”账户的表述中，正确的有（　　）。

A. 属于损益类账户，期末结转后无余额

B. 该账户核算企业确认的销售商品、提供劳务等主营业务的收入

C. 该账户贷方登记企业实现的主营业务收入，即主营业务收入的增加额

D. 该账户借方登记期末转入“本年利润”账户的主营业务收入，以及发生销售退回和销售折让时应冲减本期的主营业务收入

22. 计提出租包装物的成本，涉及的账户有（　　）。

A. 其他业务成本　B. 累计折旧　C. 包装物　D. 其他业务收入

23. 企业发生的下列各项费用中，应计入管理费用的有（　　）。
A. 行政部门办公费　　B. 董事会费
C. 银行借款利息支出　　D. 广告费

24. 下列各项中，应计入营业外收入的有（　　）。
A. 债务重组利得　　B. 处置固定资产净收益
C. 收发差错造成存货盘盈　　D. 确实无法支付的应付账款

25. 下列支出中属于营业外支出的有（　　）。
A. 捐赠支出　　B. 税款滞纳金支出
C. 转销固定资产盘亏　　D. 非常损失

26. 下列所有项目中，由企业净利润形成的有（　　）。
A. 实收资本　　B. 资本公积　　C. 未分配利润　　D. 盈余公积

27. 下列损益类账户中，期末应将其余额转入“本年利润”账户借方的有（　　）。
A. 营业外收入　　B. 主营业务成本　　C. 主营业务收入　　D. 营业外支出

28. 下列关于“本年利润”账户的表述中，正确的有（　　）。
A. 借方登记期末转入的各项费用　　B. 贷方登记期末转入的各项收入
C. 借方余额为本年发生的净亏损　　D. 贷方余额为本年实现的净利润

29. 下列关于“利润分配”账户的表述中，正确的有（　　）。
A. 期末贷方余额反映企业未分配利润，借方余额反映为企业未弥补亏损
B. 该账户属于所有者权益类账户，用以核算企业利润的分配（或亏损的弥补）和历年分配（或弥补）后的余额
C. 该账户借方登记实际分配的利润额，包括提取的盈余公积和分配给投资者的利润，以及年末从“本年利润”账户转入的全年发生的净亏损
D. 该账户贷方登记用盈余公积弥补的亏损额等其他转入数，以及年末从“本年利润”账户转入的全年实现的净利润

30. 下列各项中，年度终了需要转入“利润分配——未分配利润”科目的有（　　）。
A. 本年利润
B. 利润分配——应付现金股利
C. 利润分配——盈余公积补亏
D. 利润分配——提取法定盈余公积

31. 下列各科目，年末应无余额的有（　　）。
A. 管理费用　　B. 所得税费用　　C. 本年利润　　D. 长期待摊费用

三、判断题

1. 所有者投入的资本主要包括实收资本（股本）和资本公积。（　　）

2. 企业收到投资者出资额超过其在注册资本（股本）中所占份额的部分，应当计入盈余公积。（　　）

3. “资本公积”账户借方登记资本公积的减少额，贷方登记资本公积的增加额。（　　）

4. 货币资金主要包括库存现金、银行存款和银行汇票存款、银行本票存款、信用证保证金存款、信用卡存款、外埠存款和存出投资款等。（　　）

5. 甲商业银行于8月1日向某公司发放一笔贷款600万元，期限为2年，年利率为4%，按月确认利息收入。则12月31日应确认的当月利息收入为2万元。（　）

6. 某公司购入一台管理用设备，取得的增值税专用发票上注明的价款为200万元，增值税为34万元（允许抵扣），发生的运杂费为0.5万元，该设备的入账价值为234.5万元。（　）

7. 企业处置固定资产发生的净损失，不应确认为企业的费用。（　）

8. “累计折旧”科目期末余额通常在借方，反映企业固定资产的累计折旧额。（　）

9. 企业计提的固定资产折旧费除了计入制造费用以外，都应该计入管理费用。（　）

10. 处于修理过程而停止使用的固定资产期末应计提折旧。（　）

11. 当月增加的固定资产不计折旧，当月减少的要计提折旧。（　）

12. 采用实际成本核算材料时，“原材料”账户借方登记入库材料的实际成本，贷方登记发出材料的实际成本，期末通常为借方余额，反映企业库存材料的实际成本。（　）

13. 采用实际成本核算原材料的时候，主要设置“原材料”、“在途物资”等账户。（　）

14. 在计划成本法下，企业已支付货款，但尚在运输中或尚未验收入库的材料，应通过“在途物资”账户来核算。（　）

15. 材料的采购成本是指企业物资从采购到入库前所发生的全部支出，包括购买价款、相关税费、运输费、装卸费、保险费以及其他可归属于采购成本的费用。（　）

16. “应交税费”账户期末余额如在借方，反映企业多缴或尚未抵扣的税费。（　）

17. 生产费用是指与企业日常生产经营活动有关的费用，按其经济用途可分为直接材料、直接人工和制造费用。（　）

18. 生产费用包括生产产品所发生的原材料费用、人工费用等。（　）

19. 仅生产一种产品的生产车间，为生产该产品而发生的各项间接费用，可以直接计入产品成本。（　）

20. 制造费用和管理费用都是本期发生的费用，因此，均应计入当期损益。（　）

21. 如果企业是一般纳税人，在销售商品取得收入时，应将增值税销项税额贷记“应交税费——应交增值税”账户。（　）

22. “应收票据”账户属于资产类账户。（　）

23. 其他业务收入是指由企业的非日常活动所带来的收入。（　）

24. “营业税金及附加”账户主要核算企业经营活动发生的增值税、营业税、消费税、所得税等相关税费。（　）

25. 企业出售无形资产和出租无形资产取得的收益，均应作为营业外收入。（　）

26. 管理费用是指企业销售商品和材料、提供劳务的过程中发生的各种费用。（　）

27. 企业的利润分配或亏损的弥补应通过“利润分配”账户进行。（　）

28. 企业应设置“本年利润”科目，核算企业当期实现的净利润或发生的净亏损。（　）

29. 会计期末结转各项收入时，应贷记“主营业务收入”、“其他业务收入”等账户。（　）

30. 月末结转利润后，“本年利润”科目如为贷方余额，表明自年初至本月末累计实现的盈利。（　）

31. 年度终了，除“未分配利润”明细账户外，“利润分配”账户下的其他明细账户应无余额。 （ ）

四、计算分析题

1. 201×年1月1日，某公司借入一笔短期借款，共计480 000元，期限6个月，年利率4%，该借款的本金到期后一次归还，利息分月预提，按季支付。

要求：

(1) 编制该公司取得短期借款时的会计分录。

(2) 编制甲公司1月末计提利息时的会计分录。

(3) 编制甲公司2月末计提利息时的会计分录。

(4) 编制甲公司3月末支付第一季度银行借款利息时的会计分录。

(5) 编制甲公司7月1日到期归还本金时的会计分录。

2. 甲企业为增值税一般纳税人，增值税税率为17%，201×年发生固定资产业务如下：

(1) 1月20日，企业管理部门购入一台不需安装的A设备，取得的增值税专用发票上注明的设备价款为550万元，增值税为93.5万元，另发生运杂费10万元，款项均以银行存款支付。

(2) A设备经过调试后，于1月22日投入使用，预计使用10年，净残值为20万元，采用年限平均法计提折旧。

(3) 7月15日，企业生产车间购入一台需要安装的B设备，取得的增值税专用发票上注明的设备价款为600万元，增值税为102万元，款项均以银行存款支付。

(4) 8月19日，将B设备投入安装，以银行存款支付安装费3万元，B设备于8月25日达到预定使用状态，并投入使用。

(5) B设备采用工作量法计提折旧，预计净残值为3万元，预计总工时为5万小时。9月，B设备实际使用工时为720小时。

假设上述资料外，不考虑其他因素。

要求：

(1) 编制甲企业201×年1月20日购入A设备的会计分录。

(2) 编制甲企业201×年2月计提A设备折旧额的会计分录。

(3) 编制甲企业201×年7月15日购入B设备的会计分录。

(4) 编制甲企业201×年8月安装B设备及其投入使用的会计分录。

(5) 编制甲企业201×年9月计提B设备折旧额的会计分录（答案中的金额单位用万元表示）。

3. 甲股份有限公司为制造企业、增值税一般纳税人，201×年发生下列交易与事项：

(1) 8月1日，接受乙公司投入的银行存款1 903 000元，甲股份有限公司本次增资的注册资本额为1 803 000元。

(2) 8月2日，从丙公司购入Q材料13 700件，单价11元，增值税专用发票列示Q材料货款金额为150 700元，增值税税额为25 619元，款项未付，材料尚未验收入库，公司原材料核算采用实际成本法。

(3) 7月3日，以库存现金支付Q材料装卸费500元。

(4) 7 月 25 日，Q 材料运达并验收入库。

(5) 7 月 29 日，用转账支票偿还业务 (2) 所欠丙公司款项。

要求：

(1) 编制业务 (1) 所述交易或事项的会计分录。

(2) 编制业务 (2) 所述交易或事项的会计分录。

(3) 编制业务 (3) 所述交易或事项的会计分录。

(4) 编制业务 (4) 所述交易或事项的会计分录。

(5) 编制业务 (5) 所述交易或事项的会计分录。

(该题除“应交税费”外，其他科目不要求设置明细科目)

4. 甲股份有限公司为制造企业，增值税一般纳税人，201×年发生下列交易与事项：

(1) 7 月 1 日，接受乙公司投入的商标使用权，该商标使用的双方协议价为 1 275 000 元 (为该商标使用权的公允价值)，甲股份有限公司本次增资的注册资本额为 1 265 000 元。

(2) 7 月 2 日，从丙公司购入 N 材料，增值税专用发票列示 N 材料货款金额 161 000 元，增值税为 27 370 元，均以转账支票支付，N 材料于当天验收入库，公司原材料核算采用实际成本法。

(3) 7 月 5 日，以转账支票支付丁公司广告费 36 000 元。

(4) 7 月 9 日，采用电汇结算方式向某小学捐赠款项 432 000 元。

(5) 7 月 31 日，计提行政管理部门用 E 运输设备折旧。E 设备采用工作量法计提折旧，E 设备原价为 133 000 元，净残值率 4%。总工作量为 100 000 千米，E 设备本月行驶 3 000 千米。

要求：

(1) 编制业务 (1) 所述交易或事项的会计分录。

(2) 编制业务 (2) 所述交易或事项的会计分录。

(3) 编制业务 (3) 所述交易或事项的会计分录。

(4) 编制业务 (4) 所述交易或事项的会计分录。

(5) 编制业务 (5) 所述交易或事项的会计分录。

(该题除“应交税费”外，其他科目不要求设置明细科目)

5. 甲股份有限公司于 201×年 1 月开始筹建，直接申请了一般纳税人，采用实际成本法核算材料。201×年发生以下经济业务：

(1) 收到投资者投入款项 4 629 000 元，存入银行。

(2) 筹建期间发生开办费 18 000 元，以银行存款支付。

(3) 购入不需要安装的机器设备，增值税专用发票上注明价款 362 000 元，增值税税额 61 540元，款项已通过银行转账支付。

(4) 购入生产材料 5 000 千克，不含税单价 100 元，增值税专用发票上注明价款 500 000 元，税额 85 000 元，对方代垫运费，运费增值税专用发票上注明运费 15 000 元，税额 1 650 元，材料已验收入库，款项均未支付。

(5) 以现金支票购买办公用品 5 400 元，其中行政管理部门 3 240 元，车间管理部门 2 160 元。

要求：

(1) 编制甲股份有限公司收到投资者投入资本的会计分录。

（2）编制甲股份有限公司支付开办费的会计分录。

（3）编制甲股份有限公司购入机器设备的会计分录。

（4）编制甲股份有限公司购买材料的会计分录。

（5）编制甲股份有限公司购买办公用品的会计分录。

（该题除“应交税费”外，其他科目不要求设置明细科目）

6. 甲公司为制造企业、增值税一般纳税人，原材料核算采用实际成本法。201×年7月份发生下列交易与事项：

（1）7月2日，从乙公司购入N材料、M材料。其中N材料17 000千克，单价10元，M材料83 000千克，单价10元，增值税专用发票列示货款金额为1 000 000元，增值税税额为170 000元，款项尚未支付。

（2）7月8日，用银行存款支付M、N材料共同的采购费用16 400元，并以N、M材料的采购数量为标准将其分配计入M、N材料成本。

（3）7月10日，M、N材料验收入库。

（4）9月25日，销售M材料1 000千克并收到银行存款，增值税专用发票列示销售货款金额为17 200元，增值税销项税额为2 924元。

（5）月末，结转销售M材料的成本，M材料的单位成本为10.32元。

（6）月末，从银行借入3年期基建借款2 208 000元。

要求：根据上述资料进行下列计算分析：

（1）N材料的采购成本为（　　）元。

（2）M材料的采购成本为（　　）元。

（3）编制业务（4）所述交易或事项的会计分录。

（4）编制业务（5）所述交易或事项的会计分录。

（5）编制业务（6）所述交易或事项的会计分录。

（该题除“应交税费”外，其他科目不要求设置明细科目）

7. 甲公司为制造企业、增值税一般纳税人，原材料核算采用实际成本法。201×年7月份发生下列交易与事项：

（1）7月2日，从乙公司购入N材料，增值税专用发票列示N材料货款金额为183 000元，增值税税额31 110元，款项尚未支付，N材料尚未验收入库。

（2）7月10日，从丙公司购入不需安装的R机器设备一台，增值税专用发票列示R设备货款为57 000元，增值税进项税额为9 690元，款项以银行存款支付。

（3）7月18日，以银行存款支付车间固定资产修理费30 000元。

（4）生产车间本月领用材料42 650元用于生产W产品。

（5）计提本月行政管理部门的固定资产折旧费363 352元。

要求：

（1）编制业务（1）所述交易或事项的会计分录。

（2）编制业务（2）所述交易或事项的会计分录。

（3）编制业务（3）所述交易或事项的会计分录。

（4）编制业务（4）所述交易或事项的会计分录。

（5）编制业务（5）所述交易或事项的会计分录。

（该题除“应交税费”外，其他科目不要求设置明细科目）

8. 甲公司为制造企业、增值税一般纳税人，原材料核算采用实际成本法。201×年7月份发生下列交易与事项：

（1）本月领用N材料60 000元用于生产W产品。

（2）本月领用M材料80 000元用于生产W、Y产品，并以W、Y完工产品产量为标准将M材料分配计入W、Y产品成本；本月W产品完工300件，Y产品完工200件。

（3）本月生产车间领用M材料24 000元，用于车间一般消耗。

（4）本月专设销售机构领用N材料15 600元。

（5）本月行政管理部门领用M材料12 000元。

要求：根据上述资料进行下列计算分析：

（1）本月生产W产品的材料费用为（　　）元。

（2）编制业务（1）所述交易或事项的会计分录。

（3）编制业务（3）所述交易或事项的会计分录。

（4）编制业务（4）所述交易或事项的会计分录。

（5）编制业务（5）所述交易或事项的会计分录。

（该题不要求设置明细科目）

9. 某公司为制造企业、增值税一般纳税人，原材料核算采用实际成本法，201×年7月初A产品在产品成本为10 000元。7月份发生下列交易或事项：

（1）本月生产车间领用X材料63 420元、Y材料44 910元用于生产A、B产品，并以A、B产品的完工产品数量为标准分配计入A、B成本，本月A产品完工200件，B产品完工300件。

（2）本月生产A产品生产工人工资为26 200元。

（3）本月生产车间计提固定资产折旧费为24 000元。

（4）本月分配至A产品的制造费用为69 410元，A产品月末在产品100件，在产品成本为18 000元。

要求：根据上述资料进行下列计算分析：

（1）编制业务（2）所述交易或事项的会计分录。

（2）编制业务（3）所述交易或事项的会计分录。

（3）编制业务（4）所述交易或事项的会计分录。

（4）本月A产品的完工产品总成本为（　　）元。

（5）7月末A产品在资产负债表“存货”项目中的计列金额为（　　）元。

（该题不要求设置明细科目）

10. 某公司为一般纳税人企业，201×年7月发生如下经济业务：

（1）甲公司向乙公司销售某商品4 100件，不含税单价160元，该商品适用的增值税税率为17%，成本每件96元，货款尚未收到。

（2）以现金支票支付车间办公费2 800元。

（3）通过银行转账支付银行手续费230元。

要求：根据上述资料进行下列计算分析：

（1）编制甲公司确认产品销售收入的会计分录。

（2）编制甲公司结转产品销售成本的会计分录。

（3）编制甲公司支付车间办公费的会计分录。

（4）编制甲公司支付银行手续费的会计分录。

（5）计算上述业务对甲公司201×年利润总额的影响金额为（　　）元。

（该题除“应交税费”外，其他科目不要求设置明细科目）

11. 甲公司2010年成立，201×年年初的“利润分配——未分配利润”账户的借方余额为300 000元（未超过亏损弥补期），201×年实现利润总额743 000元，法定盈余公积的提取比例为10%，不提取任意盈余公积。甲公司决定向股东分配利润66 450元。甲公司适用的企业所得税税率为25%，201×年无纳税调整事项。

要求：根据上述资料进行下列计算分析：

（1）计算201×年甲公司应缴的所得税为（　　）元。

（2）计算201×年甲公司的可供分配利润为（　　）元。

（3）计算201×年甲公司应提取的法定盈余公积为（　　）元。

（4）编制甲公司201×年提取法定盈余公积的会计分录。

（5）编制甲公司201×年决定向股东分配利润的会计分录。

（该题不要求设置明细科目）

参考答案及解析

一、单项选择题

1. D “实收资本”账户期末有余额。其余三项表述正确。

2. D 支付第一季度利息的会计分录为：借记“应付利息”（前2个月计提的应付未付利息）、“财务费用”（第3个月为计提的利息），贷记“银行存款”。

3. A 实际成本法下“原材料”账户借方登记验收入库的原材料的实际成本。

4. A 库存商品期末借方余额，反映企业库存商品的实际成本（或进价）或计划成本（或售价），故选项A错误。

5. B “应付账款”账户的期末贷方余额反映尚未支付的应付账款。

6. D 2014年计提小汽车折旧=(450 000－30 000)÷6=70 000（元）；计提行政管理部门用固定资产折旧借记“管理费用”，贷记“累计折旧”。

7. C 出租固定资产计提折旧应借记“其他业务成本”账户。

8. C 计提固定资产折旧时，不可能涉及“固定资产”账户。

9. D 车间管理人员工资应记入“制造费用”。

10. D “生产成本”账户的期末借方余额反映尚未加工完成的各项在产品的成本。

11. C 选项ABD都属于其他业务收入。

12. D 收入包括主营业务收入和其他业务收入：销售商品（主营业务收入20万元）+厂房租金（其他业务收入5万元）+出售多余材料（其他业务收入3万元）+转让商标使用权（其他业务收入15万元）=43（万元）。出售不需要的机器设备取得8万元计入营业外收入，不属于收入。

13. B 增值税、企业所得税、个人所得税不通过“营业税金及附加”账户核算。

14. D 应收账款的金额=60+60×17%+2=72.2（万元）。

15. C 选项A和“应收账款”账户没有关系、选项BD都是贷记“应收账款”账户。

16. C 企业收回应收的货款，应贷记“应收账款”账户，借记“银行存款”等账户。

17. A 预收账款情况不多的企业，也可以将预收的款项直接记入“应收账款”账户的贷方。

18. B 行政管理部门发生的办公费属于管理费用。

19. B 期间费用包括管理费用、销售费用、财务费用，因此本期应确认的期间费用 = 5 + 10 = 15（万元）。

20. A 选项B预计产品质量保证损失计入销售费用，选项C生产车间管理人员的工资计入制造费用，选项D专设销售机构的固定资产修理费计入销售费用。

21. D 固定资产减值损失应计入资产减值损失。

22. C “本年利润”计入借方余额反映本年累计产生的亏损总额。

23. D 企业确认的所得税应借记“所得税费用”账户。

24. A 净利润 = 800 - 500 - 86 - 50 - 40 - 10 + 5 - 44 = 75（万元）。

25. D 营业利润 = 1 000 - 600 - 20 - 50 - 10 + 40 - 70 + 80 = 370（万元）。

26. A 该企业当年净利润为450万元（600 - 150），则提取的盈余公积为67.5万元（450 × 15%），故盈余公积年末余额为117.5万元（50 + 67.5）。

27. A 年末未分配利润 = 100 + 2 000 - 2 000 × 10% - 300 = 1 600（万元）。

28. D 用盈余公积转增资本的分录为：借记“盈余公积”，贷记“实收资本”。

二、多项选择题

1. AD 资金筹集业务主要通过所有者投入、债权人投入。选项A反映所有者投入、选项D反映债权人投入。

2. AB 该笔会计分录为，借记“固定资产”，贷记“实收资本”。

3. BC 盈余公积转增资本，不转入资本公积；从企业实现的利润中提取的是盈余公积，不计入资本公积。

4. ABCD “其他货币资金”账户用于核算银行汇票存款、银行本票存款、信用证保证金存款、信用卡存款、外埠存款和存出投资款等。

5. ACD “短期借款”账户可按借款种类、贷款人和币种进行明细核算。

6. ACD 该经济业务的会计分录是，借记“原材料”，贷记“银行存款”、“应付账款”。

7. BD 企业根据购货合同的规定向供应单位预付款项时，借记“预付账款”账户，贷记“银行存款”账户；当预付货款小于采购货物所需支付的款项时，应将不足部分补付，借记“预付账款”账户，贷记“银行存款”账户。

8. ABCD 四个选项的表述都正确。

9. ABC 计提固定资产折旧时分录借方可以计入的账户有：制造费用、管理费用、销售费用、其他业务成本、研发支出、在建工程等。

10. ABCD 四个选项的表述都正确。

11. BCD 生产部门人员的职工薪酬，借记“生产成本”、“制造费用”等账户，贷记“应付职工薪酬”账户；管理部门人员的职工薪酬，借记“管理费用”账户，贷记“应付职工薪酬”账户；销售人员的职工薪酬，借记“销售费用”账户，贷记“应付职工薪酬”账户。

12. ABCD 职工薪酬包括：短期薪酬、离职后福利、辞退福利和其他长期职工福利。其中，短期薪酬包括：职工工资、奖金、津贴和补贴，职工福利费，医疗保险费、工伤保险费和生育保险费等社会保险费，住房公积金，工会经费和职工教育经费，短期带薪缺勤，短期利润分享计划，非货币性福利以及其他短期薪酬。因此四选项均属于职工薪酬。

13. BD 制造费用是指企业为生产产品和提供劳务而发生的各项间接费用，包括生产部门（如车间）发生的水电费、办公费、固定资产折旧、无形资产摊销、管理人员的职工薪酬、劳动保护费、国家规定的有关环保费用、季节性和修理期间的停工损失等。选项A属于管理费用、选项C属于销售费用。

14. ABCD 四个选项的表述都正确。

15. ABCD 四个选项的表述都正确。

16. AB “应收账款”账户期末余额一般在借方，反映企业尚未收回的应收账款；如果期末余额在贷方，则反映企业预收的款项。

17. ABC 印花税不通过“应交税费”账户核算。

18. AB “应交税费”账户期末余额在借方，反映企业多交或尚未抵扣的税费；“应交税费”账户期末余额在贷方，反映企业尚未交纳的税费。

19. BCD 选项A通过“主营业务收入”账户核算。

20. AC 增值税、企业所得税、个人所得税、印花税等不通过“营业税金及附加”账户核算。

21. ABCD 四个选项的表述都正确。

22. AC 计提出租包装物的成本，借记“其他业务成本”，贷记“包装物”或“周转材料”。

23. AB 管理费用是指企业为组织和管理生产经营活动而发生的各种管理费用，包括企业在筹建期间发生的开办费、董事会和行政管理部门在企业的经营管理中发生的或者应由企业统一负担的公司经费等。选项C属于财务费用、选项D属于销售费用。

24. ABD 存货盘盈冲减管理费用。

25. ABCD 营业外支出是企业发生的应直接计入当期利润的损失，包括非流动资产处置损失、非货币性资产交换损失、债务重组损失、非常损失、公益性捐赠支出、盘亏损失、罚款支出等。

26. CD 由企业净利润形成的是盈余公积和未分配利润，又称为留存收益。选项A和选项B主要是由投资者投入形成的，和净利润无关。

27. BD 转入“本年利润”账户借方的应该是费用以及损失类账户。

28. ABCD 四个选项的表述都正确。

29. ABCD 四个选项的表述都正确。

30. ABCD 年度终了，“本年利润”科目的余额应该转入“利润分配——未分配利润”科目；而当期的利润分配事项中利润分配的明细科目，如应付现金股利、盈余公积补亏、提取法定盈余公积等，都要转入“利润分配——未分配利润”明细科目。

31. ABC 损益类账户期末应无余额；“本年利润”属于所有者权益类科目，年末需要转入利润分配，年末无余额；“长期待摊费用”是资产类账户，年末可以有余额。

三、判断题

1. √ 表述正确。

2. × 企业收到投资者出资额超过其在注册资本中所占份额的部分，应当计入资本公积。

3. √ 表述正确。

4. √ 表述正确。

5. √ 表述正确。当月利息收入 $=600\times4\%\div12=2$（万元）。

6. × 不需要安装的固定资产的入账价值包括实际支付的购买价款、相关税费以及使固定资产达到预定可使用状态前所发生的可归属于该项资产的运输费、装卸费和专业人员服务费等，不包括可以抵扣的增值税进项税额，该设备的入账价值为200.5万元（$200+0.5$）。

7. √ 表述正确。企业处置固定资产发生的净损失，应确认为损失（营业外支出）。

8. × “累计折旧”科目期末余额通常在贷方。

9. × 企业计提的固定资产折旧费还可以计入销售费用、其他业务成本等。

10. √ 表述正确。

11. √　表述正确。
12. √　表述正确。
13. √　表述正确。
14. ×　在计划成本法下通过“材料采购”账户核算，在实际成本法下通过“在途物资”账户核算。
15. √　表述正确。
16. √　表述正确。
17. √　表述正确。
18. √　表述正确。
19. √　表述正确。
20. ×　本期发生的制造费用可能含在存货中，销售的存货（存货转入主营业务成本）才会影响当期损益。没有销售的存货，其包含的制造费用不影响当期损益。
21. ×　如果企业是一般纳税人，在销售商品取得收入时，应将增值税销项税额贷记“应交税费——应交增值税（销项税额）”账户。
22. √　表述正确。
23. ×　企业非日常活动所带来的经济流入不属于收入，属于利得。
24. ×　增值税、所得税的核算不通过“营业税金及附加”账户。
25. ×　企业出租无形资产取得的租金收入，应计入其他业务收入。
26. ×　企业销售商品和材料、提供劳务的过程中发生的各种费用是销售费用。
27. √　表述正确。
28. √　表述正确。
29. ×　会计期末结转各项收入时，应借记“主营业务收入”、“其他业务收入”等收入类账户。
30. √　表述正确。
31. √　表述正确。年度终了，应将“利润分配”账户下的其他明细账户金额转入“利润分配——未分配利润”账户。

四、计算分析题

1.

（1）借：银行存款	480 000	
贷：短期借款		480 000
（2）借：财务费用	1 600	
贷：应付利息		1 600
（3）借：财务费用	1 600	
贷：应付利息		1 600
（4）借：财务费用	1 600	
应付利息	3 200	
贷：银行存款		4 800
（5）借：短期借款	480 000	
贷：银行存款		480 000

2. 以下会计分录中的金额单位为万元。

（1）借：固定资产	560	
应交税费——应交增值税（进项税额）	93.5	
贷：银行存款		653.5

（2）201×年2月A设备的折旧额 =（560 - 20）÷10÷12 = 4.5（万元）。

借：管理费用　4.5
　　贷：累计折旧　4.5

（3）借：在建工程　600
　　应交税费——应交增值税（进项税额）　102
　　贷：银行存款　710

（4）借：在建工程　3
　　贷：银行存款　3
借：固定资产　603
　　贷：在建工程　603

（5）甲企业201×年9月B设备的折旧额 =（603 - 3）÷50 000×720 = 8.64（万元）。

借：制造费用　8.64
　　贷：累计折旧　8.64

3.

（1）借：银行存款　1 903 000
　　贷：股本　1 803 000
　　　　资本公积　100 000

（2）借：在途物资　150 700
　　应交税费——应交增值税（进项税）　25 619
　　贷：应付账款　176 319

（3）借：在途物资　500
　　贷：库存现金　500

（4）借：原材料　151 200
　　贷：在途物资　151 200

（5）借：应付账款　176 319
　　贷：银行存款　176 319

4.

（1）借：无形资产　1 275 000
　　贷：股本　1 265 000
　　　　资本公积　10 000

（2）借：原材料　161 000
　　应交税费——应交增值税（进项税额）　27 370
　　贷：银行存款　188 370

（3）借：销售费用　36 000
　　贷：银行存款　36 000

（4）借：营业外支出　432 000
　　贷：银行存款　432 000

（5）E设备本月折旧额 = 133 000×（1 - 4%）÷100 000×3 000 = 3 830.40（元）。

借：管理费用　3 830.40
　　贷：累计折旧　3 830.40

5.

(1) 借：银行存款　4 629 000
　　贷：实收资本　4 629 000

(2) 借：管理费用　18 000
　　贷：银行存款　18 000

(3) 借：固定资产　362 000
　　应交税费——应交增值税（进项税额）　61 540
　　贷：银行存款　423 540

(4) 借：原材料　515 000
　　应交税费——应交增值税（进项税额）　86 650
　　贷：应付账款　601 650

(5) 借：管理费用　3 240
　　制造费用　2 160
　　贷：银行存款　5 400

6.

(1) 172 788。[17 000 × 10 + 16 400 ÷ (17 000 + 83 000) × 17 000]

(2) 843 612。[83 000 × 10 + 16 400 ÷ (17 000 + 83 000) × 83 000]

(3) 借：银行存款　20 124
　　贷：其他业务收入　17 200
　　　　应交税费——应交增值税（销项税额）　2 924

(4) 借：其他业务成本　10 320
　　（注：10.32 × 1 000）
　　贷：原材料　10 320

(5) 借：银行存款　2 208 000
　　贷：长期借款　2 208 000

7.

(1) 借：在途物资　183 000
　　应交税费——应交增值税（进项税额）　31 110
　　贷：应付账款　214 110

(2) 借：固定资产　57 000
　　应交税费——应交增值税（进项税额）　9 690
　　贷：银行存款　66 690

(3) 借：管理费用　30 000
　　贷：银行存款　30 000

(4) 借：生产成本　42 650
　　贷：原材料　42 650

(5) 借：管理费用　363 352
　　贷：累计折旧　363 352

8.

(1) 108 000。[60 000 + 80 000 ÷ (300 + 200) × 300]

(2) 借：生产成本　60 000
　　贷：原材料　60 000
(3) 借：制造费用　24 000
　　贷：原材料　24 000
(4) 借：销售费用　15 600
　　贷：原材料　15 600
(5) 借：管理费用　12 000
　　贷：原材料　12 000

9.
(1) 借：生产成本　26 200
　　贷：应付职工薪酬　26 200
(2) 借：制造费用　24 000
　　贷：累计折旧　24 000
(3) 借：生产成本　69 410
　　贷：制造费用　69 410
(4) 130 942。[10 000 + (63 420 + 44 910) ÷ (200 + 300) × 200 + 26 200 + 69 410 − 18 000]
(5) 148 942。(130 942 + 18 000)

10.
(1) 借：应收账款　767 520
　　贷：主营业务收入　656 000
　　　　应交税费——应交增值税（销项税额）　111 520
(2) 借：主营业务成本　393 600
（注：4 100 × 96）
　　贷：库存商品　393 600
(3) 借：制造费用　2 800
　　贷：银行存款　2 800
(4) 借：财务费用　230
　　贷：银行存款　230
(5) 262 170。(656 000 − 393 600 − 230)

11.
(1) 110 750。[(743 000 − 300 000) × 25%]
(2) 332 250。(743 000 − 110 750 − 300 000)
(3) 33 225。(332 250 × 10%)
(4) 借：利润分配　33 225
　　贷：盈余公积　33 225
(5) 借：利润分配　66 450
　　贷：应付股利　66 450

第六章 chapter 6 会计凭证

课前导语

本章主要讲解会计凭证的概念与作用、种类，以及原始凭证和记账凭证的种类、基本内容、填制要求及审核、凭证的传递和保管等内容。本章内容难度不大，需要深度理解的内容很少。只要大家多看、多做，本章的分数还是很容易拿到的。本章出现计算分析题的考点是“记账凭证”的填列，可能性相对较小，但作为一项会计基础技能要求掌握。

考试大纲基本要求

了解：会计凭证的概念与作用、会计凭证的传递

熟悉：原始凭证与记账凭证的种类、会计凭证的保管

掌握：原始凭证的填制、记账凭证的填制、原始凭证与记账凭证的审核

本章框架结构

会计凭证
1. 会计凭证概述（会计凭证的概念与作用、种类）
2. 原始凭证（原始凭证的种类、基本内容、填制要求、审核）
3. 记账凭证（记账凭证的种类、基本内容、填制要求、审核）
4. 会计凭证的传递与保管

第一节 会计凭证概述

一、会计凭证的概念与作用

（一）会计凭证的概念

会计凭证是指记录经济业务发生或者完成情况的书面证明，是登记账簿的依据。

【解释】 任何一项经济业务发生后都必须取得或填制会计凭证，并经过会计机构、会计人员审核。只有经过审核并认为正确无误的会计凭证，才能作为登记账簿的依据。

（二）会计凭证的作用

填制和审核会计凭证，是会计核算的基本方法之一，也是会计核算工作的起点。

【链接】 会计核算工作的起点是填制和审核会计凭证。【单选题】

（1）记录经济业务，提供记账依据。

（2）明确经济责任，强化内部控制。

（3）监督经济活动，控制经济运行。

【点拨】 注意会计凭证的三个作用。【多选题】

经典例题讲解

例题 6－1・单选题 下列各项中属于日常会计核算工作起点的是（ ）。

A. 填制和审核会计凭证　　B. 登记会计账簿

C. 财产清查　　D. 编制财务会计报告

【答案解析】 A 填制和审核会计凭证，是会计核算的基本方法之一，也是会计核算工作的起点。

例题 6－2・单选题 下列关于会计凭证的意义和种类的表述中，不正确的是（ ）。

A. 记录经济业务，提供记账依据

B. 明确经济责任，强化内部控制

C. 填制和审核会计凭证，是会计核算的基本方法之一

D. 会计凭证按照填制程序和经济业务内容不同，可分为原始凭证和记账凭证

【答案解析】 D 会计凭证按照填制程序和用途分为原始凭证和记账凭证。

二、会计凭证的种类

会计凭证按照编制程序和用途的不同可分为原始凭证和记账凭证。

【思考】 会计凭证分为哪两类？分类的依据是什么？【多选题】

（一）原始凭证

原始凭证，又称“单据”，是指在经济业务发生或完成时取得或填制的，用以记录或证明经济业务的发生或完成情况的原始凭据。

【举例 6－1】 现金收据、发货票、银行进账单、差旅费报销单、产品入库单、领料单等，都是原始凭证。如果凭据不能记录或证明经济业务的发生或完成情况，则不属于“原始凭证”，如生产计划、购销合同、材料请购单等，非常重要。**【选择题】**

（二）记账凭证

记账凭证，又称“记账凭单”，是指会计人员根据审核无误的原始凭证，按照经济业务的内容加以归类，并据以确定会计分录后所填制的会计凭证，作为登记账簿的直接依据。

【解释 1】 记账凭证的主要作用是确定会计分录，进行账簿登记。它可以反映经济业务的发生或完成情况，监督企业经济活动，明确相关人员的责任。

【解释 2】 记账凭证将原始凭证中的经济信息转化为会计语言，是介于原始凭证与账簿之间的中间环节。

【提示】 记账凭证是登记账簿（总分类账簿和明细分类账簿）的直接依据。**【选择题】**

【链接】 在实际工作中，会计分录是通过填制记账凭证来完成的。**【判断题】**

经典例题讲解

例题 6－3·判断题 在每项经济业务发生和完成时取得或自行填制的会计凭证是原始凭证。（ ）

【答案解析】 √ 表述正确。

例题 6－4·判断题 在实际工作中，是通过编制记账凭证来确定会计分录的。（ ）

【答案解析】 √ 表述正确。

例题 6－5·判断题 原始凭证是会计核算的原始资料和重要依据，是登记会计账簿的直接依据。（ ）

【答案解析】 × 原始凭证是会计核算的原始资料和重要依据，记账凭证是登记会计账簿的直接依据。

例题 6－6·单选题 下列单证中，属于原始凭证的是（ ）。

A. 生产计划　　B. 材料请购单

C. 购销合同　　D. 限额领料单

【答案解析】 D 常见的原始凭证有现金收据、发货票、银行进账单、差旅费报销单、产品入库单、领料单等。选项 ABC 不能记录或证明经济业务的发生或完成情况，不属于原始凭证。

第二节 原始凭证

一、原始凭证的种类

【点拨】 在学习原始凭证的种类时，一定要注意分类的依据和分类的结果、具体例子要结合一起看，否则很容易混淆。这方面的题目还是很多的，尽量不要失分。

（1）按取得的来源不同分类，原始凭证可以分为自制原始凭证和外来原始凭证，见表6-1。

表6-1　按照取得来源不同的原始凭证分类

分类	定义	例子
自制原始凭证	指由本单位有关部门和人员，在执行或完成某项经济业务时填制的，仅供本单位内部使用的原始凭证	收料单、领料单、限额领料单、产品入库单、产品出库单、借款单、工资发放明细表、折旧计算表等
外来原始凭证	指在经济业务发生或完成时，从其他单位或个人直接取得的原始凭证	购买原材料取得的增值税专用发票、银行转来的各种结算凭证、职工出差报销的飞机票、火车票和餐饮费发票等

【思考】 销货发票是自制原始凭证还是外来原始凭证？购货发票是自制原始凭证还是外来原始凭证？非常重要，注意辨析。**【选择题】**

【点拨】 自制原始凭证和外来原始凭证的概念及具体例子注意区分。**【选择题/判断题】**

（2）按照格式的不同分类，原始凭证可以分为通用凭证和专用凭证，见表6-2。

表6-2　按照格式不同的原始凭证分类

分类	定义	例子
通用凭证	由有关部门统一印制、在一定范围内使用的具有统一格式和使用方法的原始凭证	某省印制的在该省通用的发票、收据等；全国通用的银行转账结算凭证、全国通用的增值税专用发票等
专用凭证	指由单位自行印制、仅在本单位内部使用的原始凭证	领料单、差旅费报销单、折旧计算表、工资费用分配表等

【点拨】 通用凭证和专用凭证的概念及具体例子注意区分。**【选择题/判断题】**

（3）按填制的手续和内容分类，原始凭证可以分为一次凭证、累计凭证和汇总凭证，见表6-3。

表 6-3 按照填制的手续和内容不同的原始凭证分类

分类	定义	例子
一次凭证	指一次填制完成，只记录一笔经济业务且仅一次有效的原始凭证 【解释】该凭证往往只能反映一项经济业务，或者同时反映若干项同一性质的经济业务。	领料单、报销凭单、收据、购货发票、发货票、收料单、借款单、银行结算凭证等
累计凭证	指在一定时期内多次记录发生的同类型经济业务且多次有效的原始凭证 【解释】其特点是在一张凭证内可以连续登记相同性质的经济业务，随时结出累计数和结余数，并按照费用限额进行费用控制，期末按实际发生额记账	限额领料单
汇总凭证	对一定时期内反映经济业务内容相同的若干张原始凭证按照一定标准综合填制的原始凭证 【解释】汇总原始凭证合并了同类型经济业务，简化了记账的工作	发料凭证汇总表、收料凭证汇总表、现金收入汇总表、工资结算汇总表、销售日报、差旅费报销单等

【点拨】 一次凭证、累计凭证、汇总凭证的基本含义及具体例子注意区分。很重要。**【选择题/判断题】** 要注意总结规律，比如在会计从业资格考试中，累计凭证只有“限额领料单”一种，汇总凭证往往有“汇总”两个字，再加上“销售日报、差旅费报销单”等。需要提醒的是，这三种凭证的基本含义（概念）要特别小心，看清楚。**【选择题/判断题】**

经典例题讲解

例题 6-7·多选题 下列选项中，属于外来原始凭证的有（ ）。

A. 购货发票　　B. 火车票　　C. 工资结算单　　D. 销货发票

【答案解析】 AB 外来原始凭证是指在经济业务发生或完成时，从其他单位或个人直接取得的原始凭证。购货发票由销货方开出，它和火车票属于外来原始凭证。销货发票由企业自己开出，它和工资结算单属于自制原始凭证。

例题 6-8·判断题 自制原始凭证是由企业财会部门自行填制的原始凭证。（ ）

【答案解析】 × 自制原始凭证是指由本单位有关部门和人员，在执行或完成某项经济业务时填制的，仅供本单位内部使用的原始凭证。

例题 6-9·多选题 下列各项中，原始凭证按照填制的手续和内容进行分类的有（ ）。

A. 一次原始凭证　　B. 汇总原始凭证

C. 累计原始凭证　　D. 专业原始凭证

【答案解析】 ABC 原始凭证按照填制的手续和内容可分为一次凭证、累计凭证和汇总凭证。

例题 6-10·多选题 关于累计凭证的说法正确的有（ ）。

A. 累计凭证的特点是在一张凭证内可以连续登记相同性质的经济业务，随时结出累计数和结余数，并按照费用限额进行费用控制，期末按实际发生额记账

B. 报销人员填制的、出纳人员据以付款的“报销凭单”属于累计凭证

C. 累计凭证是指在一定期间内多次记录发生的同类经济业务的原始凭证

D. 累计凭证是多次有效的原始凭证

【答案解析】 ACD 报销人员填制的、出纳人员据以付款的“报销凭单”属于一次凭证，不属于累计凭证。

例题 6－11·单选题 限额领料单按来源分属于（ ）。

A. 外来原始凭证 B. 累计凭证

C. 自制原始凭证 D. 汇总原始凭证

【答案解析】 C 限额领料单属于原始凭证，而原始凭证按来源不同可分为外来原始凭证和自制原始凭证。

例题 6－12·单选题 “工资结算汇总表”是一种（ ）。

A. 一次凭证 B. 累计凭证 C. 汇总凭证 D. 复式凭证

【答案解析】 C 汇总凭证是对一定时期内反映经济业务内容相同的若干张原始凭证，按照一定标准综合填制的原始凭证。

例题 6－13·单选题 下列各项中，属于一次凭证和累计凭证的主要区别的是（ ）。

A. 一次凭证是通用凭证，累计凭证是专用凭证

B. 累计凭证是自制原始凭证，一次凭证是外来原始凭证

C. 累计凭证填制的手续是多次完成的，一次凭证填制的手续是一次完成的

D. 累计凭证是汇总凭证，一次凭证是单式凭证

【答案解析】 C 累计凭证填制的手续是多次完成的，一次凭证填制的手续是一次完成的，这是一次凭证和累计凭证的主要区别。

例题 6－14·多选题 下列选项中，原始凭证不是按照格式分类的有（ ）。

A. 汇总原始凭证 B. 通用原始凭证

C. 专用原始凭证 D. 累计原始凭证

【答案解析】 AD 原始凭证按照格式不同分为通用凭证和专用凭证。

例题 6－15·多选题 以下属于汇总原始凭证的有（ ）。

A. 汇总收款凭证 B. 收料凭证汇总表

C. 限额领料单 D. 发料凭证汇总表

【答案解析】 BD 选项 A 是记账凭证的汇总，不属于原始凭证；选项 C 属于累计原始凭证。

例题 6－16·多选题 下列关于原始凭证分类的表述中，正确的有（ ）。

A. 按取得的来源不同，可以分为自制原始凭证和外来原始凭证两类

B. 按格式的不同，可以分为自制原始凭证和外来原始凭证两类

C. 按格式的不同，可以分为通用凭证和专用凭证两类

D. 按取得来源的不同，可以分为通用凭证和专用凭证两类

【答案解析】 AC 原始凭证按取得的来源不同，可以分为自制原始凭证和外来原始凭证；按其格式的不同，可以分为通用凭证和专用凭证两类。

例题 6－17 · 判断题　由中国人民银行统一制定的支票、商业汇票等结算凭证属于专用凭证。（　　）

【答案解析】　×　由中国人民银行统一制定的支票、商业汇票等结算凭证属于通用凭证。

例题 6－18 · 多选题　下列关于一次凭证的说法中，正确的有（　　）。

A. 一次凭证是只记录一笔经济业务且一次有效的原始凭证

B. 一次凭证的填制手续是一次完成的原始凭证

C. 企业购进材料验收入库，是仓库保管员填制的“收料单”属于一次凭证

D. 工业企业常用的限额领料单是常见的一次凭证

【答案解析】　ABC　限额领料单是常见的累计凭证。其余三项表述正确。

例题 6－19 · 判断题　在一定时期内连续记录若干项同类经济业务的原始凭证是汇总凭证。（　　）

【答案解析】　×　累计凭证是指在一定时期内多次记录发生的同类型经济业务且多次有效的原始凭证，如限额领料单。

二、原始凭证的基本内容

原始凭证应当具备以下基本内容（也称为“原始凭证要素”）：①凭证的名称；②填制凭证的日期；③填制凭证单位名称或者填制人姓名；④经办人员的签名或者盖章；⑤接受凭证单位名称；⑥经济业务内容；⑦数量、单价和金额。

【点拨】　注意原始凭证的基本内容。大家可以模拟一下到超市买东西而开具的发票（就是一张典型的原始凭证），应该具备哪些基本内容就很容易掌握了。另外，还要和记账凭证的基本内容相区分。**【多选题】**

经典例题讲解

例题 6－20 · 单选题　下列各项中，不属于原始凭证基本内容的是（　　）。

A. 原始凭证名称　　　　B. 填制原始凭证的日期

C. 经济业务内容　　　　D. 会计人员记账标记

【答案解析】　D　原始凭证的格式和内容因经济业务和经营管理的不同而有所差异，但应当具备以下基本内容（也称为原始凭证要素）：凭证的名称，填制凭证的日期，填制凭证单位名称或者填制人姓名，经办人员的签名或者盖章，接受凭证单位名称，经济业务内容，数量、单价和金额。会计人员记账标记不属于原始凭证的基本内容。

三、原始凭证的填制要求

（一）原始凭证填制的基本要求

（1）记录真实。

（2）内容完整。

【提示】 原始凭证中的年、月、日要按照填制原始凭证的实际日期填写，名称要齐全不能简化等。

（3）手续完备。

①单位自制的原始凭证必须有经办单位相关负责人的签名盖章。

②对外开出的原始凭证必须加盖本单位公章。

③从外部取得的原始凭证，必须盖有填制单位的公章。

④从个人取得的原始凭证，必须有填制人员的签名盖章。

【补充】 职工公出的借款凭据，必须附在记账凭证之后。收回借款时，应当另开收据或者退还借款副本，不得退还原借款收据。

（4）书写清楚、规范。不得使用未经国务院公布的简化字。【判断题】大小写金额必须相符且填写规范。

①小写：金额前要填写人民币符号“￥”，且与阿拉伯数字之间不得留有空白。

金额数字一律填写到角分，无角无分的，写“00”或符号“—”；有角无分的，分位写“0”，不得用符号“—”。【判断题】

②大写：大写金额用汉字壹、贰、叁、肆、伍、陆、柒、捌、玖、拾、佰、仟、万、亿、元、角、分、零、整等，一律用正楷或行书字书写。【判断题】

大写金额前未印有“人民币”字样的，应加写“人民币”三个字，且和大写金额之间不得留有空白。

大写金额到元或角为止的，后面要写“整”或“正”字；有分的，不写“整”或“正”字。如小写金额￥1 008.00，大写金额应写成“人民币壹仟零捌元整”。

（5）编号连续。如果原始凭证已预先印定编号，在因错作废时，应加盖“作废”戳记，妥善保管，不得撕毁。【判断题】

（6）不得涂改、刮擦、挖补。原始凭证金额有误的，应当由出具单位重开，不得在原始凭证上更正；原始凭证有其他错误的，应当由出具单位重开或更正，更正处应当加盖出具单位印章。【判断题/选择题】

（7）填制及时。

【点拨】 上述关于原始凭证的填制要求，需要逐条掌握、逐字阅读，特别是（4）、（5）、（6）条。尤其注意打下划线的关键词和语句。平时多念几遍，也可以结合《财经法规与会计职业道德辅导读本》的学习一并掌握。【各类题型】

（二）自制原始凭证的填制要求

1. 一次凭证的填制

一次凭证应在经济业务发生或完成时，由相关业务人员一次填制完成。该凭证往往只能反映一项经济业务，或者同时反映若干项同一性质的经济业务。

【提示】 一次凭证有些是自制的，如收料单、领料单、工资结算表、制造费用分配表等；有些是外来的，如增值税专用发票、税收缴款书、各种银行结算凭证等。

（1）“收料单”（见表 6－4）。它是企业购进材料验收入库时，由仓库保管人员根据购入材料的实际验收情况，填制的一次性原始凭证。收料单一式三联：一联留仓库，据以登记材料物资明细账和材料卡片；一联随发票账单到会计处报账；一联交采购人员存查。【多选题】

表 6－4　　收　料　单

供货单位：恒源公司　　　　凭证编号：15 号

发票编号：0025　　　年　月　日　　　收料仓库：1 号

材料编号	材料名称及规格	计量单位	数量		单价	金额
			应收	实收		
12	钢材	吨	10	10	2 800	28 000
备注					合计	28 000

主管：　　会计：　　审核：　　记账：　　收料：

(2)“领料单”(见表 6－5)。它的填制手续是在经济业务发生或完成时，由经办人员填制的，一般只反映一项经济业务，或者同时反映若干项同类性质的经济业务。“领料单”一式三联：一联留领料部门备查；一联留仓库，据以登记材料物资明细账和材料卡片；一联转会计部门或月末经汇总后转会计部门据以进行总分类核算。【多选题】

表 6－5　　领　料　单

领料单位：第一车间　　　　凭证编号：10 号

用途：生产 A 产品　　　年　月　日　　　发料仓库：1 号

材料编号	材料名称及规格	计量单位	数量		单价	金额
			请领	实领		
12	钢材	吨	5	5	2 800	14 000
备注					合计	14 000

发料：　　领料：　　领料单位负责人：　　记账：

2. 累计凭证的填制

累计凭证应在每次经济业务完成后，由相关人员在同一张凭证上重复填制完成。该凭证能在一定时期内不断重复地反映同类经济业务的完成情况。

“限额领料单”(见表 6－6)是多次使用的累计领发料凭证。在有效期间内(一般为一个月)，只要领用数量不超过限额就可以连续使用。“限额领料单”是由生产、计划部门根据下达的生产任务和材料消耗定额按每种材料用途分别开出，一料一单，一式两联，一联交仓库据以发料，一联交领料部门据以领料。

【提示】 “限额领料单”不仅起到事先控制领料的作用，而且可以减少原始凭证的数量和简化填制凭证的手续。**【判断题】**

【点拨】 在会计从业资格考试中，累计凭证只有“限额领料单”一种，很容易区分和选择。

表 6－6 限额领料单

领料部门：一车间　　　　　　　　　　　　　　　　　　　　　　　　发料仓库：3 号

用　途：生产 A 产品　　　　　　　年　月　日　　　　　　　　　　凭证编号：11 号

材料编号	材料名称	规格	计量单位	领用限额	单价	全月实用	
						数量	金额
1201	钢材	20mm 圆钢	千克	1 000	5 元	950	4 750

领料日期	请领数量	实发数量	领料人签章	发料人签章	限额结余
2	200	200			800
9	300	300			500
15	200	200			300
25	100	100			200
29	150	150			50
合计	950	950			

供应部门负责人：　　　　　　　　生产计划部门负责人：　　　　　　　　仓库负责人：

3. 汇总凭证的填制

汇总凭证应由相关人员在汇总一定时期内反映同类经济业务的原始凭证后填制完成。该凭证只能将类型相同的经济业务进行汇总，不能汇总两类或两类以上的经济业务。

“发料凭证汇总表”（见表 6－7）是由会计根据各部门到仓库领用材料时填制的领料单按旬汇总，每月编制一份，送交会计部门做账务处理。

表 6－7 发料凭证汇总表

年　月

借方科目 / 材料	生产成本	制造费用	管理费用	销售费用	合计
合计					

会计主管：　　　　　　　　审核：　　　　　　　　制表：

（三）外来原始凭证的填制要求

外来原始凭证应在企业同外单位发生经济业务时，由外单位的相关人员填制完成。外来原始凭证一般由税务局等部门统一印制，或经税务部门批准由经营单位印制，在填制时加盖出具凭证单位公章方为有效。

【提示】 对于一式多联的原始凭证必须用复写纸套写或打印机套打。**【判断题】**

【点拨】 外来原始凭证一般由税务局等部门统一印制，或经税务部门批准由经营单位印制。**【单选题】**

经典例题讲解

例题 6－21·单选题 对金额有错误的原始凭证，正确的做法是（ ）。

A. 由出具单位在原始凭证上更正

B. 由出具单位重开

C. 拒绝接受

D. 由出具单位在原始凭证上更正，并加盖出具单位重开

【答案解析】 B 原始凭证金额有误的，应当由出具单位重开，不得在原始凭证上更正；原始凭证有其他错误的，应当由出具单位重开或更正，更正处应当加盖出具单位印章。

例题 6－22·多选题 关于领料单的叙述正确的有（ ）。

A. 领料单是在经济业务发生或完成时，由经办人员填制的

B. 领料单只能反映一项经济业务

C. 领料单一般一式三联

D. 领料单的一联留领料部门备查

【答案解析】 ACD 领料单一般只反映一项经济业务，或者同时反映若干项同类性质的经济业务。

例题 6－23·多选题 在原始凭证上书写阿拉伯数字，下列表述正确的有（ ）。

A. 有角无分的，分位不得用“—”代替

B. 无角分的，角位和分位写“00”或者符号“—”

C. 有角无分的，分位应当写“0”

D. 有角无分的，分位也可以用符号“—”代替

【答案解析】 ABC 金额数字一律填写到角分，无角无分的，写“00”或符号“—”；有角无分的，分位用“0”，不得用符号“—”。

例题 6－24·判断题 企业使用累计原始凭证，如限额领料单，既可以对领料进行事前控制，又可以减少凭证的填制手续。（ ）

【答案解析】 √ 表述正确。

例题 6－25·判断题 如果原始凭证已预先印定编号，在因错作废时，应加盖“作废”戳记，妥善保管，不得撕毁。（ ）

【答案解析】 √ 表述正确。

例题 6－26·单选题 统一印制或批准统一印制外来原始凭证的部门是（ ）。

A. 民政局等部门

B. 财政局等部门

C. 税务局等部门

D. 统计局等部门

【答案解析】 C 外来原始凭证一般由税务局等部门统一印制，或经税务部门批准由经营单位印制，在填制时加盖出具凭证单位公章方为有效。

四、原始凭证的审核

（1）审核原始凭证的真实性。包括凭证日期是否真实、业务内容是否真实、数据是否真

实等。

（2）审核原始凭证的合法性。原始凭证所记录经济业务是否违反国家法律法规，是否履行了规定的凭证传递和审核程序，是否有贪污腐化等行为。

（3）审核原始凭证的合理性。原始凭证所记录经济业务是否符合企业经济活动的需要、是否符合有关的计划和预算等。

（4）审核原始凭证的完整性。包括基本要素是否齐全、是否有漏项情况、有关人员签章是否齐全等。

（5）审核原始凭证的正确性。包括接受原始凭证单位的名称是否正确、金额的填写和计算是否正确、更正是否正确等。

（6）审核原始凭证的及时性。

【点拨】 在原始凭证的审核中，要知道审核什么（六条）。**【多选题】** 除此以外，还要注意其中"合法性"、"合理性"、"正确性"等审核的具体含义。**【判断题/选择题】**

经审核的原始凭证应根据不同情况处理：

（1）对于完全符合要求的原始凭证，应及时据以编制记账凭证入账。

（2）对于真实、合法、合理但内容不够完整，填写有错误的原始凭证，应退还给有关经办人员，由其负责将有关凭证补充完整、更正错误或重开后，再办理正式会计手续。

（3）对于不真实、不合法的原始凭证，会计机构、会计人员有权不予接受，并向单位负责人报告。

【点拨】 注意会计人员对原始凭证审核结果的处理。**【选择题/判断题】**

经典例题讲解

例题 6－27·单选题 原始凭证所记录的经济业务是否符合有关的计划和预算，这属于审核原始凭证的（　　）。

A. 合法性　　B. 真实性　　C. 完整性　　D. 合理性

【答案解析】 D 审核原始凭证的合理性是指审核原始凭证所记录经济业务是否符合企业经济活动的需要、是否符合有关的计划和预算等。

例题 6－28·单选题 下列内容不属于原始凭证审核内容的是（　　）。

A. 凭证是否有填制单位的公章和填制人员签章

B. 是否履行了规定的凭证审核程序

C. 凭证所记录经济业务是否符合有关计划和预算

D. 会计科目使用是否正确

【答案解析】 D 会计科目使用是否正确是记账凭证审核的内容，其余三项表述正确。

例题 6－29·单选题 会计机构和会计人员对真实、合法、合理但内容不够准确、填写有错误的原始凭证，应当（　　）。

A. 不予受理　　B. 予以受理

C. 予以纠正　　D. 予以退回，要求更正、补充

【答案解析】 D 会计机构和会计人员对于真实、合法、合理但内容不够完整，填写有错

误的原始凭证，应退还给有关经办人员，由其负责将有关凭证补充完整、更正错误或重开后，再办理正式会计手续。

第三节 记账凭证

一、记账凭证的种类

【点拨】 在学习记账凭证的种类时，一定要注意分类的依据和分类的结果，否则很容易混淆。**【选择题/判断题】**

（一）按凭证的用途分类——专用记账凭证和通用记账凭证

1. 专用记账凭证

专用记账凭证是指分类反映经济业务的记账凭证，按其反映的经济业务内容，可分为收款凭证、付款凭证和转账凭证。

（1）收款凭证。收款凭证是指用于记录库存现金和银行存款收款业务的记账凭证。它根据有关库存现金和银行存款收入业务的原始凭证填制。

特征：借方是"库存现金"或"银行存款"账户。

（2）付款凭证。付款凭证是指用于记录现金和银行存款付款业务的记账凭证。它根据有关库存现金和银行存款支付业务的原始凭证填制。

特征：贷方是"库存现金"或"银行存款"账户。

【解释】 付款凭证是登记库存现金日记账、银行存款日记账以及有关明细账和总账等账簿的依据，也是出纳人员支付款项的依据。**【选择题/判断题】**

（3）转账凭证。转账凭证是指用于记录不涉及现金和银行存款业务的记账凭证，它根据有关转账业务的原始凭证填制。

特征：借贷方都不涉及"库存现金"或"银行存款"账户。

【点拨】 在考试中，有题目要求考生根据给出的经济业务判断需要填制什么类型的记账凭证（收、付、转），只要抓住这三种记账凭证的基本含义（或特征），还是很容易区分的。**【单选题】**

2. 通用记账凭证

通用记账凭证是指用来反映所有经济业务的记账凭证，为各类经济业务所共同使用，其格式与转账凭证基本相同。

【补充 1】 将记账凭证按反映的经济业务划分为收款凭证、付款凭证和转账凭证三种，便于按经济业务对会计人员进行工作分工，也便于提供分类核算数据，为记账工作提供方便。但工作量较大，适用于规模较大、收付业务较多的单位。

【补充 2】 对于经济业务较简单、规模较小、收付业务较少的单位，可采用通用记账凭证来记录所有经济业务。记账凭证不再区分收款、付款及转账业务，而将所有经济业务统一编号，在同一格式的凭证中进行记录。

（二）按凭证的填列方式分类——单式记账凭证和复式记账凭证

1. 单式记账凭证

单式记账凭证又称为“单科目记账凭证”，是指只填列经济业务所涉及的一个会计科目及其金额的记账凭证。

每张记账凭证只填列一个会计科目。即把某一项经济业务的会计分录，按其所涉及的会计科目，分散填制两张或两张以上的记账凭证。填列借方科目的称为“借项凭证”，填列贷方科目的称为“贷项凭证”。

优缺点：反映内容单一，便于分工记账和按会计科目汇总；但一张凭证不能反映每一笔经济业务的全貌，不便于检验会计分录的正确性，而且填制记账凭证的工作量变大。

【点拨】 注意单式记账凭证的基本概念及其优缺点。**【多选题/判断题】**

2. 复式记账凭证

复式记账凭证又称为“多科目凭证”，是将每一笔经济业务所涉及的全部科目及其发生额均在同一张记账凭证中反映的一种凭证。

优缺点：可以全面反映经济业务的账户对应关系，便于了解经济业务的全貌和资金的来龙去脉，有利于检查会计分录的正确性，同时可以减少填制记账凭证的工作量，但不便于会计岗位上的分工记账。

【提示】 复式记账凭证是实际工作中最普遍的记账凭证。如收款凭证、付款凭证、转账凭证、通用记账凭证均属于复式记账凭证。

【点拨】 要注意复式记账凭证的基本概念及其优缺点。注意与单式记账凭证相区别。**【多选题/判断题】**

经典例题讲解

例题 6－30·多选题 购入原材料一批，取得对方开具的增值税专用发票，材料入库，开出转账支票一张支付货款。这笔经济业务中属于会计凭证的有（　　）。

A. 收料单　　B. 增值税专用发票

C. 支票存根　　D. 付款凭证

【答案解析】 ABCD 选项 ABC 属于原始凭证，选项 D 属于记账凭证。

例题 6－31·单选题 专用记账凭证按（　　）的不同，分为收款凭证、付款凭证和转账凭证。

A. 格式　　B. 反映的经济业务内容

C. 填列方式　　D. 依据的原始凭证

【答案解析】 B 记账凭证按照用途可分为专用记账凭证和通用记账凭证；专用记账凭证按其反映的经济业务内容，可分为收款凭证、付款凭证和转账凭证。

例题 6－32·多选题 下列各项中，属于记账凭证按照填制的方式不同所分类别的有（　　）。

A. 通用记账凭证　　B. 专用记账凭证　　C. 复式记账凭证　　D. 单式记账凭证

【答案解析】 CD　记账凭证按填列方式可分为复式记账凭证和单式记账凭证。

例题 6-33·多选题　下列关于单式记账凭证的说法中，正确的有（　　）。

A. 单式记账凭证又称为“单科目记账凭证”，是指只填列经济业务事项所涉及的一个会计科目及其金额的记账凭证

B. 单式记账凭证每张记账凭证只填列一个会计科目

C. 单式记账凭证便于汇总计算每一个会计科目的发生额，便于分工记账

D. 单式记账凭证填制记账凭证的工作量小，出现差错容易查找

【答案解析】 ABC　单式记账凭证反映内容单一，便于分工记账和按会计科目汇总，但一张凭证不能反映每一笔经济业务的全貌，不便于检验会计分录的正确性。

例题 6-34·多选题　下列业务，不需要编制银行存款收款凭证的有（　　）。

A. 以银行存款购入设备　　B. 接受投入一台设备

C. 从银行借入款项，存入银行　　D. 将资本公积转增资本

【答案解析】 ABD　只有借方科目是“银行存款”的业务，才编制银行存款收款凭证。选项 A：借记固定资产，贷记银行存款；选项 B：借记固定资产，贷记实收资本；选项 C：借记银行存款，贷记短期借款或长期借款；选项 D：借记资本公积，贷记实收资本。因此，本题的答案为 ABD。

例题 6-35·判断题　企业出售产品一批，售价 5 000 元，收到一张转账支票送存银行。这笔业务应编制的记账凭证为收款凭证。（　　）

【答案解析】 √　表述正确。收到支票即银行存款增加，因此应编制银行存款收款凭证。

二、记账凭证的基本内容

记账凭证应当具备以下基本内容：①填制凭证的日期；②凭证编号；③经济业务摘要；④会计科目；⑤金额；⑥所附原始凭证张数；【判断题】⑦填制凭证人员、稽核人员、记账人员、会计机构负责人、会计主管人员签名或者盖章。

【提示】 收款和付款记账凭证还应当由出纳人员签名或者盖章。请注意记账凭证有哪些人签章。【多选题】

【点拨】 注意记账凭证的基本内容。【多选题】大家可以到学校的实训室、单位的财务科甚至百度搜一张“记账凭证”看看，就知道应该具备哪些记账凭证的基本内容了。另外，还要和原始凭证的基本内容相区分，不要混淆。

经典例题讲解

例题 6-36·多选题　下列各项中，属于记账凭证基本内容的有（　　）。

A. 填制凭证的日期　　B. 所附原始凭证张数

C. 经济业务摘要　　D. 凭证的编号

【答案解析】 ABCD　四个选项都属于记账凭证的基本内容。

三、记账凭证的填制要求

记账凭证根据审核无误的原始凭证或原始凭证汇总表（汇总原始凭证）填制。记账凭证也有记录真实、内容完整、手续齐全、填制及时等要求。

（一）记账凭证填制的基本要求

（1）记账凭证各项内容必须完整。

（2）记账凭证的书写应当清楚、规范。

（3）除结账和更正错账可以不附原始凭证外，其他记账凭证必须附原始凭证。

【提示】“结账”、“更正错误”可以不附原始凭证。**【多选题】**

（4）记账凭证可以根据每一张原始凭证填制，或根据若干张同类原始凭证汇总填制，也可以根据原始凭证汇总表填制；但不得将不同内容和类别的原始凭证汇总填制在一张记账凭证上。

【解释】 填制记账凭证的依据是三个：①每一张原始凭证；②若干张同类原始凭证；③原始凭证汇总表。**【多选题】**另外还需注意：不得将不同内容和类别的原始凭证汇总填制在一张记账凭证上。例如，不能将销售发票和购货发票汇总填制在一张记账凭证上。

【补充】 一张原始凭证所列的支出需要由几个单位共同负担时，应当由保存该原始凭证的单位开具原始凭证分割单给其他应负担的单位。**【单选题/判断题】**

（5）记账凭证应连续编号。记账凭证应由主管该项业务的会计人员，按业务发生的顺序并按不同种类的记账凭证采用“字号编号法”连续编号。如果一笔经济业务需要填制两张以上（含两张）记账凭证的，可以采用“分数编号法”编号。

【举例6－2】“字号编号法”：银收字1号、现收字2号等。

【举例6－3】“分数编号法”：如一笔经济业务需要填制三张转账凭证，凭证顺序号为6，就可以编成如转字$6\frac{1}{3}$号、转字$6\frac{2}{3}$号、转字$6\frac{3}{3}$号。前面的整数位表示凭证顺序，后面分数的分母表示该号凭证共有三张，分子表示三张凭证中的第一张、第二张、第三张。**【单选题】**

【提示】 为便于监督，反映付款业务的会计凭证不能由出纳人员编号。

（6）填制记账凭证时若发生错误，应当重新填制。**【判断题】**

①已登记入账的记账凭证在当年发现填写错误：可以用红字填写一张与原内容相同的记账凭证，在摘要栏注明“注销某月某日某号凭证”字样，同时再用蓝字重新填制一张正确的记账凭证，注明“订正某月某日某号凭证”字样。**【单选题】**

【解释】 如果会计科目没有错误，只是金额错误：也可将正确数字与错误数字之间的差额另编一张调整的记账凭证，调增金额用蓝字，调减金额用红字。可以结合第七章第五节错账更正方法一并掌握，注意区分不同的情况有不同的处理方式。**【多选题】**

②发现以前年度记账凭证有错误的：用蓝字填制一张更正的记账凭证（不能用红字）。**【判断题】**

（7）记账凭证填制完成后，如有空行，应当自金额栏最后一笔金额数字下的空行处至合计数上的空行处划线注销。**【选择题】**

【点拨】 上述关于记账凭证的填制要求，需要逐条掌握，逐字阅读，特别是（3）、（4）、（5）、（6）、（7）条。尤其要注意打下划线的关键词和语句。各类题型都会出现，平时多念几遍。

（二）收款凭证的填制要求

收款凭证（见表6－8）是用来记录货币资金收款业务的凭证，它是由出纳人员根据审核无误的原始凭证收款后填列的。

表6－8　　收　款　凭　证

借方科目：银行存款　　2014年8月19日　　银收字第8号

摘　要	贷方科目		记账√	金额									
	总账科目	明细科目		千	百	十	万	千	百	十	元	角	分
售出甲材料一批	其他业务收入	甲材料					5	0	0	0	0	0	0
开具增值税发票	应交税费	应交增值税（销项税额）						8	5	0	0	0	0
合　计						¥	5	8	5	0	0	0	0

附件　张

会计主管：　　记账：　　出纳：　　审核：　　制单：

（1）“科目”：①收款凭证左上角的借方科目，按收款性质填写“库存现金”或“银行存款”；【多选题】②在凭证内所反映的贷方科目，填写与收入“库存现金”或“银行存款”相对应的科目。

【解释】 “科目”的填列方法是区别“付款凭证”、“转账凭证”的根本所在，注意区分。

（2）“日期”：填写编制本记账凭证的日期。【单选题】

（3）“编号”：右上角填写收款凭证的顺序号（简写“现收××号”、“银收××号”）。

（4）“摘要”：对所记录的经济业务简要说明。

（5）“记账”：该凭证已登记账簿的标记，防止经济业务事项重记或漏记（打钩表示已登账）。

（6）“金额”：该项经济业务的发生额。

（7）“附件×张”：本记账凭证所附原始凭证的张数。

（8）“签章”：分别由有关人员签章，以明确经济责任，如制单、审核、记账、会计主管、出纳等。【多选题】

（三）付款凭证的填制要求

付款凭证（见表6－9）是根据审核无误的有关库存现金和银行存款的付款业务的原始凭证填制的。付款凭证的填制方法与收款凭证基本相同，不同的是在付款凭证的左上角应填列贷方科目，即“库存现金”或“银行存款”科目，“借方科目”栏应填写与“库存现金”或“银行存款”相对应的一级科目和明细科目（即左上角由“借方科目”换为“贷方科目”，凭证中间的“贷方科目”换为“借方科目”）。

【思考】 想想“付款凭证”的“科目”是怎么样的？正确答案是：左上角所填列的贷方

科目是“库存现金”或“银行存款”科目；在凭证内所反映的借方科目是与“库存现金”或“银行存款”相对应的科目。注意和“收款凭证”的区别。

【提示】 对于涉及“库存现金”和“银行存款”之间的相互划转业务，为了避免重复记账，一般只填制付款凭证，不再填制收款凭证。如从银行提取现金，填制“银行存款付款凭证”；将现金存入银行，填制现金付款凭证。注意理解，非常重要。**【选择题/判断题】**

表 6-9 付 款 凭 证

贷方科目：银行存款　　201×年8月1日　　银付字第1号

摘　要	借方科目		记账√	金　额										
	总账科目	明细科目		千	百	十	万	千	百	十	元	角	分	
购入办公用品	管理费用	办公费					4	0	0	0	0	0	0	
														附件
														张
合　计						¥	4	0	0	0	0	0	0	

会计主管：　　记账：　　出纳：　　审核：　　制单：

【补充】 出纳人员在办理收款或付款业务后，应在原始凭证上加盖“收讫”或“付讫”的戳记，以免重收重付。**【判断题】**

（四）转账凭证的填制要求

转账凭证（见表6-10）是用以记录与货币资金收付无关的转账业务的凭证，如原材料的领用，成本的结转等，它是由会计人员根据审核无误的转账原始凭证填制的。

【解释】 将经济业务所涉及的会计科目全部填列在转账凭证内，借方科目在先，贷方科目在后。转账凭证中“总账科目”和“明细科目”栏应填写应借、应贷的总账科目和明细科目，借方科目应记金额应在同一行的“借方金额”栏填列，贷方科目应记金额应在同一行的“贷方金额”栏填列，“借方金额”栏合计数与“贷方金额”栏合计数应相等。

【提示】 转账凭证的适用范围：不涉及库存现金、银行存款收付时使用。

表 6-10 转 账 凭 证

201×年8月19日　　转字第110号

摘　要	会计科目		记账√	借方金额										贷方金额										
	总账科目	明细科目		千	百	十	万	千	百	十	元	角	分	千	百	十	万	千	百	十	元	角	分	
计提折旧	制造费用	折旧费						5	0	0	0	0	0											
	管理费用	折旧费						3	0	0	0	0	0											附件
	销售费用	折旧费						2	0	0	0	0	0											张
	累计折旧																1	0	0	0	0	0	0	
合　计						¥	1	0	0	0	0	0	0			¥	1	0	0	0	0	0	0	

会计主管：　　记账：　　审核：　　制单：

【提示】 某些既涉及收款业务或付款业务，又涉及转账业务的综合性业务，可分开填制不同类型的记账凭证。**【选择题】**

【举例6-4】 李强出差回来，报销差旅费500元，走前已预借700元，剩余款项交回现金。对于这项经济业务应根据收款收据的记账联填制现金“收款凭证”，同时根据差旅费报销凭单填制“转账凭证”。其在两张记账凭证上的分录如下：

收款凭证上：

借：库存现金 200

　　贷：其他应收款 200

转账凭证上：

借：管理费用 500

　　贷：其他应收款 500

经典例题讲解

例题6-37·单选题 下列不可以作为同一张记账凭证填列根据的是（　　）。

A. 某一张记账凭证　　B. 若干张记账凭证

C. 原始凭证汇总表　　D. 不同内容和类别的原始凭证

【答案解析】 D 记账凭证可以根据每一张原始凭证填制，或者根据若干张同类原始凭证汇总编制，也可以根据原始凭证汇总表填制；但不得将不同内容和类别的原始凭证汇总填制在一张记账凭证上。

例题6-38·单选题 对于需要几个单位共同负担的一张原始凭证上的支出，应根据其他单位负担部分为其提供（　　）。

A. 原始凭证复印件　　B. 原始凭证汇总表

C. 原始凭证交割单　　D. 原始凭证分割单

【答案解析】 D 一张原始凭证所列的支出需要由几个单位共同负担时，应当由保存该原始凭证的单位开具原始凭证分割单给其他应负担的单位。

例题6-39·多选题 在填制记账凭证时，下列做法正确的有（　　）。

A. 记账凭证日期必须填写

B. 一个月内的记账凭证连续编号

C. 不同类型业务的原始凭证合并编制一张记账凭证

D. 银行提取现金时只填制库存现金收款凭证

【答案解析】 AB 不同类型业务的原始凭证不能合并编制一张记账凭证。银行提取现金时只填制银行存款付款凭证。

例题6-40·单选题 下列各项中，可以作为涉及会计科目较多，需填制多张记账凭证的经济业务编号方法的是（　　）。

A. 统一编号法　　B. 其他选项都不对

C. 连续编号法　　D. 分数编号法

【答案解析】 D 如果一笔经济业务需要填制一张以上的记账凭证时，记账凭证的编号可采用分数编号法。

例题 6－41·多选题 下列记账凭证和事项中，可以不附原始凭证的记账凭证有（ ）。

A. 收款凭证　　B. 转账凭证　　C. 结账凭证　　D. 更正错误

【答案解析】 CD 除结账和更正错误的记账凭证可以不附原始凭证外，其他记账凭证必须附有原始凭证。

例题 6－42·多选题 下列各项中，可以作为填制记账凭证的依据的有（ ）。

A. 收款凭证　　B. 付款凭证　　C. 外来原始凭证　　D. 自制原始凭证

【答案解析】 CD 填制记账凭证的依据是原始凭证，而 A、B 本身就是记账凭证，C、D 是原始凭证。

例题 6－43·多选题 企业内审人员在对企业当年会计账本审查中发现，金额为 1 000 元的购货发票在填制记账凭证时误填为 100 元，由于已登记入账，会计人员可以（ ）。

A. 用红字填写一张与原内容相同的记账凭证，同时再用蓝字发票重新填制一张正确的记账凭证

B. 重新填制一张正确的记账凭证，将原记账凭证换下，并对账本信息进行修改

C. 用蓝字编写一张调增 900 元的调增记账凭证

D. 将记账凭证和账簿的错误金额用红字划去，用蓝笔填上正确金额，并加盖印章

【答案解析】 AC 在记账以后，发现记账凭证上应借、应贷的会计科目并无错误，但所填写金额小于应填金额，可采用补充登记法，即用蓝字编写一张调增 900 元的调增记账凭证，所以选项 C 正确。或者可以采用红字更正法，即用红字填写一张与原内容相同的记账凭证，同时再用蓝字发票重新填制一张正确的记账凭证，所以选项 A 正确。

例题 6－44·判断题 已经登记入账的记账凭证，在当年内发现科目、金额有误，可以用红字填写一张与原内容相同的记账凭证，在摘要栏注明“冲销某月某日某号凭证”字样，再用蓝字做一张正确的凭证登记入账。（ ）

【答案解析】 √ 表述正确。

例题 6－45·判断题 发现以前年度记账凭证是错误的，应当用红字填制一张更正的记账凭证。（ ）

【答案解析】 × 发现以前年度记账凭证是错误的，应当用蓝字填制一张更正的记账凭证。

例题 6－46·单选题 库存现金收款凭证的填制日期应当是（ ）。

A. 原始凭证注明的日期　　B. 编制收款凭证的日期

C. 收取现金的日期　　D. 登记总账的日期

【答案解析】 B 库存现金收款凭证上的日期填写的是编制本凭证的日期。

例题 6－47·单选题 某公司出纳小李将公司现金交存开户银行，应编制（ ）。

A. 库存现金收款凭证　　B. 库存现金付款凭证

C. 银行存款收款凭证　　D. 银行存款付款凭证

【答案解析】 B 为了避免重复记账，对于涉及现金和银行存款之间相互划转的经济业务，即从银行提取现金或把现金存入银行的经济业务，统一只编制付款凭证，不编收款凭证。该业务是将现金存入银行，因此只编制现金付款凭证，不编制银行收款凭证。

例题 6－48·多选题 下列人员中，应在记账凭证上签章的有（ ）。

A. 单位负责人　　B. 会计主管　　C. 记账人员　　D. 制单人员

【答案解析】 BCD 记账凭证上应有填制凭证人员、稽核人员、记账人员、会计机构负责人、会计主管等有关人员的签章，收款和付款记账凭证还应由出纳人员签名或盖章。

例题6-49·多选题 下列各项中，可能作为付款凭证“贷方科目”的有（ ）。

A. 盈余公积　　B. 库存现金　　C. 应付账款　　D. 银行存款

【答案解析】 BD 付款凭证是用于记录库存现金和与银行存款付款业务的会计凭证。贷方科目应登记“库存现金”和“银行存款”科目。

例题6-50·单选题 下列各项中，应填制库存现金收款凭证的是（ ）。

A. 将现金存入银行

B. 出售材料收到一张转账支票

C. 收到职工报销差旅费归还的原预借多余现金

D. 从银行提取现金

【答案解析】 C A选项应编制库存现金付款凭证，B选项应编制银行存款收款凭证，D选项应编制银行存款付款凭证。

例题6-51·单选题 销售产品一批，一部分货款收回存入银行，一部分货款对方暂欠，应填制的记账凭证是（ ）。

A. 收款凭证和转账凭证　　B. 两张转账凭证

C. 收款凭证和付款凭证　　D. 付款凭证和转账凭证

【答案解析】 A 某些既涉及收款业务或付款业务，又涉及转账业务的综合性业务，可分开填制不同类型的记账凭证。本题中一部分货款收回存入银行应填制收款凭证，一部分货款对方暂欠应填制转账凭证。

四、记账凭证的审核

记账凭证审核的内容主要包括：

（1）内容是否真实。审核记账凭证是否有原始凭证为依据，所附原始凭证的内容与记账凭证的内容是否一致，记账凭证汇总表的内容与其所依据的记账凭证的内容是否一致等。

（2）项目是否齐全。

（3）科目是否正确。

（4）金额是否正确。

（5）书写是否规范。

（6）手续是否完备。

【小结1】 记账凭证与原始凭证审核的主要内容对比如表6-11所示。注意区别。**【多选题】**

表6-11　　记账凭证与原始凭证审核内容对比表

记账凭证审核要求（6个）	原始凭证审核要求（6个）
内容是否真实	审核原始凭证的真实性
项目是否齐全	审核原始凭证的合法性
科目是否正确	审核原始凭证的合理性
金额是否正确	审核原始凭证的完整性
书写是否规范	审核原始凭证的正确性
手续是否完备	审核原始凭证的及时性

【小结2】 原始凭证和记账凭证的区别如表6-12所示。

表6-12 原始凭证与记账凭证的区别

不同处	原始凭证	记账凭证
填制人员不同	业务经办人员	会计人员
填制依据不同	已经发生或完成的经济业务	审核无误的原始凭证
填制方式不同	经济业务发生或完成情况的原始证明	按照经济业务的内容加以归类并确定会计分录
作用不同	填制记账凭证的依据	登记账簿的直接依据

经典例题讲解

例题6-52·单选题 下列各项中，不属于记账凭证审核内容的是（　　）。

A. 所使用的会计科目是否符合企业会计准则等规定

B. 记账凭证汇总表的内容与其所依据的记账凭证的内容是否一致

C. 审核所记录的经济业务是否符合经济活动的需要

D. 审核记账凭证各项目填写是否齐全

【答案解析】 C 选项C属于原始凭证合理性审核的内容。

第四节 会计凭证的传递与保管

一、会计凭证的传递

会计凭证的传递是指从会计凭证的取得或填制时起至归档保管过程中，在单位内部有关部门和人员之间的传送程序。会计凭证的传递，应当满足内部控制制度的要求，使传递程序合理有效，同时尽量节约传递时间，减少传递的工作量。

会计传递具体包括传递程序和传递时间。**【多选题/判断题】**

【思考】 注意会计凭证传递的“起止”活动分别是什么。还要了解会计凭证传递不仅限于财会部门（在单位内部各有关部门和人员之间的传送）。**【判断题】**

【解释】 单位经济业务特点、内部机构设置、人员分工和管理要求不同（即影响企业会计凭证传递程序选择的四个因素**【多选题】**），会计凭证传递程序也有所不同。

经典例题讲解

例题6-53·单选题 会计凭证的传递，是指（　　）在单位内部有关部门及人员之间的传递程序。

A. 会计凭证的取得或填制时起至归档保管过程中

B. 会计凭证的填制到登记账簿止

C. 会计凭证审核后到归档止

D. 会计凭证的取得或填制时起至汇总登记账簿止

【答案解析】 A　会计凭证的传递是指会计凭证从取得或填制时起至归档保管过程中，在单位内部各有关部门和人员之间的传送程序。

例题 6-54 · 多选题　影响企业会计凭证传递程序选择的因素有（　　）。

A. 经济业务特点　　B. 内部机构设置

C. 人员分工　　D. 规定的凭证保管期限

【答案解析】 ABC　各单位应根据经济业务特点、内部机构设置、人员分工和管理要求，具体规定各种凭证的传递程序。

二、会计凭证的保管

会计凭证的保管是指会计凭证记账后的整理、装订、归档和存查工作。

【提示】 应注意会计凭证保管含义的四个"动词"。**【多选题】**

会计凭证的保管要求主要有：

（1）会计凭证应定期装订成册，防止散失。会计部门在依据会计凭证记账以后，应定期（每天、每旬或每月）对各种会计凭证进行分类整理，将各种记账凭证按照编号顺序，连同所附的原始凭证一起加具封面和封底，装订成册，并在装订线上加贴封签，由装订人员在装订线封签处签名或盖章。

【解释】 从外单位取得的原始凭证遗失时，应取得原签发单位盖有公章的证明，并注明原始凭证的号码、金额、内容等，由经办单位会计机构负责人（会计主管人员）和单位负责人批准后，才能代作原始凭证。若确实无法取得证明的，如车票丢失，则应由当事人写明详细情况，由经办单位会计机构负责人（会计主管人员）和单位负责人批准后，代作原始凭证。特别是由"谁"批准。**【多选题/判断题】**

（2）会计凭证封面应注明相关内容。

【解释】 应注明的内容包括：单位名称、凭证种类、凭证张数、起止号数、年度、月份、会计主管人员、装订人员等有关事项，会计主管人员和保管人员应在封面上签章。

（3）会计凭证应加贴封条，防止抽换凭证。

【提示】 原始凭证不得外借，其他单位如因特殊原因需要使用原始凭证时，经本单位会计机构负责人（会计主管人员）批准，可以复制。向外单位提供的原始凭证复制件，应当在专设的登记簿上登记，并由提供人员和收取人员共同签名或者盖章。注意经过批准后也是不能"外借"，只能"复制"。**【判断题】**

（4）原始凭证较多时，可单独装订，但应在凭证封面注明所属记账凭证的日期、编号和种类，同时在所属的记账凭证上应注明"附件另订"及原始凭证的名称和编号，以便查阅。**【判断题】**

【提示】 对各种重要的原始凭证，如押金收据、提货单等，以及各种需要随时查阅的退回的单据，应另编目录，单独保管，并在有关的记账凭证和原始凭证上分别注明日期和编号。

（5）每年装订成册的会计凭证，在年度终了时可暂由单位会计机构保管一年【单选题】，期满后应当移交本单位档案机构统一保管；未设立档案机构的，应当在会计机构内部指定专人保管。出纳人员不得兼管会计档案。

（6）严格遵守会计凭证的保管期限要求，期满前不得任意销毁。

【点拨】 会计凭证归档后属于会计档案，其管理规范请参考《财经法规与会计职业道德》课程的相关内容。

经典例题讲解

例题 6－55·多选题 企业会计凭证保管的内容包括（　　）。

A. 整理会计凭证　　B. 装订会计凭证

C. 归档和存查会计凭证　　D. 将会计凭证移交检察机关

【答案解析】 ABC 会计凭证的保管是指会计凭证记账后的整理、装订、归档和存查工作。

例题 6－56·单选题 管理部门当月购进办公用品若干，经办人员不慎将原始发票遗失，你作为会计人员应（　　）。

A. 不予办理报销手续

B. 在其取得原供货单位注明原始凭证的号码、金额、内容并加盖公章的证明后，由本单位会计机构负责人（会计主管人员）和单位负责人批准后，给予报销

C. 由当事人写明详细情况，相关人员证明后，给予报销

D. 责成经办人员取得原供货单位加盖公章的证明并经会计主管人员审查属实后，给予报销

【答案解析】 B 若从外单位取得的原始凭证遗失时，应取得原签发单位注明原始凭证的号码、金额、内容并加盖公章的证明后，由本单位会计机构负责人（会计主管人员）和单位负责人批准后，才能代作原始凭证。所以选项 B 的处理正确。

例题 6－57·多选题 下列各项中，属于会计凭证归档保管的主要方法和要求的有（　　）。

A. 会计凭证应定期装订成册，防止散失

B. 会计凭证封面应注明单位名称、凭证种类、凭证张数、起止号数、年度、月份、会计主管人员、装订人员等有关事项

C. 会计主管人员和保管人员应在会计凭证封面上签章

D. 会计凭证应加贴封条，防止抽换凭证

【答案解析】 ABCD 四个选项都符合会计凭证归档保管的主要方法和要求。

例题 6－58·判断题 记账凭证所附的原始凭证数量过多，也可以单独装订保管，但应在其封面及有关记账凭证上加注说明。（　　）

【答案解析】 √ 表述正确。原始凭证较多时可以单独装订，但应在凭证封面注明所属记账凭证的日期、编号和种类，同时在所属的记账凭证上应注明“附件另订”及原始凭证的名称和编号，以便查阅。

随章同步练习

一、单项选择题

1. 会计核算工作的起点是（　　）。
A. 填制和审核会计凭证　B. 财产清查
C. 设置会计科目和账户　D. 登记会计账簿
2. 下列不能作为会计核算原始凭证的是（　　）。
A. 发货票　B. 合同书　C. 入库单　D. 领料单
3. 会计凭证按照填制的程序和用途的不同，可分为（　　）。
A. 外来原始凭证和自制原始凭证　B. 专用凭证和通用凭证
C. 一次性凭证和累计凭证　D. 原始凭证和记账凭证
4. 下列关于原始凭证的说法不正确的是（　　）。
A. 按照来源的不同，分为外来原始凭证和自制原始凭证
B. 按照格式的不同，分为通用原始凭证和专用原始凭证
C. 按照填制手续和内容不同，分为一次原始凭证、累计原始凭证和汇总原始凭证
D. 按照填制方法不同，分为外来原始凭证和自制原始凭证
5. 下列不属于自制原始凭证的是（　　）。
A. 领料单　B. 成本计算单　C. 入库单　D. 火车票
6. 下列原始凭证中属于通用凭证的是（　　）。
A. 领料单　B. 差旅费报销单
C. 折旧计算表　D. 银行转账结算凭证
7. 下列属于汇总原始凭证的是（　　）。
A. 科目汇总表　B. 出库单
C. 限额领料单　D. 工资结算汇总表
8. 下列表示方法正确的是（　　）。
A. ¥508.00　B. ¥　86.00
C. 人民币伍拾陆元捌角伍分整　D. 人民币　柒拾陆元整
9. 甲公司2013年10月12日开出现金支票一张，对出票日期正确的填写方法是（　　）。
A. 贰零壹叁年壹拾月拾贰日　B. 贰零壹叁年零壹拾月零拾贰日
C. 贰零壹叁年拾月拾贰日　D. 贰零壹叁年零壹拾月壹拾贰日
10. 原始凭证有错误的，正确的处理方法是（　　）。
A. 本单位代为更正　B. 退回，不予接受
C. 由出具单位重开或更正　D. 向单位负责人报告
11. 原始凭证按（　　）分类，分为一次凭证、累计凭证和汇总凭证。
A. 用途和填制程序　B. 形成来源
C. 填制方式　D. 填制手续和内容

12. 根据连续反映某一时期内不断重复发生而分次进行的特定业务编制的原始凭证是（　　）。

A. 一次凭证　　B. 累计凭证　　C. 记账凭证　　D. 汇总原始凭证

13. 会计机构、会计人员对于不真实、不合法的原始凭证，有权（　　）。

A. 予以受理　　B. 不予接受，并向单位负责人报告

C. 予以反映　　D. 予以退回，要求更正、补充

14. 下列各项中，（　　）不属于记账凭证的基本要素。

A. 经济业务摘要　　B. 经济业务的数量、单价

C. 应记会计科目、方向及金额　　D. 凭证的编号

15. 复式记账凭证和单式记账凭证的根本区别是（　　）。

A. 在一张复式记账凭证中只能反映每一笔经济业务的去脉

B. 在一张单式凭证中既反映每一笔经济业务的来龙，也可反映去脉

C. 在一张复式记账凭证中只能反映每一笔经济业务的来龙

D. 在一张复式记账凭证中能集中反映每一笔经济业务的来龙去脉

16. 4 月 15 日行政管理人员王明将标明日期为 3 月 26 日的发票拿来报销，经审核后会计人员依据该发票编制记账凭证时，记账凭证的日期为（　　）。

A. 4 月 1 日　　B. 3 月 26 日　　C. 4 月 15 日　　D. 3 月 31 日

17. 某单位会计部门第 8 号经济业务的一笔分录需填制两张记账凭证，则这两张凭证的编号为（　　）。

A. 8，9　　B. $9\frac{1}{2}$，$9\frac{2}{2}$　　C. $8\frac{1}{2}$，$8\frac{2}{2}$　　D. $8\frac{1}{2}$，$9\frac{2}{2}$

18. 填制记账凭证时，错误的做法是（　　）。

A. 根据每一张原始凭证填制

B. 根据若干张同类原始凭证汇总填制

C. 将若干张不同内容和类别的原始凭证汇总填制在一张记账凭证上

D. 根据原始凭证汇总表编制

19. 可以不附原始凭证的记账凭证是（　　）。

A. 更正错误的记账凭证　　B. 从银行提取现金的记账凭证

C. 以现金发放工资的记账凭证　　D. 职工临时性借款的记账凭证

20. 下列业务中应该编制收款凭证的是（　　）。

A. 购买原材料用银行存款支付　　B. 收到销售商品的款项

C. 购买固定资产，款项尚未支付　　D. 销售商品，收到商业汇票一张

21. 下列业务中应编制付款凭证的是（　　）。

A. 购入材料 10 000 元，货款未付　　B. 收回前欠货款 30 000 元

C. 接受投资者投入 280 000 元　　D. 以银行存款归还前欠货款 50 000 元

22. （　　）是用来记录货币资金付款业务的凭证，它是由出纳人员根据审核无误的原始凭证填制的。

A. 收款凭证　　B. 付款凭证　　C. 转账凭证　　D. 累计凭证

23. 付款凭证左上角的“贷方科目”可能登记的科目是（　　）。

A. 预付账款　B. 银行存款　C. 预收账款　D. 其他应付款

24. 收款凭证左上角“借方科目”应填列的会计科目是（　　）。

A. 主营业务收入　B. 库存现金

C. 银行存款　D. 银行存款或库存现金

25. 将库存现金送存银行，应填制的记账凭证是（　　）。

A. 库存现金收款凭证　B. 库存现金付款凭证

C. 银行存款收款凭证　D. 银行存款付款凭证

26. 某公司出纳小郑到开户银行提取现金5 000元，单位记账人员应根据有关原始凭证编制（　　）。

A. 现金收款凭证　B. 现金付款凭证

C. 银行存款付款凭证　D. 银行存款收款凭证

27. 下列各项中，作为转账凭证编制基础的是（　　）。

A. 期末的结账业务　B. 库存现金收支业务

C. 不涉及货币资金收支的业务　D. 银行存款转账业务

28. 记账凭证应根据审核无误的（　　）编制。

A. 付款凭证　B. 转账凭证　C. 原始凭证　D. 收款凭证

29. 下列内容中，不属于记账凭证审核的内容的是（　　）。

A. 凭证的内容与所附原始凭证的内容是否一致

B. 凭证的金额与所附原始凭证的有关金额是否一致

C. 会计科目使用是否正确

D. 凭证是否符合有关的计划和预算

30. 关于会计凭证的保管，下列说法不正确的是（　　）。

A. 会计凭证应定期装订成册，防止散失

B. 会计主管人员和保管人员应在封面上签章

C. 原始凭证不得外借，其他单位如有特殊原因确实需要使用时，经本单位会计机构负责人（会计主管人员）批准，可以复制

D. 经单位领导批准，会计凭证在保管期满前可以销毁

二、多项选择题

1. 会计凭证在会计核算中的作用有（　　）。

A. 记录经济业务，提供记账依据　B. 明确经济责任，强化内部控制

C. 监督经济活动，控制经济运行　D. 预测经济前景，提高经济效益

2. 企业购进原材料一批，取得增值税专用发票和运费发票，货款及运费未付，材料验收入库，以下与这笔经济业务有关的原始凭证有（　　）。

A. 支票存根　B. 增值税专用发票

C. 运费发票　D. 收料单

3. 下列关于原始凭证和记账凭证的区别，表述正确的有（　　）。

A. 原始凭证是根据发生或完成的经济业务填制的，而记账凭证则是根据审核后的原始凭证填制的

B. 原始凭证仅用以记录、证明经济业务已经发生或完成，而记账凭证则要依据会计科目对已经发生或完成的经济业务进行归类、整理编制
C. 原始凭证由经办人员填制，而记账凭证一律由会计人员填制
D. 原始凭证是记账凭证的附件和填制记账凭证的依据，而记账凭证则是登记账簿的依据

4. 下列属于一次凭证的有（　　）。
A. 收据　　B. 发货票　　C. 工资结算单　　D. 工资汇总表

5. 下列凭证中，属于汇总凭证的有（　　）。
A. 差旅费报销单　　B. 发料凭证汇总表
C. 限额领料单　　D. 工资结算汇总表

6. 下列关于汇总原始凭证的说法中，正确的有（　　）。
A. 汇总原始凭证是指在会计的实际工作中，为了简化记账凭证的填制工作，将一定时期若干份记录同类经济业务的原始凭证汇总编制一张汇总凭证
B. 汇总原始凭证可以用以集中反映某项经济业务的完成情况
C. 发料凭证汇总表属于汇总原始凭证
D. 汇总凭证可以将两类或两类以上的经济业务汇总在一起，填列在一张汇总原始凭证上

7. 下列各项中，属于外来原始凭证的有（　　）。
A. 购货发票　　B. 销货发票
C. 火车票　　D. 外单位开具盖有公章的证明

8. 下列各项中，原始凭证按照格式的不同进行分类的有（　　）。
A. 累计原始凭证　　B. 通用原始凭证　　C. 专用原始凭证　　D. 汇总原始凭证

9. 下列各项中，属于原始凭证按填制的手续和内容不同所分类别的有（　　）。
A. 累计凭证　　B. 一次凭证　　C. 多用途凭证　　D. 汇总凭证

10. 原始凭证的基本内容中包括（　　）。
A. 原始凭证名称　　B. 接受原始凭证单位名称
C. 经济业务的性质　　D. 凭证附件

11. 下列项目中符合填制会计凭证要求的有（　　）。
A. 汉字大小写金额必须相符且填写规范
B. 阿拉伯数字连笔书写
C. 阿拉伯数字前面的人民币符号写为“¥”
D. 大写金额有分的，分字后面不写“整”或“正”字

12. 在原始凭证上书写金额数字，正确的有（　　）。
A. 人民币符号“¥”与阿拉伯数字间不得留有空白，金额数字一律填写到角分
B. 无角无分的，角位和分位可写“00”或者“—”；有角无分的，分位可以写“0”，也可用“—”代替
C. 大写金额到元或角为止的，后面要写“整”或“正”字；有分的，不写“整”或“正”字
D. 大写金额前未印有“人民币”字样的，应加写“人民币”三个字，“人民币”字样与大写金额之间不得留有空白

13. 职工外出借款凭据处理方式正确的是（　　）。

A. 必须附在记账凭证之后　　B. 收回借款时退回原借款收据

C. 收回借款时退回原借款副本　　D. 收回借款时另开收据

14. 审核原始凭证的真实性包括（　　）。

A. 凭证日期是否真实、数据是否真实

B. 对通用原始凭证，还应审核凭证本身的真实性，以防做假

C. 对外来原始凭证，必须有填制单位公章和填制人员签章

D. 业务内容是否真实

15. 下列各项中，属于原始凭证的审核内容的有（　　）。

A. 真实性　　B. 合法性、合理性

C. 正确性　　D. 完整性

16. 下列各项中，属于专用记账凭证的有（　　）。

A. 收款凭证　　B. 付款凭证　　C. 转账凭证　　D. 单式记账凭证

17. 下列关于复式记账凭证中说法正确的有（　　）。

A. 复式记账凭证又称为“多科目凭证”

B. 复式记账凭证是指将每一笔经济业务所涉及的全部会计科目及其发生额均在同一张记账凭证中

C. 复式记账凭证可以全面反映经济业务的账户对应关系，便于了解经济业务全貌

D. 复式记账凭证有利于检查会计分录的正确性，同时可以减少填制记账凭证的工作量，减少凭证数量

18. 填制记账凭证的依据，必须是经审核无误的原始凭证，可以（　　）。

A. 根据每一张原始凭证填制　　B. 根据若干张同类原始凭证汇总填制

C. 根据原始凭证汇总表填制　　D. 同一日期的所有原始凭证汇总填制

19. 下列说法正确的是（　　）。

A. 已经登记入账的记账凭证，在当年内发现填写错误时，直接用蓝字重新填写一张正确的记账凭证即可

B. 发现以前年度记账凭证有错误的，可以用红字填写一张与原内容相同的记账凭证，再用蓝字重新填写一张正确的记账凭证

C. 如果会计科目没有错误只是金额错误，也可以将正确数字与错误数字之间的差额，另填制一张调整的记账凭证，调增金额用蓝字，调减金额用红字

D. 发现以前年度记账凭证有错误的，应当用蓝字填制一张更正的记账凭证

20. 收款凭证的借方科目可能有（　　）。

A. 应收账款　　B. 库存现金　　C. 银行存款　　D. 应付账款

21. 下列经济业务中，应填制付款凭证的有（　　）。

A. 提现金备用　　B. 购买材料预付订金

C. 购买材料未付款　　D. 以银行存款支付前欠单位货款

22. 采购员出差回来报销差旅费 1 500 元，原来预借 1 000 元，差额部分以现金补付，企业应填制的记账凭证有（　　）。

A. 收款凭证　　B. 转账凭证　　C. 汇总凭证　　D. 付款凭证

23. 下列表述正确的有（　　）。

A. 收款凭证的借方科目只能是库存现金或银行存款

B. 付款凭证的贷方科目只能是库存现金或银行存款

C. 收款凭证是出纳人员编制库存现金日记账或银行存款日记账的依据

D. 转账凭证中不会涉及库存现金或银行存款科目

24. 下列关于记账凭证的表述中，不正确的有（　　）。

A. 记账凭证必须附有原始凭证并注明所附原始凭证的张数

B. 填制记账凭证时若发生错误，应当重新填制

C. 记账凭证应当连同所附的原始凭证或者原始凭证汇总表，按照编号顺序，折叠整齐，按期装订成册

D. 反映付款业务的会计凭证可以由出纳人员编号

25. 关于记账凭证下列说法正确的有（　　）。

A. 收款凭证是指用于记录库存现金和银行存款收入业务的会计凭证

B. 收款凭证分为库存现金收款凭证和银行存款收款凭证两种

C. 从银行提取库存现金的业务应该编制库存现金收款凭证

D. 从银行提取库存现金的业务应该编制银行存款付款凭证

26. 记账凭证审核的主要内容有（　　）。

A. 内容是否真实　　B. 项目是否齐全

C. 科目、金额是否正确　　D. 填制是否及时

27. 下列说法正确的有（　　）。

A. 记账凭证上的日期指的是经济业务发生的日期

B. 对于涉及“库存现金”和“银行存款”之间的经济业务，一般只编制收款凭证

C. 出纳人员不能直接依据有关收、付款业务的原始凭证办理收、付款业务

D. 出纳人员必须根据经会计主管或其指定人员审核无误的收、付款凭证办理收、付款业务

28. 下列各项关于记账凭证的填制要求的表述中，正确的有（　　）。

A. 必须连续编号

B. 如有空行，应当在空行处划线注销

C. 除另有规定外，应该有附件并注明附件张数

D. 发生错误应该按规定的方法更正

29. 其他单位因特殊原因需要使用本单位的原始凭证，正确的做法是（　　）。

A. 可以外借

B. 将外借的会计凭证拆封抽出

C. 不得外借，经本单位会计机构负责人（会计主管人员）批准，可以复制

D. 将向外单位提供的凭证复印件在专设的登记簿上登记

30. 会计凭证封面应注明（　　）等事项。

A. 单位名称　　B. 单位负责人　　C. 会计主管人员　　D. 凭证种类和张数

三、判断题

1. 会计凭证按照填制程序和用途可分为原始凭证和记账凭证。（　　）

2. 记账凭证是介于原始凭证与账簿之间的中间环节。（ ）

3. 账簿记录是登记原始凭证和记账凭证的直接依据。（ ）

4. 原始凭证是记录或证明经济业务的发生和完成情况的原始凭据。（ ）

5. 自制原始凭证都是一次凭证，外来原始凭证绝大多数是一次凭证。（ ）

6. 累计凭证是指在一定时期内连续记录发生的若干同类型经济业务的原始凭证。（ ）

7. 自制原始凭证是企业内部经办业务的部门和人员填制的凭证。（ ）

8. 原始凭证要素应当包括凭证名称，填制凭证的日期，经济业务内容，含数量、单价、金额，凭证附件。（ ）

9. 填制原始凭证，汉字大写金额数字一律用正楷或草书书写。（ ）

10. 会计凭证上填写的“人民币”字样或符号“¥”与汉字大写金额数字或阿拉伯金额数字之间应留有空白。（ ）

11. 审核原始凭证的正确性，就是要审核原始凭证所记录的经济业务是否符合企业生产经营活动的需要、是否符合有关的计划和预算。（ ）

12. 对于真实、合法、合理但内容不够完整、填写有错误的原始凭证，会计机构和会计人员有权不予接受。（ ）

13. 出纳人员在办理收款或付款业务后，应在原始凭证上加盖“收讫”或“付讫”的戳记，以免重收重付。（ ）

14. 单式记账凭证可以填列经济业务所涉及的多个会计科目。（ ）

15. 为了简化工作手续，可以将不同内容和类别的原始凭证汇总，填制在一张记账凭证上。（ ）

16. 记账凭证必须编号，如写错报废时，应加盖“作废”章，并全部保存，不允许撕毁。（ ）

17. 所有的记账凭证都必须附有原始凭证，否则，不能作为记账的依据。（ ）

18. 收款凭证又可以分为现金收款凭证和银行存款收款凭证，如以现金结算的发票联。（ ）

19. 记账凭证填制完经济业务后，如有空行，应当自金额栏最后一笔金额数字下的空行处至合计数上的空行处划线注销。（ ）

20. 涉及“库存现金”和“银行存款”之间的经济业务，一般只编制付款凭证，不编制收款凭证。（ ）

21. 收款凭证属于记账凭证，转账凭证属于原始凭证。（ ）

22. 企业购入甲材料48 000元，货款以银行存款支付40 000元，其余8 000元暂欠，该笔业务应编制一张转账凭证。（ ）

23. 发现以前年度记账凭证有错误，不必用红字冲销，直接用蓝字填制一张更正的记账凭证。（ ）

24. 若发现记账凭证上的应记科目和金额错误，并已登记入账，则可将填错的记账凭证销毁，并再填一张正确的记账凭证，据以入账。（ ）

25. 会计凭证传递是指从原始凭证的填制或取得起，到会计凭证归档保管止，在财会部门内部按规定的路线进行传递和处理的程序。（ ）

26. 会计凭证的传递只包括传递程序。（ ）

27. 发现从外单位取得的原始凭证遗失时，应取得原签发单位盖有公章的证明，并注明原始凭证的号码、金额、内容等，由经办单位会计机构负责人（会计主管人员）或单位负责人批准后，才能代作原始凭证。（　）

28. 原始凭证原则上不得外借，其他单位如有特殊原因确实需要使用时，经本单位会计机构负责人（会计主管人员）批准，可以外借。（　）

29. 记账凭证所附的原始凭证数量过多，也可以单独装订保管，但应在其封面及有关记账凭证上加注说明。（　）

四、计算分析题

请填写记账凭证（1）～（5）处：

资料一：A公司201×年8月6日销售M产品一批，价款20 000元，增值税销项税率17%，收到购买单位支票一张，收讫后存入银行。出纳人员根据审核无误的原始凭证填制下表所示的银行存款收款凭证。

收　款　凭　证

借方科目：银行存款　　　　201×年8月6日　　　　银收字第1号

摘　要	贷方科目		金　额	记　账
	总账科目	明细科目		
销售M产品	主营业务收入	M产品	（1）	
	应交税费	应交增值税（销项税额）	（2）	
合　计			（3）	

会计主管：　　记账：　　出纳：　　审核：　　制单：

资料二：A公司201×年8月9日购入甲材料一批，买价8 000元，增值税进项税率17%，材料已经验收入库，开出支票一张支付购料款。出纳人员根据审核无误的原始凭证填制下表所示的银行存款付款凭证。

付　款　凭　证

贷方科目：银行存款　　　　201×年8月9日　　　　银付字第1号

摘　要	借方科目		金　额	记　账
	总账科目	明细科目		
购买原材料	原材料	甲材料	（4）	
	应交税费	应交增值税（进项税额）	（5）	
合　计				

会计主管：　　记账：　　出纳：　　复核：　　制证：

参考答案及解析

一、单项选择题

1. A 填制和审核会计凭证，是会计核算的基本方法之一，也是会计核算工作的起点。

2. B 合同书不能记录或证明经济业务的发生或完成情况，所以不能作为会计核算的原始凭证。

3. D 会计凭证按照填制的程序和用途不同，分为原始凭证和记账凭证。

4. D 对于原始凭证而言，按照来源的不同，分为外来原始凭证和自制原始凭证；按照格式的不同，分为通用原始凭证和专用原始凭证；按照填制手续和内容不同，分为一次原始凭证、累计原始凭证和汇总原始凭证。

5. D 火车票属于外来原始凭证。ABC 属于自制原始凭证。

6. D 通用凭证是指由有关部门统一印制、在一定范围内使用的具有统一格式和使用方法的原始凭证。如银行转账结算凭证、全国通用的增值税专用发票等。ABC 属于专用凭证。

7. D 汇总凭证是对一定时期内反映经济业务内容相同的若干张原始凭证按照一定标准综合填制的原始凭证。如发料凭证汇总表、收料凭证汇总表、现金收入汇总表、工资结算汇总表、销售日报、差旅费报销单等。

8. A 按照规定，人民币符号“¥”与阿拉伯数字之间不得留有空白，所以，B 的写法不正确；大写金额数字有分的，分字后面不写“整”或“正”字。所以，C 的写法不正确；“人民币”字样和大写金额之间不得留有空白。所以，D 的写法不正确。

9. D 日期大写时，月份为“壹、贰、壹拾”的前面加“零”。

10. C 原始凭证有错误的，应当由出具单位重开或更正，更正处应当加盖出具单位印章。原始凭证金额有误的，应当由出具单位重开，不得在原始凭证上更正。

11. D 按照填制的手续和内容不同，分为一次凭证、累计凭证和汇总凭证。

12. B 累计凭证是指在一定时期内多次记录发生的同类型经济业务且多次有效的原始凭证。最常见的累计原始凭证是限额领料单。

13. B 对于不真实、不合法的原始凭证，会计机构和会计人员有权不予接受，并向单位负责人报告。

14. B 经济业务的数量、单价属于原始凭证的基本要素。

15. D 复式记账凭证可以全面反映账户的对应关系，便于了解经济业务的全貌，了解资金的来龙去脉。

16. C 记账凭证上的日期为填制凭证的日期。

17. C 如果一笔经济业务需要填制一张以上的记账凭证时，记账凭证的编号可采用分数编号法。

18. C 记账凭证可以根据每一张原始凭证填制，或者根据若干张同类原始凭证汇总填制，也可以根据原始凭证汇总表填制。但不得将不同内容和类别的原始凭证汇总填制在一张记账凭证上。

19. A 根据规定，除结账和更正错账的记账凭证可以不附原始凭证外，其他记账凭证必须附有原始凭证。

20. B A 应编制付款凭证，CD 应编制转账凭证。

21. D A 应编制转账凭证，BC 应编制收款凭证。

22. B 付款凭证是用来记录货币资金付款业务的凭证，它是由出纳人员根据审核无误的原始凭证填制的。

23. B 付出现金或银行存款的业务需要编制付款凭证，所以贷方科目可能为“库存现金”或“银行存款”。

24. D 收款凭证左上角的“借方科目”按收款的性质填写“库存现金”或“银行存款”。

25. B 对于涉及“库存现金”和“银行存款”之间的经济业务，为避免重复记账，一般只编制付款凭证，不编制收款凭证。将库存现金送存银行，应该填制库存现金付款凭证。

26. C 对于涉及“库存现金”和“银行存款”之间的经济业务，为避免重复记账，一般只编制付款凭证，不编制收款凭证。从银行提取现金，应填制银行存款付款凭证。

27. C 转账凭证是用以记录与货币资金收付无关的转账业务的凭证，如原材料的领用，成本的结转等。

28. C 记账凭证根据审核无误的原始凭证编制。

29. D 凭证是否符合有关的计划和预算属于原始凭证审核的内容。

30. D 严格遵守会计凭证的保管期限要求，期满前不得任意销毁，D错误，其余三项表述正确。

二、多项选择题

1. ABC 会计凭证的作用主要体现在：记录经济业务，提供记账依据；明确经济责任，强化内部控制；监督经济活动，控制经济运行。

2. BCD 由于该笔经济业务并未付款，因此支票存根与这笔经济业务无关。

3. ABCD 四个选项的说法都正确。

4. ABC 一次凭证是指一次填制完成的原始凭证，是一次有效的凭证，即一经填写完毕就不能再次填写使用的凭证。如：收据、发货票、收料单、领料单、工资结算单、借款单、银行结算凭证等。工资汇总表属于汇总凭证。

5. ABD 限额领料单属于累计凭证，其余三项属于汇总凭证。

6. ABC 汇总凭证只能将同类内容的经济业务汇总在一起、填列在一张汇总凭证上，不能将两类或两类以上的经济业务汇总在一起、填列在一张汇总原始凭证上。

7. AC 从外单位取得的原始凭证遗失时，应取得原签发单位盖有公章的证明，并注明原始凭证的号码、金额、内容等，由经办单位会计机构负责人、会计主管人员和单位负责人批准后，才能代作原始凭证。

8. BC 原始凭证按照格式不同分类，可分为通用凭证和专用凭证。

9. ABD 原始凭证按填制的手续和内容不同，可分为一次凭证、累计凭证、汇总凭证三种。

10. AB 原始凭证的基本内容包括：①凭证名称；②填制原始凭证的日期；③接受原始凭证单位名称；④经济业务内容；⑤填制单位名称或者填制人姓名；⑥经办人员的签名或者盖章；⑦数量、单价和金额。

11. ACD 小写用阿拉伯数字逐个书写，不得写连笔字，B错。

12. ACD 无角无分的，角位和分位可写“00”或者“—”；有角无分的，分位可以写“0”，不可用“—”代替。

13. ACD 职工外出借款凭据必须附在记账凭证之后，收回借款时，应当另开收据或者退还借款副本，不得退还原借款收据。

14. ABCD 四个选项都是原始凭证真实性的审核内容。

15. ABCD 四个选项的说法都正确。

16. ABC 专用记账凭证是指分类反映经济业务的记账凭证，按其反映的经济业务内容，可分为收款凭证、付款凭证和转账凭证。

17. ABCD 四个选项的说法都正确。

18. ABC 填制记账凭证的依据，必须是经审核无误的原始凭证，可以根据每一张原始凭证填制，或根据若干张同类原始凭证汇总编制，也可以根据原始凭证汇总表填制，但不得将不同内容和类别的原始凭证汇总填制在一张记账凭证上。

19. CD 已经登记入账的记账凭证，在当年内发现会计科目填写错误时，可以用红字填写一张与原内容相同的记账凭证，在摘要栏注明“注销某月某日某号凭证”字样，同时再用蓝字重新填写一张正确的记账凭证，注明“订正某月某日某号凭证”字样；发现以前年度记账凭证有错误的，应当用蓝字填制一张更正的记账凭证。

20. BC 收款凭证左上角“借方科目”按收款的性质填写“库存现金”或“银行存款”科目。

21. ABD C购买材料未付款不涉及现金或银行存款的付出，应该编制转账凭证。

22. BD 报销差旅费的会计分录为：

借：管理费用 1 000

贷：其他应收款 1 000

（注：该笔为转账凭证）

借：管理费用 500

贷：库存现金 500

（注：该笔为现金付款凭证）

23. ABCD 四个选项的表述都正确。

24. AD 除结账和更正错误的记账凭证可以不附原始凭证外，其他记账凭证必须附有原始凭证，记账凭证上应注明所附的原始凭证张数，A不正确；为便于监督，反映付款业务的会计凭证不得由出纳人员编号，D不正确。

25. ABD 对于涉及“库存现金”和“银行存款”之间的经济业务，一般只编制付款凭证。所以从银行提取现金的业务应该编制银行存款付款凭证，C错误。

26. ABC 记账凭证审核的主要内容包括内容是否真实、项目是否齐全、科目是否正确、金额是否正确、书写是否规范、手续是否完备等。

27. CD 记账凭证上的日期是填制记账凭证的日期，A错；对于涉及“现金”和“银行存款”之间的经济业务，一般只编制付款凭证，B错。

28. ABCD 四个选项的表述都正确。

29. CD 会计凭证不得外借，其他单位如因特殊原因需要使用原始凭证时，经本单位会计机构负责人（会计主管人员）批准，可以复制。向外单位提供的原始凭证复印件，应当在专设的登记簿上登记，并由提供人员和收取人员共同签名或者盖章。

30. ACD 会计凭证封面应注明单位名称、凭证种类、凭证张数、起止号数、年度、月份、会计主管人员、装订人员等有关事项，会计主管人员和保管人员应在封面上签章。

三、判断题

1. √ 表述正确。

2. √ 表述正确。

3. × 记账凭证是登记账簿记录的直接依据。

4. √ 表述正确。

5. × 外来原始凭证绝大多数是一次凭证。自制原始凭证绝大多数是一次凭证，也有累计凭证和汇总凭证。

6. √ 表述正确。

7. √ 表述正确。

8. × 凭证附件不属于原始凭证的基本内容。

9. × 填制原始凭证，汉字大写金额数字一律用正楷或行书书写。

10. × 会计凭证上填写的“人民币”字样或符号“¥”与汉字大写金额数字或阿拉伯金额数字之间不应留有空白。

11. × 审核原始凭证的正确性，就是审核原始凭证记载的各项内容是否正确。

12. × 对于真实、合法、合理但内容不够完整、填写有错误的原始凭证，应退回给有关经办人员，由其负责将有关凭证补充完整、更正错误或重开后，再办理正式会计手续；对于不真实、不合法的原始凭证，会计人员有权不予接受，并向单位负责人报告。

13. √ 表述正确。

14. × 单式记账凭证只填列经济业务所涉及的一个会计科目及其金额。

15. × 记账凭证可以根据每一张原始凭证填制或根据若干张同类原始凭证汇总编制，也可以根据原始凭证汇总表填制，但是不得将不同内容和类别的原始凭证汇总填制在一张记账凭证上。

16. × 记账凭证如写错报废，可以撕毁；原始凭证如果已预先印定编号，在因错作废时，应加盖“作废”戳记，妥善保管，不得撕毁。

17. × 除结账和更正错账的记账凭证可以不附原始凭证外，其他记账凭证必须附有原始凭证。

18. × 以现金结算的发票联属于原始凭证，并不属于收款凭证（收款凭证是记账凭证）。

19. √ 表述正确。

20. √ 表述正确。

21. × 收款凭证、转账凭证都属于记账凭证。

22. × 该笔业务应编制一张转账凭证和一张付款凭证。

23. √ 表述正确。发现以前年度记账凭证有错误的，应当用蓝字填制一张更正的记账凭证。

24. × 已入账的记账凭证不能销毁，而应该根据规定的错账更正方法进行更正。

25. × 会计凭证的传递是指从会计凭证的取得或填制时起至归档保管过程中，在单位内部有关部门和人员之间的传送程序。

26. × 会计凭证的传递具体包括传递程序和传递时间。

27. × 从外单位取得的原始凭证遗失时，应取得原签发单位盖有公章的证明，并注明原始凭证的号码、金额、内容等，由经办单位会计机构负责人（会计主管人员）和单位负责人批准后，才能代作原始凭证。

28. × 原始凭证不得外借，其他单位如有特殊原因确实需要使用时，经本单位会计机构负责人（会计主管人员）批准，可以复制。

29. √ 表述正确。

四、计算分析题

（1）20 000　（2）3 400（=20 000×17%）　（3）23 400（=20 000+3 400）

（4）8 000　（5）1 360（=8 000×17%）

第七章　chapter 7
会计账簿

课前导语

会计账簿是连接会计凭证与财务报表的中间环节，起承上启下的作用。本章主要讲解会计账簿的概念与作用、基本内容、种类、启用与登记要求及不同账簿的格式与登记方法，还包括对账与结账、错账查找和更正方法、账簿的更换与保管。内容很多，也比较繁杂，但难度并不大，需要深度理解的内容就一个——“错账更正方法”。只要大家多看看、多做做，本章的分数还是比较容易拿到的。本章出计算分析题的考点是“总账和明细账的平行登记”，注意掌握。

考试大纲基本要求

了解：会计账簿的概念与分类、会计账簿的更换与保管

熟悉：会计账簿的登记要求、总分类账与明细分类账平行登记的要点

掌握：日记账、总分类账及有关明细分类账的登记方法、对账与结账的方法、错账查找与更正的方法

本章框架结构

会计账簿：

1. 会计账簿概述（会计账簿的概念与作用、基本内容、与账户的关系、种类）
2. 会计账簿的启用与登记要求
3. 会计账簿的格式与登记方法（日记账的格式与登记要求、会计账簿总分类账的格式与登记要求、明细分类账的格式与登记要求、平行登记）
4. 对账与结账
5. 错账查找与更正的方法
6. 会计账簿的更换与保管

第一节 会计账簿概述

一、会计账簿的概念与作用

会计账簿（简称账簿）是指由一定格式账页组成的，以经过审核的会计凭证为依据，全面、系统、连续地记录各项经济业务事项的簿籍。

【解释】 会计凭证对经济业务的记录是零散的，不能全面、连续、系统地反映和监督经济业务内容。为了全面、系统、连续地反映和监督单位的经济活动及其财务收支情况，各单位应按照国家统一的会计制度的规定和会计业务的需要设置会计账簿。

【提示】 设置和登记会计账簿是编制财务报表的基础，是连接会计凭证与财务报表的中间环节，在会计核算中具有重要作用。【选择题/判断题】

设置和登记账簿的作用主要有：

（1）记载和储存会计信息。

（2）分类和汇总会计信息。

（3）检查和校正会计信息。

（4）编报和输出会计信息

【点拨】 注意会计账簿概念及四个作用。【判断题/多选题】

经典例题讲解

例题7－1·单选题 下列属于连接会计凭证和财务报表中间环节的是（　　）。

A. 设置会计科目和账户　　B. 复式记账

C. 设置和登记会计账簿　　D. 编制会计分录

【答案解析】 C 设置和登记会计账簿，是编制财务报表的基础，是连接会计凭证与财务报表的中间环节。

例题7－2·多选题 通过账簿的设置和登记，可发挥的作用有（　　）。

A. 可以记载、储存会计信息　　B. 可以分类、汇总会计信息

C. 可以检查、校正会计信息　　D. 可以编报、输出会计信息

【答案解析】 ABCD 会计账簿在会计核算中的主要意义是通过账簿的设置和登记：可以记载、储存会计信息；可以分类、汇总会计信息；可以编报、输出会计信息；可以检查、校正会计信息。

例题7－3·判断题 会计账簿是指由一定格式账页组成的，以经过审核的会计凭证为依据，全面、系统、连续地记录各项经济业务的簿籍。（　　）

【答案解析】 √ 表述正确。

二、会计账簿的基本内容

账簿都应具备以下基本内容：

（1）封面。主要标明账簿的名称，如总分类账、各种明细分类账、库存现金日记账、银行存款日记账等。

【补充】 账簿封面上还应写明单位名称。即“单位名称＋账簿名称”。【多选题】

（2）扉页。主要用来标明会计账簿的使用信息，包括科目索引、账簿启用和经管人员一览表等。内容包括：单位名称、账簿名称、起止页次、册次；启用日期和截止日期；经管账簿单位会计机构负责人（会计主管人员）、经管人员、移交人和移交日期、接管人和接管日期；账户目录等。

（3）账页。是账簿用来记录经济业务的主要载体，其主要内容包括：

①账户的名称（总分类账户、明细分类账户）；

②登记账户的日期栏；

③凭证种类和编号栏；

④摘要栏（简要说明所记录经济业务的内容）；

⑤金额栏（记录经济业务引起账户发生额或余额增减变动的数额）；

⑥总页次和分户页次。

【提示】 会计账簿的基本内容包括三项（封面、扉页和账页，没有账夹）。【多选题】

【思考】 另外注意封面、扉页、账页上的主要内容各有哪些？非常重要。【多选题】

经典例题讲解

例题7－4·单选题 账簿的格式多种多样，下列不属于账簿应具备的基本内容的是（ ）。

A. 封面　　B. 账夹　　C. 扉页　　D. 账页

【答案解析】 B 会计账簿的基本内容包括封面、扉页和账页。

例题7－5·多选题 下列选项中，关于会计账簿的基本内容中，说法正确的是（ ）。

A. 账簿的扉页主要是用来标明会计账簿的使用信息

B. 账簿的账页是用来记录经济业务事项的载体

C. 账簿的封面只需注明账簿的名称

D. 账簿的账页格式因反映经济业务内容的不同而不同

【答案解析】 ABD 账簿启用时，应当在账簿封面上写明单位名称和账簿名称。故C错误，其余三项表述正确。

例题7－6·单选题 启用账簿时，不能在账簿扉页上书写的是（ ）。

A. 账户名称　　B. 启用日期　　C. 账簿名称　　D. 单位名称

【答案解析】 A 扉页主要用来填列会计账簿的使用信息，如科目索引、账簿启用和经管人员一览表等。内容包括：单位名称、账簿名称、起止页次、册次；启用日期和截止日期；经管账簿单位会计机构负责人（会计主管人员）、经管人员、移交人和移交日期、接管人和接管日期；账户目录等。账户名称属于账页的内容。

例题 7－7·判断题 账页的基本内容应当包括：账户的名称、日期栏、凭证的种类和编号栏、摘要栏、金额栏以及总页次和分户页次等。（　　）

【答案解析】 √ 表述正确。

三、会计账簿与账户的关系

账簿与账户的关系是形式和内容的关系。

（1）账户存在于账簿之中，账簿是由若干账页组成的一个整体，账簿中的每一账页就是账户的具体存在形式和载体，没有账簿，账户就无法存在。

（2）账簿序时、分类地记录经济业务，是在各个具体的账户中完成的。因此，账簿只是一个外在形式，账户才是它的实质内容。

【提示】 总账（账页）对应的内容是总分类账户，明细账（账页）对应的内容是明细分类账户。

【小结】 账户是内容，账簿是形式，不要颠倒了。**【各类题型】**

经典例题讲解

例题 7－8·多选题 下列关于账簿与账户的关系表述，正确的有（　　）。

A. 账户存在于账簿之中，没有账簿，账户就无法存在

B. 账簿存在于账户之中，没有账户，账簿就无法存在

C. 账户只是一个外在形式，账簿才是它的真实内容

D. 账簿只是一个外在形式，账户才是它的真实内容

【答案解析】 AD 选项 B 与选项 C 说反了。账户存在于账簿之中，账簿中的每一账页就是账户的存在形式和载体，没有账簿，账户不能独立存在。

四、会计账簿的分类

【点拨 1】 在学习会计账簿的分类时，一定要注意分类的依据和分类的结果、具体例子，要结合一起看，否则很容易混淆。这方面的题目很多，尽量不要失分。

【点拨 2】 另外还需注意各类账簿的具体概念和区别，特别注意表 7－1 中标注下划线的关键词和语句，非常重要。**【多选题】**

表 7－1　　账簿的分类表

<table>
<tr><th>分类依据</th><th colspan="2">内　容</th></tr>
<tr><td rowspan="3">1. 按用途分类</td><td>（1）序时账簿。又称日记账，是按照经济业务发生时间的先后顺序逐日、逐笔登记的账簿。序时账簿按照其记录的内容可分为普通日记账、特种日记账
【提示1】 目前已较少使用普通日记账
【提示2】按照规定，发生频繁，要求严格管理和控制的业务，应设置特种日记账</td><td>【解释1】 普通日记账是对全部经济业务按其发生时间的先后顺序逐日、逐笔登记的账簿（不分类记录经济业务）。登记普通日记账只能有一个人负责，不便于登记总分类账，登账工作量大，不便于日后的查阅，不利于对重要经济业务的严格管理
【解释2】特种日记账是对某一特定种类的经济业务按其发生时间的先后顺序逐日、逐笔登记的账簿。如库存现金日记账、银行存款日记账、转账日记账；又如登记采购业务的采购日记账、登记产品销售业务的销售日记账等</td></tr>
<tr><td>（2）分类账簿。是按照会计要素的具体类别而设置的分类账户进行登记的账簿。按其反映经济业务的详略程度分为总分类账簿和明细分类账簿
【提示】 分类账簿是会计账簿的主体，是编制会计报表的主要依据</td><td>【解释1】 总分类账簿（简称总账），是根据总分类账户开设的，能全面地反映企业的经济活动。主要采用三栏式
【解释2】 明细分类账簿（简称明细账），是根据明细分类账户开设的，用来提供详细的核算资料。格式主要有三栏式、数量金额式、多栏式、横线登记式等
【提示】总账对所属的明细账起统驭作用，明细账对总账进行补充和说明</td></tr>
<tr><td>（3）备查账簿。又称辅助登记簿或补充登记簿。是对某些在序时账簿和分类账簿等主要账簿中都不予登记或登记不够详细的经济业务事项进行补充登记时使用的账簿
【举例7－1】 租入固定资产登记簿，委托（受托）加工材料登记簿，应收、应付票据登记簿、代管（代销）商品物资登记簿等。【多选题】</td><td>【提示1】 备查账簿只是对其他账簿记录的一种补充，与其他账簿之间不存在严密的依存和勾稽关系，它不根据会计凭证登记
【提示2】 备查账簿并非每个单位都应设置，只是根据企业的实际需要来设置，没有固定的格式要求</td></tr>
<tr><td rowspan="5">2. 按账页格式分类</td><td colspan="2">（1）两栏式账簿。是指只有借方和贷方两个金额栏目的账簿
【举例7－2】普通日记账和转账日记账一般采用两栏式账簿</td></tr>
<tr><td colspan="2">（2）三栏式账簿。是指设有借方、贷方和余额三个金额栏目的账簿
【举例7－3】 各种日记账、总分类账以及资本、债权、债务明细账都可采用三栏式账簿。【选择题】
【解释】三栏式账簿又可分为设对方科目和不设对方科目两种</td></tr>
<tr><td colspan="2">（3）多栏式账簿。是指在账簿的两个金额栏目（借方和贷方）按需要分设若干专栏的账簿
【举例7－4】 收入、成本、费用、利润及利润分配明细账一般均采用多栏式账簿。【选择题】
【解释】多栏式账簿可以按“借方”和“贷方”分别设专栏，也可以只设“借方”或“贷方”专栏</td></tr>
<tr><td colspan="2">（4）数量金额式账簿。是指在账簿的借方、贷方和余额三个栏目内，都再分设数量、单价和金额三小栏，借以反映财产物资的实物数量和价值量的账簿
【举例7－5】原材料、库存商品、产成本等存货明细账一般采用数量金额式账簿。【选择题】</td></tr>
<tr><td colspan="2">（5）横线登记式账簿。又称平行式账簿，是指将前后密切相关的经济业务登记在同一行上，以便检查每笔业务的发生和完成情况的账簿
【举例7－6】材料采购、在途物资、应收票据和“一次性”备用金业务等明细账一般采用横线登记式账簿。【选择题】</td></tr>
</table>

续表

分类依据	内　容
3. 按外形特征分类	(1) 订本式账簿。简称订本账，是在启用前将编有顺序页码的一定数量账页装订成册的账簿 **【解释】** 其优点是能避免账页散失和防止抽换账页；缺点是同一账簿在同一时间只能由一人登记，不便于分工记账；另外，不能准确为各账户预留账页。**【多选题】** **【举例 7-7】** 订本账一般适用于总分类账、库存现金日记账、银行存款日记账。**【选择题】**
	(2) 活页式账簿。简称活页账，是将一定数量的账页置于活页夹内，可根据记账内容的变化而随时增加或减少部分账页的账簿 **【提示】** 当账簿登记完毕之后（通常是一个会计年度结束之后），才将账页予以装订，加具封面，并给各账页连续编号。即活页账最后也是要装订的。**【判断题】** **【解释】** 其优点是记账时可以根据实际需要，随时将空白账页装入账簿，或抽去不需要的账页，使用灵活，并且便于同时分工记账。缺点是账页容易散失或故意被抽换（因此空白账页使用时必须连续编号，装在账夹中或临时装订成册） **【举例 7-8】** 明细分类账一般采用活页账形式。**【选择题】**
	(3) 卡片式账簿。简称卡片账，是将一定数量的卡片式账页存放于专设的卡片箱中，可以根据需要随时增添账页的账簿 **【举例 7-9】** 企业一般只对固定资产的核算采用卡片账形式，也有少数企业在材料核算中使用材料卡片。**【单选题】**

经典例题讲解

例题 7-9·单选题　将账簿划分为序时账簿、分类账簿、备查账簿的依据是（　　）。

A. 账簿的登记内容　　B. 账簿的外表形式

C. 账簿的用途　　D. 账簿的登记形式

【答案解析】 C　会计账簿按照用途不同可分为序时账簿、分类账簿和备查账簿。

例题 7-10·单选题　“库存现金”日记账和“银行存款”日记账的登记方式是（　　）。

A. 汇总登记　　B. 序时登记　　C. 合并登记　　D. 定期登记

【答案解析】 B　“库存现金”日记账和“银行存款”日记账都属于序时账，是按照经济业务发生时间的先后顺序逐日、逐笔登记的账簿。

例题 7-11·单选题　能提供某一类经济业务增减变化总括会计信息的账簿是（　　）。

A. 明细分类账　　B. 总分类账　　C. 日记账　　D. 备查账

【答案解析】 B　总分类账是能提供某一类经济业务增减变化总括会计信息的账簿。

例题 7-12·单选题　企业临时租入固定资产应在（　　）中登记。

A. 总分类账簿　　B. 明细分类账簿

C. 备查账簿　　D. 无须在账簿中做任何登记

【答案解析】 C　企业临时租入固定资产应在备查账簿中登记。

例题 7-13·多选题　会计账簿按账页格式不同，可以划分的种类有（　　）。

A. 横线登记式账簿　　B. 三栏式账簿

C. 多栏式账簿　　D. 数量金额式账簿

【答案解析】 ABCD　账簿按其账页格式不同，可分为两栏式、三栏式、多栏式、数量金额式、横线登记式。

例题 7－14·多选题 下列账簿中，一般采用数量金额式的有（ ）。

A. 原材料明细账　　B. 库存商品明细账

C. 应收票据明细账　　D. 应付账款明细账

【答案解析】 AB 应收票据、应付账款明细账一般采用三栏式明细分类账。

例题 7－15·多选题 下列选项中，适用横线登记式明细账的有（ ）。

A. “在途物资”明细账簿　　B. “材料采购”明细账簿

C. “备用金”明细账簿　　D. “应收票据”明细账簿

【答案解析】 ABD 材料采购、在途物资、应收票据和一次性备用金业务等明细账一般采用横线登记式账簿。

例题 7－16·判断题 三栏式账簿是指具有日期、摘要、金额三个栏目格式的账簿。（ ）

【答案解析】 × 三栏式账簿是指设有借方、贷方和余额三个金额栏目的账簿。

例题 7－17·单选题 下列账簿中，不采用三栏式账页格式的是（ ）。

A. 库存现金日记账　　B. 银行存款日记账

C. 总分类账　　D. 包装物明细分类账

【答案解析】 D 各种日记账、总分类账以及资本、债权、债务明细账都可采用三栏式账簿。包装物明细分类账属于存货的明细分类账，一般采用数量金额式账页格式。

例题 7－18·单选题 下列选项中，适合多栏式明细账的会计科目有（ ）。

A. 预收账款　　B. 库存商品　　C. 固定资产　　D. 管理费用

【答案解析】 D 收入、成本、费用明细账一般采用多栏式账簿。

例题 7－19·多选题 会计账簿按其外形特征的不同，可以分为（ ）。

A. 备查账簿　　B. 订本账　　C. 活页账簿　　D. 数量金额式账簿

【答案解析】 BC 账簿按外型特征不同可分为订本账、活页账和卡片账三种。

例题 7－20·单选题 下列账簿中，一般采用活页账形式的是（ ）。

A. 日记账　　B. 总分类账　　C. 明细分类账　　D. 备查账

【答案解析】 C 选项 AB 使用订本账，选项 D 没有固定的格式要求。

例题 7－21·多选题 下列应该使用订本式账簿的有（ ）。

A. 库存现金日记账　　B. 银行存款日记账

C. 总分类账　　D. 固定资产明细账

【答案解析】 ABC 订本账一般适用于总分类账、库存现金日记账、银行存款日记账。

例题 7－22·单选题 下列各项中，属于订本式账的优点的是（ ）。

A. 账页可多可少，不会造成浪费　　B. 便于机器记账

C. 可以防止抽换账页，避免账页散失　　D. 便于记账分工

【答案解析】 C 订本账的优点是能避免账页散失和防止抽换账页；其缺点是不能准确为各账户预留账页，不便于分工记账。

例题 7－23·判断题 会计年度终了，应将活页账装订成册，活页账一般只适用于总分类账。（ ）

【答案解析】 × 会计年度终了，应将活页账装订成册。活页账一般适用于明细分类账。

例题 7－24·单选题 下列账簿中采用卡片式账簿的是（ ）。

A. 库存现金日记账　　B. 固定资产
C. 总分类账　　D. 明细分类账

【答案解析】 B　固定资产明细账一般采用卡片式账簿。

第二节 | 会计账簿的启用与登记要求

一、会计账簿的启用

（1）在账簿封面上写明单位名称和账簿名称，并在账簿扉页上附启用表。

（2）启用订本式账簿应当从第一页到最后一页顺序编定页数，不得跳页，缺号。

（3）使用活页式账簿应当按账户顺序编号，并须定期装订成册，装订后再按实际使用的账页顺序编定页码，另加目录以便于记明每个账户的名称和页次。

（4）在年度开始，启用新账簿时，应把上年度的年末余额，记入新账的第一行，并在摘要栏中注明“上年结转”或“年初余额”。

【点拨】 会计账簿的启用规则需要逐条掌握、逐字阅读。【多选题/判断题】

经典例题讲解

例题 7－25·多选题　下列关于会计账簿启用的说法中，正确的有（　　）。

A. 启用会计账簿时，应在账簿封面上写明单位名称和账簿名称
B. 启用会计账簿时，应在账簿扉页上附启用表
C. 启用订本式账簿时应当从第一页到最后一页顺序编定页数，不得跳页，缺号
D. 在年度开始，启用新账簿时，应把上年度的年末余额计入新账的第一行

【答案解析】 ABCD　四个选项表述都正确。

二、会计账簿的登记要求

必须根据审核无误的会计凭证登记会计账簿，并符合有关法律、行政法规和国家统一的会计准则制度的规定，主要有：

（1）准确完整。登记会计账簿时，应当做到数字准确、摘要清楚、登记及时、字迹工整。

【提示】 账簿记录中的日期，应该填写记账凭证上的日期。【判断题】

（2）注明记账符号。账簿登记完毕后，要在记账凭证上签名或盖章，并在记账凭证的“记账”栏内注明账簿页数或画对勾（注明已经登账的符号，如注明“√”），表示记账完毕，避免重记、漏记。

（3）书写留空。账簿中书写的文字和数字上面要留有适当的空格，不要写满格，一般应

占格距的1/2。【单选题】

（4）正常记账使用蓝黑墨水。登记账簿必须使用蓝黑墨水或碳素墨水书写，不得使用圆珠笔（银行的复写账簿除外）或者铅笔书写。【判断题】

（5）特殊记账使用红墨水。可以使用用红色墨水记账的情况包括：①按照红字冲账的记账凭证，冲销错误记录；②在不设借贷等栏的多栏式账页中，登记减少数；③在三栏式账户的余额栏前，如未印明余额方向的，在余额栏内登记负数余额；④根据国家统一的会计制度的规定可以用红字登记的其他会计记录。

【解释】 会计中的红字一般表示负数。因此，除上述情况外，不得使用红色墨水登记账簿。

【提示】 可以使用红色墨水记账的情况非常重要，要看清楚。【多选题】特别是第②条不管是只设“借方”栏（即不设“贷方”栏）的多栏式账页，还是只设“贷方”栏（即不设“借方”栏）的多栏式账页，红色墨水记账都是表示“减少数”，而不是“增加数”。

（6）顺序连续登记。会计账簿应当按照连续编号的页码顺序登记，不得跳行、隔页。记账时发生错误或者隔页、缺号、跳行的，应当在空页、空行处用红色墨水对角线注销，或者注明“此页空白”、“此行空白”字样，并由记账人员和会计机构负责人（会计主管人员）在更正处签章。【判断题】

（7）结出余额。凡需要结出余额的账户，结出余额后，应当在“借或贷”栏目内注明“借”或“贷”字样，以示余额的方向；对于没有余额的账户，应在“借或贷”栏内写“平”字，并在“余额”栏用“θ”表示。

【补充】 库存现金日记账和银行存款日记账必须逐日结出余额。【多选题】注意必须逐日结出余额不是库存现金和银行存款总账。

【提示】 注意分类：“需要结出余额的账户”怎么样处理？“没有余额的账户”怎样处理？

（8）过次承前。每一账页登记完毕结转下页时，应当结出本页发生额合计及余额，在该页最末一行“摘要”栏注明“转次页”或“过次页”，并将这一金额记入下一页第一行有关金额栏内，并在该行“摘要”栏内注明“承前页”字样，以保持账簿记录的连续性，便于对账和结账。

【提示】“过次承前”具体如何操作？【多选题】这样做的目的是什么？【判断题】

（9）不得涂改、刮擦、挖补。如发生记录错误，应采用规定的方法更正，不得刮擦、挖补或用退色药水更改字迹。

【点拨】 上述关于会计账簿的登记要求，需要逐条掌握、逐字阅读，特别是（2）、（3）、（5）、（6）、（7）、（8）条。尤其要注意打下划线的关键词和语句。【各类题型】

经典例题讲解

例题7-26·单选题 根据会计账簿的记账规则，账簿中书写的文字和数字上面要留有适当的空格，一般应占格距的（　　）。

A. 1/2　　B. 1/3　　C. 3/4　　D. 3/5

【答案解析】 A 账簿中书写的文字和数字上面要留有适当的空格，不要写满格，一般应占格距的1/2。这样，在一旦发生登记错误时，能比较容易地进行更正，同时也方便查账工作。

例题7－27·多选题 手工登记账簿时（非银行复写账簿），不可以使用的书写工具有（　　）。

A. 圆珠笔　　B. 铅笔　　C. 蓝黑色钢笔　　D. 毛笔

【答案解析】 ABD 登记账簿必须使用蓝黑墨水或碳素墨水书写，不得使用圆珠笔（银行的复写账簿除外）或者铅笔书写。

例题7－28·单选题 按照规定，不能用红色墨水记账的情况是（　　）。

A. 按照红字更正法冲销错误记录

B. 在三栏式账页的余额栏前，如未印明余额方向的，在余额栏内登记负数余额

C. 在借方多栏式明细账页中，登记增加数

D. 根据国家统一会计制度的规定可以用红字登记的其他会计记录

【答案解析】 C C选项在借方多栏式明细账页中，登记增加数用蓝色墨水记账；若登记减少数，则使用红色墨水记账。其余三项表述正确。

例题7－29·判断题 在贷方多栏式明细账中，平时如果发生借方发生额，应该用红字在贷方对应的明细栏中登记。（　　）

【答案解析】 √ 表述正确。

例题7－30·多选题 关于在记账过程中发生隔页、跳行的处理方法正确的有（　　）。

A. 将空页、空行处用红色墨水对角线注销

B. 注明“此页空白”“此行空白”字样

C. 记账人员和会计机构负责人（会计主管人员）应签章

D. 在空页、空行处添加有关记录

【答案解析】 ABC 记账时发生错误或者隔页、缺号、跳行的，应当在空页、空行处用红色墨水对角线注销，或者注明“此页空白”“此行空白”字样，并由记账人员和会计机构负责人（会计主管人员）在更正处签章。

例题7－31·单选题 在登记账簿过程中，每一账页的最末一行及下一页第一行都要办理转页手续，是为了（　　）。

A. 便于查账　　B. 防止遗漏

C. 防止隔页　　D. 保持账簿记录的连续性

【答案解析】 D 办理转页手续是为了保持账簿记录的连续性。

例题7－32·单选题 下列关于会计账簿登记要求的表述中，不正确的是（　　）。

A. 账簿中书写的文字和数字上面要留有适当空格，不要写满格，一般应占格距的2/3

B. 会计账簿应按照连续编号的页码顺序登记

C. 凡需结出余额的账户，结出余额后，应在“借或贷”栏内写明“借”或“贷”字样。没有余额的账户，应在“借或贷”栏内写“平”字，并在余额栏内用“θ”表示

D. 账页记满时，应办理转页手续

【答案解析】 A 账簿中书写的文字和数字上面要留有适当的空格，不要写满格，一般应占格距的1/2，A项表述不正确。其余三项表述正确。

例题7－33·多选题 必须逐日结算出余额的账簿有（　　）。

A. "银行存款"日记账　　　　B. "库存现金"总账

C. "银行存款"总账　　　　D. "库存现金"日记账

【答案解析】 AD　"库存现金"日记账和"银行存款"日记账必须逐日结出余额。

例题7-34·多选题　在登记账簿时，每记满一页时，下列不正确的操作为（　　）。

A. 只计算本页的发生额合计

B. 只计算本页的余额

C. 计算本页的发生额合计及余额，同时在摘要栏注明"转次页"或"过次页"字样

D. 不计算本页的发生额合计及余额，但应在摘要栏注明"转次页"或"过次页"字样

【答案解析】 ABD　账页记满时，应办理转页手续。每一账页登记完毕结转下页时，应当结出本页发生额合计及余额，在该页最末一行"摘要"栏注明"转次页"或"过次页"，并将这一金额记入下一页第一行有关金额栏内，并在该行"摘要"栏内注明"承前页"字样，以保持账簿记录的连续性，便于对账和结账。

例题7-35·判断题　账簿记录发生错误时，不得挖、擦、刮、补，但可以在领导同意的情况下进行更改。（　　）

【答案解析】 ×　如发生账簿记录错误，不得刮擦、挖补或用退色药水更改字迹，而应采用规定的方法更正。

第三节　会计账簿的格式与登记方法

一、日记账（序时账）的格式与登记方法

日记账（序时账）是按照经济业务发生或完成的时间先后顺序逐日逐笔进行登记的账簿。

【解释1】　日记账按其所核算和监督经济业务的范围，可分为特种日记账和普通日记账。

【解释2】　在我国，大多数企业一般只设库存现金日记账和银行存款日记账（注意库存现金日记账和银行存款日记账都属于特种日记账），而不设置转账日记账和普通日记账。

（一）库存现金日记账的格式与登记方法

库存现金日记账是用来核算和监督库存现金日常收、付和结存情况的序时账簿。

【提示1】　库存现金日记账的格式主要有三栏式和多栏式两种。**【多选题】**

【提示2】　库存现金日记账必须使用订本账。**【单选题】**

（1）三栏式库存现金日记账。三栏式库存现金日记账是用来登记库存现金的增减变动及其结果的日记账。设借方、贷方和余额三个金额栏目，一般将其分别称为收入、支出和结余三个基本栏目。

三栏式库存现金日记账是由出纳人员根据库存现金收款凭证、库存现金付款凭证以及银行存款的付款凭证，按照业务发生时间的先后顺序逐日逐笔登记的。

【解释】　对于从银行提取现金的业务，由于规定只填制银行存款付款凭证，不填制库存

现金收款凭证，所以从银行提取现金的收入数，应根据银行存款付款凭证登记在库存现金日记账中。

【小结】 库存现金日记账的登记依据可能是：①库存现金收款凭证；②库存现金付款凭证；③银行存款付款凭证（只要和现金收支有关的都要登记在现金日记账中，而银行付款凭证就可能是反映从银行提取现金即现金收入业务的）。【多选题】

三栏式库存现金日记账的具体登记方法如下：

①日期栏：指记账凭证的日期，应与库存现金实际收、付日期一致。

②凭证栏：指登记入账的收、付款凭证的种类和编号。

③摘要栏：摘要说明登记入账的经济业务事项的内容。

④对方科目栏：指库存现金收入的来源科目（即对方科目）或支出的用途科目，便于了解经济业务的来龙去脉。

⑤收入、支出（或借方、贷方）栏：指库存现金实际收、付的金额。每日终了，应分别计算库存现金收入和付出的合计数，结出余额，同时将余额和出纳员的库存现金核对（即通常所说的“日清”）。月终同样要计算库存现金收、付和结存的合计数（通常称为“月结”）。

【点拨】 库存现金日记账（三栏式日记账）具体包括哪些栏目要知晓。【多选题】另外，什么是“日清”、什么是“月结”要清楚。

（2）多栏式库存现金日记账。多栏式库存现金日记账是在三栏式库存现金日记账基础上发展起来的。这种格式在月末结账时，可以结出各收入来源专栏和支出用途专栏的合计数，便于对现金收支的合理性、合法性进行审核分析，便于检查财务收支计划的执行情况，其全月发生额还可以作为登记总账的依据。

【提示】 多栏式库存现金日记账的借方（收入）和贷方（支出）金额栏都按对方科目设专栏，也就是按收入的来源和支出的用途设专栏。

【解释】 实际工作中，如果要设多栏式库存现金日记账，一般常把收入业务和支出业务分设“库存现金收入日记账”和“库存现金支出日记账”两本账。其中，库存现金收入日记账按对应的贷方科目设置专栏，另设“支出合计”栏和“结余”栏；库存现金支出日记账则只按支出的对方科目设专栏，不设“收入合计”栏和“结余”栏。每日终了，根据库存现金支出日记账结出的支出合计数，一笔转入库存现金收入日记账的“支出合计”栏中，并结出当日余额填入“结余”栏，然后与库存现金实有数核对。注意区别。

（二）银行存款日记账的格式与登记方法

银行存款日记账是用来核算和监督银行存款每日的收入、支出和结余情况的账簿。银行存款日记账应按企业在银行开立的账户和币种分别设置，每个银行账户设置一本日记账。由出纳员根据与银行存款收付业务有关的记账凭证，按时间先后顺序逐日逐笔进行登记。根据银行存款收款凭证和有关的库存现金付款凭证登记银行存款收入栏，根据银行存款付款凭证登记其支出栏，每日结出存款余额。

【解释】 对于将现金存入银行的业务，由于规定只填制现金付款凭证，不填制银行存款收款凭证，因而这种业务的银行存款收入数，应根据有关库存现金付款凭证登记在银行存款日记账中。

【小结】 银行日记账的登记依据可能是：①银行存款收款凭证；②银行存款付款凭证；

③库存现金付款凭证（只要和银行存款收支有关的都要登记在银行存款日记账中，而库存现金付款凭证就可能是反映将现金存入银行即银行存款收入业务的）。【多选题】

【技巧】银行存款日记账也可以采用三栏式或多栏式。【多选题】多栏式可以将收入和支出的核算在一本账上，也可以分设“银行存款收入日记账”和“银行存款支出日记账”两本账。(账簿设置要求、账簿格式和登记方法和多栏式库存现金日记账基本相同，可以对比学习掌握)

银行存款日记账的具体登记方法如下：

①日期栏：指记账凭证的日期。

②凭证栏：指登记入账的银行存款收、付款凭证的种类和编号。

③对方科目栏：指银行存款收入的来源科目或支出的用途科目，便于了解经济业务的来龙去脉。

④摘要栏：摘要说明登记入账的经济业务事项的内容。

⑤收入、支出栏：指银行存款实际收、付的金额。每日终了，应分别计算银行存款的收入和支出合计数，结出余额，做到“日清”；月终应计算出银行存款全月的收入、支出合计数，做到“月结”。

【点拨】 银行存款日记账具体包括哪些栏目要知道。【多选题】注意和库存现金日记账栏目的区别。另外，什么是“日清”、什么是“月结”也要清楚。

【补充】 在实际工作中，一般在银行存款日记账的适当位置增加“结算凭证”栏，主要是表明业务的结算凭证及编号（如现金支票号数与转账支票号数），以便与开户银行对账（在库存现金日记账里是没有）。

经典例题讲解

例题 7－36 · 多选题 下列说法中，正确的有（ ）。

A. 库存现金日记账和银行存款日记账，应该定期与会计人员登记的库存现金总账和银行存款总账核对

B. 出纳人员负责登记库存现金日记账和银行存款日记账的登记工作

C. 银行存款日记账应该定期或不定期与开户银行提供的对账单进行核对，每月至少核对三次

D. 库存现金日记账由出纳人员根据同现金收付有关的记账凭证，按时间顺序逐日逐笔进行登记

【答案解析】 ABD 银行存款日记账与开户银行提供的对账单每月至少核对一次，故C错。其余三项说法正确。

例题 7－37 · 单选题 关于账簿的使用，下列说法错误的是（ ）。

A. 订本账预留太多则导致浪费，预留太少则影响连续登记

B. 活页账登账方便，可以根据业务多少添加，因此收付款业务多的单位的库存现金日记账和银行存款日记账可以采用此种格式

C. 固定资产明细账一般采用卡片账

D. 总分类账一般使用订本账

【答案解析】 B 库存现金日记账和银行存款日记账必须采用订本账。

例题 7－38 · 单选题 下列各项中，可以作为银行存款日记账逐笔登记的记账凭证的是（ ）。

A. 银行存款收、付款凭证　　B. 转账凭证

C. 库存现金收款凭证　　D. 银行对账单

【答案解析】 A 可以作为银行存款日记账逐笔登记的记账凭证的是银行存款收、付款凭证以及有关的库存现金付款凭证。

例题 7－39 · 单选题 库存现金日记账应（ ）结出发生额和余额，并与出纳员的库存现金核对。

A. 每月　　B. 每十五天　　C. 每隔三至五天　　D. 每日

【答案解析】 D 库存现金日记账应该做到日清，所以应于每日结出发生额和余额，并与出纳员的库存现金核对。

例题 7－40 · 判断题 库存现金日记账的借方是根据收款凭证登记的，贷方是根据付款凭证登记的。（ ）

【答案解析】 × 对于从银行提取现金的业务，编制的是银行存款付款凭证，此时库存现金日记账的借方是根据（银行存款）付款凭证登记的。

例题 7－41 · 多选题 下列各项中，属于银行存款日记账通常包括的栏目的有（ ）

A. 收入、支出栏　　B. 对方科目栏　　C. 结算凭证栏　　D. 日期栏

【答案解析】 ABCD 在实际工作中，不管是设置三栏式还是多栏式，一般在银行存款日记账的适当位置增加“结算凭证”栏，主要是标明业务的结算凭证及编号，以便与开户银行对账。

二、总分类账的格式与登记方法

（一）总分类账的格式

总分类账是指按照总分类账户分类登记以提供总括会计信息的账簿。

【提示】 总分类账最常用的格式为三栏式；总分类账必须采用订本式账簿。**【单选题/判断题】**

【补充】 总分类账也可以采用多栏式，但很少用。

（二）总分类账的登记方法

总分类账的登记方法因登记的依据不同而有所不同。经济业务少的小型单位的总分类账可以根据记账凭证逐笔登记；经济业务多的大中型单位的总分类账可以根据记账凭证汇总表（又称科目汇总表）或汇总记账凭证等定期登记。

【提示1】 总分类账登记的依据和方法，主要取决于所采用的账务处理程序（又称为会计核算形式、会计核算组织形式，第八章的主要内容）。

【提示2】 总分类账的登记依据有三个：①根据记账凭证逐笔登记；②根据科目汇总表（又称记账凭证汇总表）登记；③根据汇总记账凭证登记。（结合第八章学习）非常重要。**【多选题】**

经典例题讲解

例题 7－42·单选题　下列选项中，关于总分类账登记的依据和方法的表述，正确的是（　　）。

A. 应根据记账凭证逐笔登记　　B. 须依据汇总记账凭证定期登记

C. 取决于采用的会计核算组织形式　　D. 须依据科目汇总表定期登记

【答案解析】　C　总分类账的登记方法因登记的依据不同而有所不同，主要取决于所采用的账务处理程序（又称为会计核算形式、会计核算组织形式）。经济业务少的小型单位的总分类账可以根据记账凭证逐笔登记；经济业务多的大中型单位的总分类账可以根据记账凭证汇总表（又称科目汇总表）或汇总记账凭证等定期登记。

例题 7－43·多选题　登记总分类账的依据可以是（　　）。

A. 科目汇总表　　B. 汇总原始凭证　　C. 记账凭证　　D. 汇总记账凭证

【答案解析】　ACD　总分类账的登记依据有三个：①根据记账凭证逐笔登记；②根据科目汇总（又称记账凭证汇总表）表登记；③根据汇总记账凭证登记。

例题 7－44·判断题　总分类账最常用的格式为多栏式，设置借方、贷方和余额三个基本金额栏目。（　　）

【答案解析】　×　总分类账最常用的格式为三栏式，设置借方、贷方和余额三个金额栏目。

例题 7－45·判断题　总分类账的外形特征要选用自己认为最合适的账簿。（　　）

【答案解析】　×　总分类账要选用订本式账簿。

三、明细分类账的格式与登记方法

明细分类账是根据有关明细分类账户设置并登记的账簿。明细分类账一般根据记账凭证和相应的原始凭证来登记。

【提示】　明细分类账的登记依据具体有三种，分别是记账凭证、原始凭证或汇总原始凭证。总分类账的登记依据又是哪三种（记账凭证、汇总记账凭证、科目汇总表）？结合第八章来学习，非常重要的考点。**【选择题/判断题】**

【补充】　固定资产、债权、债务等明细账应逐日逐笔登记；原材料、库存商品收发明细账以及收入、费用明细账可以逐笔登记，也可定期汇总登记。必须掌握。

【解释】　明细分类账一般采用活页式账簿、卡片式账簿（如固定资产明细账）。

根据各种明细分类账所记录经济业务的特点，明细分类账的常用格式主要有三栏式、多栏式、数量金额式、横线登记式。

1. 三栏式明细分类账

特点：设借方、贷方、余额三栏，并在余额前选择余额方向（借或贷），该余额方向反映账户的性质。

适用：只进行金额核算的资本、债权、债务明细账。

【举例7-10】 “应收账款”、“应付账款”等明细账等。

2. 多栏式明细分类账

特点：在借方、贷方栏中分设若干专栏进行明细核算（相当于将属于同一个总账科目的多个明细科目合并在一张账页上进行登记）。

适用：收入、成本、费用、利润和利润分配明细账。

【举例7-11】 “生产成本”、“管理费用”、“营业外收入”、“利润分配”、“本年利润”等明细账。

【补充1】 多栏式明细账可以再往下细分为：①借方多栏式，只按借方发生额设专栏，适用于成本、费用类的明细账，如“生产成本”、“制造费用”、“管理费用”等明细账等；②贷方多栏式，只按贷方发生额设专栏，适用于收入类的明细账，如“主营业务收入”等明细账等；③借贷方多栏式，适用于财务成果的明细账，如“本年利润”、“利润分配”等明细账等。注意区分。

【补充2】 以借方多栏式为例，它不设贷方栏。若有贷方发生额，可以在借方直接用红字冲记。**【判断题】**

3. 数量金额式明细分类账

特点：在借方（收入）、贷方（发出）、余额（结存）三栏中分设数量、单价和金额三个专栏。

适用：既要进行金额核算又要进行数量核算的存货明细账。

【举例7-12】 “原材料”、“库存商品”等存货明细账。

【解释】 数量金额式账页提供企业财产物资收、发、存的数量和金额的详细资料，从而有助于加强对财产物资的实物管理和使用监督，有利于保证这些财产物资的安全和完整。**【判断题】**

4. 横线登记式明细分类账

特点：采用横线登记，即将每一相关的业务登记在一行，从而可依据每一行各个栏目的登记是否齐全来判断该项业务的进展情况。

适用：需要详细提供业务进展情况信息的有关业务账簿。

【举例7-13】 “材料采购”、“在途物资”、“应收票据”和一次性备用金业务等账簿。

经典例题讲解

例题7-46·单选题 存货明细分类账一般采用（　　）账簿。

A. 两栏式　　B. 三栏式　　C. 多栏式　　D. 数量金额式

【答案解析】 D 数量金额式账簿适用于既要进行金额核算又要进行数量核算的存货明细分类账，如“原材料”、“库存商品”、“产成品”等账户的明细分类核算。

例题7-47·多选题 下列各项中，属于登记明细分类账时应注意的事项有（　　）。

A. 固定资产明细分类账应逐日逐笔登记

B. 债权、债务明细分类账应逐日逐笔登记

C. 库存商品、原材料收发明细分类账可逐笔登记，也可定期汇总登记

D. 收入、费用明细分类账可逐笔登记，也可定期汇总登记

【答案解析】 ABCD　固定资产、债权、债务等明细分类账应逐日逐笔登记；原材料、库存商品收发明细分类账以及收入、费用明细分类账可逐笔登记，也可定期汇总登记。

例题 7－48 · 单选题　“生产成本”、“制造费用”等成本费用类明细分类账一般采用（　　）账簿。

A. 三栏式　　B. 借方多栏式　　C. 数量金额式　　D. 贷方多栏式

【答案解析】 B　借方多栏式适用于成本费用类的明细分类账，如“生产成本”、“制造费用”、“管理费用”明细分类账等。贷方多栏式适用于收入类明细分类账，如“主营业务收入”明细分类账等。借贷方多栏式明细分类账适用于财务成果的明细分类账，如“本年利润”、“利润分配”明细分类账等。

例题 7－49 · 多选题　关于明细分类账，下列说法正确的有（　　）。

A. 明细分类账是根据二级账户或明细分类账户开设账页，分类、连续地登记经济业务以提供明细核算资料的账簿

B. 明细分类账是对总分类账所提供的总括核算资料的必要补充

C. 明细分类账是编制会计报表的依据之一

D. 明细分类账一般采用订本式账簿

【答案解析】 ABC　明细分类账一般采用活页式账簿，D 选项错误，其余三项说法正确。

例题 7－50 · 多选题　可作为明细分类账主要依据的有（　　）。

A. 原始凭证　　B. 原始凭证汇总表

C. 科目汇总表　　D. 记账凭证

【答案解析】 ABD　不同类型经济业务的明细分类账可根据管理需要，依据记账凭证、原始凭证或汇总原始凭证（原始凭证汇总表）逐日逐笔或定期汇总登记。

四、总分类账户和明细分类账户的平行登记

【点拨】　注意平行登记的基本含义、作用和登记要点。**【单选题/判断题】** 另外具体账户的平行登记应注意 **【计算分析题】**，务必掌握。

1. 总分类账户与明细分类账户的关系

总分类账户是所属明细分类账户的统驭账户，对所属明细分类账户起着控制作用；明细分类账户则是总分类账户的从属账户，对其所隶属的总分类账户起着辅助作用。

【解释】　总分类账户及其所属明细分类账户的核算对象是相同的，它们所提供的核算资料互相补充，只有把两者结合起来，才能既总括又详细地反映同一核算内容。**【判断题】**

2. 总分类账户与明细分类账户平行登记的要点

平行登记是指对所发生的每项经济业务，都要以会计凭证为依据，一方面记入有关总分类账户，另一方面要记入该总分类账户所属的明细分类账户的方法。

【点拨】　注意平行登记的概念。**【判断题】**

总分类账户与明细分类账户平行登记的要点如下：

（1）方向相同。在总分类账户中记录哪个方向，在其所属的明细分类账户中也借入哪个方向。

（2）期间一致。记入总分类账户和所属明细分类账户的具体时间可以有先后，但应在同一会计期间。

（3）金额相等。记入总分类账户的金额与记入其所属的一个或几个明细分类账户的金额合计数相等。

【点拨】 总分类账户和明细分类账户的平行登记必须掌握，是计算分析题里的出题点之一。这类题目比较简单，关键点是抓住平行登记的精髓"记入总分类账户的金额与记入其所属的一个或几个明细分类账户的金额合计数相等"。出题的方式基本上是给出一些经济业务，然后让考生根据总分类账户和明细分类账户的逻辑关系填写相关数字。常选择的账户是"应收账款"、"应付账款"、"原材料"等。请结合随章同步练习学习掌握。**【计算分析题】**

经典例题讲解

例题 7－51 · 判断题 所谓平行登记是指对所发生的每项经济业务，一方面要以会计凭证为依据登记有关总分类账户，另一方面又要以登记好的总分类账户为依据，将其拆分后登记到所属明细分类账户中。（ ）

【答案解析】 × 所谓平行登记是指对所发生的每项经济业务，都要以会计凭证为依据，一方面登记有关总分类账户，另一方面又要登记该总分类科目所属的明细分类账户的方法。

例题 7－52 · 单选题 按照平行登记的原则，经济业务在相关的总分类账户和明细分类账户中进行登记。下列选项中，正确的是（ ）。

A. 根据明细账登记总账　　B. 先记总账后记明细账

C. 根据相同的会计凭证各自独立登记　　D. 根据总账登记明细账

【答案解析】 C 平行登记是对所发生的每一笔经济业务，都要以会计凭证为依据，一方面记入有关总分类账户，另一方面要记入该总分类账户所属的明细分类账户的方法。

例题 7－53 · 单选题 下列各项中，不属于总分类账户和明细分类账户平行登记的要点有（ ）。

A. 期间相同　　B. 颜色相同　　C. 金额相同　　D. 方向相同

【答案解析】 B 平行登记的要点是同期、同向、等额。

例题 7－54 · 单选题 某企业原材料总分类账户的本期借方发生额 25 000 元，贷方发生额 24 000 元。其明细分类账户有甲材料、乙材料、丙材料共三个，具体发生额分别为：甲材料本期借方发生额 8 000 元，贷方发生额 6 000 元；乙材料借方发生额 13 000 元，贷方发生额 16 000元。则下列关于丙材料的本期借、贷方发生额正确的是（ ）。

A. 借方发生额为 12 000 元，贷方发生额为 2 000 元

B. 借方发生额为 4 000 元，贷方发生额为 2 000 元

C. 借方发生额为 4 000 元，贷方发生额为 10 000 元

D. 借方发生额为 6 000 元，贷方发生额为 8 000 元

【答案解析】 B 计入总分类账户的金额与计入其所属明细分类账户的金额合计应该相等。因此，丙材料的本期借方发生额＝25 000－8 000－13 000＝4 000（元）、丙材料的本期贷方发生额＝24 000－6 000－16 000＝2 000（元），故选 B。

第四节 对账与结账

一、对账

（一）对账的概念

对账就是核对账目，是指为了保证账簿记录的真实性、完整性和准确性，在记账以后结账之前，定期或不定期地对有关数据进行检查、核对的会计工作。

【点拨】 对账工作一般在月末进行，即在记账之后、结账之前进行。**【判断题】**

（二）对账的内容

对账一般可以分为账证核对、账账核对和账实核对。

【解释】 对账工作的主要内容一般包括账证核对、账账核对和账实核对。**【多选题】**（小心这里并不包括“账表核对”）

【点拨】 关于下面三类“核对”的考点主要在于理解其基本含义，要会判断是不是属于“账实核对”“账账核对”等。**【多选题】**

1. 账证核对

账证核对就是将账簿记录与会计凭证核对，核对账簿记录与原始凭证、记账凭证的时间、凭证字号、内容、金额等是否一致，记账方向是否相符。

【点拨】 账证核对具体核对哪些内容？**【多选题】**

2. 账账核对

账账核对的内容主要包括：

（1）总分类账簿之间的核对。总分类账各账户的期末借方余额合计数与贷方余额合计数应核对相符。

【解释】 总分类账簿之间的核对通常采用试算平衡表（又称为“总分类账户本期发生额和余额对照表”）来完成。

（2）总分类账簿与所属明细分类账簿之间的核对。总分类账各账户的借、贷方发生额和期末余额与所属的各明细分类账的借、贷方发生额合计和期末余额合计之间核对相符。

（3）总分类账簿与序时账簿之间的核对。库存现金总账和银行存款总账的期末余额与库存现金日记账和银行存款日记账的期末余额核对相符。

（4）明细分类账簿之间的核对。会计部门有关实物财产的明细账与财产物资保管或使用部门的明细账核对相符。

【点拨】 必须理解、掌握账账核对的具体内容。**【选择题】** 特别提醒账账核对中，很多是“合计数”的核对相符。

3. 账实核对

账实核对是指各项财产物资、债权债务等账面余额与实有数额之间的核对。账实核对的内容主要包括：

（1）库存现金日记账账面余额与库存现金实际库存数逐日核对是否相符。

【解释】 库存现金日记账账面余额应于每日终了与库存现金实际库存数核对，不准以借条抵充现金或挪用现金，要做到“日清月结”。

（2）银行存款日记账账面余额与银行对账单的余额定期核对是否相符。

【解释】 银行存款日记账账面余额，应同开户银行寄送的银行对账单核对，一般应每月至少核对一次。

（3）各项财产物资明细账账面余额与财产物资的实有数额定期核对是否相符。

（4）有关债权债务明细账账面余额与对方单位的账面记录核对是否相符。

【点拨1】 必须理解、掌握账实核对的具体内容。特别是“银行存款日记账账面余额与银行对账单的余额核对”“有关债权债务明细账账面余额与对方单位的账面记录”的核对应属于账实核对。【各种题型】

【点拨2】 注意库存现金日记账账面余额与库存现金实际库存数的核对频率（每日）及银行存款日记账账面余额与银行对账单的余额的核对频率（每月至少一次）。【单选题】

经典例题讲解

例题7－55·多选题 对账工作的主要内容有（　　）。

A. 账实核对　　B. 账账核对　　C. 账证核对　　D. 账表核对

【答案解析】 ABC 对账一般可以分为账证核对、账账核对和账实核对。

例题7－56·单选题 下列选项中，关于账账核对的内容表述不正确的是（　　）。

A. 总分类账簿与序时账簿之间的核对

B. 总分类账簿与备查账簿之间的核对

C. 总分类账簿与所属明细账簿之间的核对

D. 总分类账簿之间的核对

【答案解析】 B 账账核对的内容主要包括：总分类账簿之间的核对；总分类账簿与所属明细分类账簿之间的核对；总分类账簿与序时账簿之间的核对；明细分类账簿之间的核对。账账核对不涉及总账与备查账之间的核对。

例题7－57·单选题 下列对账事项，属于账账核对的是（　　）。

A. 银行日记账和银行对账单的核对

B. 债权债务明细账与对方单位债权债务明细账的核对

C. 账簿记录和原始凭证的核对

D. 会计部门财产明细账与仓库保管部门财产明细账的核对

【答案解析】 D AB属于账实核对，C属于账证核对。

例题7－58·多选题 账账核对包括（　　）的核对是否相等。

A. 总账各账户的借方余额合计和贷方余额合计

B. 总账各账户的期末余额和所属明细账的期末余额之和

C. 库存现金日记账和银行存款日记账余额与其总账余额

D. 银行存款日记账和银行对账单

【答案解析】 ABC 选项 D 属于账实核对。

例题 7－59・多选题 下列对账项目中，属于账实核对的有（ ）。

A. 会计账簿记录与会计凭证核对
B. 银行存款日记账与银行对账单核对
C. 总分类账与所属明细分类账簿核对
D. 债权债务明细账与对方单位账簿记录核对

【答案解析】 BD 选项 A 属于账证核对；选项 C 属于账账核对。

例题 7－60・单选题 账实核对是指各项财产物资、债权债务等账面余额与实有数额之间的核对，下列不属于账实核对的是（ ）。

A. 总分类账簿与序时账簿核对
B. 银行存款日记账余额与银行对账单余额
C. 各种财物明细账余额与实有数额
D. 债权、债务明细账余额与对方单位债权、债务账面余额

【答案解析】 A 总分类账簿与序时账簿核对，属于账账核对。

例题 7－61・单选题 甲企业与乙企业之间存在购销关系，甲企业定期将"应收账款——乙企业"明细账与乙企业的"应付账款——甲企业"明细账进行核对。下列各项中，准确描述这种对账性质的是（ ）。

A. 账实核对 B. 余额核对 C. 账证核对 D. 账账核对

【答案解析】 A 有关债权债务明细账账面余额与对方单位的债权债务账面记录核对是否相符属于账实核对。

二、结账

（一）结账的概念

结账是一项将账簿记录定期结算清楚的账务工作。在一定时期结束时（如月末、季末或年末），为了编制财务报表，需要进行结账，具体包括月结、季结和年结。

【点拨】 注意结账的概念，特别小心是"会计期末（月末、季末、年末）"，而不是一定要"年末"才结账。**【判断题】**

结账的内容通常包括两个方面：

一是结清各种损益类账户，并据以计算确定本期利润。

二是结出各资产、负债和所有者权益账户的本期发生额合计和期末余额。

【点拨】 结账的主要内容或工作有哪些？非常重要。**【判断题/多选题】**

（二）结账的程序

（1）结账前，将本期发生的经济业务全部登记入账，并保证其正确性。对于发现的错误，应采用适当的方法进行更正。

（2）在本期经济业务全面入账的基础上，根据权责发生制的要求，调整有关账项，合理确定应计入本期的收入和费用。

（3）将各损益类账户余额全部转入"本年利润"账户，结平所有损益类账户。

（4）结出资产、负债和所有者权益账户的本期发生额和余额，并转入下期。

【点拨】 结账程序中的四个步骤必须掌握。【多选题】

（三）结账的方法

（1）对不需按月结计本期发生额的账户，每次记账以后，都要随时结出余额，每月最后一笔余额是月末余额，即月末余额就是本月最后一笔经济业务记录的同一行内余额。月末结账时，只需要在最后一笔经济业务记录之下通栏划单红线，不需要再次结计余额。

【举例7－14】 各项应收应付明细账和各项财产物资明细账不需按月结计本期发生额。

（2）库存现金、银行存款日记账和需要按月结计发生额的收入、费用等明细账，每月结账时，要在最后一笔经济业务记录下面通栏划单红线，结出本月发生额和余额，在摘要栏内注明“本月合计”字样，并在下面通栏划单红线。

【举例7－15】 库存现金、银行存款日记账和收入、费用等明细账需要按月结计发生额。

（3）对于需要结计本年累计发生额的明细账户，每月结账时，应在“本月合计”行下结出自年初起至本月末止的累计发生额，登记在月份发生额下面，在摘要栏内注明“本年累计”字样，并在下面通栏划单红线。12月末的“本年累计”就是全年累计发生额，全年累计发生额下通栏划双红线。

（4）总账账户平时只需结出月末余额。年终结账时，为了总括地反映全年各项资金运动情况的全貌，核对账目，要将所有总账账户结出全年发生额和年末余额，在摘要栏内注明“本年合计”字样，并在合计数下通栏划双红线。

【提示】 总账账户平时只需结出月末余额。

（5）年度终了结账时，有余额的账户，应将其余额结转下年，并在摘要栏注明“结转下年”字样；在下一会计年度新建有关账户的第一行余额栏内填写上年结转的余额，并在摘要栏注明“上年结转”字样，使年末有余额账户的余额如实地在账户中加以反映，以免混淆有余额的账户和无余额的账户。

【点拨1】 结账的具体方法需要逐条掌握，非常重要，应视不同的情况（不需按月结计本期发生额的账户、需要按月结计发生额的明细账、需要结计本年累计发生额的某些明细账户、总账账户等）采用不同的结账方法，特别注意“单红线”、“双红线”（“双红线”在表示全年累计数的时候划）”的区分及具体的例子（如库存现金、银行存款日记账和收入、费用等明细账、应收应付明细账等分别是怎么操作的）。【多选题/判断题】

【点拨2】 特别注意年度终了时结账的方法。提醒大家是不需要另外填制记账凭证的，需要做的只是“COPY”数字，及在摘要栏注明“结转下年”、“上年结转”等字样即可。

经典例题讲解

例题7－62·单选题 下列关于结账说法错误的是（ ）。

A. 结账前，应将本期内发生的经济业务全部计入有关账簿，若预计本期不会再发生任何业务可以提前结账

B. 结账前应根据权责发生制要求调整有关账项

C. 结账前要将损益类科目全部转入“本年利润”账户

D. 在本期全部经济业务登记入账的基础上，需要结算出资产、负债和所有者权益科目的本期发生额和余额，并转入下期

【答案解析】 A 选项 A 不可以提前结账。其余三项表述正确。

例题 7-63·多选题 关于结账方法的表述，下列叙述正确的有（ ）。

A. 总账账户平时只需结出月末余额

B. 应收账款明细账不需要按月结出发生额

C. 年度结账时，有余额的账户，将其余额结转下年，并在摘要栏注明“结转下年”字样

D. 主营业务收入明细账需按月结计本期发生额。

【答案解析】 ABCD 四个选项的说法都正确。

例题 7-64·多选题 下列结账方法中，正确的有（ ）。

A. 库存现金、银行存款日记账，每月要结出本月发生额和余额，在摘要栏内注明“本月合计”字样，并在下面划通栏单红线

B. 需要结计本年累计发生额的明细账，每月结账时，应在“本月合计”行下结出自年初起至本月末止的累计发生额

C. 总账账户平时只需结出月末余额。年终结账时，将所有总账账户结出全年发生额和年末余额，在摘要栏内注明“本年合计”字样，并在合计数下划通栏双红线

D. 年度终了时，对有余额的账户，要将其余额结转下年，并在摘要栏注明“结转下年”字样

【答案解析】 ABCD 四个选项表述都正确。

例题 7-65·单选题 下列结账方法中不正确的是（ ）。

A. 对于不需要按月结计发生额的账户，每月最后一笔余额即为月末余额。月末结账时，只需要在最后一笔经济业务记录之下划通栏单红线

B. 结账时，12 月末的“本年累计”发生额下划通栏双红线

C. 总账账户在年终结账时，在“本年合计”栏下划通栏双红线

D. 库存现金、银行存款日记账，每月结账时，在摘要栏注明“本月合计”字样，并在下面划通栏双红线

【答案解析】 D 一般月底都是划单红线，只有在年底的“本年累计”栏或“本年合计”栏下才划双红线。

例题 7-66·判断题 结账是指年度终了时，为了编制会计报表而进行的一项将账簿记录结算清楚的账务工作。（ ）

【答案解析】 × 结账不仅仅指在年度终了时，在月末、季末为了编制会计报表，也要进行结账工作。

例题 7-67·判断题 期末根据账簿记录，计算并记录出各账户的本期发生额和期末余额，在会计上称为调账。（ ）

【答案解析】 × 期末根据账簿记录计算并记录出各账户的本期发生额和期末余额，在会计上称为结账。

第五节 错账查找与更正的方法

一、错账查找方法

【点拨】 对于错账查找方法的考核，首先要知道有哪几种（不要和错账更正方法混淆），其次是要掌握四种错账查找方法分别适用什么情况，注意理解。**【选择题】**

（一）差数法

差数法是指按照错账的差数查找错账的方法。

【解释】 如借方金额遗漏，会使该金额在贷方超出；如贷方金额遗漏，会使该金额在借方超出。对于这样的差错，可由会计人员通过回忆和与相关金额的记账核对来查找。

【提示】 差数法适用于只登记了会计分录的借方或贷方而漏记了另一方，从而试算平衡中借方合计与贷方合计不等。如漏记和重记。**【单选题】**

（二）尾数法

尾数法是指对于发生的差错只查找末位数，以提高查错效率的方法。

【提示】 尾数法适合于借贷方金额其他位数都一致，而只有末位数出现差错的情况（即发生角、分的差错）。**【单选题】**

（三）除 2 法

除 2 法是指以差数除以 2 来查找错账的方法。

【解释】 当某个借方金额错记入贷方（或相反）时，出现错账的差数表现为错误的 2 倍，将此差数用 2 去除，得出的商即是反向的金额。

【举例 7－16】 如借贷方余额不平衡，其差数是 2 000 元，我们可以用 1 000（即 2 000 ÷ 2）这个数字去查找是否存在这笔业务，以及判断是否记错了方向。

【提示】 除 2 法适用某个借方金额记入贷方，或某个贷方金额记入借方的差错。**【单选题】**

（四）除 9 法

除 9 法是指以差数除以 9 来查找错账的方法，适用于三种情况：

1. 将数字写小

【举例 7－17】 如 600 写成 60。查找的方法是：以差数 540（即 600－60）除以 9 得出的商 60（即 540 ÷ 9）为写错的数字，商乘以 10 即为正确的数字 600。

2. 将数字写大

【举例 7－18】 如 60 写成 600。查找的方法是：以差数 540（即 600－60）除以 9 得出的商60（即540÷9）为正确的数字，商乘以10即为错误的数字600。

【补充】 将数字写小或将数字写大，称为数字错位（或称移位）。若向前移一位就虚增了9倍，向后移一位就虚减了90%。它的特点是数字错位所造成的差额是9的倍数。

3. 邻数颠倒

【举例7-19】 如78写成87。查找的方法是：将差数9（即87-78）除以9，得出的商1（即9÷9）连续加11（即1+11+11+11+11+11+11+11），直到找出颠倒的数字78为止。

【补充】 邻数颠倒是指两个相邻的数字前后颠倒，所造成的差额是9的倍数。这个差数除以9所得商的有效数字便是相邻颠倒两数的差值，如将52错记为25，差数27除以9的商数为3，这就是相邻颠倒两数的差值（5-2），我们可以从与差值相同的两个相邻数范围内去查找，这样就缩小了查找范围。

经典例题讲解

例题7-68·单选题 下列各项中，适用于查找在记账过程中只登记了会计分录的借方或贷方，漏记了另一方，从而导致试算平衡中借方合计与贷方合计不等错误的方法是（ ）。

A. 除2法　B. 除9法　C. 差数法　D. 尾数法

【答案解析】 C 差数法适用于只登记了会计分录的借方或贷方而漏记了另一方，从而试算平衡中借方合计与贷方合计不等。

例题7-69·单选题 某会计人员记账时将应记入“库存商品——甲商品”科目借方的5 000元误记入贷方。会计人员在查找该项错账时，在下列方法中，应采用的方法是（ ）。

A. 除2法　B. 除9法　C. 差数法　D. 尾数法

【答案解析】 A 将应记入“库存商品——甲商品”科目借方金额错记入贷方时，出现错账的差数表现为错误的2倍，因此，应采用除2法。

例题7-70·单选题 会计人员记账时，在根据记账凭证登记入账时，误将98写成89，则会计人员在查找该项错账时，应采用的方法是（ ）。

A. 除2法　B. 除9法　C. 差数法　D. 尾数法

【答案解析】 B 除9法适用于将数字写小、将数字写大、邻数颠倒三种情况。该案例属于邻数颠倒。

例题7-71·判断题 漏记和重记适合用除2法查找。（ ）

【答案解析】 × 差数法适用于漏记和重记的情况。

例题7-72·单选题 记账员记账后发现某数字多了63，他用除9法查出是相邻数记录颠倒了。下列数字中，记错的数字可能是（ ）。

A. 63　B. 17　C. 81　D. 79

【答案解析】 C “邻数颠倒”是指两个相邻的数字前后颠倒，所造成的差额是9的倍数。从答案选项中可以看出C若邻数颠倒，则所造成的差额可能是63，其余选项都不可能。

二、错账更正方法

账簿记录发生错误，不得涂改、挖补、刮擦或者用药水消除字迹，不准重新抄写，必须采

用正确、规定的方法予以更正。【判断题】

【点拨】 错账的更正方法有三种，分别是划线更正法、红字更正法、补充登记法。【多选题】另外还要掌握每一种方法的适用范围、具体更正方法。注意总结和区分。【各类题型】

（一）划线更正法（又称为“红线更正法”）

1. 适用范围

划线更正法适用于在结账前发现账簿记录有文字或数字错误，而记账凭证没有错误。

【解释】 如发现记账后的记账凭证错误，使账簿错误的，不可以采用划线更正法，而要根据实际情况采用红字更正法或补充登记法。另外还要注意划线更正法只用于结账前发现的错误。

2. 更正方法与步骤

更正时，可在错误的文字或数字上划一条红线，表示注销；在红线的上方填写正确的文字或数字，并由记账人员及会计机构负责人（会计主管人员）在更正处盖章。

【提示】 对于错误的数字，更正时不得只划销错误数字，应将全部数字划销。对于文字错误，可只划去错误的部分。【判断题】

【小结】 注意什么情况用划线更正法，抓住关键词“结账前”、“凭证没有错误”。【单选题】

经典例题讲解

例题 7－73·多选题 下列不属于错账更正方法的有（　　）。

A. 抽换凭证法　　B. 直接涂改法　　C. 红字更正法　　D. 补充登记法

【答案解析】 AB 错账的更正方法一般有划线更正法、红字更正法和补充登记法三种。

例题 7－74·判断题 由于编制的记账凭证会计科目错误，导致账簿记录错误，更正时，可以将错误的会计科目划红线注销。然后，在划线上方填写正确的会计科目。（　　）

【答案解析】 × 凭证错误引起的账簿错误不能使用划线更正法。

例题 7－75·单选题 填制记账凭证时无误，根据记账凭证登记账簿时，将 10 000 元误记为 1 000 元，已登记入账，更正时应采用（　　）。

A. 划线更正法　　B. 红字更正法　　C. 补充登记法　　D. 更换账页法

【答案解析】 A 划线更正法适用于在结账前发现账簿记录有文字或数字错误，而记账凭证没有错误的情况。

例题 7－76·单选题 划线更正法更正账簿中错误的数字时，正确的做法是（　　）。

A. 用一条红线将整个数字全部划掉　　B. 用一条红线将有错误数字划掉

C. 用多条蓝线将整个数字全部划掉　　D. 用一条蓝线将整个数字全部换掉

【答案解析】 A 采用划线更正法更正时，不得只划销错误数字，应将全部数字划销，并保持原有数字清晰可辨，以便审查。

（二）红字更正法（又称为“红字冲账法”）

1. 第一种情况

（1）适用范围。记账后发现记账凭证中应借、应贷会计科目有错误所引起的记账错误。

（2）更正方法及步骤。用红字填制一张与原记账凭证内容完全相同的记账凭证，在摘要栏中注明“冲销某月某日×号凭证”，并据以用红字登记入账（即冲销原有的错误记录）；然后用蓝字填制一张正确的记账凭证，在摘要栏中写明“补记某月某日账”，并据以登记入账。

【小结】 注意红字更正法第一种情况的适用范围及其更正方法，抓住关键词“记账后发现”、“记账凭证中的会计科目有错误”。**【单选题】**

【举例7-20】 某企业厂部领用材料300元，填制记账凭证时，误填为借记“制造费用”科目，并据以登记入账。

借：制造费用　　300

　贷：原材料　　300

更正时，先用红字填制一张与原错误记账凭证内容完全相同的记账凭证，并据以用红字登记入账，以冲销原错误记录。

借：制造费用　　[300]

　贷：原材料　　[300]

然后，再用蓝字填制一张正确的记账凭证，并据以用蓝字登记入账。

借：管理费用　　300

　贷：原材料　　300

2. 第二种情况

（1）适用范围。记账后发现记账凭证和账簿记录中应借、应贷会计科目无误，只是所记金额大于应记金额所引起的记账错误。

（2）更正方法及步骤。按多记的金额用红字填制一张与原记账凭证应借、应贷科目完全相同的记账凭证，在摘要栏内写明“冲销某月某日第×号凭证多记金额”，并据以用红字记账（即冲销多记金额）。

【小结】 注意红字更正法第二种情况的适用范围及其更正方法，抓住关键词“记账后发现”、“会计科目无误而所记金额大于应记金额”。**【单选题】**

【举例7-21】 某企业以银行存款归还购料欠款1 000元，误填列如下记账凭证，并已登记入账。

借：应付账款　　10 000

　贷：银行存款　　10 000

发现错误后，应将多记的金额用红字做如下记账凭证，并据以用红字登记入账。

借：应付账款　　[9 000]

　贷：银行存款　　[9 000]

经典例题讲解

例题7-77·单选题 企业生产车间因生产产品领用材料50 000元，在填制记账凭证时，将借方科目记为管理费用并已登记入账，应采用的错账更正方法是（　　）。

A. 划线更正法　　B. 红字更正法　　C. 补充登记法　　D. 重填记账凭证法

【答案解析】 B　红字更正法适用范围：记账后发现记账凭证所记的会计科目错误；记账凭证会计科目无误而所记金额大于应记金额。

例题 7－78·单选题　某企业用库存现金支付职工医药费 169 元，会计人员编制的记账凭证为：借记应付职工薪酬 196 元，并登记入账，下列各项做法中，适用于此情况的是（　　）。

A. 重新编制正确凭证　　B. 红字更正法

C. 划线更正法　　D. 补充登记法

【答案解析】 B　记账凭证会计科目无误而所记金额大于应记金额应采用红字更正法。

例题 7－79·单选题　若记账凭证上的会计科目和应借应贷方向无误，但所记金额大于应计金额，并据以登记入账，对此应采用的更正方法是（　　）。

A. 黑字更正法　　B. 划线更正法　　C. 红字更正法　　D. 补充登记法

【答案解析】 C　红字更正法通常适用于两种情况：一是记账后在当年内发现记账凭证所记的会计科目错误；二是记账凭证会计科目无误而所记金额大于应记金额，从而引起记账错误。该题属于第二种情况，应采用红字更正法进行更正。

例题 7－80·判断题　账簿记录错误的原因是笔误，记账凭证无误，应采用红字更正法进行更正。（　　）

【答案解析】 ×　账簿记录有错误而记账凭证没有错误，应采用划线更正法更正。

（三）补充登记法

1. 适用范围

记账后发现记账凭证和账簿记录中应借、应贷的会计科目无误，只是所记金额小于应记金额所引起的记账错误。

2. 更正方法及步骤

按少记的金额用蓝字编制一张与原记账凭证应借、应贷科目完全相同的记账凭证，在摘要栏内写明“补记某月某日第×号记账凭证少记金额”（即补充少记的金额），并据以记账。

【小结】 注意什么情况用补充登记法，抓住关键词“记账后发现”、“会计科目无误而所记金额小于应记金额”。**【单选题】**

【举例 7－22】 某企业通过开户银行收到购货单位偿还前欠货款 8 700 元，误填制如下记账凭证，并已登记入账。

借：银行存款　　7 800

　　贷：应收账款　　7 800

发现错误后，应将少记金额用蓝字填制一张记账凭证，并据以用蓝字登记入账。

借：银行存款　　900

　　贷：应收账款　　900

【思考】 除了以上几种情况外，大家思考另外几种情况该如何更正：①记账凭证错误，但还没有入账。②发现以前年度记账凭证有错误并导致账簿登记有差错的。

【小结 1】 如果发现以前年度记账凭证有错误并导致账簿登记出现差错，应当用蓝字或黑字填制一张更正的记账凭证（不能用红字），在更正处注明“更正××年度错账”字样。**【判断题】**

【小结2】 入账后，在当年发现填写记账凭证或记账有错误，应分不同情况采用划线更正法、红字更正法和补充登记法更正：红字更正法和补充登记法用来更正因记账凭证错误而产生的记账错误；非因记账凭证的差错产生的记账错误，只能用划线更正法更正。

【小结3】 在入账前发现填写记账凭证有错误，可以重新填制或在记账凭证上采用划线更正法更正该凭证。

经典例题讲解

例题7－81·单选题 补充登记法主要适用于（　　）。

A. 记账文字或数字有误，所用科目无误

B. 记账后在年内发现所记金额无误，所用科目有误

C. 记账后在年内发现所记金额大于应记金额，所用科目无误

D. 记账后发现所记金额小于应记金额，所用科目无误

【答案解析】 D 记账后发现记账凭证和账簿记录中的会计科目无误，只是所记金额小于应记金额时，采用补充登记法。

例题7－82·多选题 下列选项中，关于错账更正方法应用的表述，错误的有（　　）。

A. 发现以前年度记账凭证有错误的，应当用蓝字填制一张更正的记账凭证

B. 已经登记入账的记账凭证，在当年内发现填写错误时，直接用蓝字重新填写一张正确的记账凭证即可

C. 发现以前年度记账凭证有错误的可以用红字填写一张与原内容相同的记账凭证，再用蓝字重新填写一张正确的记账凭证

D. 如果会计科目没有错误只是金额错误，也可以将正确数字与错误数字之间的差额，另填制一张调整的记账凭证，调增金额用蓝字，调减金额用红字

【答案解析】 BC 发现以前年度记账凭证中有错误（指会计科目和金额）并导致账簿登记出现差错，应当用蓝字或黑字填制一张更正的记账凭证，A正确、C错误；已经登记入账的记账凭证在当年内发现填写错误时，可以用红字填写一张与原内容相同的记账凭证，在摘要栏内注明“注销某月某日某号凭证”字样，同时再用蓝字重新填制一张正确的记账凭证，注明“订正某月某日某号凭证”字样，B错误；如果会计科目没有错误，只是金额错误，也可以将正确数字与错误数字之间的差额另编一张调整的记账凭证，调增金额用蓝字，调减金额用红字，D正确。

第六节 ｜ 会计账簿的更换与保管

一、会计账簿的更换

会计账簿的更换通常在新会计年度建账时进行。

【提示1】 总账、日记账和多数明细账应每年更换一次。【选择题】

【提示2】 变动较小的明细账可以连续使用，不必每年更换。如固定资产明细账等。【单选题】

【提示3】 备查账簿可以连续使用。【判断题】

二、会计账簿的保管

年度终了，各种账户在结转下年、建立新账后，一般应将旧账集中统一管理。会计账簿暂由本单位财务会计部门保管一年，期满后，由财务会计部门编造清册移交本单位的档案部门保管。

【提示】 年度终了，会计账簿可暂由本单位财务部门保管的时间是一年，这与会计凭证、财务报表等会计档案的保管要求是一致的。【单选题/判断题】

【补充】 年度终了更换并启用新账后，对更换下来的旧账要整理装订及加上封面（主要针对活页账）、分类归档，编造目录，妥善保管。保管期满后，还要按照规定的审批程序经批准后才能销毁。【多选题】

经典例题讲解

例题7-83·多选题 下列选项中，关于会计账簿的更换和保管的表述，正确的有（ ）。

A. 会计账簿由本单位财务会计部门保管一年后，交由本单位档案管理部门保管

B. 备查账不可以连续使用

C. 变动较小的明细账可以连续使用，不必每年更换

D. 总账、日记账和多数明细账每年更换一次

【答案解析】 ACD 备查账可以连续使用，B错，其余三项表述都正确。

例题7-84·多选题 年度结束后，对于账簿的保管应该达到的要求有（ ）。

A. 当即销毁 B. 归档保管 C. 装订成册 D. 加上封面

【答案解析】 BCD 年度终了，在将所有的订本账、活页账对账完毕，并将所有的活页账装订完毕、加上封面，并由主管人员签字盖章后，要及时地将所有的订本账及活页账交由档案人员造册归档。会计账簿保管期满后，还要按照规定的审批程序经批准后才能销毁。

随章同步练习

一、单项选择题

1. 将账簿划分为序时账簿、分类账簿和备查账簿的依据是（ ）。

A. 账簿的用途 B. 账页的格式

C. 账簿的外形特征 D. 账簿的性质

2. 以下账簿中，（　　）是按照经济业务发生的时间先后顺序，逐日连续登记的账簿。

A. 明细账　　B. 日记账　　C. 总账　　D. 备查账

3. 横线登记式明细账，不适用于登记（　　）。

A. 材料采购　　B. 应收票据　　C. 一次性备用金　　D. 管理费用

4. 下列不适于建立备查账的是（　　）。

A. 租入的固定资产　　B. 应收票据

C. 受托加工材料　　D. 购入的固定资产

5. 下列账簿中，一般采用活页账形式的是（　　）。

A. 日记账　　B. 总分类账　　C. 明细分类账　　D. 备查账

6. 卡片账一般在（　　）时采用。

A. 无形资产总分类核算　　B. 固定资产明细分类核算

C. 原材料总分类核算　　D. 原材料明细分类核算

7. 下列有关账簿与账户的表述中，正确的是（　　）。

A. 形式和内容的关系　　B. 概念和应用的关系

C. 实质和形式的关系　　D. 总体和具体的关系

8. 下列各项中，用来标明账簿的名称是（　　）。

A. 封面　　B. 扉页　　C. 账页　　D. 封底

9. 下列做法中，不符合会计账簿登记要求的是（　　）。

A. 使用圆珠笔登账

B. 账簿中书写的文字和数字一般应占格距的1/2

C. 登记后在记账凭证上注明已经登账的符号

D. 按账簿页次顺序连续登记，不得跳行、隔页

10. 下列情况不可以用红色墨水记账的是（　　）。

A. 冲账的记账凭证，冲销错误记录

B. 在不设借贷等栏的多栏式账页中，登记减少数

C. 在三栏式账户的余额栏前，印明余额方向的，在余额栏内登记负数余额

D. 在三栏式账户的余额栏前，未印明余额方向的，在余额栏内登记负数余额

11. 下列关于库存现金日记账的表述中，正确的是（　　）。

A. 库存现金日记账应当每十五天结出发生额

B. 库存现金日记账应当每月结出发生额和余额

C. 库存现金日记账应当每隔三至五天结出余额

D. 库存现金日记账应当每日结出发生额和余额

12. 从银行提取现金，登记库存现金日记账的依据是（　　）。

A. 库存现金收款凭证　　B. 银行存款收款凭证

C. 库存现金付款凭证　　D. 银行存款付款凭证

13. 下列各账簿中，必须逐日逐笔登记的是（　　）。

A. 费用明细账　　B. 应收账款明细账

C. 收入明细账　　D. 原材料明细账

14. 总分类账一般采用的账页格式为（　　）。

A. 两栏式　B. 三栏式　C. 多栏式　D. 数量金额式

15. 在我国，总分类账要采用（　　）。

A. 活页式账簿　B. 自己认为合适的账簿

C. 卡片式账簿　D. 订本式账簿

16. 下列明细分类账中，可以采用多栏式格式的是（　　）。

A. 应付账款明细分类账　B. 实收资本明细分类账

C. 库存商品明细分类账　D. 管理费用明细分类账

17. 对所发生的每项经济业务，以会计凭证为依据，一方面记入有关总分类账户，另一方面记入有关总分类账户所属明细分类科目的方法是（　　）。

A. 复式记账法　B. 借贷记账法　C. 平行登记　D. 同时登记

18. 某企业材料总分类账户的本期借方发生额为 2.5 万元，本期贷方发生额为 2.4 万元，其有关明细分类账户的发生额分别为：甲材料本期借方发生额为 8 000 元，贷方发生额为 6 000元；乙材料借方发生额为 1.3 万元，贷方发生额为 1.6 万元，下列选项中，正确反映丙材料本期借方和贷方发生额的是（　　）。

A. 借方发生额为 4 000 元，贷方发生额为 2 000 元

B. 借方发生额为 12 000 元，贷方发生额为 2 000 元

C. 借方发生额为 4 000 元，贷方发生额为 1 000 元

D. 借方发生额为 6 000 元，贷方发生额为 8 000 元

19. 下列各项中，不属于账账核对内容的是（　　）。

A. 所有总账账户的借方余额合计与所有总账账户的贷方余额合计核对

B. 本单位的应收账款账面余额与对方单位的应付账款账面余额之间核对

C. 现金日记账和银行存款日记账的余额与其总账账户余额核对

D. 会计部门有关财产物资明细账余额与保管、使用部门的财产物资明细账余额之间核对

20. 下列对账工作中属于账实核对的是（　　）。

A. 银行存款日记账与银行对账单核对

B. 总分类账与所属明细分类账核对

C. 会计部门的财产物资明细账与财产物资保管部门的有关明细账相核对

D. 总分类账与日记账核对

21. 下列项目中，不属于账实核对的内容是（　　）。

A. 库存现金日记账余额与库存现金数核对

B. 银行存款日记账余额与银行对账单余额核对

C. 账簿记录与原始凭证核对

D. 债权债务明细账余额与对方单位的账面记录核对

22. 结账时，应当划通栏双红线的是（　　）。

A. 各月末结出“本年累计”发生额后　B. 12 月末结出“本年累计”发生额

C. 结出“本季累计”发生额后　D. 结出当月发生额后

23. 下列关于年终结账的表述中，正确的是（　　）。

A. 不需要编制记账凭证，但应将上年账户的余额反向结平才能结转下年

B. 应编制记账凭证，并将上年账户的余额反向结平

C. 不需要编制记账凭证，也不需要将上年账户的余额结平，直接注明“结转下年”即可

D. 应编制记账凭证予以结转，但不需要将上年账户的余额反向结平

24. 下列记账错误中，适合用除2法进行查找的是（　　）。

A. 借贷方向记反　　B. 相邻数字颠倒　　C. 无规律的错记　　D. 数字顺序错位

25. 某会计人员记账时将应记入“银行存款”科目借方的5 100元误记为510元。会计人员在查找该项错账时，在下列方法中，应采用的方法是（　　）。

A. 除2法　　B. 除9法　　C. 差数法　　D. 尾数法

26. 下列记账错误中，不适用除9法进行查找的是（　　）。

A. 数字写小　　B. 邻数颠倒　　C. 数字写大　　D. 漏记一方

27. 填制记账凭证时无误，根据记账凭证登记账簿时，将20 000元误记为2 000元，已登记入账，尚未结账。更正时应采用（　　）。

A. 划线更正法　　B. 红字更正法　　C. 补充登记法　　D. 更换账页法

28. 错账更正时，划线更正法的适用范围是（　　）。

A. 记账凭证中会计科目或借贷方向错误，导致账簿记录错误

B. 记账凭证正确，登记账簿时发生文字或数字错误

C. 记账凭证中会计科目或借贷方向正确，所记金额大于应记金额，导致账簿记录错误

D. 记账凭证中会计科目或借贷方向正确，所记金额小于应记金额，导致账簿记录错误

29. 企业生产车间因生产产品领用材料10 000元，在填制记账凭证时，将借方科目记为“管理费用”并已登记入账，应采用的错账更正方法是（　　）。

A. 划线更正法　　B. 红字更正法　　C. 补充登记法　　D. 重填记账凭证法

30. 企业开出转账支票1 680元购买办公用品，编制记账凭证时，误记金额为1 860元，科目及方向无误并已记账，应采用的更正方法是（　　）。

A. 补充登记180元　　B. 红字冲销180元

C. 在凭证中划线更正　　D. 把错误凭证撕掉重编

31. 年度终了，会计账簿可暂由本单位财务会计部门保管一段时间，期满后由财会部门编造清册移交本单位的档案部门保管，这个时间段是（　　）。

A. 1年　　B. 10年　　C. 3年　　D. 5年

二、多项选择题

1. 会计账簿按用途不同，可以分为（　　）。

A. 序时账簿　　B. 分类账簿　　C. 备查账簿　　D. 订本账簿

2. 下列各项中，属于明细分类账常用的格式的有（　　）。

A. 横线登记式　　B. 三栏式　　C. 数量金额式　　D. 多栏式

3. 银行存款日记账可以采用的账页格式有（　　）。

A. 三栏式　　B. 多栏式　　C. 数量金额式　　D. 横线登记式

4. 下列说法中，不正确的有（　　）。

A. 三栏式账簿一般适用于费用、收入类明细账

B. 应收账款总账应采用订本式账簿

C. 固定资产明细账应采用数量金额式账簿

D. 各单位都应设置备查账簿

5. 关于分类账簿正确的有（　　）。

A. 分类账簿是对全部经济业务按照会计要素的具体类别而设置的分类账户进行登记的账簿

B. 总分类账簿是按照总分类账户分类登记经济业务的账簿

C. 明细分类账簿是按照明细分类账户分类登记经济业务的账簿

D. 分类账簿提供的核算信息是编制会计报表的主要依据

6. 下列账簿中，可以跨年度连续使用的有（　　）。

A. 应付账款总账　　B. 银行存款日记账

C. 代销商品登记簿　　D. 租入固定资产登记簿

7. 下列说法中不正确的有（　　）。

A. 日记账必须采用三栏式

B. 总账最常用的格式为三栏式

C. 三栏式明细分类账适用于成本费用类科目的明细核算

D. 银行存款日记账应按企业在银行开立的账户和币种分别设置，每个银行账户设置一本日记账

8. 以下关于订本账的表述正确的有（　　）。

A. 订本式是指在账簿启用前，就将若干账页固定装订成册的账簿

B. 同一账簿在同一时间能由多人记载，便于记账人员分工记账

C. 订本式账簿一般适用于总分类账、库存现金日记账和银行存款日记账

D. 使用订本账的优点是可以防止账页被抽换，避免账页散失

9. 关于账簿与账户关系正确的有（　　）。

A. 账户存在于账簿之中，账簿中的每一账页就是账户的存在形式和载体

B. 没有账簿，账户就无法存在

C. 账簿只是一个外在形式，账户才是其真实内容

D. 账簿与账户的关系是形式与内容的关系

10. 下列各项中，会计账簿的账页包括的内容有（　　）。

A. 账户名称　　B. 记账凭证的种类和编号

C. 摘要栏　　D. 总页次和分户页次

11. 关于会计账簿的记账规则，正确的有（　　）。

A. 会计账簿登记内容包括日期、编号、业务内容摘要

B. 在有些情况下，需要用红字进行登记

C. 不得涂改、刮擦、挖补

D. 登记完毕，要在记账凭证上签名或盖章

12. 下列不符合登记账簿要求的有（　　）。

A. 为防止篡改，文字书写要占满格

B. 数字书写一般要占格距的1/2

C. 将登记中不慎出现的空页划线注销

D. 根据红字冲账的记账凭证，用红字冲销错误记录

13. 下列关于库存现金日记账的具体登记方法，表述正确的有（　　）。

A. 日期栏是指记账凭证的日期，应与现金实际收、付日期一致
B. 凭证栏是指登记入账的收、付款凭证种类和编号
C. 对方科目栏是指库存现金收入的来源科目或支出的用途科目
D. 收入、支出栏是指库存现金实际收、付的金额

14. 下列各项中，必须逐日结出余额的账簿有（　　）。
A. 库存现金总账　　B. 银行存款总账
C. 库存现金日记账　　D. 银行存款日记账

15. 下列关于总分类账格式的说法中，正确的有（　　）。
A. 总分类账最常用的格式为三栏式，设置借方、贷方和余额三个基本金额栏目
B. 所有单位都要设置总分类账
C. 总分类账必须采用订本式账簿
D. 大多数总分类账一般采用借方、贷方两栏式

16. 不同类型经济业务的明细分类账可根据管理需要，依据（　　）逐日逐笔登记或定期登记。
A. 记账凭证　　B. 科目汇总表　　C. 原始凭证　　D. 汇总原始凭证

17. 下列关于明细分类账的账页格式表述正确的有（　　）。
A. 三栏式适用于只进行金额核算的资本、债权、债务明细账
B. 多栏式明细分类账适用于收入、成本、费用明细账
C. 多栏式明细账是将属于同一个总账科目的多个明细科目合并在一张账页上进行登记
D. 数量金额式明细账适用于既要进行金额核算又要进行数量核算的存货明细账

18. 下列适合采用多栏式明细账格式核算的是（　　）。
A. 原材料　　B. 制造费用　　C. 生产成本　　D. 库存商品

19. 下列（　　）明细账既可逐日逐笔登记，也可定期汇总登记。
A. 预收账款　　B. 原材料　　C. 主营业务收入　　D. 管理费用

20. 账证核对指的是核对会计账簿记录与原始凭证、记账凭证的（　　）是否一致，记账方向是否相符。
A. 时间　　B. 凭证字号　　C. 内容　　D. 金额

21. 下列属于账实核对的是（　　）。
A. 库存现金日记账账面余额与库存现金实际库存数的核对
B. 银行存款日记账账面余额与银行对账单的核对
C. 财产物资总账余额与财产物资明细账账面余额的核对
D. 应收、应付款明细账账面余额与债务、债权单位核对

22. 下列各项中，属于划线更正法要点的有（　　）。
A. 在错误的文字或数字（单个数字）上画一条红线注销
B. 将正确的文字或数字用蓝字写在划线的上端
C. 在错误的文字或数字上画一条蓝线注销
D. 在错误的文字或数字（整个数字）上画一条红线注销

23. 下列需要划双红线的是（　　）。
A. 在“本月合计”的下面　　B. 在“本年累计”的下面

C. 在12月末的“本年累计”的下面　　D. 在“本年合计”下面

24. 下列各项中，属于账账核对的有（　　）。

A. 总账与日记账的核对　　B. 总账各账户的余额核对

C. 总账与备查账之间的核对　　D. 总账与明细账之间的核对

25. 下列做法中，应该采用红字更正法更正的错误有（　　）。

A. 记账凭证的会计科目有错误，登记账簿时发生错误

B. 记账凭证的会计科目没有错误，登记账簿时发生错误

C. 记账凭证的应借、应贷会计科目没有错误，所记金额大于应记金额

D. 记账凭证的应借、应贷会计科目没有错误，所记金额小于应记金额

26. 下列内容中，属于结账工作的有（　　）。

A. 结算有关账户的本期发生额及期末余额

B. 编制试算平衡表

C. 清点库存现金

D. 按照权责发生制对有关账项进行调整

27. 结账的程序包括（　　）。

A. 将本期内发生的经济业务全部计入有关账簿

B. 根据权责发生制的要求，调整有关账项，合理确定本期应计的收入和应计的费用

C. 将损益类科目记入“本年利润”科目，结平所有损益类科目

D. 结出资产、负债和所有者权益科目的本期发生额和期末余额

28. 查找错账的方法主要有（　　）。

A. 除2法　　B. 除9法　　C. 尾数法　　D. 差数法

29. 下列各项中，可以采用除9法查找到错误的有（　　）。

A. 将“应收账款”账户借方的5 000元误记入贷方

B. 将“应收账款”账户借方的5 000元误记为500元

C. 漏记了一笔“应收账款”账户借方5 000元

D. 将“库存现金”账户借方的76元误记为67元

30. 下列关于会计账簿的更换和保管正确的有（　　）。

A. 总账、日记账和多数明细账每年更换一次

B. 变动较小的明细账可以连续使用，不必每年更换

C. 备查账可以连续使用

D. 会计账簿由本单位财务会计部门保管半年后，交由本单位档案管理部门保管

三、判断题

1. 库存现金及银行存款日记账按规定应采用订本式账簿，总分类账和明细分类账既可以用订本账，也可以用活页账。（　　）

2. 为便于管理，“应收账款”、“应付账款”的明细账必须采用多栏式明细分类账格式。（　　）

3. 费用明细账一般均采用三栏式账簿。（　　）

4. 各种日记账、总账以及资本、债权债务明细账都可采用三栏式账簿。（　　）

5. 一次性备用金业务适合用三栏式明细账。 ( )

6. 账簿中的每一页是账户的存在形式和载体，而账户是账簿的具体内容，因此账户与账簿的关系是形式与内容的关系。 ( )

7. 启用会计账簿时，应当在账簿上写明单位名称和账簿名称，并在账簿扉页上附启用表。 ( )

8. 登记账簿时，发生的空行、空页一定要补充书写，不得注销。 ( )

9. 如果账簿前一页登记已满，则翻页后可以直接继续连续登记。 ( )

10. 每一账页登记完毕结转下页时，应当结出本页发生额合计数及余额，写在本页最末一行和下页第一行有关栏内，并在摘要栏内注明“过次页”或“转次页”和“承前页”字样。 ( )

11. 库存现金日记账的日期栏是指记账凭证的日期，应与现金实际收付日期一致。( )

12. 库存现金日记账是由出纳人员根据审核无误的现金收、付款凭证和转账凭证按照经济业务的发生顺序，逐日、逐笔序时登记。 ( )

13. 库存现金日记账的账页格式均为三栏式，而且必须使用订本账。 ( )

14. 库存现金日记账和银行存款日记账不论在何种会计核算形式下，都是根据与收、付款有关的记账凭证逐日逐笔顺序登记的。 ( )

15. 各种明细账的登账依据，既可以是原始凭证，原始凭证汇总表，也可以是记账凭证。 ( )

16. 总分类账的登记，可以根据记账凭证登记，也可以根据汇总记账凭证登记。 ( )

17. 明细账一般是逐笔登记，也可以定期汇总登记。 ( )

18. 对账工作必须在月末（包括季末、年末）进行，即在记账之后、结账之前进行。 ( )

19. 任何单位，对账工作应该每年至少进行一次。 ( )

20. 会计部门有关库存商品的明细账与保管部门库存商品明细账核对属于账实核对的内容。 ( )

21. 企业“应收账款”的账面余额定期与有关债务单位或个人进行的核对，属于账证核对。 ( )

22. 结账是一项将账簿记录定期结算清楚的账务工作。 ( )

23. 对需要按月结计本期发生额，但不需结计本年累计发生额的账户，月末结账时，只需要在最后一笔经济业务事项记录之下通栏划单红线，不需要再结计一次余额。 ( )

24. 总分类账户平时不必每日结出余额，只需每月结出月末余额。 ( )

25. 新旧账有关账户之间转记余额，不必编制记账凭证。 ( )

26. 在年度开始，启用新账簿时，应把上年度的年末累计发生额和余额记入新账的第一行，并在摘要栏注明“上年结转”字样。 ( )

27. 在审查当年的记账凭证时，发现某记账凭证应借应贷的科目正确，但所记的金额小于实际金额，尚未入账，应用补充更正法更正。 ( )

28. 由于编制的记账凭证会计科目错误，导致账簿记录错误，更正时，可以将错误的会计科目划红线注销，然后，在划线上方填写正确的会计科目。 ( )

29. 补充登记法一般适用于记账凭证所记会计科目无误，只是所记金额大于应记金额，从

而引起的记账错误。（　　）

30. 备查账簿不必每年更换，可以连续使用。（　　）

四、计算分析题

1. 甲企业201×年1月发生的经济业务及登记的总分类账和明细分类账如下：

(1) 3日，向A企业购入甲材料800千克，单价22元，价款17 600元；购入乙材料700千克，单价16元，价款11 200元。货物已验收入库，款项尚未支付。(不考虑增值税，下同)

(2) 6日，向B企业购入丙材料1 000千克，单价20元，货物已验收入库，款项尚未支付。

(3) 12日，生产车间为生产产品领用材料，其中领用甲材料1 200千克，单价22元；领用乙材料1 100千克，单价16元。

(4) 21日，向A企业偿还前欠货款30 000元，向B企业偿还前欠货款10 000元，用银行存款支付。

(5) 25日，向A企业购入乙材料1 100千克，单价16元，价款已用银行存款支付，货物同时验收入库。

要求：根据资料和总分类账和明细分类账的勾稽关系，将总分类账和明细分类账中空缺的数字填至下表。

总分类账

会计科目：应付账款　　　　单位：元

201×年		凭证编号	摘要	借方	贷方	借或贷	余额
月	日						
1	1	（略）	月初余额			贷	36 000
	3		购入材料		28 800	贷	64 800
	6		购入材料		(1)	贷	84 800
	21		归还前欠货款	(2)		贷	(3)
	31		本月合计		48 800	贷	

应付账款明细分类账

会计科目：A企业　　　　单位：元

201×年		凭证编号	摘要	借方	贷方	借或贷	余额
月	日						
1	1	（略）	月初余额			贷	(4)
	3		购入材料		(5)	贷	54 800
	21		归还前欠货款	30 000		贷	24 800
	31		本月合计			贷	

2. 甲企业会计人员在结账前进行对账时，查找出以下错账（以下凭证都已入账）：

(1) 用银行存款支付建造固定资产的工程价款60 000元，编制的会计分录为：

借：在建工程　　　　60 000

贷：银行存款 60 000

在记账后结账前，账簿中“在建工程”账户记录为6 000元。

（2）用库存现金支付职工生活困难补助600元，编制的会计分录为：

借：管理费用 600

贷：库存现金 600

（3）计提车间生产用固定资产折旧20 000元，编制的会计分录为：

借：制造费用 2 000

贷：累计折旧 2 000

（4）用银行存款支付工人工资30 000元，编制的会计分录为：

借：应付职工薪酬 300 000

贷：银行存款 300 000

要求：指出对上述错账应采用何种更正方法，并编制错账更正的会计分录至下表。

错账更正的方法与会计分录

序号	应采用的更正方法	错账更正的会计分录
(1)		
(2)		
(3)		
(4)		

参考答案及解析

一、单项选择题

1. A 账簿按其用途不同可以分为序时账簿、分类账簿和备查账簿。

2. B 序时账簿又称日记账，是按照经济业务发生时间的先后顺序逐日、逐笔登记的账簿。

3. D 管理费用适用于多栏式明细账。

4. D 备查账簿又称辅助登记簿或补充登记簿，是对某些在序时账簿和分类账簿等主要账簿中都不予登记或登记不够详细的经济业务事项进行补充登记时使用的账簿。选项D已经在分类账中记录充分反映了，不需要建立备查账。

5. C 各种明细分类账一般采用活页账。

6. B 在我国，企业一般只对固定资产的核算采用卡片账形式，也有少数企业在材料核算中使用材料卡片。

7. A　账簿与账户之间是形式和内容的关系：账簿是形式，账户是内容。

8. A　在账簿封面上写明单位名称和账簿名称。

9. A　登账必须使用蓝黑墨水或碳素墨水书写，不得使用圆珠笔（银行的复写账簿除外）或者铅笔书写。

10. C　在三栏式账户的余额栏前，印明余额方向的，不能在余额栏内登记负数余额。

11. D　库存现金日记账是用来核算和监督现金每天的收入、支出和结存情况的账簿。

12. D　从银行提取现金应该编制银行存款付款凭证，所以登记库存现金日记账的依据是银行存款付款凭证。

13. B　固定资产、债权、债务等明细账应逐日逐笔登记；库存商品、原材料明细账以及收入、费用明细账可以逐笔登记，也可以定期汇总登记。

14. B　总分类账最常见的格式为三栏式，设置借方、贷方和余额三个基本金额栏目。

15. D　总分类账必须采用订本式账簿。

16. D　收入、成本、费用、利润及利润分配明细账一般均采用多栏式账簿。

17. C　平行登记是对所发生的每一笔经济业务，都要以会计凭证为依据，一方面记入有关总分类账户，另一方面要记入该总分类账户所属的明细分类账户的方法。

18. A　丙材料本期借方发生额 $=2.5-0.8-1.3=0.4$（万元）；丙材料本期贷方发生额 $=2.4-0.6-1.6=0.2$（万元）。

19. B　选项 B 属于账实核对的内容。

20. A　BCD 都属于账账核对的内容。

21. C　选项 C 属于账证核对的内容。

22. B　12 月末的“本年累计”就是全年累计发生额，全年累计发生额下划通栏双红线。

23. C　年度终了结账时，有余额的账户，要将其余额结转下年，并在摘要栏注明“结转下年”字样；在下一会计年度新建有关会计账户的第一行余额栏内填写上年结转的余额，并在摘要栏注明“上年结转”字样。

24. A　除 2 法适用某个借方金额记入贷方，或某个贷方金额记入借方的差错。

25. B　除 9 法适用于将数字写小、将数字写大、邻数颠倒。该案例属于将数字写小。

26. D　除 9 法适用于将数字写小、将数字写大、邻数颠倒。

27. A　在结账前发现账簿记录有文字或数字错误，而记账凭证没有错误，可以采用划线更正法。

28. B　划线更正法适用于结账之前，发现账簿记录中的文字或数字有误，但记账凭证正确。

29. B　记账后发现记账凭证所记的会计科目错误的，可以采用红字更正法，用红字填制一张与原记账凭证完全相同的记账凭证，以示注销原记账凭证，然后用蓝字填写一张正确的记账凭证。

30. B　应借、应贷会计科目无误，只是所记金额大于应记金额，更正的方法是按多记的金额用红字编制一张与原记账凭证应借应贷科目完全相同的记账凭证，冲销多记的金额。所以本题要冲销多记的金额 180 元。

31. A　会计账簿暂由本单位财务会计部门保管 1 年，期满后，由财务会计部门编造清册移交本单位的档案部门保管。

二、多项选择题

1. ABC　会计账簿按用途不同，可以分为序时账簿、分类账簿、备查账簿。

2. ABCD　四个选项都属于明细分类账常用的格式。

3. AB　银行存款日记账可以采用三栏式或多栏式。

4. ACD　费用、收入类明细账一般用多栏式，固定资产明细账一般用卡片式，备查账簿各单位根据实际需要设置。

5. ABCD　四个选项的表述都正确。

6. CD　备查账簿可以跨年度连续使用。CD 都属于备查账簿。

7. AC 日记账可以采用三栏式也可以采用多栏式，A 选项错误。多栏式明细分类账适用于成本费用类科目的明细核算，选项 C 也错误。

8. ACD 选项 B 属于活页账的特点。

9. ABCD 四个选项的表述都正确。

10. ABCD 账页的内容包括账户的名称、日期栏、凭证的种类和编号栏、摘要栏、金额栏、总页次和分户页次。

11. ABCD 四个选项的表述都正确。

12. AC 账簿中书写的文字和数字上面要留有适当空格，不要写满格，一般应占格距的 1/2；各种账簿应按页次顺序连续登记，不得跳行、隔页。如果发生跳行、隔页，应当将空行、空页划线注销，或者注明“此行空白”、“此页空白”字样，并由记账人员和会计机构负责人（会计主管人员）在更正处签章。故答案为 AC。

13. ABCD 四个选项的表述都正确。

14. CD 库存现金日记账由出纳人员根据现金的收、付款凭证，逐日逐笔顺序登记。每日终了应结出当日现金收入、现金支出合计数及结余数，并将账面结存数与库存现金相核对，做到“日清月结”。对于银行存款日记账，也应该在每日终了，应分别计算出当日银行存款收入、支出的合计数和账面结余额。

15. ABC 总分类账最常用的格式为三栏式，设置借方、贷方和余额三个基本金额栏目，D 错误，其余三项表述正确。

16. ACD 不同类型经济业务的明细分类账可根据管理需要，依据记账凭证、原始凭证或汇总原始凭证逐日逐笔登记或定期登记。选项 B 属于总分类账的登记依据。

17. ABCD 四个选项的表述都正确。

18. BC 多栏式明细账适用于收入、成本、费用类科目的明细核算，选项 BC 属于成本类科目。AD 应该采用数量金额式明细账。

19. BCD 固定资产、债权、债务等明细账应逐日逐笔登记，库存商品、原材料、产成品收发明细账以及收入、费用明细账可以逐日逐笔登记，也可以定期汇总登记。

20. ABCD 账证核对是指核对会计账簿记录与原始凭证、记账凭证的时间、凭证字号、内容、金额是否一致，记账方向是否相符。

21. ABD 财产物资总账余额与财产物资明细账账面余额的核对不属于账实核对。

22. BD 划线更正法更正时，可在错误的文字或数字上划一条红线，表示注销；在红线的上方填写正确的文字或数字，并由记账人员及会计机构负责人（会计主管人员）在更正处盖章。更正时不得只划销错误数字，应将全部数字划销。

23. CD 在“本年累计”下面不一定划双红线，只有在 12 月末的“本年累计”下面才划双红线，因为 12 月末的“本年累计”就是全年累计发生额。

24. ABD 总账与备查账之间的核对不属于账账核对的内容，其余三项都是。

25. AC 红字更正法适用于两种情形：记账后发现记账凭证中的应借、应贷会计科目有错误所引起的记账错误、记账后发现记账凭证和账簿记录中应借、应贷会计科目无误，只是所记金额大于应记金额所引起的记账错误。

26. AD 结账的程序：将本期发生的经济业务事项全部登记入账，并保证其正确性；根据权责发生制的要求，调整有关账项，合理确定本期应计的收入和应计的费用；将损益类科目转入“本年利润”科目，结平所有损益类科目；结出资产、负债和所有者权益科目的本期发生额和余额，并转入下期。

27. ABCD 结账的程序：将本期发生的经济业务事项全部登记入账，并保证其正确性；根据权责发生制的要求，调整有关账项，合理确定本期应计的收入和应计的费用；将损益类科目转入“本年利润”科目，结平所有损益类科目；结出资产、负债和所有者权益科目的本期发生额和余额，并转入下期。

28. ABCD 错账查找的方法主要有除 2 法、除 9 法、尾数法、差数法。

29. BD 除9法是指以差数除以9来查找错账的方法，适用于以下三种情况：将数字写小、将数字写大、邻数颠倒。B选项属于将数字写小、D选项属于邻数颠倒。而A选项适用除2法查找、C选项适用差数法查找。

30. ABC 会计账簿由本单位财务会计部门保管1年后，交由本单位档案管理部门保管。

三、判断题

1. × 总分类账用订本账、明细分类账一般用活页账。

2. × 多栏式账簿一般适用于收入、成本、费用类的明细账；“应收账款”、“应付账款”的明细账可以采用三栏式明细分类账格式。

3. × 多栏式明细分类账适用于收入、成本、费用类科目的明细核算。

4. √ 表述正确。

5. × 横线登记式适用于登记材料采购、在途物资、应收票据和一次性备用金业务。

6. × 账户存在于账簿中，账簿中的每一账页就是账户的存在形式和载体。账簿只是一个外在形式，开设于账页上的账户才是它的实质内容。

7. √ 表述正确。

8. × 记账时发生错误或者隔页、缺号、跳行的，应当在空页、空行处用红色墨水对角线注销，或者注明“此页空白”、“此行空白”字样，并由记账人员和会计机构负责人（会计主管人员）在更正处签章。

9. × 每一账页登记完毕时，应当结出本页发生额合计数及余额，在该账页最末一行“摘要”栏内注明“转次页”或“过次页”，并将这一金额记入下一页第一行有关金额栏内，在该行“摘要”栏注明“承前页”，以保持账簿记录的连续性，便于对账和结账。

10. √ 表述正确。

11. √ 表述正确。

12. × 库存现金日记账在登记的时候不能依据转账凭证。

13. × 库存现金日记账的账页格式可以为三栏式或者多栏式。

14. √ 表述正确。

15. √ 表述正确。不同类型经济业务的明细分类账可根据管理需要，依据记账凭证、原始凭证或汇总原始凭证（原始凭证汇总表）逐日逐笔或定期汇总登记。

16. √ 表述正确。总分类账的登记方法因登记的依据不同而有所不同。经济业务少的小型单位的总分类账可以根据记账凭证逐笔登记；经济业务多的大中型单位的总分类账可以根据记账凭证汇总表（又称科目汇总表）或汇总记账凭证等定期登记。

17. √ 表述正确。固定资产、债权、债务等明细账应逐日逐笔登记；原材料、库存商品收发明细账以及收入、费用明细账可逐笔登记，也可定期汇总登记。

18. × 对账工作一般在月末进行，即在记账之后、结账之前进行。若遇有特殊情况，比如有关人员因工作调动而办理移交手续之前，或者发生非常事件后，也应随时进行对账。

19. √ 表述正确。任何单位，对账工作应该每年至少进行一次。对于某些项目有条件的话，还应该缩短对账时间。

20. × 会计部门有关库存商品的明细账与保管部门库存商品明细账核对属于账账核对的内容。

21. × 企业“应收账款”的账面余额定期与有关债务单位或个人进行的核对，属于账实核对。

22. √ 表述正确。结账就是在会计期末（月末、季末、年末）将本期内所有发生的经济业务全部登记入账后，计算出本期发生额和余额，并转入下期的工作。

23. × 库存现金、银行存款日记账和需要按月结计发生额的收入、费用等明细账，每月结账时，要结出本月发生额和余额，在摘要栏内注明“本月合计”字样，并在下面划通栏单红线。

24. √ 表述正确。

25. √ 表述正确。年度终了结账时，有余额的账户，要将其余额结转下年，并在摘要栏注明“结转下年”字样；在下一会计年度新建有关会计账户的第一行余额栏内填写上年结转的余额，并在摘要栏注明“上年结转”字样（此时不必编制记账凭证）。

26. × 在年度开始，启用新账簿时，应把余额记入新账的第一行，并在摘要栏注明“上年结转”字样。

27. × 会计人员在审核记账凭证时，发现错误，尚未入账，只需重新填制，或在记账凭证上采用划线更正法更正。

28. × 本题适用的方法应该是红字更正法而不是划线更正法。

29. × 补充登记法一般适用于记账凭证所记会计科目无误，只是所记金额小于应记金额，从而引起的记账错误。

30. √ 表述正确。

四、计算分析题

1.

（1）20 000　（2）40 000　（3）44 800　（4）26 000　（5）28 800

说明：先填（5）28 800，再倒推填（4）=54 800 − 28 800 = 26 000

2.

错账更正的方法与会计分录

单位：元

序号	应采用的更正方法	错账更正的会计分录
（1）	划线更正法	无
（2）	红字更正法	借：管理费用 [600] 　贷：库存现金 [600] 借：应付职工薪酬 600 　贷：库存现金 600
（3）	补充登记法	借：制造费用 18 000 　贷：累计折旧 18 000
（4）	红字更正法	借：应付职工薪酬 [270 000] 　贷：银行存款 [270 000]

第八章 chapter 8 账务处理程序

课前导语

本章详细阐述了记账凭证账务处理程序、汇总记账凭证账务处理程序和科目汇总表账务处理程序这三种不同种类账务处理程序的相关内容，包括一般步骤、特点、优缺点及适用范围。本章内容很少，但考试时分数很多（基本上每一句话都是考点），因此建议考生在上述四个方面（一般步骤、特点、优缺点及适用范围）多下功夫，争取本章不失分。秘诀在哪里？尽在三幅“流程图”中（图8-1至图8-3），仔细观察和对比，必有收获。本章计算分析题的出题点是“科目汇总表”的编制，可能性较小，但作为一项会计基础技能要求掌握。

考试大纲基本要求

了解：企业账务处理程序的概念与意义

熟悉：账务处理程序的一般步骤

掌握：企业账务处理程序的种类、记账凭证账务处理程序的内容、汇总记账凭证账务处理程序的内容、科目汇总表账务处理程序的内容

本章框架结构

账务处理程序
1. 账务处理程序概述（账务处理程序的概念、意义、种类）
2. 记账凭证账务处理程序（含义、一般步骤、内容）
3. 汇总记账凭证账务处理程序（含义、一般步骤、内容、汇总记账凭证的编制方法）
4. 科目汇总表账务处理程序（含义、一般步骤、内容、科目汇总表的编制方法）

第一节　账务处理程序概述

一、账务处理程序的概念与意义

账务处理程序（又称会计核算组织程序或会计核算形式），是指会计凭证、会计账簿、财务报表相结合的方式，包括账簿组织和记账程序。

【解释】 ①账簿组织是指会计凭证和会计账簿的种类、格式，会计凭证与账簿之间的联系方法；②记账程序是指由填制、审核原始凭证到填制、审核记账凭证，登记日记账、明细分类账和总分类账，编制财务报表的工作程序和方法等。

【点拨】 注意账务处理程序的概念、别称、主要内容（包括账簿组织和记账程序两部分）。**【多选题/判断题】**

科学、合理地选择账务处理程序的意义主要有：

（1）有利于规范会计工作，保证会计信息加工过程的严密性，提高会计信息质量。

（2）有利于保证会计记录的完整性和正确性，增强会计信息的可靠性。

（3）有利于减少不必要的会计核算环节，提高会计工作效率，保证会计信息的及时性。

【点拨】 注意科学合理地选择账务处理程序的意义。**【多选题】**

【补充】 ①设计会计核算组织程序（会计核算形式、账务处理程序）是会计制度设计的重要内容，是会计部门和会计人员的一项重要工作；②设计会计核算组织程序的根本立足点是提高会计信息质量。非常重要的基本概念。**【单选题】**

经典例题讲解

例题 8－1·判断题　账务处理程序，又称为会计核算组织程序或会计核算形式。（　　）

【答案解析】　√　表述正确。

例题 8－2·多选题　账务处理程序是指（　　）相结合的方式。

A. 会计报表　　B. 会计账簿　　C. 会计凭证　　D. 原始凭证

【答案解析】　ABC　账务处理程序是指会计凭证、会计账簿、会计报表相结合的方式。

例题 8－3·判断题　账务处理程序是指由填制和审核原始凭证、编制记账凭证到登记日记账、明细分类账和总分类账，编制财务报表的工作程序和方法等。（　　）

【答案解析】　×　账务处理程序包括账簿组织和记账程序。账簿组织是指会计凭证和会计账簿的种类、格式，会计凭证与账簿之间的联系方法；记账程序是指由填制、审核原始凭证到填制、审核记账凭证，登记日记账、明细分类账和总分类账，编制财务报表的工作程序和方法等。

例题 8－4·多选题　下列项目中，属于科学、合理地选择适用于本单位的账务处理程序的意义有（　　）。

A. 有利于会计工作程序的规范化

B. 有利于增强会计信息的可靠性

C. 有利于保证会计记录的完整性、正确性

D. 有利于保证会计信息的及时性

【答案解析】 ABCD　四个选项都是科学、合理地选择账务处理程序的重要意义。

例题 8-5·单选题　下列各项中，属于设计会计核算组织程序根本立足点的是（　　）。

A. 简化核算工作步骤　　B. 节约核算成本

C. 提高会计信息质量　　D. 节省核算时间

【答案解析】 C　设计会计核算组织程序的根本立足点是提高会计信息质量。

例题 8-6·单选题　设置会计核算组织程序是（　　）的一项重要内容。

A. 会计制度设计　　B. 会计凭证设计

C. 会计账簿设计　　D. 会计报表设计

【答案解析】 A　设计会计核算组织程序是会计制度设计的重要内容，是会计部门和会计人员的一项重要工作。

二、账务处理程序的种类

企业常用的账务处理程序主要有记账凭证账务处理程序、汇总记账凭证账务处理程序和科目汇总表账务处理程序等。它们之间的主要区别为登记总分类账的依据和方法不同。

【思考1】　常用的账务处理程序有哪三种（记账凭证账务处理程序、汇总记账凭证账务处理程序、科目汇总表账务处理程序）？**【多选题】**

【思考2】　三种常用账务处理程序的主要不同之处是什么（登记总分类账的依据和方法不同，即登记总分类账的依据有三种：记账凭证、汇总记账凭证和科目汇总表）？**【选择题】**

【思考3】　三种常用账务处理程序的相同之处有哪些？**【多选题】**结合后面三种账务处理程序具体步骤（或借鉴“流程图”）的讲解就可以得到答案，注意总结。

经典例题讲解

例题 8-7·多选题　下列各项中，属于企业常用的账务处理程序有（　　）。

A. 记账凭证账务处理程序　　B. 汇总记账凭证账务处理程序

C. 多栏式日记账账务处理程序　　D. 科目汇总表账务处理程序

【答案解析】 ABD　企业常用的账务处理程序主要有记账凭证账务处理程序、汇总记账凭证账务处理程序以及科目汇总表账务处理程序三种。

例题 8-8·判断题　记账凭证账务处理程序，汇总记账凭证账务处理程序和科目汇总表账务处理程序的主要区别为登记总分类账的依据和方法不同。（　　）

【答案解析】 √　表述正确。

第二节 记账凭证账务处理程序

记账凭证账务处理程序是指对发生的经济业务，先根据原始凭证或汇总原始凭证填制记账凭证，再直接根据记账凭证登记总分类账的一种账务处理程序。

【点拨】 记账凭证账务处理程序的概念必须掌握。【单选题】注意关键词“根据记账凭证登记总分类账”。

一、一般步骤

记账凭证账务处理程序的一般步骤如图 8 - 1 所示。

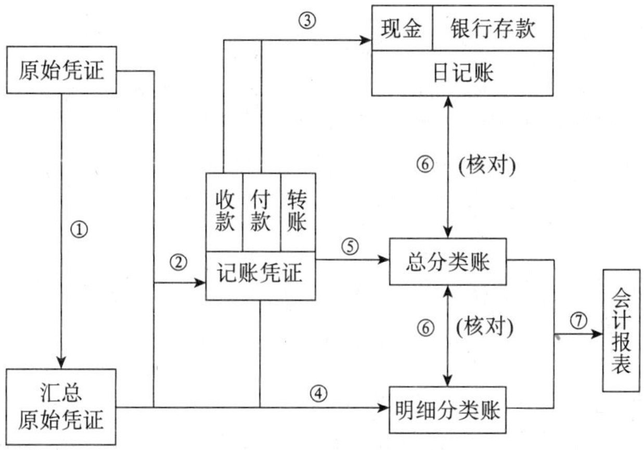

图 8 - 1 记账凭证账务处理程序流程图

①根据原始凭证填制汇总原始凭证。

②根据原始凭证或汇总原始凭证，填制收款凭证、付款凭证和转账凭证（也可填制通用记账凭证）。

③根据收款凭证和付款凭证逐笔登记库存现金日记账和银行存款日记账。

④根据原始凭证、汇总原始凭证和记账凭证，登记各种明细分类账。

【思考】 登记明细分类账的依据是哪些？【多选题】

⑤根据记账凭证逐笔登记总分类账。（注：和其他两种账务处理程序的根本区别所在）。

⑥期末，将库存现金日记账、银行存款日记账和明细分类账的余额同有关总分类账的余额核对相符。

⑦期末，根据总分类账和明细分类账的记录，编制会计报表。

【点拨】 记账凭证账务处理程序的一般步骤应当熟悉，还要和其他两种账务处理程序相区别。【各类题型】注意和图 8 - 1 所示的“流程图”结合起来学习会更清晰。

二、记账凭证账务处理程序的内容

（1）特点：直接根据记账凭证对总分类账进行逐笔登记。它是最基本的账务处理程序。
（2）优点：简单明了、易于理解，总分类账可以较详细地反映经济业务的发生情况。
（3）缺点：登记总分类账的工作量较大。
（4）适用范围：规模较小、经济业务量较少的单位。

【点拨】 记账凭证账务处理程序的特点（即之所以称为“记账凭证账务处理程序”的原因）、优缺点、适用范围必须掌握，而且不能单独掌握，要和其他两种账务处理程序相区分。

【各种题型】

经典例题讲解

例题 8－9・判断题 记账凭证账务处理程序中，企业应根据原始凭证编制汇总原始凭证。（ ）

【答案解析】 √ 表述正确。

例题 8－10・判断题 采用记账凭证账务处理程序时，总分类账是根据记账凭证逐笔登记的。（ ）

【答案解析】 √ 表述正确。

例题 8－11・多选题 下列各项中，属于记账凭证账务处理程序优点的有（ ）。

A. 具有试算平衡的作用，有利于保证总账登记的正确性
B. 简单明了、易于理解
C. 登记总分类账的工作量较小
D. 总分类账可以较详细地反映经济业务的发生情况

【答案解析】 BD 记账凭证账务处理程序的优点是：简单明了、易于理解，总分类账可以较详细地反映经济业务的发生情况。

例题 8－12・单选题 下列各项中，不属于记账凭证会计核算形式缺点的是（ ）。

A. 账页耗用多　　B. 总分类账登记方法易于掌握
C. 登记总账工作量大　　D. 登记的工作效率难以保证

【答案解析】 B 总分类账登记方法易于掌握，属于记账凭证会计核算形式的优点。

例题 8－13・多选题 关于记账凭证账务处理程序，下列说法正确的有（ ）。

A. 根据记账凭证逐笔登记总分类账，是最基本的账务处理程序
B. 简单明了、易于理解，总分类账可以较详细地反映经济业务的发生情况
C. 登记总分类账的工作量较大
D. 适用于规模较大、经济业务量较多的单位

【答案解析】 ABC 记账凭证账务处理程序适用于规模较小，经济业务量较少的单位，D选项错误，其余三项表述正确。

例题 8－14・多选题 下列各项中，属于记账凭证账务处理程序一般步骤的有（ ）。

A. 期末，将库存现金日记账、银行存款日记账和明细分类账的余额同有关总分类账的余额核对相符

B. 期末，根据总分类账和明细分类账记录，编制会计报表

C. 根据收、付款凭证逐笔登记库存现金日记账和银行存款日记账

D. 根据原始凭证、汇总原始凭证和记账凭证，登记各种明细分类账

【答案解析】 ABCD 四个选项都属于记账凭证账务处理程序的一般步骤。

第三节 汇总记账凭证账务处理程序

汇总记账凭证账务处理程序是指先根据原始凭证或汇总原始凭证填制记账凭证，定期根据记账凭证分类编制汇总收款凭证、汇总付款凭证和汇总转账凭证，再根据汇总记账凭证登记总分类账的一种账务处理程序。

【点拨】 汇总记账凭证账务处理程序的概念必须掌握。**【单选题】** 注意关键词“根据汇总记账凭证登记总分类账”。

一、汇总记账凭证的编制方法

汇总记账凭证是指对一段时期内同类记账凭证进行定期汇总而编制的记账凭证。汇总记账凭证可以分为汇总收款凭证、汇总付款凭证和汇总转账凭证。

【点拨】 在汇总记账凭证账务处理程序中，和其他两种账务处理程序相比，要多设置一类凭证——“汇总记账凭证”。**【单选题】** 还要注意汇总记账凭证的分类。**【多选题】**

（一）汇总收款凭证的编制

汇总收款凭证根据“库存现金”和“银行存款”账户的借方进行编制（或设置）。汇总收款凭证是在对各账户对应的贷方分类之后，进行汇总编制。总分类账根据各汇总收款凭证的合计数进行登记，分别记入“库存现金”、“银行存款”总分类账户的借方，并将汇总收款凭证上各账户贷方的合计数分别记入有关总分类账户的贷方。

【点拨】 汇总收款凭证的编制方法［关键词：“按借方科目编制（或设置），按贷方科目归类、汇总”］非常重要，注意和另外两种汇总凭证编制方法的区分。**【单选题】**

（二）汇总付款凭证的编制

汇总付款凭证根据“库存现金”和“银行存款”账户的贷方进行编制（或设置）。汇总付款凭证是在对各账户对应的借方分类之后，进行汇总编制。总分类账根据各汇总付款凭证的合计数进行登记，分别记入“库存现金”、“银行存款”总分类账户的贷方，并将汇总付款凭证上各账户借方的合计数分别记入有关总分类账户的借方。

【点拨】 汇总付款凭证的编制方法［关键词：“按贷方科目编制（或设置），按借方科目归类、汇总”］非常重要，注意和另外两种汇总凭证编制方法的区分。**【单选题】**

（三）汇总转账凭证的编制

汇总转账凭证通常根据所设置账户的贷方进行编制（或设置）。汇总转账凭证是在对所设置账户相对应的借方账户分类之后，进行汇总编制。总分类账根据各汇总转账凭证的合计数进行登记，分别记入对应账户的总分类账户的贷方，并将汇总转账凭证上各账户借方的合计数分别记入有关总分类账户的借方。

【点拨】 汇总转账凭证的编制方法［关键词："按贷方科目编制（或设置），按借方科目归类、汇总"］非常重要，注意和另外两种汇总凭证编制方法的区分。**【单选题】**

【解释】 由于汇总转账凭证是按每一贷方科目编制的，为了便于汇总，在编制的过程中贷方账户必须唯一，借方账户可一个或多个，即转账凭证必须"一借一贷"或"多借一贷"。若遇"一借多贷"或"多借多贷"的转账凭证，需分解为"一借一贷"或"多借一贷"的会计分录后再进行汇总。即必须是"一贷，借方个数可以不管"。**【单选题/判断题】**

【小结】 关于各类汇总凭证的编制方法，很容易混淆，但又是考试常出现的考点。现再次总结如下：①汇总收款凭证，应分别按照"库存现金"、"银行存款"账户的"借方"编制，并按其对应的"贷方"账户归类、汇总；②汇总付款凭证，应分别按照"库存现金"、"银行存款"账户的"贷方"编制，并按其对应的"借方"账户归类、汇总；③汇总转账凭证应按照每一账户的"贷方"分别编制，并按其对应的"借方"账户归类、汇总。注意对比、总结。

二、一般步骤

汇总记账凭证账务处理程序的一般步骤如图 8－2 所示。

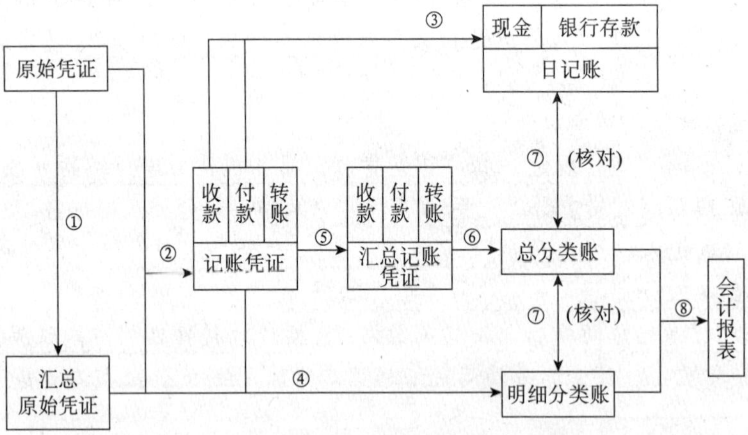

图 8－2　汇总记账凭证账务处理程序流程图

①根据原始凭证填制汇总原始凭证。

②根据原始凭证或汇总原始凭证，编制收款凭证、付款凭证和转账凭证（也可填制通用记账凭证）。

③根据收款凭证、付款凭证逐笔登记库存现金日记账和银行存款日记账。

④根据原始凭证、汇总原始凭证和记账凭证，登记各种明细分类账。

⑤根据各种记账凭证编制有关汇总记账凭证（包括汇总收款凭证、汇总付款凭证和汇总转账凭证）（注：和其他两种账务处理程序不一样）。

⑥根据各种汇总记账凭证登记总分类账（注：和其他两种账务处理程序的根本区别所在）。

⑦期末，将库存现金日记账、银行存款日记账和明细分类账的余额同有关总分类账的余额核对相符。

⑧期末，根据总分类账和明细分类账的记录，编制会计报表。

【点拨】 汇总记账凭证账务处理程序的一般步骤应该熟悉，还要和其他两种账务处理程序相区别。注意和图 8-2 所示的“流程图”结合起来学习会更清晰。**【各类题型】**

三、汇总记账凭证账务处理程序的内容

（1）特点：先根据记账凭证编制汇总记账凭证（汇总收款凭证、汇总付款凭证和汇总转账凭证），再根据汇总记账凭证登记总分类账。

【提示】 在这一程序中，除设置收款凭证、付款凭证和转账凭证外，还应设置汇总收款凭证、汇总付款凭证和汇总转账凭证。**【多选题】**

（2）优点：减轻了登记总分类账的工作量，便于了解账户的对应关系。

（3）缺点：当转账凭证较多时，编制汇总转账凭证的工作量较大，并且按每一贷方账户编制汇总转账凭证，不利于会计核算的日常分工。

（4）适用范围：规模较大、经济业务较多的单位。

【点拨】 汇总记账凭证账务处理程序的特点（即之所以称为“汇总记账凭证账务处理程序”的原因）、优缺点、适用范围必须掌握，而且不能单独掌握，而要和其他两种账务处理程序相区分。**【各类题型】**

经典例题讲解

例题 8-15·单选题 下列各项中，不属于汇总记账凭证的是（　　）。

A. 汇总付款凭证　　B. 汇总转账凭证

C. 三栏式凭证　　D. 汇总收款凭证

【答案解析】 C 汇总记账凭证可以分为汇总收款凭证、汇总付款凭证和汇总转账凭证。

例题 8-16·多选题 下列各项中，以记账凭证为依据，按有关账户的贷方设置，按借方账户归类的有（　　）。

A. 汇总付款凭证　　B. 汇总转账凭证

C. 科目汇总表　　D. 汇总收款凭证

【答案解析】 AB 汇总收款凭证，应分别按照库存现金、银行存款账户的“借方”设置，并按其对应的“贷方”账户归类、汇总；汇总付款凭证，应分别按照库存现金、银行存款账户的“贷方”设置，并按其对应的“借方”账户归类、汇总；汇总转账凭证应按照每一账户的“贷方”分别编制，并按其对应的“借方”账户归类、汇总。

例题 8－17·判断题 汇总记账凭证账务处理程序中的汇总转账凭证，在编制过程中贷方账户必须唯一。（ ）

【答案解析】 √ 表述正确。

例题 8－18·单选题 下列不属于汇总记账凭证账务处理程序步骤的是（ ）。

A. 根据原始凭证、汇总原始凭证编制记账凭证

B. 根据各种记账凭证编制有关汇总记账凭证

C. 根据记账凭证逐笔登记总分类账

D. 根据各种汇总记账凭证登记总分类账

【答案解析】 C 选项 C 属于记账凭证账务处理程序。

例题 8－19·多选题 汇总记账凭证账务处理程序的特点有（ ）。

A. 记账凭证可以采用通用的格式，即通用记账凭证

B. 定期将全部记账凭证按收、付款凭证和转账凭证分别归类编制成汇总记账凭证

C. 根据汇总记账凭证登记总分类账

D. 根据一定时期内的全部记账凭证，按相同的科目进行归类，并计算出每一总账科目本期发生额

【答案解析】 BC D 选项是科目汇总表账务处理程序的步骤，不是汇总记账凭证账务处理程序的特点；A 的表述其他账务处理程序也适用，不是特点。

例题 8－20·单选题 在汇总记账凭证账务处理程序下，记账凭证和账簿的设置与记账凭证账务处理程序基本相同，但要另外设置（ ）。

A. 原始凭证汇总表　　B. 记账凭证汇总表

C. 日记总账　　D. 汇总记账凭证

【答案解析】 D 在汇总记账凭证账务处理程序下，除设置收款凭证、付款凭证和转账凭证以外，还应设置汇总收款凭证、汇总付款凭证和汇总转账凭证，作为登记总分类账的依据。

例题 8－21·多选题 下列各项中，属于汇总记账凭证账务处理程序优点的有（ ）。

A. 便于试算平衡　　B. 便于会计核算的日常分工

C. 减轻了登记总分类账的工作量　　D. 便于了解账户之间的对应关系

【答案解析】 CD 汇总记账凭证账务处理程序的优点是：减轻了登记总分类账的工作量，便于了解账户之间的对应关系。缺点是：当转账凭证较多时，编制汇总转账凭证的工作量较大，并且按每一贷方账户编制汇总转账凭证，不利于会计核算的日常分工。

例题 8－22·多选题 下列关于汇总记账凭证账务处理程序的说法错误的有（ ）。

A. 便于会计核算的分工

B. 当转账凭证较多时，编制汇总转账凭证的工作量较大

C. 适用于规模较小，业务量较少，记账凭证不多的单位

D. 便于试算平衡

【答案解析】 ACD 汇总记账凭证账务处理程序的优点是减轻了登记总分类账的工作量，便于了解账户的对应关系，但没有试算平衡的作用。缺点是当转账凭证较多时，编制汇总转账凭证的工作量较大，并且按每一贷方账户编制汇总转账凭证，不利于会计核算的日常分工。该账务处理程序适用于规模较大、经济业务较多的单位。逐一对照，B 选项的说法正确，其余三项说法错误。

例题 8－23·判断题　汇总记账凭证账务处理程序的缺点是按每一贷方科目编制汇总转账凭证，不利于会计核算的日常分工，当转账凭证较多时，编制汇总记账凭证的工作量较大。（　　）

【答案解析】　√　表述正确。

第四节　科目汇总表账务处理程序

科目汇总表账务处理程序（又称为记账凭证汇总表账务处理程序）是指根据记账凭证定期编制科目汇总表，再根据科目汇总表登记总分类账的一种账务处理程序。

【点拨】　科目汇总表账务处理程序的概念必须掌握。**【单选题】**注意关键词“根据科目汇总表登记总分类账”。

一、科目汇总表的编制方法

科目汇总表（又称为记账凭证汇总表），是企业通常定期对全部记账凭证进行汇总后，按照不同的会计科目分别列示各账户借方发生额和贷方发生额的一种汇总凭证。

【解释】　“科目汇总表”又称为“记账凭证汇总表”，但和“汇总记账凭证”不一样。注意辨析。

科目汇总表的编制方法是：根据一定时期内的全部记账凭证，按照会计科目进行归类，定期汇总出每一个账户的借方本期发生额和贷方本期发生额，填写在科目汇总表的相关栏内。

【思考】　科目汇总表的编制依据是什么（记账凭证）？**【单选题】**具体的编制方法是怎样的？**【判断题】**

【点拨】　科目汇总表的编制可能出现计算分析题，但可能性较小，不过作为一项会计基础技能要求掌握。其出题方式基本上是给出部分经济业务，然后让考生编制科目汇总表。核心技能有两点：其一是对经济业务的账务处理（会计分录的编制），其二是科目汇总表的编制方法。可参考随章同步练习学习掌握。

【提示 1】　特别地，对于科目汇总表中的“库存现金”、“银行存款”账户的借方本期发生额和贷方本期发生额，也可以直接根据库存现金日记账和银行存款日记账的收入合计和支出合计填列。**【判断题】**

【提示 2】　任何格式的科目汇总表，都只反映各个账户的借方本期发生额和贷方本期发生额，不反映各个账户的余额，也不反映各个账户之间的对应关系。非常重要，**【判断题】**

【提示 3】　科目汇总表可每月编制一张，按旬汇总，也可每旬汇总一次编制一张。**【判断题】**

科目汇总表格式如表 8－1 所示。

表 8－1　　科目汇总表

年　月　日　　字第　号

会计科目	本期发生额		记账凭证起讫号码
	借方	贷方	
库存现金			
银行存款			
其他应收款			
……			
合计			

二、一般步骤

科目汇总表账务处理程序的一般步骤如图 8－3 所示。

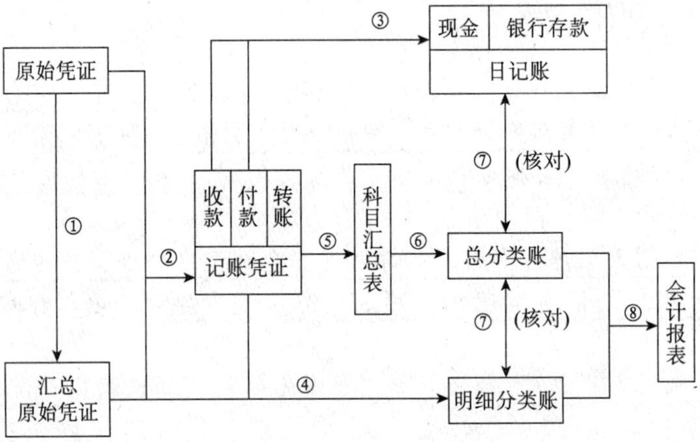

图 8－3　科目汇总表账务处理程序流程图

①根据原始凭证填制汇总原始凭证。

②根据原始凭证或汇总原始凭证，填制记账凭证。

③根据收款凭证、付款凭证逐笔登记库存现金日记账和银行存款日记账。

④根据原始凭证、汇总原始凭证和记账凭证，登记各种明细分类账。

⑤根据各种记账凭证编制科目汇总表。（注：和其他两种账务处理程序不一样）

⑥根据科目汇总表登记总分类账。（注：和其他两种账务处理程序的根本区别所在）

⑦期末，将库存现金日记账、银行存款日记账和明细分类账的余额同有关总分类账的余额核对相符。

⑧期末，根据总分类账和明细分类账的记录，编制会计报表。

【点拨】 科目汇总表账务处理程序的一般步骤应该熟悉，还要和其他两种账务处理程序相区别，注意和图 8－3 所示的“流程图”结合起来学习会更清晰。**【各类题型】**

三、科目汇总表账务处理程序的内容

（1）特点：先将所有记账凭证汇总编制成科目汇总表，然后以科目汇总表为依据登记总分类账。

（2）优点：减轻了登记总分类账的工作量，易于理解，方便学习，并可做到试算平衡。

（3）缺点：不能反映各个账户之间的对应关系，不利于对账目进行检查。

（4）适用范围：适用于经济业务较多的单位。

【点拨】 科目汇总表账务处理程序的特点（即之所以称为“科目汇总表账务处理程序”的原因）、优缺点、适用范围必须掌握，而且不能单独掌握，要和其他两种账务处理程序相区分。**【各类题型】**

【小结】 三种账务处理程序对比如表8－2所示。

表8－2　　三种账务处理程序对比表

内容＼种类	记账凭证账务处理程序	汇总记账凭证账务处理程序	科目汇总表账务处理程序
优点	简单明了，易于理解，总分类账可以较详细地反映经济业务的发生情况	减轻了登记总分类账的工作量，便于了解账户之间的对应关系	减轻了登记总分类账的工作量，易于理解，方便学习，并可做到试算平衡
缺点	登记总分类账的工作量较大	当转账凭证较多时，编制汇总转账凭证的工作量较大，并且按每一贷方账户编制汇总转账凭证，不利于会计核算的日常分工	不能反映各个账户之间的对应关系，不利于对账目进行检查
适用范围	规模较小、经济业务量较少的单位	规模较大、经济业务较多的单位	经济业务较多的单位
登记总分类账的依据（三种程序的主要区别）	根据记账凭证逐笔登记总分类账	根据汇总记账凭证登记总分类账	根据科目汇总表登记总分类账

【思考】 知道了三种账务处理程序的主要区别后，还要知道三种账务处理程序的共同点在哪些方面？（可以查看三张“流程图”，当然也可以对照各自的“一般步骤”）**【多选题】**

经典例题讲解

例题8－24·单选题　科目汇总表的编制依据是（　　）。

A. 记账凭证　　B. 原始凭证　　C. 明细分类账　　D. 各种总账

【答案解析】 A　科目汇总表是依据记账凭证编制的。

例题8－25·单选题　在科目汇总表账务处理程序下，总账的登记依据是（　　）。

A. 记账凭证　　B. 原始凭证

C. 科目汇总表　　D. 汇总记账凭证

【答案解析】 C　在科目汇总表账务处理程序下，总账的登记依据是科目汇总表。

例题 8－26·单选题　科目汇总表的汇总范围是（　　）。

A. 全部账户的借、贷方发生额和余额

B. 全部账户的借、贷方余额

C. 全部账户的借、贷方本期发生额

D. 汇总收款凭证、汇总付款凭证、汇总转账凭证的合计数

【答案解析】 C　科目汇总表汇总全部账户的借方本期发生额和贷方本期发生额。

例题 8－27·单选题　下列各项中，不属于科目汇总表账务处理程序步骤的是（　　）。

A. 期末根据总分类账和明细分类账的记录，编制会计报表

B. 根据原始凭证、汇总原始凭证和记账凭证，登记各种明细分类账

C. 根据科目汇总表登记总分类账

D. 根据各种记账凭证编制汇总记账凭证

【答案解析】 D　选项 D 属于汇总记账凭证账务处理程序的步骤。

例题 8－28·单选题　下列会计凭证中，属于科目汇总表账务处理程序比记账凭证账务处理程序增加的项目是（　　）。

A. 编制原始凭证汇总表　　B. 编制汇总原始凭证

C. 编制科目汇总表　　D. 编制汇总记账凭证

【答案解析】 C　选项 AB 两种账务处理程序均涉及，选项 D 两种账务处理程序均不涉及。

例题 8－29·单选题　下列各项中，属于科目汇总表账务处理程序缺点的是（　　）。

A. 不能进行试算平衡　　B. 不便于会计核算分工

C. 会计科目数量限制　　D. 反映不出账户的对应关系

【答案解析】 D　科目汇总表账务处理程序的优点是减轻了登记总分类账的工作量，易于理解，方便学习，并可做到试算平衡；缺点是科目汇总表不能反映各个账户之间的对应关系，不利于对账目进行检查。该账务处理程序适用于经济业务较多的单位。

例题 8－30·判断题　科目汇总表可每月编制一张，按旬汇总，也可每旬汇总一次编制一张。（　　）

【答案解析】 √　表述正确。

例题 8－31·多选题　各种账务处理程序的相同之处表现为（　　）。

A. 根据原始凭证编制汇总原始凭证

B. 根据原始凭证或原始凭证汇总表编制记账凭证

C. 根据记账凭证和有关的原始凭证或原始凭证汇总表登记各种明细账

D. 根据总账和明细账的记录编制会计报表

【答案解析】 ABCD　三者的共同之处可以从“流程图”中看出，四个选项对于三种账务处理程序来说都是相同的。

例题 8－32·多选题　下列关于账务处理程序的表述中，不正确的有（　　）。

A. 汇总记账凭证账务处理程序便于核对账目，利于会计工作的分工

B. 汇总记账凭证账务处理程序反映了有关科目之间的对应关系，便于核对账目

C. 记账凭证账务处理程序适用于经济业务较多的单位

D. 科目汇总表账务处理程序适用于经济业务较多的单位

【答案解析】 AC 选项A应该是不利于会计工作的分工；选项C应该是适用于规模较小、经济业务量较少的单位。

例题8－33·多选题 在各种账务处理程序下，不属于银行存款日记账登账依据的有（ ）。

A. 原始凭证　　B. 收款凭证　　C. 付款凭证　　D. 科目汇总表

【答案解析】 AD 在各种账务处理程序下，银行存款日记账的登账依据都是收款凭证和付款凭证。

例题8－34·判断题 在科目汇总表账务处理程序下，根据原始凭证、汇总原始凭证和记账凭证汇总表，登记各种明细账。（ ）

【答案解析】 × 在科目汇总账务处理程序下，根据原始凭证、汇总原始凭证和记账凭证，登记各种明细账。

例题8－35·判断题 在不同的账务处理程序下，会计报表的编制依据不同。（ ）

【答案解析】 × 会计报表都是根据总账和明细账编制的，各种账务处理程序都一样。

随章同步练习

一、单项选择题

1. 在会计核算中，填制和审核会计凭证、根据会计凭证登记账簿、根据账簿记录编制会计报表，这个过程的步骤以及三者的结合方式称为（ ）。

A. 会计工作组织　　B. 会计凭证传递

C. 会计账簿组织　　D. 账务处理程序

2. 下列属于记账凭证账务处理程序优点的是（ ）。

A. 总分类账反映经济业务较详细　　B. 减轻了登记总分类账的工作量

C. 有利于会计核算的日常分工　　D. 便于核对账目和进行试算平衡

3. 下列各项中，适用于规模较小、业务量较少的账务处理程序是（ ）。

A. 记账凭证账务处理程序　　B. 汇总记账凭证账务处理程序

C. 多栏式日记账账务处理程序　　D. 科目汇总表账务处理程序

4. 下列属于记账凭证账务处理程序主要缺点的是（ ）。

A. 不能体现账户的对应关系　　B. 不便于会计合理分工

C. 方法不易掌握　　D. 登记总分类账的工作量较大

5. 下列不属于记账凭证账务处理程序步骤的是（ ）。

A. 根据原始凭证或汇总原始凭证填制记账凭证

B. 根据原始凭证或汇总原始凭证、记账凭证登记明细账

C. 根据明细账和总分类账编制会计报表

D. 根据记账凭证登记汇总记账凭证和总分类账

6. 甲公司是一家小规模企业，选用记账凭证处理程序记账，工作流程涉及如下环节：(1) 根

据原始凭证或原始凭证汇总表填制记账凭证；（2）根据原始凭证或原始凭证汇总表、记账凭证登记明细账；（3）根据明细账和总分类账编制会计报表；（4）根据收款凭证、付款凭证登记库存现金日记账和银行存款日记账；（5）根据记账凭证登记总分类账。下列流程中，顺序正确的是（　　）。

A.（1）（2）（3）（4）（5）　　B.（1）（5）（3）（4）（2）

C.（1）（4）（2）（5）（3）　　D.（5）（3）（4）（1）（2）

7. 以下属于汇总记账凭证账务处理程序主要缺点的是（　　）。

A. 登记总账的工作量较大

B. 当转账凭证较多时，编制汇总转账凭证的工作量较大

C. 不便于体现账户间的对应关系

D. 不便于进行账目的核对

8. 编制汇总记账凭证时，正确的处理方法是（　　）。

A. 汇总付款凭证按库存现金、银行存款账户的借方编制，并按其对应的贷方账户归类汇总

B. 汇总收款凭证按库存现金、银行存款账户的贷方编制，并按其对应的借方账户归类汇总

C. 汇总转账凭证按每一账户的借方编制，并按其对应的贷方账户归类汇总

D. 汇总转账凭证按每一账户的贷方编制，并按其对应的借方账户归类汇总

9. 下列不属于汇总记账凭证账务处理程序步骤的是（　　）。

A. 根据原始凭证、汇总原始凭证编制记账凭证

B. 根据各种记账凭证编制有关汇总记账凭证

C. 根据记账凭证逐笔登记总分类账

D. 根据各汇总记账凭证登记总分类账

10. 下列各项中，属于既能汇总登记总分类账，减轻总账登记工作，又能明确反映账户对应关系，便于查账、对账的账务处理程序是（　　）。

A. 科目汇总表账务处理程序　　B. 日记账账务处理程序

C. 汇总记账凭证账务处理程序　　D. 多栏式日记账账务处理程序

11. 适用于规模较大、收付款业务多、转账业务少的单位的账务处理程序是（　　）。

A. 科目汇总表账务处理程序　　B. 记账凭证账务处理程序

C. 汇总记账凭证账务处理程序　　D. 通用记账凭证账务处理程序

12. 为了便于填制汇总转账凭证，平时填制转账凭证时，应尽可能使账户的对应关系保持（　　）。

A. “一借一贷”或“一贷多借”　　B. “一借一贷”或“一借多贷”

C. “一贷多借”或“多借多贷”　　D. “一借多贷”或“多借多贷”

13. 甲公司是一家大型制药企业，账务处理程序采用汇总记账凭证账务处理程序，201×年10月16日，购进一台价值117 000元的生产设备，款项尚未支付。下列关于该业务登入总账依据的表述中，正确的是（　　）。

A. 汇总付款凭证　　B. 汇总收款凭证

C. 记账凭证汇总表　　D. 汇总转账凭证

14. 下列各项中，属于汇总记账凭证账务处理程序下，按“库存现金”和“银行存款”账户借方进行编制，根据其对应的贷方分类后汇总，定期填入相应栏内的是（　　）。

A. 科目汇总表　　B. 汇总收款凭证
C. 汇总付款凭证　　D. 汇总转账凭证

15. 以下各项中，属于科目汇总表账务处理程序缺点的是（　　）。
A. 不便于进行试算平衡　　B. 增加了登记总分类账的工作量
C. 不便于检查核对账目　　D. 增加了计算（或会计核算）的账务处理程序

16. 根据记账凭证定期编制科目汇总表，再根据科目汇总表登记总分类账。下列各项中，属于这种账务处理程序的是（　　）。
A. 记账凭证账务处理程序　　B. 汇总记账凭证账务处理程序
C. 科目汇总表账务处理程序　　D. 不存在这种账务处理程序

17. 会计报表是根据（　　）资料编制的。
A. 日记账、总账和明细账　　B. 日记账和明细分类账
C. 明细账和总分类账　　D. 日记账和总分类账

18. 关于科目汇总表，下列表述错误的是（　　）。
A. 科目汇总表不便于核对账目
B. 科目汇总表能起到试算平衡的作用
C. 科目汇总表便于了解账户之间的对应关系
D. 科目汇总表可以简化总分类账的登记工作

19. 以下关于科目汇总表账务处理程序的描述中，错误的是（　　）。
A. 根据科目汇总表登记总分类账
B. 不能反映账户间的对应关系
C. 能反映各账户一定时期内的借方发生额和贷方发生额，进行试算平衡
D. 由于科目汇总表的编制手续复杂，所以只适用于小规模、业务少的企业

二、多项选择题

1. 账务处理程序也称为会计核算组织程序，它是指（　　）相结合的方式。
A. 会计凭证　　B. 会计账簿　　C. 会计报表　　D. 会计科目

2. 根据总账登记依据对账务处理程序进行分类，下列各项中，正确的有（　　）。
A. 记账凭证账务处理程序　　B. 汇总记账凭证账务处理程序
C. 科目汇总表账务处理程序　　D. 一般账务处理程序

3. 下列各项中，属于账务处理程序主要内容的有（　　）。
A. 会计凭证与账簿之间的联系方法
B. 会计凭证和会计账簿的种类、格式
C. 由原始凭证到填制记账凭证、登记总账和明细账、编制会计报表的程序和方法
D. 会计资料立卷归档的程序和方法

4. 以下属于记账凭证账务处理程序优点的有（　　）。
A. 简单明了、易于理解
B. 总分类账可较详细地记录经济业务发生情况
C. 便于进行会计科目的试算平衡
D. 减轻了登记总分类账的工作量

5. 下列关于记账凭证账务处理程序的表述中，不正确的有（　　）。
A. 适用于规模较大的单位　　B. 根据记账凭证逐笔登记总分类账
C. 登记总分类账的工作量较大　　D. 适用于经济业务量较多的单位

6. 在记账凭证会计核算形式下，总账登记的依据包括（　　）。
A. 原始凭证　　B. 收款凭证
C. 原始凭证汇总表　　D. 付款凭证

7. 属于汇总记账凭证账务处理程序优点的有（　　）。
A. 编制汇总记账凭证的程序比较简单
B. 登记总分类账的工作量小
C. 可以反映账户之间的对应关系
D. 具有试算平衡的作用，有利于保证总账登记的正确性

8. 汇总记账凭证账务处理程序的特点主要表现在（　　）。
A. 记账凭证可以采用一种通用的格式，即通用记账凭证
B. 定期将全部记账凭证按收、付款凭证和转账凭证分别归类编制成汇总记账凭证
C. 根据汇总记账凭证登记总账
D. 根据原始凭证或汇总原始凭证编制记账凭证

9. 下列凭证中，为汇总记账凭证账务处理程序特别设置的凭证有（　　）。
A. 汇总原始凭证　　B. 汇总收款凭证
C. 汇总付款凭证　　D. 汇总转账凭证

10. 在汇总记账凭证账务处理程序下，平时编制记账凭证时不可以填制（　　）。
A. 一借一贷转账凭证　　B. 一贷多借转账凭证
C. 多借多贷转账凭证　　D. 一借多贷转账凭证

11. 下列选项中，不能作为科目汇总表编制依据的有（　　）。
A. 明细分类账　　B. 各种总账　　C. 原始凭证　　D. 记账凭证

12. 下列不属于科目汇总表账务处理程序优点的有（　　）。
A. 便于反映各账户间的对应关系　　B. 便于进行试算平衡
C. 便于检查核对账目　　D. 简化登记总账的工作量

13. 科目汇总表账务处理程序缺点的有（　　）。
A. 登记总账工作量繁重　　B. 不便于反映账户对应关系
C. 不便于分析和检查经济业务过程　　D. 不便于查对账目

14. 在科目汇总表账务处理程序下，记账凭证是（　　）的依据。
A. 登记库存现金日记账　　B. 登记总分类账
C. 登记明细分类账　　D. 编制科目汇总表

15. 下列各项中，能够通过科目汇总表反映的有（　　）。
A. 各个账户贷方本期余额　　B. 各个账户借方本期余额
C. 各个账户借方本期发生额　　D. 各个账户贷方本期发生额

16. 不同账务处理程序所具有的相同之处有（　　）。
A. 编制记账凭证的直接依据相同　　B. 编制会计报表的直接依据相同
C. 登记明细分类账簿的直接依据相同　　D. 登记总分类账簿的直接依据相同

17. 在常见的几种账务处理程序中，共同的账务处理工作有（　　）。

A. 均应填制和取得原始凭证　　　　B. 均应编制记账凭证

C. 均应填制汇总记账凭证　　　　D. 均应设置和登记总账

18. 在不同的账务处理程序下，登记总账的依据可以有（　　）。

A. 记账凭证　　B. 汇总记账凭证　　C. 科目汇总表　　D. 汇总原始凭证

19. 记账凭证账务处理程序、汇总记账凭证账务处理程序和科目汇总表账务处理程序应共同遵循的程序有（　　）。

A. 根据原始凭证、汇总原始凭证和记账凭证登记各种明细分类账

B. 期末，库存现金日记账、银行存款日记账和明细分类账的余额与有关总分类账的余额核对相符

C. 根据记账凭证逐笔登记总分类账

D. 根据总分类账和明细分类账的记录，编制会计报表

20. 下列表述中，正确的有（　　）。

A. 汇总记账凭证账务处理程序按每一贷方科目编制汇总转账凭证，不利于会计核算的日常分工

B. 科目汇总表账务处理程序可以在总分类账中清晰地反映账户之间的对应关系

C. 记账凭证账务处理程序登记总分类账的工作量较大

D. 记账凭证账务处理程序可以较详细地反映经济业务的发生情况

三、判断题

1. 在我国，常用的账务处理程序主要有记账凭证账务处理程序、通用日记账账务处理程序和科目汇总表账务处理程序。（　　）

2. 同一个企业可以采用几种不同的账务处理程序。（　　）

3. 账务处理程序就是指记账程序。（　　）

4. 总账账簿登记的依据和方法取决于采用的会计核算组织形式。（　　）

5. 会计报表是根据总分类账、明细分类账和日记账的记录定期编制的。（　　）

6. 各种账务处理程序的不同之处在于登记明细账的直接依据不同。（　　）

7. 我国企业常用的三种账务处理程序中，汇总记账凭证账务处理程序是最基本的账务处理程序。（　　）

8. 记账凭证账务处理程序的特点是直接根据记账凭证逐笔登记总分类账，是最基本的账务处理程序。（　　）

9. 在记账凭证账务处理程序下，一般应设置三栏式库存现金日记账和银行存款日记账。（　　）

10. 在记账凭证账务处理程序下，登记明细账的依据和总账一样，都是直接根据记账凭证登记。（　　）

11. 记账凭证账务处理程序因为不存在编制科目汇总表或汇总记账凭证的程序，故对于业务量小的企业而言，最为实用。（　　）

12. 汇总记账凭证账务处理程序既能反映账户的对应关系，又能减轻登记总分类账的工作量。（　　）

13. 汇总记账凭证账务处理程序中的汇总转账凭证，在编制过程中贷方账户可以有多个。（　　）

14. 在汇总记账凭证账务处理程序中，汇总付款凭证应根据其他货币资金科目的贷方进行编制。（　　）

15. 汇总记账凭证一律按每一账户的借方编制，并按其对应的贷方账户归类汇总。（　　）

16. 汇总记账凭证账务处理程序的优点是减轻了登记总分类账的工作量。（　　）

17. 在汇总记账凭证的账务处理程序中，登记总分类账时，应根据汇总收款凭证的合计数，记入“库存现金”或者“银行存款”总分类账户的借方，并根据汇总付款凭证各账户贷方的合计数分别计入有关对应总分类账户的贷方。（　　）

18. 科目汇总表账务处理程序，是指根据记账凭证定期编制科目汇总表，再根据科目汇总表登记总分类账的一种账务处理程序。（　　）

19. 科目汇总表不仅可以起到试算平衡的作用，还可以反映账户之间的对应关系。（　　）

20. 科目汇总表账务处理程序以科目汇总表作为登记明细账的依据。（　　）

21. 科目汇总表可每月编制一张，按旬汇总，也可每旬汇总一次编制一张。（　　）

22. 科目汇总表上按各个会计科目归类汇总发生额，并计算其余额。（　　）

23. 科目汇总表的编制方法是，根据一定时期内的全部记账凭证，按照会计科目进行归类，定期汇总出每一个账户的借方本期发生额和贷方本期发生额。（　　）

24. 科目汇总表账务处理程序能科学地反映账户的对应关系，且便于核对账目。（　　）

25. 科目汇总表账务处理程序适合于经济业务较少的单位。（　　）

四、计算分析题

某工业企业201×年1月1日至10日发生下列经济业务：

（1）1日，从银行提取现金1 000元备用。

（2）2日，从黄海厂购进材料一批，已验收入库，价款5 000元，增值税进项税额850元，款项尚未支付。

（3）2日，销售给广丰工厂C产品一批，价款为100 000元，增值税销项税额17 000元，款项尚未收到。

（4）3日，厂部的张山出差，借支差旅费500元，以现金付讫。

（5）4日，车间领用乙材料一批，其中用于B产品生产3 000元，用于车间一般消耗500元。

（6）5日，销售给吉润公司D产品一批，价款为20 000元，增值税销项税额为3 400元，款项尚未收到。

（7）5日，从华东公司购进丙材料一批，价款8 000元，增值税进项税额1 360元，材料已运达企业但尚未验收入库，款项尚未支付。

（8）7日，接到银行通知，收到广丰工厂前欠货款117 000元，已经办妥入账。

（9）8日，通过银行转账支付5日所欠华东公司的购料款9 360元。

（10）10日，购入计算机一台，增值税专用发票上价款8 000元，增值税税额1 360元，签发一张转账支票支付。

要求：根据以上经济业务，完成下列“科目汇总表”的编制，见下表。

科目汇总表

201×年1月1日至10日 单位：元

会计科目	借方发生额	贷方发生额
库存现金	1 000	500
银行存款	117 000	(1)
应收账款	(2)	117 000
原材料	5 000	3 500
在途物资	8 000	—
生产成本	3 000	—
其他应收款	500	—
固定资产	8 000	—
主营业务收入	—	(3)
制造费用	500	—
应交税费	(4)	20 400
应付账款	9 360	(5)
合计	296 330	296 330

参考答案及解析

一、单项选择题

1. D 账务处理程序（又称会计核算组织程序或会计核算形式），是指会计凭证、会计账簿、财务报表相结合的方式，包括账簿组织和记账程序。

2. A 记账凭证账务处理程序的优点：记账程序简单明了，易于理解，总分类账可以较详细地反映经济业务的发生情况。

3. A 记账凭证账务处理程序适用于规模较小、经济业务量较少的单位。

4. D 记账凭证账务处理程序的主要缺点是登记总分类账的工作量较大。

5. D 根据记账凭证登记汇总记账凭证和总分类账是汇总记账凭证账务处理程序的步骤。

6. C 根据明细账和总分类账编制会计报表是各类账务处理程序的最后一个步骤。

7. B 汇总记账凭证账务处理程序主要缺点：当转账凭证较多时，编制汇总转账凭证的工作量较大，并且按每一贷方账户编制汇总转账凭证，不利于会计核算的日常分工。

8. D 汇总收款凭证按库存现金、银行存款账户的借方编制，并按其对应的贷方账户归类汇总；汇总付款凭证按库存现金、银行存款账户的贷方编制，并按其对应的借方账户归类汇总；汇总转账凭证按每一账户的贷方编制，并按其对应的借方账户归类汇总。

9. C 选项C属于记账凭证账务处理程序的步骤。

10. C 汇总记账凭证账务处理程序能减轻登记总分类账的工作量，便于了解账户之间的对应关系。

11. C 汇总记账凭证账务处理程序适用于规模较大、经济业务较多的单位。而且当转账凭证较多时，汇总记账凭证账务处理程序编制汇总转账凭证的工作量较大，因此更适合转账业务少的单位。

12. A 汇总转账凭证通常是按每一个账户的贷方分别设置，定期将这一期间内的全部转账凭证，按与所设账户相对应的借方账户加以分类、汇总填列一次。在编制的过程中贷方账户必须唯一，借方账户可一个或多个，即转账凭证必须“一借一贷”或“多借一贷”。

13. D 甲公司采用汇总记账凭证账务处理程序，登记总账的依据是汇总记账凭证。在该具体业务中，根据其特点应该编制转账凭证。因此，登记总账的依据应该是汇总转账凭证。

14. B 汇总收款凭证按库存现金、银行存款账户的借方编制，并按其对应的贷方账户归类汇总；汇总付款凭证、汇总转账凭证都是按贷方编制，并按其对应的借方账户归类汇总。

15. C 科目汇总表账务处理程序的缺点是科目汇总表不能反映各个账户之间的对应关系，不利于对账目进行检查。

16. C 科目汇总表账务处理程序又称记账凭证汇总表账务处理程序，它是根据记账凭证定期编制科目汇总表，再根据科目汇总表登记总分类账的一种账务处理程序。

17. C 三种账务处理程序中，会计报表都是根据明细账和总分类账编制的。

18. C 科目汇总表不反映各账户之间的对应关系。

19. D 科目汇总表账务处理程序适用于经济业务较多的单位。

二、多项选择题

1. ABC 账务处理程序（也称会计核算组织程序、会计核算形式）是指会计凭证、会计账簿、会计报表相结合的方式。

2. ABC 常用的账务处理程序主要有记账凭证账务处理程序、汇总记账凭证账务处理程序以及科目汇总表账务处理程序三种。它们的不同之处在于登记总分类账的依据和方法不同。

3. ABC 账务处理程序包括账簿组织和记账程序。账簿组织是指会计凭证和会计账簿的种类、格式，会计凭证与账簿之间的联系方法；记账程序是指由填制、审核原始凭证到填制、审核记账凭证，登记日记账、明细分类账和总分类账，编制财务报表的工作程序和方法等。

4. AB 记账凭证账务处理程序的优点：简单明了、易于理解，总分类账可以较详细地反映经济业务的发生情况。

5. AD 记账凭证账务处理程序的特点是：直接根据记账凭证逐笔登记总分类账；缺点：登记总分类账的工作量较大；适用范围：适用于规模较小、经济业务量较少的单位。

6. BD 在记账凭证会计核算形式下，直接根据记账凭证逐笔登记总分类账。B和D选项属于记账凭证。

7. BC 汇总记账凭证账务处理程序的优点：减轻了登记总分类账的工作量。可以反映账户之间的对应关系，便于查账。

8. BC AD选项并不是汇总记账凭证账务处理程序的特点，其他两种账务处理程序也有这样的做法。

9. BCD 汇总记账凭证账务处理程序要特别设置汇总记账凭证，包括汇总收款凭证、汇总付款凭证和汇总转账凭证。

10. CD 在汇总记账凭证账务处理程序下，编制转账凭证过程中贷方账户必须唯一，借方账户可一个或多个。

11. ABC 应该根据各种记账凭证编制科目汇总表。

12. AC 科目汇总表账务处理程序的优点是减轻了登记总分类账的工作量，易于理解，方便学习，并可做到试算平衡。选项AC是其缺点。

13. BCD 科目汇总表账务处理程序的优点是减轻了登记总分类账的工作量，易于理解，方便学习，并可做到试算平衡；缺点是科目汇总表不能反映各个账户之间的对应关系，不利于对账目进行检查。该账务处理程序适用于经济业务较多的单位。

14. ACD 在科目汇总表账务处理程序下，记账凭证是登记库存现金日记账、银行存款日记账、科目汇总表、明细分类账的依据。科目汇总表是登记总分类账的依据。

15. CD 任何格式的科目汇总表，都只反映各个账户的借方本期发生额和贷方本期发生额（不反映各账户的余额），不反映各个账户的对应关系。

16. ABC 三种账务处理程序下：都是根据原始凭证或汇总原始凭证编制记账凭证；根据收款凭证、付款凭证逐笔登记库存现金日记账和银行存款日记账；期末根据总分类账和明细分类账编制会计报表。而区别恰恰是登记总分类的依据和方法不同。

17. ABD 汇总记账凭证账务处理程序应该填制汇总记账凭证，其他两种账务处理程序不需要填制汇总记账凭证。

18. ABC 各种账务处理程序的主要区别是登记总账的依据不同，记账凭证账务处理程序根据记账凭证逐笔登记总分类账，汇总记账凭证账务处理程序根据汇总记账凭证登记总分类账，科目汇总表账务处理程序根据科目汇总表登记总分类账。

19. ABD 各种账务处理程序的主要区别是登记总账的依据不同，其余步骤基本相同，即C选项是记账凭证账务处理程序的特点。

20. ACD 科目汇总表不能反映各账户之间的对应关系，B选项错误，其余三项表述正确。

三、判断题

1. × 我国常用的账务处理程序主要有：记账凭证账务处理程序、汇总记账凭证账务处理程序、科目汇总表账务处理程序。

2. × 同一个企业采用一种账务处理程序。

3. × 账务处理程序包括账簿组织和记账程序。

4. √ 表述正确。

5. × 各种账务处理程序下，期末要根据总分类账和明细分类账的记录，编制会计报表。

6. × 各种账务处理程序的不同之处在于登记总分类账的依据和方法不同。

7. × 记账凭证账务处理程序是最基本的账务处理程序。

8. √ 表述正确。

9. √ 表述正确。

10. × 在记账凭证账务处理程序下，根据记账凭证逐笔登记总分类账。根据原始凭证、汇总原始凭证和记账凭证登记明细分类账。

11. √ 表述正确。

12. √ 表述正确。

13. × 汇总记账凭证账务处理程序中的汇总转账凭证，在编制过程中贷方账户必须唯一。

14. × 汇总付款凭证应根据银行存款或库存现金科目的贷方进行编制。

15. × 汇总转账凭证是按照每一科目的贷方分别编制的，汇总收款凭证是按照库存现金和银行存款账户的借方编制的，汇总付款凭证是按照库存现金和银行存款账户的贷方编制的，并非所有的汇总记账凭证都是按借方账户进行编制的。

16. √ 表述正确。

17. × 在汇总记账凭证的账务处理程序中，登记总分类账时，应根据汇总收款凭证的合计数，记入“库存现金”或者“银行存款”总分类账户的借方，根据汇总收凭证各账户贷方的合计数分别记入有关总分类账户的贷方。

18. √ 表述正确。

19. × 科目汇总表可以起到试算平衡的作用，但是不能反映账户之间的对应关系。

20. × 科目汇总表账务处理程序以科目汇总表作为登记总分类账的依据。

21. √ 表述正确。

22. × 科目汇总表不反映科目余额。

23. √ 表述正确。

24. × 科目汇总表不能反映账户之间的对应关系。

25. × 科目汇总表账务处理程序适合于经济业务较多的单位。

四、计算分析题

（1）19 720 （2）140 400 （3）120 000 （4）3 570 （5）15 210

第九章 chapter 9 财产清查

课前导语

本章主要学习财产清查的概念与意义，财产清查的种类、程序，财产清查的方法及财产清查结果的处理，难度不大。唯一需要深度理解的内容在最后一节“财产清查结果的处理”中里面涉及的一些账务处理。本章计算分析题的出题点主要有两处：其一是银行存款余额调节表的填制；其二是财产清查结果账务处理的会计分录，不难，但非常重要。

考试大纲基本要求

了解：财产清查的意义与种类

熟悉：财产清查的一般程序，货币资金、实物资产和往来款项的清查方法

掌握：银行存款余额调节表的编制、财产清查结果的账务处理

本章框架结构

财产清查
1. 财产清查概述（财产清查的概念、意义、种类、一般程序）
2. 财产清查的方法（货币资金的财产清查、实物资产的财产清查、往来款项的财产清查）
3. 财产清查结果的处理（财产清查结果处理的要求、处理的步骤与方法、账务处理）

第一节 财产清查概述

一、财产清查的概念与意义

财产清查是指通过对货币资金、实物资产和往来款项等财产物资进行盘点或核对，确定其实存数，查明账存数与实存数是否相符的一种专门方法。

【提示】 财产清查是会计核算方法之一，注意财产清查的概念及财产清查的目的（确定账实是否相符）。**【选择题】**

财产清查的意义主要有：

（1）查明各项财产物资的实有数量，确定实有数量与账面数量之间的差异，查明原因和责任，以便采取有效措施，消除差异，改进工作，从而保证账实相符，提高会计资料的准确性。

（2）查明各项财产物资的保管情况是否良好，有无因管理不善，造成霉烂、变质、损失浪费，或者被非法挪用、贪污盗窃的情况，以便采取有效措施，改善管理，切实保障各项财产物资的安全完整。

（3）查明各项财产物资的库存和使用情况，合理安排生产经营活动，充分利用各项财产物资，加速资金周转，提高资金使用效益。

【提示】 财产清查的范围包括各项财产物资。**【判断题】**

【点拨】 注意财产清查的意义。**【多选题】**

【补充】 造成账实不符的原因较多，主要有：①财产收发过程中由于计量或检验不准，造成多收或少收的差错；②在账簿记录中发生的漏记、重记、错记等；③财产物资保管过程中发生自然损耗；④未达账项；⑤由于管理不善、制度不严造成的财产损坏、丢失和被盗等；⑥发生自然灾害和意外事故等。注意：造成账实不符的原因是多方面的，并不能简单认为一定是保管员的责任或是记账错误等原因。**【多选题】**

经典例题讲解

例题 9－1·多选题 下列有关财产清查的叙述中，正确的有（ ）。

A. 财产清查是会计监督职能的核心内容

B. 财产清查是会计核算方法体系的重要组成部分

C. 财产清查的目的是查明账存数与实存数是否相符

D. 财产清查为实现会计信息的真实可靠提供了质量保证

【答案解析】 BCD 财产清查并不是会计监督职能的核心内容，其余三项表述正确。

例题 9－2·判断题 通过财产清查可以做到账证相符，账物相符。（ ）

【答案解析】　×　财产清查是指通过对货币资金、实物资产和往来款项等财产物资进行盘点或核对，确定其实存数，查明账存数与实存数是否相符的一种专门方法。

例题 9－3·判断题　财产清查的范围包括企业的各项财产物资。（　　）

【答案解析】　√　表述正确。

例题 9－4·多选题　下列属于造成账实不符的原因的有（　　）。

A. 会计账簿漏记、重记　　B. 财产物资收发计量错误

C. 财产物资的毁损被盗　　D. 财产物资的自然损耗

【答案解析】　ABCD　四个选项都可能造成账实不符。

二、财产清查的种类

财产清查的种类如表 9－1 所示。

表 9－1　财产清查的种类

标准	分类结果	说明
按财产清查范围	全面清查	全面清查是指对所有的财产进行全面的盘点和核对。需要进行全面清查的情况通常有：①年终决算前；②企业在合并、撤销或改变隶属关系前；③中外合资、国内合资前；④企业股份制改制前；⑤开展全面的资产评估、清产核资前；⑥单位主要领导调离工作前等。【多选题】 【提示】全面清查的特点是清查范围大、内容多、时间长、参与人员多，不宜经常进行。【多选题】
	局部清查	局部清查是指根据需要只对部分财产物资进行盘点和核对。局部清查一般包括下列清查内容：①库存现金应每日清点核对一次；②银行存款至少每月同银行核对一次；③债权、债务应每年至少核对一至两次；④贵重财产物资每月都要清查盘点；⑤流动性较大的财产物资（原材料、在产品、产成品等）应根据需要随时轮流盘点或重点抽查。【多选题】 【提示】局部清查的特点是清查范围小、内容少、时间短、参与人员少，但专业性很强。【多选题】
按财产清查的时间	定期清查	定期清查是指按照预先计划安排的时间，对财产进行的盘点和核对。定期清查一般在年末、季末、月末进行。定期清查，可以是全面清查，也可以是局部清查
	不定期清查	不定期清查是指事前不规定清查日期，而是根据特殊需要临时进行的盘点和核对。不定期清查，可以是全面清查，也可以是局部清查。不定期清查主要在以下情况下进行：①财产、库存现金保管人员更换时；②发生自然灾害和意外损失时；③上级主管、财政、审计和银行等部门对本单位进行会计检查时；④进行临时性清查核资时。【多选题】
按财产清查的执行系统	内部清查	内部清查是指由本单位内部自行组织清查工作小组进行的财产清查工作。大多数财产清查都是内部清查
	外部清查	外部清查是指由上级主管部门、审计机关、司法部门、注册会计师根据国家有关规定或情况需要对本单位所进行的财产清查。一般来讲，进行外部清查时应有本单位相关人员参加

【点拨 1】　关于财产清查的种类，要从分类的标准和分类的结果两方面进行掌握。【多选题】

【点拨 2】　对于什么情况下进行全面清查、局部清查、定期清查、不定期清查、内部清查和外部清查都要求知悉，不要混淆，对它们各自的概念也需要区别掌握。【各类题型】

【补充】 企业应当定期将会计账簿与实物、款项及有关资料相互核对，保证会计账簿记录与实物及款项的实有数相符；在编制年度财务报表前，应当全面清查财产、核实债务。【判断题】

经典例题讲解

例题9－5·多选题 下列选项中，属于财产清查正确分类方法的有（　　）。

A. 全面清查和定期清查　　B. 定期清查和局部清查
C. 全面清查和局部清查　　D. 定期清查和不定期清查

【答案解析】 CD 财产清查按照清查范围分类，分为全面清查和局部清查；按照清查的时间分类，分为定期清查和不定期清查；按照清查的执行系统分类，分为内部清查和外部清查。

例题9－6·单选题 全面清查和局部清查是按照（　　）来划分的。

A. 财产清查范围　B. 财产清查时间　C. 财产清查方法　D. 财产清查性质

【答案解析】 A 财产清查按清查范围可分为全面清查和局部清查。

例题9－7·多选题 下列各项中，属于局部清查特点的有（　　）。

A. 清查范围小　B. 清查内容少　C. 专业性强　D. 参与人员少

【答案解析】 ABCD 局部清查范围小、内容少、时间短、参与人员少、但专业性很强。

例题9－8·多选题 下列情况适用于全面清查的有（　　）。

A. 年终决算前　　B. 企业合并、撤销或改变隶属关系前
C. 开展全面的资产评估、清产核资前　　D. 单位主要领导调离工作前

【答案解析】 ABCD 全面清查是对全部财产进行盘点和核对，上述四种情况发生时均涉及企业的全部财产，需进行全面清查。

例题9－9·单选题 进行局部财产清查时，下列做法不正确的是（　　）。

A. 债权债务每年至少核对1～2次　　B. 库存现金每月清点1次
C. 银行存款每月至少同银行核对1次　　D. 贵重物品每月盘点1次

【答案解析】 B 对于库存现金，每日终了，应由出纳人员进行清点核对。

例题9－10·单选题 出纳人员发生变动时，应对其保管的库存现金进行清查，这种财产清查属于（　　）。

A. 全面清查和定期清查　　B. 局部清查和不定期清查
C. 全面清查和不定期清查　　D. 局部清查和定期清查

【答案解析】 B 出纳人员管理的现金属于部分财产，出纳人员变动是不定期发生的事项，因此属于局部清查和不定期清查。

例题9－11·单选题 按照预先计划安排的时间对财产进行的盘点和核对是（　　）。

A. 定期清查　B. 全面清查　C. 局部清查　D. 不定期清查

【答案解析】 A 定期清查是指按照预先计划安排的时间对财产进行的盘点和核对。

例题9－12·判断题 不定期清查是指事前不规定清查日期，而是根据特殊需要临时进行的盘点和核对。（　　）

【答案解析】 √ 表述正确。

例题 9－13·判断题 定期财产清查的对象不定，可以是全面清查，也可以是局部清查。（ ）

【答案解析】 √ 表述正确。

例题 9－14·多选题 下列各项中，需要对财产物资进行不定期局部清查的有（ ）。

A. 财产、库存现金保管人员更换时　　B. 企业改变隶属关系时

C. 发生自然灾害和意外损失时　　D. 企业进行清产核资时

【答案解析】 AC B、D 选项属于不定期全面清查，与题意不符。

例题 9－15·判断题 对仓库中所有的存货进行盘点属于全面清查。（ ）

【答案解析】 × 对存货进行清查属于局部清查。

例题 9－16·多选题 下列事项中的财产清查属于外部清查的情形有（ ）。

A. 更换出纳时交接手续中清点库存现金

B. 企业主要领导离任时上级主管部门的清查

C. 发生自然灾害后对受损财产物资的清查

D. 企业进行清产核资时注册会计师的审计清查

【答案解析】 BD 外部清查是指由上级主管部门、审计机关、司法部门、注册会计师根据国家有关规定或情况需要对本单位所进行的财产清查，B、D 选项属于外部清查；内部清查是指由本单位内部自行组织清查工作小组所进行的财产清查，A、C 选项属于内部清查。

例题 9－17·判断题 企业应当定期将会计账簿与实物、款项及有关资料相互核对，保证会计账簿记录与实物及款项的实有数相符。（ ）

【答案解析】 √ 表述正确。

三、财产清查的一般程序

（1）建立财产清查小组。

（2）组织清查人员学习有关政策规定，掌握有关法律、法规和相关业务知识，以提高财产清查工作的质量。

（3）确定清查对象、范围，明确清查任务。

（4）制订清查方案，具体安排清查内容、时间、步骤、方法，以及必要的清查前准备。

（5）清查时本着先清查数量、核对有关账簿记录等，后认定质量的原则进行。【判断题】

（6）填制盘存清单。

（7）根据盘存清单，填制实物、往来账项清查结果报告表。

【点拨】 注意财产清查的一般程序。【多选题】

经典例题讲解

例题 9－18·单选题 下面关于财产清查程序的说法正确的是（ ）。

A. 在进行财产清查前要确定清查对象、范围，明确清查任务

B. 清查之前，需要制订清查方案，具体安排清查内容、时间、步骤、方法

C. 清查时本着先认定质量，后清查数量的原则来进行清查

D. 清查结束后，需要根据盘存单填制实物、往来账项清查报告表

【答案解析】 C 财产清查时本着先清查数量、核对有关账簿记录等，后认定质量的原则进行。

第二节 | 财产清查的方法

一、货币资金的清查方法

【解释】 货币资金的清查，主要指的是对库存现金、银行存款的清查。**【判断题】**

（一）库存现金的清查

库存现金的清查是采用实地盘点法确定库存现金的实存数，然后与库存现金日记账的账面余额相核对，确定账实是否相符。

【解释】 库存现金清查一般由主管会计或财务负责人和出纳人员共同清点，并填制库存现金盘点报告表。盘点时，一方面注意账实是否相符，另一方面检查现金管理制度的遵守情况。

清查盘点时，出纳人员必须在场。盘点结束后应填制"库存现金盘点报告表"（见表9－2），并由盘点人员和出纳人员签章。

【点拨】 注意"成果"的名称（库存现金盘点报告表），还要知道是由谁签章的。**【判断题】**

【提示】 "库存现金盘点报告表"兼有"盘存单"和"实存账存对比表"的作用，是证明库存现金实有数额的重要原始凭证，也是查明账实不符原因和据以调整账簿记录的重要依据。**【选择题/判断题】**

表9－2 **库存现金盘点报告表**

年 月 日

实存现金	账存现金	对比结果		备注
		长款	短款	

盘点人：（签章） 出纳人员：（签章）

（二）银行存款的清查

银行存款的清查是采用与开户银行核对账目的方法进行的。银行存款清查一般在月末进行。

【解释】 清查时，将本单位银行存款日记账的账簿记录与开户银行转来的对账单逐笔进行核对，以查明银行存款的实有数额。

【提示】 注意单位的银行存款实有数额既不是银行存款日记账上的余额，也不是银行对账单上的余额。**【判断题】**

1. 银行存款日记账与银行对账单不一致的原因

银行存款日记账与银行对账单不一致的原因主要有两个：一是企业或银行一方或双方记账过程有错误；二是存在“未达账项”，即“企业和银行之间，由于记账时间不一致而发生的一方已经入账，而另一方尚未入账的事项”。**【多选题】** 未达账项大致有下列四种情况：

（1）企业已收款记账，银行尚未收款记账：即企业已收，银行未收。

【举例 9-1】 企业销售产品收到支票，送存银行后即可根据银行盖章、退回的“进账单”回单联登记银行存款的增加，而银行不能马上记增加，要等款项收妥后再记增加。如果此时对账，则形成“企业已收、银行未收”的未达账项。

（2）企业已付款记账，银行尚未付款记账：即企业已付，银行未付。

【举例 9-2】 企业开出一张支票支付购货款，企业可以根据支票存根等凭证记银行存款的减少，而此时银行由于尚未接到支付款项的凭证，未记减少。如果此时对账，则形成“企业已付、银行未付”的未达账项。

（3）银行已收款记账，企业尚未收款记账：即银行已收，企业未收。

【举例 9-3】 外地某单位给企业汇来款项，银行收到汇款后，马上登记企业存款的增加，而企业此时尚未收到汇款凭证，未记银行存款的增加。如果此时对账，则形成“银行已收、企业未收”的未达账项。

（4）银行已付款记账，企业尚未付款记账：即银行已付，企业未付。

【举例 9-4】 银行代企业支付款项，银行已取得支付款项的凭证，已记企业存款的减少，企业此时尚未接到凭证，未记银行存款的减少。如果此时对账，则形成“银行已付、企业未付”的未达账项。

【思考】 (1)、(4) 两种情况会使“银行存款日记账余额”大于“银行对账单余额”；(2)、(3) 两种情况会使“银行存款日记账余额”小于“银行对账单余额”。为什么？**【多选题】**

【解释】 上述两大类“账实不符”的解决方案：①如果在核对中发现属于企业方面的记账差错，经确定后企业应立即更正；属于银行方面的记账差错，则应通知银行更正；②如果通过清查发现未达账项，则应编制“银行存款余额调节表”。

【点拨】 注意“未达账项”的概念及四种类型。**【多选题】**

2. 银行存款清查的步骤

（1）将本单位银行存款日记账与银行对账单，以结算凭证的种类、号码和金额逐日逐笔核对。凡双方都有记录的，可以在金额旁打上记号“√”。

（2）找出未达账项（即双方未打“√”记号的款项）。

（3）将日记账和对账单的月末余额及找出的未达账项填入“银行存款余额调节表”，并计算出调整后的余额。

（4）将调整平衡的“银行存款余额调节表”，经主管会计签章后，呈报开户银行。

【点拨 1】 “银行存款余额调节表”的编制是本门课程考试计算分析题常见、也是较简单的一种题型，大家务必搞懂。**【计算分析题】**

【点拨2】“银行存款余额调节表”的编制题主要有两种类型：一种是直接告诉一些“未达账项”，要求填制“银行存款余额调节表”；还有一种方式是告诉一定期间银行存款日记账的记录，再告诉同一期间银行对账单的记录，让考生判断哪些是未达账项，然后填制“银行存款余额调节表”。前一种是已经告知“未达账项”，关键是判断属于“未达账项”四种类型中的哪一类；后一种情况可以这样处理：首先将银行存款日记账与银行对账单以每一条记录金额（号码、种类）为依据逐笔核对，凡双方都有记录的，可以在金额旁打上记号“√”，不用考虑；其次，银行存款日记账和银行对账单中没有打“√”的记录就是“未达账项”，这时就和第一种题型一样了，关键是回到了判断属于“未达账项”的类型，从而填列到相应的空格（在会计实际工作中也是这样处理的）。这部分内容可结合随章同步练习学习掌握。

【总结】编制“银行存款余额调节表”的基本思路是：在企业银行存款日记账余额和银行对账单余额的基础上，各自补记“对方已入账而己方尚未入账”的数额（即各自加上对方已收款入账而己方尚未入账的数额，减去对方已付款入账而己方尚未入账的数额），然后验证经过调解的双方余额是否相等。

【举例9－5】 某企业201×年12月31日银行存款日记账账面余额为199 500元，开户行送来的对账单所列本企业存款余额为249 450元，经逐笔核对，发现未达账项如下：

（1）12月28日，企业为支付职工的差旅费开出现金支票一张，计600元，持票人尚未到银行取款。

（2）12月29日，企业因采购办公用品，开出转账支票一张，计9 750元，银行尚未入账。

（3）12月29日，企业收到购货单位转账支票一张，计16 500元，已开具进账单送存银行，但银行尚未入账。

（4）12月30日，企业经济纠纷案败诉，银行代扣违约罚金6 000元，企业尚未接到通知而未入账。

（5）12月31日，银行计算企业存款利息12 600元，已记入企业存款户，企业尚未接到通知而未入账。

（6）12月31日，银行受企业委托代收销货款49 500元，已收妥记入企业存款户中，企业尚未接到通知而未入账。

根据以上资料编制“银行存款余额调节表”（见表9－3）。

表9－3 **银行存款余额调节表**

201×年12月31日 单位：元

项目	金额	项目	金额
企业银行存款日记账余额	199 500	银行对账单账面余额	249 450
加：银行已收、企业未收款		加：企业已收、银行未收款	
（1）企业存款利息	12 600	（1）存入转账支票	16 500
（2）银行代收销货款	49 500	减：企业已付、银行未付款	
减：银行已付、企业未付款		（1）开出现金支票	600
（1）银行代扣罚金	6 000	（2）开出转账支票	9 750
调节后的存款余额	255 600	调节后的存款余额	255 600

主管会计：（签章） 制表人：（签章）

3. 银行存款余额调节表的作用

（1）银行存款余额调节表是一种对账记录或对账工具，不能作为调整账面记录的依据，即不能根据银行存款余额调节表中的未达账项来调整银行存款账面记录，未达账项只有在收到有关凭证后才能进行有关的账务处理。

【点拨】 银行存款余额调节表本身的作用非常重要。**【各类题型】**。它不能作为调整账面记录的依据，只有待有关凭证收到后才能进行有关的账务处理。

（2）调节后的余额如果相等，通常说明企业和银行的账面记录一般没有错误，该余额通常为企业可以动用的银行存款实有数。

【思考】 注意银行存款余额调节表中"调节后的存款余额"如果调节相等，那"调节后的存款余额"表示什么意思（实有数）。**【单选题/判断题】**

（3）调节后的余额如果不相等，通常说明一方或双方记账有误，需进一步追查，查明原因后予以更正和处理。

【技巧 1】 调节后企业银行存款日记账余额 = 企业银行存款日记账余额 + 银行已收而企业未收账项 − 银行已付而企业未付账项。

【技巧 2】 调节后银行存款对账单余额 = 银行对账单余额 + 企业已收而银行未收账项 − 企业已付而银行未付账项。

【技巧 3】 调节后的企业银行存款日记账余额 = 调节后的银行对账单余额。

经典例题讲解

例题 9 − 19 · 单选题 对库存现金进行盘点时，下列说法不正确的是（　　）。

A. 清查库存现金实存数，并与库存现金日记账余额核对

B. 盘点结果应填制"库存现金盘点报告表"

C. 出纳人员必须在场，并且由出纳亲自盘点

D. 检查库存限额的遵守情况及有无白条抵库情况

【答案解析】 C　库存现金盘点时出纳人员必须在场，但盘点工作应由参与清查的盘点人员来做。

例题 9 − 20 · 多选题 关于库存现金的清查，下列说法正确的是（　　）。

A. 库存现金应每日清点一次

B. 库存现金应采用实地盘点法

C. 要根据盘点结果编制"库存现金盘点报告表"，但不能据此进行账务处理

D. "库存现金盘点报告表"需要盘点人或出纳人员一方签字盖章

【答案解析】 AB　"库存现金盘点报告表"是库存现金清查的成果，是相关账务处理的重要依据；"库存现金盘点报告表"需要由盘点人和出纳人员共同签字盖章。

例题 9 − 21 · 单选题 对银行存款进行清查，应该采用的方法是（　　）。

A. 定期盘点法　　　　B. 与银行核对账目法

C. 实地盘点法　　　　D. 技术分析法

【答案解析】 B　银行存款采用与银行核对账目的方法进行清查。

例题 9－22·判断题 未达账项包括企业未收到凭证而未登记入账的款项和企业、银行都未收到凭证而未登记入账的款项。（　　）

【答案解析】 × 未达账项是指企业和银行之间，由于记账时间不一致而发生的一方已经入账、而另一方尚未入账的事项。企业、银行都未登记入账的款项不属于未达账项。

例题 9－23·多选题 企业银行存款日记账与银行对账单余额不一致可能是由于（　　）存在。

A. 未达账项

B. 应收账款

C. 应付账款

D. 企业或银行账目错误，发生错账、漏账等情况

【答案解析】 AD 银行存款日记账余额与银行对账单余额不一致的原因主要有两个：一是存在未达账项；二是银行或企业一方或双方记账过程错误。

例题 9－24·多选题 下列款项中，属于未达账项的有（　　）。

A. 企业已收款记账，银行未收款未记账的款项

B. 企业已付款记账，银行未付款未记账的款项

C. 银行已收款记账，企业未收款未记账的款项

D. 银行已付款记账，企业未付款未记账的款项

【答案解析】 ABCD 未达账项一般有以下四种类型：企业已收款记账，银行未收款未记账的款项；企业已付款记账，银行未付款未记账的款项；银行已收款记账，企业未收款未记账的款项；银行已付款记账，企业未付款未记账的款项。

例题 9－25·多选题 下列未达账项中，会使本企业"银行存款日记账"余额大于"银行对账单"余额的有（　　）。

A. 企业已收，银行未收款　　B. 银行已收，企业未收款

C. 银行已付，企业未付款　　D. 企业已付，银行未付款

【答案解析】 AC 选项 BD 会使本企业"银行存款日记账"余额小于"银行对账单"余额。

例题 9－26·多选题 编制"银行存款余额调节表"时，应调整银行对账单余额的业务是（　　）。

A. 企业已收，银行未收　　B. 企业已付，银行未付

C. 银行已收，企业未收　　D. 银行已付，企业未付

【答案解析】 AB "银行存款余额调节表"的编制原则是：各自补记对方已入账而已方尚未入账的数额。

例题 9－27·判断题 企业在银行的实有存款数应是银行对账单上列明的余额。（　　）

【答案解析】 × 经过"银行存款余额调节表"调节后的存款余额，是企业可动用的银行存款实有数。

例题 9－28·单选题 下列说法不正确的是（　　）。

A. 对于未达账项，需要根据"银行余额存款调节表"做账务处理

B. 对于未达账项，等以后有关原始凭证到达后再做账务处理

C. 如果调整之后双方的余额不相等，则说明银行或企业记账有误

D. 不需要根据“银行余额调节表”做任何账务处理

【答案解析】 A　“银行存款余额调节表”是一种对账记录或对账工具，不能作为调整账面记录的依据，即不能根据“银行存款余额调节表”中的未达账项来调整银行存款账面记录，未达账项只有在收到有关凭证后才能进行有关的账务处理。

例题 9－29·单选题　华为公司201×年9月30日银行存款日记账的余额为150万元，经逐笔核对，未达账项如下：银行已收，企业未收的5万元；银行已付，企业未付的2万元。调节后的企业银行存款余额应为（　　）万元。

A. 155　　B. 153　　C. 157　　D. 150

【答案解析】 B　调节后，企业银行存款日记账余额 = 企业银行存款日记账余额 + 银行已收而企业未收账项 - 银行已付而企业未付账项 = 150 + 5 - 2 = 153（万元）。

二、实物资产的清查方法

实物资产主要包括固定资产、存货等。实物资产的清查就是对实物资产的数量和质量所进行的清查。常用的清查方法主要有实地盘点法和技术推算法。**【多选题】**

1. 实地盘点法

实地盘点法是指通过点数、过磅、量尺等方法来确定实物资产实有数量的一种方法。

适用范围：适用于多数财产物资，适用范围较广。

2. 技术推算法

技术推算法是指利用技术方法对财产物资的实存数进行推算的方法，又称为“估推法”。

具体方法：通过量方、计尺等技术推算财产物资的结存数量（不逐一清点）。

适用范围：只适用于成堆、量大而价值又不高，难以逐一清点的财产物资的清查，如露天堆放的煤炭、沙石等。

【点拨】　注意两种实物资产清查方法的概念、适用情况。**【单选题/判断题】**

【提示】　清查过程中，实物保管人员和盘点人员必须同时在场。对于盘点结果，应如实登记盘存单，并由盘点人员和实物保管人员签字或盖章。谁在场、谁签章。**【判断题】**

【解释】　“盘存单”（见表9－4）既是记录盘点结果的书面证明，也是反映财产物资实存数的原始凭证。盘点结束后，根据“盘存单”和有关账簿记录，编制“实存账存对比表”。“实存账存对比表”（见表9－5）是用以调整账簿记录的重要原始凭证，也是明确经济责任的依据。**【选择题/判断题】**

表9－4　　盘　存　单

单位名称：　　盘点时间：　　编号：

财产类别：　　存放地点：　　金额单位：

编号	名称	计量单位	数量	单价	金额	备注

盘点人：（签章）　　保管人：（签章）

表 9-5　　实存账存对比表

使用部门：　　　　年　月　日　　　　编号：

财产类别：　　　　存放地点：　　　　金额单位：

编号	类别及名称	计量单位	单价	实存		账存		对比结果				备注
								盘盈		盘亏		
				数量	金额	数量	金额	数量	金额	数量	金额	

实物保管人：（签章）　　　　会计：（签章）

【补充】 财产物资盘存制度

财产物资盘存制度是指确定财产物资期末账面结存数量，进而计算出财产物资结存成本的方法，包括实地盘存制和永续盘存制（注意：和财产物资清查方法是不同的概念，不要混淆。盘存制度主要是为了确定账面结存数量；清查方法主要是为了确定实存数量）。【多选题】

（1）实地盘存制。实地盘存制是指企业对各项财产物资，只在账簿中登记其收入数，不登记其发出数，期末通过对实物的盘点来确定财产物资结余数，然后倒挤出本期发出数的一种盘存制度。其计算公式为：

本期发出数 = 期初结存数 + 本期收入数 - 期末实存数

（2）永续盘存制。永续盘存制也称为“账面盘存制”，是指企业对各项财产物资的收入和发出的数量及金额，都必须根据原始凭证和记账凭证在有关的账簿中进行连续登记，并随时结出账面余额的一种盘存制度。其计算公式为：

期末账面结存数 = 期初账面结存数 + 本期收入数 - 本期发出数

（3）实地盘存制和永续盘存制的区别。

①两种制度确定本期发出数与期末结存数的顺序相反。实地盘存制下，先确定期末结存数，后确定本期发出数；永续盘存制下，先确定本期发出数，后确定期末结存数。【选择题】

②不论永续盘存制或实地盘存制都需要进行实地盘点，但两者盘点目的不同【单选题】。永续盘存制的盘点是为了确定账实是否相符；实地盘存制的盘点是为了确定账面结存数后倒算发出数。在实地盘存制下不会出现账实不符的情况（因为直接用盘点数代替了账面结存数）。

经典例题讲解

例题 9-30 · 多选题 下列各项中，属于实物资产清查方法的有（　　）。

A. 永续盘存制　　B. 实地盘点法　　C. 技术推算法　　D. 实地盘存制

【答案解析】 BC 实物资产常用的清查方法主要有实地盘点法和技术推算法。选项 AD 不是清查方法，是盘存制度。

例题 9-31 · 判断题 对于露天堆放的煤炭等实物资产应采用技术推算法清查。（　　）

【答案解析】 √ 表述正确。

例题 9-32 · 多选题 下列各项中，应采用实地盘点法进行清查的有（　　）。

A. 固定资产　　B. 库存商品　　C. 银行存款　　D. 库存现金

【答案解析】 ABD　银行存款的清查方法是核对账目法。

例题 9－33·判断题　“盘存单”是实物清查结果的书面证明，反映财产物资的实存数，但不是调整账簿记录的直接依据。（　　）

【答案解析】 √　表述正确。“盘存单”既是记录盘点结果的书面证明，也是反映财产物资实存数的原始凭证，但不是调整账簿记录的直接依据。

例题 9－34·判断题　“盘存单”需经盘点人和实物保管人共同签章方有效。（　　）

【答案解析】 √　表述正确。

例题 9－35·单选题　对于财产清查中所发现的财产物资盘盈、盘亏和毁损，财会部门进行账务处理依据的原始凭证是（　　）。

A. 入库单　　B. 盘存单

C. 实存账存对比表　　D. 银行存款余额调节表

【答案解析】 C　“盘存单”是反映财产物资实存数的原始凭证，但它不是调整账簿记录的直接依据。将“盘存单”的实存数与账存数核对后编制的“实存账存对比表”才是调整账簿记录的直接依据。

例题 9－36·单选题　实地盘存制与永续盘存制的主要区别是（　　）。

A. 盘点的方法不同　　B. 盘点的目的不同

C. 盘点的工具不同　　D. 盘亏结果处理不同

【答案解析】 B　实地盘存制与永续盘存制的主要区别是盘点的目的不同。实地盘存制是为了在确定账面结存数后倒算出发出数，而永续盘存制是为了确定账实是否相符。

例题 9－37·单选题　采用实地盘存制，平时对财产物资（　　）。

A. 先登记发出数，再登记收入数　　B. 先登记收入数，后登记发生数

C. 只登记发出数，不登记收入数　　D. 只登记收入数，不登记发出数

【答案解析】 D　实地盘存制是指企业对各项财产物资，只在账簿中登记其收入数，不登记其发出数，期末通过对实物的盘点来确定财产物资结余数，然后倒算出本期发出数的一种盘存制度。

三、往来款项的清查方法

往来款项主要包括应收、应付款项和预收、预付款项等。往来款项的清查一般采用发函询证的方法进行核对，即按每一经济往来单位填制“往来款项对账单”，送交对方单位进行核对。

【解释】“往来款项对账单”一式两联，其中一联送交对方单位核对账目，另一联作为回单联。对方单位核对后将回单联盖章退回本单位，表示已核对；如果发现双方账目不相符，应在回单联上注明，以便进一步查对。

往来款项清查以后，将清查结果编制“往来款项清查报告单”，填列各项债权、债务的余额。对于有争执的款项以及无法收回的款项，应在报告单上详细列明情况，以便及时采取措施进行处理，避免或减少坏账损失。

【小结 1】“往来款项清查报告单”、“盘存单”、“银行余额调节表”都不能直接用来调整

账簿记录。

【小结2】 可以据以调整账面记录的原始凭证是："库存现金盘点报告表"、"实存账存对比表"。**【各类题型】**

经典例题讲解

例题9-38·单选题 对往来款项进行清查，应该采用的方法是（　　）。

A. 技术推算法　　B. 与银行核对账目法

C. 实地盘存法　　D. 发函询证法

【答案解析】 D 往来款项的清查一般采用发函询证的方法进行核对。

例题9-39·判断题 在往来款项清查中，根据对方单位核对盖章后退回的回单联编制的"往来款项清查报告单"，是企业会计人员据以调整账簿记录的原始凭证。（　　）

【答案解析】 × "往来款项清查报告单"不能据以调整账簿记录。

第三节　财产清查结果的处理

一、财产清查结果处理的要求

（1）分析账实不符的原因和性质，提出处理建议。

【解释】 一般而言，个人造成的损失，应由个人赔偿；因管理不善原因造成的损失，应作为企业管理费用入账；因自然灾害造成的非常损失，列入企业的营业外支出。这是总的处理原则。

（2）积极处理多余积压财产，清理往来款项。

（3）总结经验教训，建立健全各项管理制度。

（4）及时调整账簿记录，保证账实相符。

【提示】 对于财产清查中发现的盘盈或盘亏，应根据清查中取得的原始凭证填制记账凭证，登记有关账簿，及时调整账面记录，使账实相符外，还要同时反映待处理财产损溢的发生。

【点拨】 注意上述财产清查结果处理的要求。**【多选题】**

经典例题讲解

例题9-40·单选题 下列关于财产清查结果处理要求的叙述中，不正确的是（　　）。

A. 积极处理多余积压财产

B. 分析产生差异的原因和性质，提出处理建议

C. 及时调整会计凭证，保证真实可靠

D. 积极清理往来款项

【答案解析】 C 选项 C 表述错误，应该是及时调整账簿记录，保证账实相符。

二、财产清查结果处理的步骤和方法

（一）审批之前的处理

根据“清查结果报告表”、“盘点报告表”等已经查实的数据资料，填制记账凭证，记入有关账簿，使账簿记录与实际盘存数相符，同时根据权限，将处理建议报股东大会或董事会，或经理（厂长）会议或类似机构批准。

【思考】 有批准权的机构有哪些（股东大会或董事会、经理（厂长）会议或类似机构）？【多选题/判断题】

（二）审批之后的处理

企业清查的各种财产的损溢，应于期末前查明原因，并根据企业的管理权限，经股东大会或董事会，或经理（厂长）会议或类似机构批准后，在期末结账前处理完毕。企业应严格按照有关部门对财产清查结果批复的处理意见进行账务处理，填制有关记账凭证，登记有关账簿，并追回由于责任者原因造成的财产损失。

企业清查的各种财产的损溢，如果在期末结账前尚未得到批复，在对外提供财务报表时，先按上述规定进行处理，并在附注中做出说明；其后批准处理的金额与已处理金额不一致的，调整财务报表相关项目的年初数。

【提示】 企业清查发现的各种财产损溢，如在期末结账前得到审批部门批复的，按批复意见处理完毕；如在期末结账前未得到审批部门批复的，则按报批的方法先处理，日后批复意见如不一致，再做调整。因此，“待处理财产损溢”账户期末必然无余额。

【小结】 财产清查结果处理的基本步骤为：①核实清查结果，查明原因；②调整账簿记录，实现账实相符；③报请批准，并按批准结果进行相应的账务处理。非常重要。【多选题】

经典例题讲解

例题 9－41 · 多选题 财产清查结果的处理分审批前和审批后两个步骤，其审批的机构可能是（ ）。

A. 单位的董事会　　B. 单位的股东大会

C. 单位的经理（厂长）会议　　D. 上级主管部门

【答案解析】 ABC 有权批准财产清查结果处理意见的机构有股东大会或董事会、经理（厂长）会议或类似机构。

例题 9－42 · 多选题 下列选项中，属于财产清查结果处理步骤的有（ ）。

A. 核准数字，查明原因　　B. 销毁账簿资料

C. 进行批准后的账务处理　　　　　　　　　　D. 调整凭证，做到账实相符

【答案解析】 AC　财产清查结果处理的基本步骤：①核实清查结果，查明原因；②调整账簿记录，实现账实相符；③报请批准，并按批准结果进行相应的账务处理。

三、财产清查结果的账务处理

（一）设置“待处理财产损溢”账户

为了反映和监督企业在财产清查过程中查明的各种财产物资的盘盈、盘亏、毁损及其处理情况，应设置“待处理财产损溢”账户（见表9－6）（但固定资产盘盈和毁损分别通过“以前年度损益调整”、“固定资产清理”账户核算）。该账户属于双重性质的资产类账户，下设“待处理流动资产损溢”和“待处理非流动资产损溢”两个明细分类账户进行明细分类核算。

表9－6　　“待处理财产损溢”账户

借方	贷方
①财产物资的盘亏、毁损数	①财产物资的盘盈数
②转销已处理财产物资的盘盈数	②转销已处理财产物资的盘亏、毁损数
待处理财产净损失	待处理财产净溢余

【解释】 该账户的借方登记财产物资的盘亏数、毁损数和批准转销的财产物资盘盈数；贷方登记财产物资的盘盈数和批准转销的财产物资盘亏及毁损数。

【思考】 “待处理财产损溢”的账户性质及借方表示什么？贷方表示什么？结转前（处理完毕前）的借、贷方余额各表示什么？**【多选题/判断题】**

【提示】 企业清查的各种财产的盘盈、盘亏和毁损应在期末结账前处理完毕，所以“待处理财产损溢”账户在期末结账后没有余额。**【判断题】**

【总结】 特别的，对于固定资产而言：①固定资产盘盈通过“以前年度损益调整”账户核算；②固定资产毁损通过“固定资产清理”账户核算。③固定资产盘亏通过“待处理财产损溢”账户核算。但其他财产物资的盘盈、盘亏、毁损都通过“待处理财产损溢”账户核算。注意区别。**【选择题/判断题】**

（二）库存现金清查结果的账务处理

【思考】 盘盈、盘亏是什么意思？**【判断题】**

1. 库存现金盘盈的账务处理

库存现金盘盈时，应及时办理库存现金的入账手续，调整库存现金账簿记录，即按盘盈的金额借记“库存现金”科目，贷记“待处理财产损溢——待处理流动资产损溢”科目。

对于盘盈的库存现金，应及时查明原因，按管理权限报经批准后，按盘盈的金额借记“待处理财产损溢——待处理流动资产损溢”科目，按需要支付或退还他人的金额贷记“其他应付款”科目，按无法查明原因的金额贷记“营业外收入”科目。

【提示】 对于库存现金的盘盈，审批之后的处理可能涉及的贷方科目有“其他应付款”、“营业外收入”。注意区别。**【多选题】**

【举例9－6】 某企业在财产清查中，发现现金溢余（长款）150元。经查，其中100元

为某一员工未领报销款，50 元无法查明原因。

（1）报经批准前（盘盈时），编制会计分录如下：

借：库存现金 150

  贷：待处理财产损溢——待处理流动资产损溢 150

（2）经批准后，根据批准处理意见，编制会计分录如下：

借：待处理财产损溢——待处理流动资产损溢 150

  贷：其他应付款——××未领报销款 100

    营业外收入 50

2. 库存现金盘亏的账务处理

库存现金盘亏时，应及时办理盘亏的确认手续，调整库存现金账簿记录，即按盘亏的金额借记“待处理财产损溢——待处理流动资产损溢”科目，贷记“库存现金”科目。

对于盘亏的库存现金，应及时查明原因，按管理权限报经批准后，按可收回的保险赔偿和过失人赔偿的金额借记“其他应收款”科目；按管理不善等原因造成净损失的金额借记“管理费用”科目；按自然灾害等原因造成净损失的金额借记“营业外支出”科目；按原记入“待处理财产损溢——待处理流动资产损溢”科目借方的金额贷记本科目。

【提示】 对于库存现金的盘亏，审批之后的处理可能涉及的借方科目有“其他应收款”、“管理费用”、“营业外支出”。注意区别。**【多选题】**

【举例 9-7】 某企业在财产清查中，盘亏现金（短款）600 元。经查，其中 400 元应由出纳员赔偿，另外 200 元无法查明原因。

（1）报经批准前（盘亏时），编制会计分录如下：

借：待处理财产损溢——待处理流动资产损溢 600

  贷：库存现金 600

（2）经批准后，根据批准处理意见，编制会计分录如下：

借：其他应收款——出纳 400

  管理费用 200

  贷：待处理财产损溢——待处理流动资产损溢 600

（三）存货清查结果的账务处理

1. 存货盘盈的账务处理

存货盘盈时，应及时办理存货入账手续，调整存货账簿的账面数。盘盈的存货应按其重置成本作为入账价值，借记“原材料”、“库存商品”等科目，贷记“待处理财产损溢——待处理流动资产损溢”科目。

对于盘盈的存货，应及时查明原因，按管理权限报经批准后，冲减管理费用，即按其入账价值，借记“待处理财产损溢——待处理流动资产损溢”科目，贷记“管理费用”科目。

【提示】 盘盈的存货应按其重置成本作为入账价值。什么是重置成本，复习第二章“会计要素的计量”。另外，存货盘盈的处理非常特殊，最后是冲减“管理费用”科目（即贷记“管理费用”科目）。

【举例 9-8】 某企业在财产清查中，盘盈材料一批，按同类材料估价，确定其成本为 5 000 元。假定不考虑增值税因素。

（1）报经批准前（盘盈时），根据“账存实存对比表”确定的材料盘盈数，编制会计分录如下：

借：原材料　　5 000

　　贷：待处理财产损溢——待处理流动资产损溢　　5 000

（2）经批准后，根据批准处理意见，编制会计分录如下：

借：待处理财产损溢——待处理流动资产损溢　　5 000

　　贷：管理费用　　5 000

2. 存货盘亏的账务处理

存货盘亏时，应按盘亏的金额，借记“待处理财产损溢——待处理流动资产损溢”科目，贷记“原材料”、“库存商品”等科目。

对于盘亏的存货，应及时查明原因，按管理权限报经批准后，按可收回的保险赔偿和过失人赔偿的金额借记“其他应收款”科目；按管理不善（或自然损耗、一般经营损失、收发计量误差）等原因造成净损失的金额，借记“管理费用”科目；按自然灾害等（或非常损失）原因造成净损失的金额，借记“营业外支出”科目；按原记入“待处理财产损溢——待处理流动资产损溢”科目借方的金额贷记本科目。

【提示】 存货的盘亏，和库存现金的盘亏一致，也要视不同原因借记“其他应收款”、“管理费用”、“营业外支出”等科目。

【补充】 对于毁损的存货，可能留有残料。应按残料价值，借记“原材料”等科目。

【举例9－9】 某企业在财产清查中，盘亏库存商品40 000元，其中25 000元属于非常损失，5 000元应由仓库保管员负责赔偿，10 000元属于自然损耗。假设不考虑增值税因素。

（1）报经批准前（盘亏时），编制会计分录如下：

借：待处理财产损溢——待处理流动资产损溢　　40 000

　　贷：库存商品　　40 000

（2）经批准后，根据批准处理意见，编制会计分录如下：

借：管理费用　　10 000

　　其他应收款——保管员　　5 000

　　营业外支出　　25 000

　　贷：待处理财产损溢——待处理流动资产损溢　　40 000

（四）固定资产清查结果的账务处理

1. 固定资产盘盈的账务处理

企业在财产清查过程中盘盈的固定资产，经查明确属企业所有，按管理权限报经批准后，应根据盘存凭证填制固定资产交接凭证，经有关人员签字后送交企业会计部门，填写固定资产卡片账，并作为前期差错处理，通过“以前年度损益调整”科目核算。盘盈的固定资产通常按其重置成本作为入账价值，借记“固定资产”科目，贷记“以前年度损益调整”科目。

【提示】 固定资产盘盈业务比较特殊，不通过“待处理财产损溢”科目处理，而通过“以前年度损益调整”科目核算。**【单选题】**

【举例9－10】 甲公司在财产清查中，盘盈一台五成新的机器设备，该设备同类产品（全新）的市场价格为120 000元（即其重置成本为60 000元）。

假设不考虑增值税和递延所得税等因素，固定资产盘盈时，编制会计分录如下：

借：固定资产　　60 000

　　贷：以前年度损益调整　　60 000

【提示】 一般来说，重置成本 = 重置全价（全新同类资产的购置价格）×成新率。【单选题】

2. 固定资产盘亏的账务处理

固定资产盘亏时，应及时办理固定资产注销手续，按盘亏固定资产的净值，借记“待处理财产损溢——待处理非流动资产损溢”科目，按已提折旧额，借记“累计折旧”科目，按其原价，贷记“固定资产”科目。

对于盘亏的固定资产，应及时查明原因，按管理权限报经批准后，按过失人及保险公司应赔偿额，借记“其他应收款”科目；按盘亏固定资产的原价扣除累计折旧和过失人及保险公司赔偿后的差额，借记“营业外支出”科目；按盘亏固定资产的账面价值，贷记“待处理财产损溢——待处理非流动资产损溢”科目。

【提示】 固定资产盘亏的净损失一律计入“营业外支出”科目。【各类题型】

【举例 9-11】 某企业在财产清查中，发现短缺设备一台，账面原价 50 000 元，已提折旧 20 000 元。假定不考虑增值税和递延所得税等因素。

（1）报经批准前（盘亏时），编制会计分录如下：

借：待处理财产损溢——待处理非流动资产损溢　　30 000

（注：50 000 - 20 000）

　　累计折旧　　20 000

　　贷：固定资产　　50 000

（2）经批准后，根据批准处理意见，编制会计分录如下：

借：营业外支出　　30 000

　　贷：待处理财产损溢——待处理非流动资产损溢　　30 000

（五）结算往来款项盘存的账务处理

1. 应付款项的账务处理

企业在应付款项的清查过程中发现的长期未结算的往来款项，应及时清查。对于经查明确实无法支付的应付款项，可按规定程序报经批准后，转作营业外收入。

【举例 9-12】 某企业因采购原材料欠甲公司货款 20 000 元，按合同规定时间偿还甲公司货款时，得知甲公司已经注销，20 000 元货款无法支付，按规定程序报经批准后转销。

借：应付账款——甲公司　　20 000

　　贷：营业外收入　　20 000

【提示】 企业经查明确实是因债权人原因而无法支付的应付款项，无需通过“待处理财产损溢”账户，在报经批准后，直接转入“营业外收入”账户。【单选题/分录题】

2. 应收款项的账务处理

企业对于无法收回的应收款项，作为坏账损失冲减坏账准备。【单选题】

【解释】 坏账是指企业无法收回或收回的可能性极小的应收款项。由于发生坏账而产生的损失，称为“坏账损失”。

企业通常应将符合下列条件之一的应收款项确认为坏账：

（1）债务人死亡，以其遗产清偿后仍然无法收回。

（2）债务人破产，以其破产财产清偿后仍然无法收回。

（3）债务人较长时间内未履行其偿债义务，并有足够的证据表明无法收回或者收回的可能性极小。

【举例9－13】 甲企业因某客户破产，该客户所欠货款10 000元不能收回，经批准确认为坏账损失，做会计分录如下：

借：坏账准备　　10 000

　　贷：应收账款——某客户　　10 000

【点拨】 注意坏账的确认条件。**【多选题】**

【补充】 计提坏账准备的会计分录为：借记“资产减值损失”科目，贷记“坏账准备”科目。**【分录题】**

【解释1】 企业对有确凿证据表明确实无法收回的应收款项，经批准后作为坏账损失（会计分录为：借记“坏账准备”科目，贷记“应收账款”科目）。**【分录题】**

【解释2】 对于已确认为坏账的应收款项，并不意味着企业放弃了追索权，一旦重新收回，应及时入账（会计分录为：借记“银行存款”科目，贷记“坏账准备”科目）。**【分录题】**

【小结1】 各类财产清查的处理及原则如表9－7所示。**【选择题/分录题】**

表9－7　　各类财产清查的处理及原则

项目	批准前	批准后
库存现金	①盘盈 借：库存现金 　　贷：待处理财产损溢 ②盘亏 借：待处理财产损溢 　　贷：库存现金	①盘盈 借：待处理财产损溢 　　贷：营业外收入（无法查明原因） 　　　　其他应付款（应付给某人或某单位） ②盘亏 借：管理费用（管理不善等） 　　其他应收款（应收过失人、保险赔偿） 　　营业外支出（自然灾害等） 　　贷：待处理财产损溢
存货	①盘盈 借：原材料等（注：按其重置成本） 　　贷：待处理财产损溢 ②盘亏 借：待处理财产损溢 　　贷：原材料等	①盘盈 借：待处理财产损溢 　　贷：管理费用 ②盘亏 借：管理费用（管理不善等） 　　营业外支出（自然灾害等） 　　其他应收款（应收过失人、保险赔偿） 　　贷：待处理财产损溢

续表

<table>
<tr><th>项目</th><th>批准前</th><th>批准后</th></tr>
<tr><td rowspan="2">固定资产</td><td colspan="2">①盘盈
盘盈的固定资产作为前期差错处理，通过“以前年度损益调整”科目核算，不用区分批准前批准后，在盘盈时做以下会计分录
借：固定资产（注：按其重置成本）
贷：以前年度损益调整</td></tr>
<tr><td>②盘亏
先将盘亏的固定资产账面价值转入“待处理财产损溢”科目中
借：待处理财产损溢
累计折旧
贷：固定资产</td><td>经批准
借：营业外支出（净损失）
其他应收款（应收过失人、保险赔偿）
贷：待处理财产损溢</td></tr>
<tr><td>往来款项</td><td colspan="2">①应付款项
对于经查明确实无法支付的应付款项，可按规定程序报经批准后，转作“营业外收入”
借：应付账款
贷：营业外收入
②应收款项
对于无法收回的应收款项，作为坏账损失冲减“坏账准备”
借：坏账准备
贷：应收账款</td></tr>
</table>

【小结2】 不同财产清查的净损益记入不同的账户（见表9－8）。【单选题/判断题】

表9－8　　不同财产清查的净损益记入账户情况汇总

资产 \ 盘点情况	盘亏（借方）	盘盈（贷方）
库存现金	计入管理费用、营业外支出	计入营业外收入
存货（原材料、库存商品等）	计入管理费用、营业外支出	冲减管理费用
固定资产	计入营业外支出	通过“以前年度损益调整”账户核算

经典例题讲解

例题9－43·多选题 “待处理财产损溢”账户借方核算（　　）。

A. 财产物资的盘亏、毁损数　　B. 财产物资盘盈数

C. 转销已处理财产物资的盘亏、毁损数　　D. 转销已处理财产物资的盘盈数

【答案解析】 AD “待处理财产损溢”账户借方登记财产物资的盘亏、毁损数和批准转销的财产物资的盘盈数。

例题9－44·单选题 库存现金盘盈和毁损后，能确定责任人并由过失人赔偿的部分，经批准后计入（　　）。

A. 财务费用　　B. 营业外收入　　C. 其他应收款　　D. 管理费用

【答案解析】 C　对于盘亏的库存现金，应及时查明原因，按管理权限报经批准后，按可收回的保险赔偿和过失人赔偿的金额借记“其他应收款”科目。

例题9－45·多选题　在库存现金盘亏的账务处理中，批准后可能涉及的会计科目有（　　）。

A. 库存现金　　B. 营业外支出　　C. 其他应收款　　D. 管理费用

【答案解析】 BCD　企业盘亏的库存现金，经批准后，按可收回的保险赔偿和过失人赔偿的金额借记“其他应收款”科目，按管理不善等原因造成净损失的金额借记“管理费用”科目，按自然灾害等原因造成净损失的金额借记“营业外支出”科目，贷记“待处理财产损溢”科目。

例题9－46·判断题　对于盘盈的存货，如属自然溢余，经批准后，应转入“营业外收入”。（　　）

【答案解析】 ×　盘盈存货经批准后冲减“管理费用”。

例题9－47·判断题　存货的盘亏或毁损属于自然灾害造成的，其净损失应计入管理费用。（　　）

【答案解析】 ×　因自然灾害等原因造成的存货净损失应计入营业外支出。

例题9－48·单选题　盘盈的固定资产，经有关机构批准后，应贷记“（　　）”科目。

A. 以前年度损益调整　　B. 主营业务收入

C. 其他业务收入　　D. 营业外支出

【答案解析】 A　企业盘盈的固定资产，按管理权限报经批准后，通过“以前年度损益调整”账户核算。

例题9－49·单选题　财产清查中发现账外机器一台，其市场价格为8 000元，估计六成新，则该固定资产的入账价值为（　　）元。

A. 8 000　　B. 4 800　　C. 32 000　　D. 128 000

【答案解析】 B　该固定资产的入账价值＝8 000×0.6＝4 800（元）。

例题9－50·多选题　某企业在财产清查中发现短缺设备一台，账面原值30 000元，已计提折旧10 000元，在报经批准前，企业应做会计分录的借方为（　　）。

A. “待处理财产损溢”30 000元　　B. “营业外支出”20 000元

C. “累计折旧”10 000元　　D. “待处理财产损溢”20 000元

【答案解析】 CD　该企业发生固定资产盘亏，报经批准前，做会计分录为：

借：待处理财产损溢	20 000	
累计折旧	10 000	
贷：固定资产		30 000

例题9－51·判断题　经批准转销固定资产盘亏净损失时，账务处理应借记“营业外支出”科目，贷记“固定资产清理”科目。（　　）

【答案解析】 ×　盘亏固定资产净损失，应借记“营业外支出”科目，贷记“待处理财产损溢”科目。

例题9－52·判断题　由于债权人注销等原因无法支付的应付账款，经批准后应借记“应付账款”科目，贷记“待处理财产损溢”科目。（　　）

【答案解析】 × 由于债权人注销等原因而无法支付的应付账款，经批准后应记入“营业外收入”科目。

例题 9－53·判断题 企业对有确凿证据表明确实无法收回的应收款项，经批准后作为坏账损失，放弃对该应收款项的追索权。（ ）

【答案解析】 × 对于已确认为坏账的应收款项，并不意味着放弃追索权，一旦重新收回，应及时重新确认应收款，并收款入账。

随章同步练习

一、单项选择题

1. 一般来说，在企业合并、撤销或改变隶属关系时，应对财产进行（ ）。

A. 全面清查　B. 局部清查　C. 实地盘点　D. 定期清查

2. 某企业遭受洪灾后对其受损的财产物资进行的清查属于（ ）。

A. 局部清查和定期清查　B. 全面清查和定期清查

C. 局部清查和不定期清查　D. 全面清查和不定期清查

3. 在企业年终决算前，一般应对财产进行清查。下列关于该清查范围的表述中，正确的是（ ）。

A. 全面清查　B. 局部清查　C. 定期清查　D. 实地盘点

4. 企业不需对其财产进行全面清查的是（ ）。

A. 年终决算前　B. 企业进行股份制改制前

C. 更换仓库保管员　D. 企业破产

5. 下列选项中，不属于不定期清查的是（ ）。

A. 年终决算之前　B. 企业股份制改革前

C. 单位合并、撤销以及变更隶属关系　D. 单位主要领导调离时

6. （ ）应每日清点一次。

A. 银行存款　B. 贵重物品　C. 库存现金　D. 应收账款

7. 对银行存款的清查一般采用（ ）法。

A. 技术推算　B. 询证　C. 核对账目　D. 实地盘点

8. 华为公司 201×年 6 月 30 日银行存款日记账的余额为 100 万元，经逐笔核对，未达账项如下：银行已收，企业未收 2 万元；银行已付，企业未付 1.5 万元。调整后的企业银行存款余额应为（ ）万元。

A. 102　B. 100.5　C. 100　D. 105.5

9. 企业银行存款日记账与开户行提供的对账单核对，是通过编制“银行存款余额调节表”进行的。假如双方的账簿记录都没有发生差错，则调整后的存款余额是（ ）。

A. 企业存款余额一般应该小于银行对账单余额

B. 双方不可能相等

C. 双方应该相等

D. 企业存款余额一般应该大于银行对账单余额

10. 若某企业期末银行存款日记账余额80 000元，银行送来的对账单余额82 425元，经对未达账项调节后余额为83 925元，则企业在银行的实有存款数是（　　）元。

A. 83 925　　B. 24 250　　C. 80 000　　D. 82 425

11. 库存现金清查的结果，应及时填制（　　）。

A. 库存现金盘点报告表　　B. 对账单

C. 盘存单　　D. 实存账存对比表

12. 银行存款余额调节表中调节后的余额是（　　）。

A. 银行存款账面余额

B. 对账单余额与日记账余额的平均数

C. 对账日企业可以动用的银行存款实有数额

D. 银行方面的账面余额

13. 下列各项中，需要采用发函询证进行核对的是（　　）。

A. 库存现金　　B. 原材料　　C. 固定资产　　D. 预收账款

14. 下列各项中，属于对债权债务的清查应采用的方法是（　　）。

A. 询证核对法　　B. 实地盘点法　　C. 技术推算盘点法　　D. 抽样盘存法

15. 在企业财产清查中，不能作为调整账簿记录依据的是（　　）。

A. 盘点报告表　　B. 库存现金盘点报告表

C. 银行存款余额调节表　　D. 清查结果报告表

16. 企业进行现金清查时，查出现金溢余，并将溢余数记入“待处理财产损溢”科目。后经进一步核查，无法查明原因，经批准后，对该现金溢余正确的会计处理方法是（　　）。

A. 将其从“待处理财产损溢”科目转入“管理费用”科目

B. 将其从“待处理财产损溢”科目转入“营业外收入”科目

C. 将其从“待处理财产损溢”科目转入“其他应付款”科目

D. 将其从“待处理财产损溢”科目转入“其他应收款”科目

17. 企业在年末财产清查中发现一台全新的未入账设备，其同类设备的市场价格为5 000元，该设备按重置成本计价。下列关于该项经济业务的账务处理中，正确的是（　　）。

A. 借：固定资产清理　5 000
　　贷：固定资产　　5 000

B. 借：固定资产　　5 000
　　贷：固定资产清理　5 000

C. 借：待处理财产损溢　5 000
　　贷：固定资产　　5 000

D. 借：固定资产　　5 000
　　贷：以前年度损益调整　5 000

18. 企业在财产清查过程中盘亏固定资产时的账务处理涉及的科目不可能是（　　）。

A. 待处理财产损溢　　B. 固定资产

C. 以前年度损益调整　　D. 累计折旧

19. 库存商品盘点时发现短缺，下列关于应借记会计科目表述中，正确的是（　　）。

A. 待处理财产损溢　　B. 库存商品　　C. 其他应收款　　D. 管理费用

二、多项选择题

1. 企业进行财产清查，其意义有（　　）。

A. 确保会计资料的真实可靠　　B. 保护财产物资的安全完整
C. 促进财产物资的有效使用　　D. 确保财经纪律的贯彻执行

2. 下列各项中，需要对单位的财产进行全面清查的有（　　）。
A. 单位撤销　　B. 单位与国内企业合资前
C. 单位主要领导调离工作前　　D. 单位仓库保管员调动工作

3. 财产清查按清查范围的不同，可分为（　　）。
A. 不定期清查　　B. 定期清查　　C. 全面清查　　D. 局部清查

4. 由于仓库保管员变动，应对其保管的全部存货进行盘点。下列关于这种清查类别的表述中正确的有（　　）。
A. 全面清查　　B. 局部清查　　C. 定期清查　　D. 不定期清查

5. 下列各项中，应采用实地盘点法进行清查的有（　　）。
A. 库存商品　　B. 库存现金　　C. 银行存款　　D. 固定资产

6. 下列情况需要进行不定期清查的有（　　）。
A. 年终决算前进行财产清查　　B. 更换财产保管人员
C. 发生自然灾害或意外损失　　D. 临时性清产核资

7. 出纳人员每天工作结束前都要将现金日记账结清并与库存现金实存数核对，这属于（　　）。
A. 定期清查　　B. 不定期清查　　C. 全面清查　　D. 局部清查

8. 下列关于局部清查的表述中，正确的有（　　）。
A. 局部清查是指根据需要只对部分财产进行盘点和核对
B. 一般而言，对于贵重财产物资，每月都要进行清查盘点
C. 局部清查范围小、内容少、时间短、参与人员少，但专业性很强
D. 一般而言，流动性较大的财产物资（原材料、在产品、产成品等）应根据需要随时轮流盘点或重点抽查

9. 属于现金清查内容的有（　　）。
A. 是否挪用现金　　B. 是否白条抵库
C. 是否超限额留存现金　　D. 账实是否相符

10. 银行存款日记账余额与银行对账单余额不一致，原因可能有（　　）。
A. 银行存款日记账记账有误　　B. 银行记账有误
C. 存在未达账项　　D. 存在企业与银行均未付的款项

11. 下述关于银行存款清查表述中，正确的有（　　）。
A. 通过与开户银行转来的对账单进行核对，查明银行存款的实有数额
B. 对于发生的未达账项只有等有关凭证到达后才能进行有关账务处理
C. 在核对之前，出纳人员应详细检查银行存款日记账的登记有无差错，经济业务是否记录完整，余额计算是否正确
D. 银行存款日记账与银行对账单即使都计算正确，也可能出现两者余额不一致的情况

12. 关于“银行存款余额调节表”，下列表述中不正确的有（　　）。
A. 调节后的余额表示企业可动用的银行存款数额
B. 该表是通知银行更正错误的依据

C. 可以作为本单位调整银行存款日记账记录的原始凭证

D. 是更正本单位银行存款日记账的依据

13. 关于实物资产清查的表述中，正确的有（　　）。

A. 在对实物资产的清查中，实物保管人员应自始至终在场

B. 绝大部分实物资产都可以采用实地盘点法进行清查

C. 清查时填写清查结果的“盘存单”是用于调整账簿记录的原始凭证

D. 积极处理多余积压财产，清理往来款项

14. 下列关于实物资产清查方法的表述中，正确的有（　　）。

A. 实物资产常用的清查方法有实地盘点法和技术推算法

B. 实地盘点法是指通过点数、过磅、量尺等方法来确定实物资产实有数量

C. 技术推算法是指利用技术方法对财产物资的实存数进行推算

D. 技术推算法只适用于成堆量大而价值又不高，难以逐一清点的财产物资的清查

15. 下列各项中，宜采用发函询证方法进行清查的有（　　）。

A. 应收账款　　B. 应付账款　　C. 存货　　D. 预付账款

16. 下列可用作原始凭证的是（　　）。

A. 实存账存对比表　　B. 库存现金盘点报告表

C. 未达账项登记表　　D. 结算款项核对登记表

17. “待处理财产损溢”账户贷方登记的内容是（　　）。

A. 财产物资的盘亏数　　B. 盘亏的转销数额

C. 财产物资的盘盈数　　D. 盘盈的转销数额

18. 财产清查中查明的各种流动资产盘亏或毁损数，根据不同的原因报经批准后，可能列入的科目有（　　）。

A. “营业外收入”　　B. “营业外支出”　　C. “管理费用”　　D. “其他应收款”

19. 下列各项财产损溢情况，经批准后在进行账务处理时可增减“管理费用”科目余额的有（　　）。

A. 存货盘盈　　B. 无法查明原因的丢失现金

C. 材料自然损耗　　D. 固定资产丢失

20. 下列各项中，属于库存现金盘亏的账务处理中可能涉及的账户有（　　）。

A. “管理费用”　　B. “其他应收款”　　C. “营业外支出”　　D. “库存现金”

21. 下列关于结算往来款项盘存的账户处理表述中，正确的有（　　）。

A. 对于无法收回的应收款项，则作为坏账损失冲减坏账准备

B. 对于经查明确实无法支付的应付款项，可按规定程序报经批准后，转作营业外收入

C. 企业对有确凿证据表明确实无法收回的应收款项，经批准后作为坏账损失

D. 对于已确认为坏账的应收款项，并不意味着企业放弃了追索权，一旦重新收回，应及时入账

三、判断题

1. 财产清查是指通过对货币资金、实物资产和往来款项等财产物资进行盘点或核对，确定其实存数，查明账存数与实存数是否相符的一种专门方法。（　　）

2. 财产清查按照清查的时间不同，可分为定期清查和不定期清查。（　　）

3. 在财产清查中，一般地说，定期清查是全面清查，不定期清查是局部清查。（　　）

4. 财产清查按照清查的执行系统不同，可分为内部清查和外部清查。（　　）

5. 定期清查一般在年末进行。（　　）

6. 从财产清查对象和范围看全面清查只有在年终进行。（　　）

7. 调换财产、库存现金保管人员进行的有关财产物资的清查、发生自然灾害和意外损失时进行损失情况的清查属于局部清查。（　　）

8. 造成账实不符的原因主要是登账错误。（　　）

9. 全面清查由于清查范围大、内容多、时间长、参与人员多，宜经常进行。（　　）

10. 在企业撤销或兼并时，要对企业的部分财产进行重新清点。（　　）

11. 货币资金的清查主要是对库存现金、银行存款和现金等价物的清查。（　　）

12. 银行存款日记账的余额小于银行对账单的余额即为盘亏。（　　）

13. 对银行存款清查时出现的未达账项，可编制“银行存款余额调节表”，编制好的银行存款余额调节表是调节账面余额的原始凭证。（　　）

14. 月末企业银行存款的实有余额为银行对账单余额加上企业已收、银行未收的款项减去企业已付、银行未付的款项。（　　）

15. 企业在银行的实有存款数应是银行存款日记账上的金额。（　　）

16. 技术推算法用于量大、成堆而价值又不高，难以逐一清点的财产物资的清查。（　　）

17. 对应收账款进行清查，主要是和债务单位进行对账，应采用函证法。（　　）

18. 根据“清查结果报告表”“盘点报告表”等已经查实的数据资料，编制记账凭证，记入有关账簿，使账簿记录与实际盘存数相符，同时将财产清查结果处理建议报送股东大会或董事会，或经理（厂长）会议或类似机构批准。（　　）

19. 企业在财产清查中发现盘盈的固定资产，经查明确属企业所有，应按同类或类似固定资产市场价格，减去按该项资产的新旧程度估计的价值损耗的余额作为前期差错，记入“以前年度损益调整”科目。（　　）

20. 确实无法支付的应付账款，经批准后应转入资本公积。（　　）

21. 对于无法收回的应收款项，作为坏账损失冲减坏账准备。（　　）

四、计算分析题

1. XYZ 公司 201×年 12 月 31 日银行存款日记账为 130 000 元，银行对账单的存款余额数为 110 000 元，经过双方逐笔核对后，发现存在以下未达账项：

（1）公司因采购材料开出转账支票一张，金额为 2 000 元，公司已入账，但持票人尚未到银行办理转账手续。

（2）公司因销售商品收到购货方开来的转账支票一张，金额为 5 000 元，将支票送存银行后公司做收入入账，但是银行尚未办理入账手续。

（3）XYZ 公司送存银行的某客户转账支票 20 000 元，因对方存款不足而退票，公司未接到通知。

（4）公司委托银行代收外地销货款 4 000 元，银行已收款入账，但公司尚未收到收款通知。

（5）银行代为支付本月电话费 1 000 元，已入账，但是公司尚未收到付款通知。

要求：根据上述资料，完成以下"银行存款余额调节表"的编制。

银行存款余额调节表

编制单位：XYZ 公司　　201×年 12 月 31 日　　单位：元

项　目	金　额	项　目	金　额
银行存款日记账余额	130 000	银行对账单余额	110 000
加：银行已收企业未收的款项合计	4 000	加：企业已收银行未收的款项合计	（3）（　）
减：银行已付企业未付的款项合计	（1）（　）	减：企业已付银行未付的款项合计	（4）（　）
调解后余额	（2）（　）	调解后余额	（5）（　）

2. XYZ 公司 201×年 7 月 20 日至月末的银行存款日记账所记录的业务如下：

（1）20 日，收到销货转账支票 8 800 元。

（2）21 日，开出支票#05130，用以支付购入材料的货款 20 000 元。

（3）23 日，开出支票#05131，用以支付购料的运杂费 1 000 元。

（4）26 日，收到销货款转账支票 13 240 元。

（5）28 日，开出支票#05132，支付公司日常办公费 2 500 元。

（6）30 日，开出支票#05133，用以支付下半年房租 9 500 元。

（7）31 日，银行存款日记账面余额 241 800 元。

XYZ 公司开户行所列 201×年 7 月 20 日至月末的经济业务如下：

（1）20 日，结算 XYZ 公司的银行存款利息 1 523 元。

（2）22 日，收到 XYZ 公司的销售转账支票 8 800 元。

（3）23 日，收到 XYZ 公司开出支票#05130，金额 20 000 元。

（4）25 日，银行为 XYZ 公司代付水电费 3 250 元。

（5）26 日，收到 XYZ 公司开出支票#05131，金额 1 000 元。

（6）29 日，为 XYZ 公司代收外地购货方汇来的货款 5 600 元。

（7）31 日，银行对账单余额 244 433 元。

要求：根据上述资料，完成以下"银行存款余额调节表"的编制。

银行存款余额调节表

编制单位：XYZ 公司　　201×年 7 月 31 日　　单位：元

项　目	金　额	项　目	金　额
企业银行存款日记账余额	241 800	银行对账单余额	244 433
加：银行已收企业未收	（1）（　）	加：企业已收银行未收	（3）（　）
减：银行已付企业未付	3 250	减：企业已付银行未付	（4）（　）
调节后余额	（2）（　）	调节后余额	（5）（　）

3. 甲公司期末进行账产清查时，发现如下情况：

（1）现金盘盈 735 元，原因待查。

（2）经查明，现金盘盈属于多收乙公司的货款，报经有关部门批准将给予退回。

（3）库存商品盘亏 2 890 元，原因待查。

(4) 经查明，库存商品盘亏属于正常损失，批经有关部门批准后进行会计处理。

(5) 盘盈一台未入账的设备，该设备市场价格为 60 000 元，估计新旧程度为九成新。则作为前期会计差错记入“以前年度损益调整”账户的金额为 (　　)元。

要求：根据上述资料 (1) ~ (4)，逐笔编制甲公司的会计分录，并计算资料 (5)。

4. 甲公司期末进行财产清查时，发现如下情况：

(1) 现金盘亏 251 元，原因待查。

(2) 现金盘亏原因无法查明，报经有关部门批准后进行会计处理。

(3) 库存商品盘盈 4 940 元，原因待查。

(4) 经查明，库存商品盘盈是收发计量误差所造成，报经有关部门批准后进行会计处理。

(5) 无法支付的应付账款 56 600 元，报经有关部门批准后进行会计处理。

要求：根据上述材料，逐笔编制甲公司的会计分录。

5. 甲公司期末进行财产清查时，发现如下情况：

(1) 现金盘盈 484 元，原因待查。

(2) 现金盘盈原因无法查明，报经有关部门批准后进行会计处理。

(3) 盘亏设备一台，原价 17 700 元，已提折旧 14 160 元，原因待查。

(4) 该设备盘亏损失由保险公司赔偿 1 000 元，其余损失由甲公司承担，报经有关部门批准后进行会计处理。

(5) 无法收回的应收账款有 51 700 元，确认为坏账损失。

要求：根据上述资料，逐笔编制甲公司的会计分录。

参考答案及解析

一、单项选择题

1. A　企业合并、撤销或改变隶属关系时涉及企业全部资产，应进行全面清查。
2. C　洪灾属于意外，受损的资产属于企业的部分资产，因此属于局部清查、不定期清查。
3. A　年终决算前需对企业财产进行全面清查。
4. C　更换仓库保管员需要进行的是局部清查。
5. A　年终决算之前的清查是按照预先计划安排的时间对财产进行盘点和核对，属于定期清查。
6. C　出纳人员应于每日终了对现金清点一次。
7. C　银行存款采用与银行核对账目的方法进行清查。
8. B　调节后余额 = 100 + 2 − 1.5 = 100.5 (万元)。
9. C　如双方均无记账错漏，则未达账项调整后双方余额应相等。
10. A　未达账项调整后的余额通常为企业可动用的银行存款实有数。
11. A　库存现金清查的结果应填制“库存现金盘点报告表”。
12. C　“银行存款余额调节表”调整后的余额为企业可动用的银行存款实有数。
13. D　往来款项的清查一般采用发函询证的方法进行核对，即按用户编制“往来款项对账单”，送交对方单位进行核对。
14. A　对债权债务的清查应采用发函询证的方法。
15. C　银行存款余额调节表不能作为调整账簿记录的依据。

16. B　无法查明原因的现金溢余记入“营业外收入”科目。

17. D　盘盈的固定资产通常按其重置成本作为入账价值，借记“固定资产”科目，贷记“以前年度损益调整”科目。

18. C　“以前年度损益调整”账户在财产清查账务处理中仅用于固定资产盘盈。

19. A　发现库存商品短缺应借记“待处理财产损溢”，贷记“库存商品”。

二、多项选择题

1. ABCD　四个选项都属于企业财产清查的意义。

2. ABC　仓库保管员调动工作只需对其负责的仓库财产进行清查，所以属于局部清查。

3. CD　财产清查按清查范围不同可分为全面清查和局部清查。

4. BD　由于仓库保管员变动而对其保管的全部存货进行盘点属于局部清查、不定期清查。

5. ABD　一般地，库存现金和实物资产应采用实地盘点法进行清查，银行存款应采用核对账目的方法进行清查。

6. BCD　年终决算前进行的财产清查属于定期清查。

7. AD　出纳人员每天工作结束前将现金日记账结清并与库存现金实存数进行核对属于定期清查、局部清查。

8. ABCD　四个选项的表述都正确。

9. ABCD　以上均属于现金清查时应关注的问题。

10. ABC　银行存款日记账余额与银行对账单余额不一致的原因有两个方面：企业或银行一方或双方记账过程有错误，或者存在未达账项。

11. ABCD　四个选项的表述均正确。

12. BCD　“银行存款余额调节表”不能作为任何一方调整账簿记录的依据。

13. ABD　“盘存单”是记录实存数的原始凭证，但不是调整账簿记录的原始凭证。

14. ABCD　四个选项的表述都正确。

15. ABD　往来款项的清查宜采用发函询证的方法进行。

16. AB　原始凭证是在经济业务发生或完成时取得或填制的，用以记录或证明经济业务发生或完成情况的文字凭据。实存账存对比表、库存现金盘点报告表是财产清查的重要报表，是调整账簿记录的原始凭证。选项 CD 不能记录或证明经济业务的发生或完成情况。

17. BC　“待处理财产损溢”账户借方登记财产物资的盘亏数和转销的盘盈数，贷方登记财产物资的盘盈数和转销的盘亏数。

18. BCD　流动资产盘亏或毁损数，属于自然损耗或管理不善等原因的，记入“管理费用”科目；属于非正常原因的，记入“营业外支出”账户；损失中有责任人赔偿部分的，记入“其他应收款”。

19. ABC　存货盘盈冲减“管理费用”；材料自然损耗列支“管理费用”；无法查明原因的丢失现金列支“管理费用”；固定资产丢失净损失记入“营业外支出”科目。

20. ABCD　库存现金盘亏时，借记“待处理财产损溢——待处理流动资产损溢”科目，贷记“库存现金”科目；按管理权限报经批准后，按可收回的保险赔偿和过失人赔偿的金额借记“其他应收款”科目，按管理不善等原因造成净损失的金额借记“管理费用”科目，按自然灾害等原因造成净损失的金额借记“营业外支出”科目，按原金额贷记“待处理财产损溢——待处理流动资产损溢”科目。

21. ABCD　四个选项的表述都正确。

三、判断题

1. √　表述正确。

2. √　表述正确。

3. × 定期清查与不定期清查均可以是全面清查，也可以是局部清查。

4. √ 表述正确。

5. × 定期清查一般在年末、季末、月末进行。

6. × 全面清查不一定都在年终进行，比如单位主要领导调离工作前等。

7. √ 表述正确。

8. × 账实不符的原因有很多，不仅是管理不善、会计人员水平不高或登账错误等原因。

9. × 全面清查由于清查范围大、内容多、时间长、参与人员多，不宜经常进行。

10. × 在企业撤销或兼并时，要进行全面清查。

11. × 货币资金的清查主要是对库存现金、银行存款的清查。

12. × 银行存款日记账的余额小于银行对账单的余额可能是存在未达账项。

13. × “银行存款余额调节表”不能据以调整企业账簿记录。

14. √ 表述正确。

15. × 企业在银行的实有存款数应是“银行存款余额调节表”中经调整后的余额。

16. √ 表述正确。

17. √ 表述正确。

18. √ 表述正确。

19. √ 表述正确。

20. × 对于经查明确实无法支付的应付款项，可按规定程序报经批准后转作营业外收入（而且不需要通过“待处理财产损溢”科目）。

21. √ 表述正确。

四、计算分析题

1.

银行存款余额调节表

编制单位：XYZ公司　　201×年12月31日　　单位：元

项　目	金　额	项　目	金　额
银行存款日记账余额	130 000	银行对账单余额	110 000
加：银行已收企业未收的款项合计	4 000	加：企业已收银行未收的款项合计	(3)（25 000）
减：银行已付企业未付的款项合计	(1)（1 000）	减：企业已付银行未付的款项合计	(4)（2 000）
调解后余额	(2)（133 000）	调解后余额	(5)（133 000）

2.

银行存款余额调节表

编制单位：XYZ公司　　201×年7月31日　　单位：元

项　目	金　额	项　目	金　额
企业银行存款日记账余额	241 800	银行对账单余额	244 433
加：银行已收企业未收	(1)（7 123）	加：企业已收银行未收	(3)（13 240）
减：银行已付企业未付	3 250	减：企业已付银行未付	(4)（12 000）
调节后余额	(2)（245 673）	调节后余额	(5)（245 673）

3.

（1）借：库存现金	735	
贷：待处理财产损溢		735
（2）借：待处理财产损溢	735	
贷：其他应付款		735
（3）借：待处理财产损溢	2 890	
贷：库存商品		2 890
（4）借：管理费用	2 890	
贷：待处理财产损溢		2 890

（5）54 000。（60 000 × 0.9）

4.

（1）借：待处理财产损溢	251	
贷：库存现金		251
（2）借：管理费用	251	
贷：待处理财产损溢		251
（3）借：库存商品	4 940	
贷：待处理财产损溢		4 940
（4）借：待处理财产损溢	4 940	
贷：管理费用		4 940
（5）借：应付账款	56 600	
贷：营业外收入		56 600

5.

（1）借：库存现金	484	
贷：待处理财产损溢		484
（2）借：待处理财产损溢	484	
贷：营业外收入		484
（3）借：待处理财产损溢	3 540	
累计折旧	14 160	
贷：固定资产		17 700
（4）借：营业外支出	2 540	
其他应收款	1 000	
贷：待处理财产损溢		3 540
（5）借：坏账准备	51 700	
贷：应收账款		51 700

第十章　chapter 10 财务报表

课前导语

本章主要介绍财务报表的概念与分类、编制的基本要求，资产负债表、利润表的概念与作用、列报要求、一般格式和编制方法。本章篇幅较短，但难度较大，也比较重要。本章在计算分析题中主要有两个出题点：资产负债表和利润表的编制。非常重要，大家务必要领会、掌握。

考试大纲基本要求

了解：财务报表的概念与分类

熟悉：财务报表编制的基本要求、资产负债表的列示要求与编制方法、利润表的列示要求与编制方法

掌握：资产负债表、利润表的作用

本章框架结构

财务报表
1. 财务报表概述（财务报表的概念与分类、编制的基本要求、编制前的准备工作）
2. 资产负债表（资产负债表的概念与作用、列报要求、一般格式、编制的基本方法）
3. 利润表（利润表的概念与作用、列报要求、一般格式、编制的基本方法）

第一节 财务报表概述

一、财务报表的概念与分类

（一）财务报表的概念

财务报表是对企业财务状况、经营成果和现金流量的结构性表述。

【解释】 财务报表至少应当包括下列组成部分：资产负债表、利润表、现金流量表、所有者权益（或股东权益，下同）变动表和附注。【多选题】

（1）资产负债表。资产负债表是反映企业在某一特定日期的财务状况的财务报表。

【解释】 它反映的是企业一定时点上关于财务状况的静态信息，是一种静态报表。

（2）利润表。利润表是反映企业在一定会计期间经营成果的财务报表。

【解释】 它反映的是企业在一定期间关于经营成果的动态信息，是一种动态报表。

（3）现金流量表。现金流量表是反映企业在一定会计期间现金和现金等价物流入和流出的财务报表。

【解释】 它反映的是单位在一定期间关于现金流量的动态信息，是一种动态报表。

（4）所有者权益变动表。所有者权益变动表是反映构成所有者权益的各组成部分当期的增减变动情况的财务报表。

【解释】 它反映的是单位一定期间关于所有者权益各组成部分的动态信息，是一种动态报表。

（5）附注。附注是对资产负债表、利润表、现金流量表和所有者权益变动表等报表中列示项目的文字描述或明细资料，以及对未能在这些报表中列示项目的说明等。附注是财务报表不可或缺的组成部分。

【提示】 财务报表上述组成部分具有同等的重要程度。

【点拨】 关于“四表一注”的基本概念需要掌握，以及分别属于什么类型的报表（是动态？还是静态?），注意什么报表反映企业的“财务状况”、“经营成果”、“现金流量”、“所有者权益各组成部分的增减变动”情况？小心其中的关键词“特定日期”、“会计期间”等的不同。

【小结】 静态报表（反映某一“特定日期”）：资产负债表；动态报表（反映一定“会计期间”）：利润表、现金流量表、所有者权益变动表。

（二）财务报表的分类

1. 按编报期间不同分类

（1）中期财务报表。中期财务报表是以短于一个完整会计年度的报告期间为基础编制的财务报表，包括半年报、季报、月报等。

【解释】 中期财务报表至少应当包括资产负债表、利润表、现金流量表和附注。其中，中期资产负债表、利润表和现金流量表应当是完整报表，其格式和内容应当与年度财务报表相一致。与年度财务报表相比，中期财务报表中的附注披露可适当简略。注意中期财务报表可不编制所有者权益变动表。

（2）年度财务报表。年度财务报表是指以一个完整的会计年度（公历1月1日起至12月31日止）为基础编制的财务报表。

【解释】 年度财务报表一般包括资产负债表、利润表、现金流量表、所有者权益变动表和附注等内容。

【补充】《小企业会计准则》规定，小企业的财务报表至少应当包括下列组成部分：资产负债表、利润表、现金流量表和附注。注意和《企业会计准则》的区别（小企业不要求编制所有者权益变动表）。**【选择题】**

2. 财务报表按编报主体不同分类

（1）个别财务报表。个别财务报表是由企业在自身会计核算基础上对账簿记录加工而编制的财务报表，主要用于反映企业自身的财务状况、经营成果和现金流量情况。

（2）合并财务报表。合并财务报表是以母公司和子公司组成的企业集团为会计主体，根据母、子公司的财务报表，由母公司编制的综合反映企业集团财务状况、经营成果及现金流量的财务报表。

【补充】 财务报表按报送对象不同分类，可分为对外财务报表（对外财务报表按照企业会计准则的要求编制，有统一的格式和指标体系。如“四表”就是对外财务报表）和对内财务报表；按反映财务活动方式不同分类，可以分为静态财务报表（如资产负债表）和动态财务报表（如利润表、现金流量表和所有者权益变动表）。**【多选题】**

【点拨】 关于财务报表的分类，注意分类的依据和分类的结果。**【选择题】**

经典例题讲解

例题10－1·多选题　个别财务报表是独立核算的企业用来反映自身的（　　）。

A. 经营成果　　B. 现金流量　　C. 职工变动情况　　D. 财务状况

【答案解析】 ABD　个别财务报表是由企业在自身会计核算基础上对账簿记录进行加工而编制的财务报表，是主要用以反映企业自身财务状况、经营成果和现金流量的报表。

例题10－2·单选题　下列会计报表中，属于不需要对外报送的报表是（　　）。

A. 资产负债表　　B. 企业成本报表　　C. 现金流量表　　D. 利润表

【答案解析】 B　对外财务报表一般由国家统一的会计准则制度规定其报出的报表类型及报告的内容等。资产负债表、利润表、现金流量表、所有者权益变动表都属于对外财务报表。

例题10－3·多选题　以下项目中，属于中期财务报表的有（　　）。

A. 年初至本中期末的财务报表　　B. 半年度财务报表

C. 季度财务报表　　D. 月度财务报表

【答案解析】 ABCD　中期财务报表是以短于一个完整会计年度的报告期间为基础编制的财务报表。

例题10－4·多选题　中期财务报表至少应当包括（　　）。

A. 资产负债表　　B. 利润表　　C. 现金流量表　　D. 所有者权益变动表

【答案解析】 ABC　中期财务报表至少应当包括资产负债表、利润表、现金流量表和附注。

例题10－5·判断题　所有者权益变动表是反映企业在某一特定日期的财务状况的财务报表。（　）

【答案解析】 ×　资产负债表是反映企业在某一特定日期的财务状况的财务报表。

例题10－6·单选题　下列各项中，属于对资产负债表、利润表、现金流量表和所有者权益变动表等报表中列示项目的文字描述或明细资料，以及对未能在这些报表中列示项目的说明的是（　）。

A. 管理层讨论与分析　　B. 董事会报告

C. 财务情况说明书　　D. 附注

【答案解析】 D　附注是指对资产负债表、利润表、现金流量表和所有者权益变动表等报表中列示项目的文字描述或明细资料，以及对未能在这些报表中列示项目的说明。

例题10－7·多选题　按照财务报表编报主体的不同分类，下列符合该分类标准的有（　）。

A. 合并财务报表　　B. 对外财务报表　　C. 个别财务报表　　D. 对内财务报表

【答案解析】 AC　财务报表按编报主体不同，分为个别财务报表和合并财务报表。

例题10－8·单选题　下列选项中，关于利润表会计期间的表述正确的是（　）。

A. 特定日期内　　B. 一定日期内　　C. 一年内　　D. 一定期间

【答案解析】 D　利润表是反映企业在一定会计期间的经营成果的财务报表。

二、财务报表编制的基本要求

（一）以持续经营为基础编制

企业应当以持续经营为基础，根据实际发生的交易和事项，按照《企业会计准则——基本准则》和其他各项会计准则的规定进行确认和计量，在此基础上编制财务报表。

【补充】 若以持续经营为基础编制财务报表不再合理，企业应当采用其他基础编制财务报表，并在附注中声明财务报表未以持续经营为基础编制的事实、披露未以持续经营为基础编制的原因和财务报表的编制基础。

（二）按正确的会计基础编制

除现金流量表按照收付实现制原则编制外，企业应当按照权责发生制原则编制财务报表。

（三）至少按年编制财务报表

企业至少应当按年编制财务报表。年度财务报表涵盖的期间短于一年的，应当披露年度财务报表的涵盖期间、短于一年的原因以及报表数据不具可比性的事实。

（四）项目列报遵守重要性原则

重要性，是指在合理预期下，财务报表某项目的省略或错报会影响使用者据此做出经济决策的，该项目属于具有重要性。

重要性应当根据企业所处的具体环境，从项目的性质和金额两个方面予以判断，且对各项目重要性的判断标准一经确定，不得随意变更。

【补充1】性质或功能不同的项目，应当在财务报表中单独列报，但不具有重要性的项目除外。

【补充2】性质或功能类似的项目，其所属类别具有重要性的，应当按其类别在财务报表中单独列报。

（五）保持各个会计期间财务报表项目列报的一致性

财务报表项目的列报应当在各个会计期间保持一致，除会计准则要求改变财务报表项目的列报或企业经营业务的性质发生重大变化后，变更财务报表项目的列报能够提供更可靠、更相关的会计信息外，不得随意变更。

（六）各项目之间的金额不得相互抵销

财务报表中的资产项目和负债项目的金额、收入项目和费用项目的金额、直接计入当期利润的利得项目和损失项目的金额不得相互抵销，但其他会计准则另有规定的除外。

【补充1】资产或负债项目按扣除备抵项目后的净额列示，不属于抵销。

【补充2】非日常活动产生的利得和损失，以同一交易形成的收益扣减相关费用后的净额列示更能反映交易实质的，不属于抵销。

（七）至少应当提供所有列报项目上一个可比会计期间的比较数据

当期财务报表的列报，至少应当提供所有列报项目上一个可比会计期间的比较数据，以及与理解当期财务报表相关的说明，但其他会计准则另有规定的除外。

（八）应当在财务报表的显著位置披露编报企业的名称等重要信息

企业应当在财务报表的显著位置（如表首）至少披露下列各项：编报企业的名称；资产负债表日或财务报表涵盖的会计期间；人民币金额单位；财务报表是合并财务报表的，应当予以标明。【多选题】

【点拨】财务报表编制的基本要求比较理论和抽象，重点多关注八项基本要求的“标题”。【多选题】

【小结】财务报表编制的基本要求可小结为：持续经营及公允列报原则、权责发生制原则、报告期间要求、重要性原则、信息列报的一致性原则、不得相互抵销原则、信息列报的可比性原则、财务报表表首列报要求等。注意这里并没有提到及时性原则。

经典例题讲解

例题10-9·多选题 下列各项中，属于企业应当在财务报表的显著位置至少披露的有（ ）。

A. 编报企业的名称

B. 人民币金额单位

C. 资产负债表日或财务报表涵盖的会计期间

D. 财务报表是合并财务报表的，应当予以标明

【答案解析】 ABCD 四个选项都属于企业应当在财务报表显著位置至少披露的内容。

例题 10－10·单选题 下列选项中，不属于财务报表编制基本要求的是（　　）。

A. 各项目之间的金额不得相互抵销

B. 保持各个会计期间财务报表项目列报的一致性

C. 编制财务报表人员保持独立性

D. 以持续经营为基础编制

【答案解析】 C 在财务报表编制中没有“编制财务报表人员保持独立性”的基本要求。

例题 10－11·判断题 财务报表中的资产项目和负债项目的金额、收入项目和费用项目的金额、直接计入当期利润的利得项目和损失项目的金额不得相互抵销，但其他会计准则另有规定的除外。（　　）

【答案解析】 √ 表述正确。

例题 10－12·判断题 企业至少应当按年编制财务报表。（　　）

【答案解析】 √ 表述正确。

三、财务报表编制前的准备工作

（1）严格审核会计账簿的记录和有关资料。

（2）进行全面财产清查、核实债务，并按规定程序报批，进行相应的会计处理。

（3）按规定的结账日进行结账，结出有关会计账簿的余额和发生额，并核对各会计账簿之间的余额。

（4）检查相关的会计核算是否按照国家统一的会计制度的规定进行。

（5）检查是否存在因会计差错、会计政策变更等原因需要调整前期或本期相关项目的情况等。

【点拨】 财务报表编制前的准备工作很重要，非常容易搞错，注意和其他工作，特别是编制报表过程中、编制报表后的工作相区分。**【多选题】**

经典例题讲解

例题 10－13·多选题 下列项目中，不属于编制财务报表的准备工作的有（　　）。

A. 按规定结出会计账簿的发生额和余额，并核对余额

B. 加具财务报表的封面

C. 将财务报表装订成册，加具封面

D. 进行财产清查、核实债务，进行相应的会计处理

【答案解析】 BC B 和 C 不是编制财务报表的准备工作。

例题 10 –14 · 单选题 在编制财务报表前，需要完成的工作的正确描述是（ ）。

A. 只有及时编制和报送财务报表，才能为使用者提供决策所需的适时信息资料

B. 检查是否存在因会计差错、会计政策变更原因需要调整前期或本期相关项目的情况

C. 按照国家统一的会计制度规定的会计财务报表内容进行编制

D. 对于重要的事项在附注中不得漏编、漏报或任意取舍

【答案解析】 B 选项 ACD 都属于编制财务报表中或是编制财务报表后的工作要求，并不是编制财务报表前的准备工作。

例题 10 –15 · 判断题 如果主管部门和上级单位急需会计数据，可以提前结账上报财务报表。（ ）

【答案解析】 × 企业应按规定的结账日进行结账，不得提前或者延后。

第二节 | 资产负债表

一、资产负债表的概念与作用

资产负债表是反映企业在某一特定日期（如月末、季末、年末）的财务状况的财务报表。

【解释】 资产负债表是根据“资产 = 负债 + 所有者权益”这一会计恒等式编制的。**【判断题】**

资产负债表的作用主要有：

（1）可以提供某一日期资产的总额及其结构，表明企业拥有或控制的资源及其分布情况。

（2）可以提供某一日期的负债总额及其结构，表明企业未来需要用多少资产或劳务清偿债务以及清偿时间。

（3）可以反映所有者所拥有的权益，据以判断资本保值、增值的情况以及对负债的保障程度。

【提示】 资产负债表的作用有很多不同的表述，但只要抓住资产负债表的核心要素即“资产、负债、所有者权益”三个角度去分析，答案还是比较容易得到的。**【多选题】**

【补充】 编制资产负债表的目的是如实反映企业的资产、负债和所有者权益金额及其结构情况，帮助使用者评价企业资产的质量以及短期偿债能力、长期偿债能力、利润分配能力等。非常重要。**【多选题】**

【思考】 资产负债表能直接反映企业的赢利能力吗？

经典例题讲解

例题 10 –16 · 判断题 “资产 = 负债 + 所有者权益”这一会计等式是编制资产负债表的理论依据。（ ）

【答案解析】 √ 表述正确。

例题 10－17·多选题 下列关于资产负债表作用的表述中，正确的有（　　）。

A. 分析企业拥有或控制的资源及其分布情况

B. 分析企业未来需要用多少资产或劳务清偿债务以及清偿时间

C. 判断资本保值、增值的情况以及对负债的保障程度

D. 可以反映企业的赢利能力

【答案解析】 ABC 资产负债表的作用主要有：可以提供某一日期资产的总额及其结构，表明企业拥有或控制的资源及其分布情况；可以提供某一日期的负债总额及其结构，表明企业未来需要用多少资产或劳务清偿债务以及清偿时间；可以反映所有者所拥有的权益，据以判断资本保值、增值的情况以及对负债的保障程度。D 选项是利润表的作用。

例题 10－18·判断题 资产负债表可以帮助使用者评价企业的短期偿债能力、长期偿债能力、利润分配能力。（　　）

【答案解析】 √ 表述正确。编制资产负债表的目的是如实反映企业的资产、负债和所有者权益金额及其结构情况，帮助使用者评价企业资产的质量以及短期偿债能力、长期偿债能力、利润分配能力等。

二、资产负债表的列示要求

（一）资产负债表列报总体要求

1. 分类别列报

资产负债表应当按照资产、负债和所有者权益三大类别分类列报。

2. 资产和负债按流动性列报

资产和负债应当按照流动性不同分别分为流动资产和非流动资产、流动负债和非流动负债列示。

【解释】 流动性通常按资产的变现或耗用时间长短或者负债的偿还时间长短来确定。

【提示】 财务报表先列报流动性强的资产或负债，再列报流动性弱的资产或负债。

3. 列报相关的合计、总计项目

资产负债表中的资产类至少应当列示流动资产和非流动资产的合计项目；负债类至少应当列示流动负债、非流动负债以及负债的合计项目；所有者权益类应当列示所有者权益的合计项目。

【补充】 资产负债表应当分别列示资产总计项目和负债与所有者权益之和的总计项目，并且这两者的金额应当相等（即资产负债表左右双方平衡，“资产＝负债＋所有者权益”）。

（二）资产的列报

资产负债表中的资产类至少应当单独列示反映下列信息的项目：货币资金、以公允价值计量且其变动计入当期损益的金融资产、应收款项、预付款项、存货、被划分为持有待售的非流动资产及被划分为持有待售的处置组中的资产、可供出售金融资产、持有至到期投资、长期股权投资、投资性房地产、固定资产、生物资产、无形资产、递延所得税资产。

【点拨】 联系第三章内容，务必结合本章表 10－1 熟悉哪些属于“流动资产”项目，哪些

属于"非流动资产"项目，还要留意它们在报表中的"排列顺序"（总原则是按"流动性强弱"排列）。非常重要。**【多选题】**

（三）负债的列报

资产负债表中的负债类至少应当单独列示反映下列信息的项目：短期借款、以公允价值计量且其变动计入当期损益的金融负债、应付款项、预收款项、应付职工薪酬、应交税费、被划分为持有待售的处置组中的负债、长期借款、应付债券、长期应付款、预计负债、递延所得税负债。

【点拨】 联系第三章内容，务必结合本章表 10－1 熟悉哪些属于"流动负债"项目，哪些属于"非流动负债"项目。还要留意它们在报表中的"排列顺序"，非常重要。**【多选题】**

（四）所有者权益的列报

资产负债表中的所有者权益类至少应当单独列示反映下列信息的项目：实收资本（或股本）、资本公积、盈余公积、未分配利润。

【提示】 所有者权益主要包括四个项目。哪四个？它们如何排序？**【多选题】**

【点拨】 资产负债表中的基本结构（左右两边各是什么）、基本项目（各报表项目的名称）及其排列顺序是考察的重点，建议大家多看看资产负债表的格式，做到心中有数。**【各类题型】**

经典例题讲解

例题 10－19 · 单选题 资产负债表中负债项目的顺序是按（　　）排列。

A. 项目的重要性程度　　B. 项目的金额大小

C. 项目的支付性大小　　D. 清偿债务的先后

【答案解析】 D 资产负债表中资产、负债项目是按流动性列报的。而流动性通常按资产的变现或耗用时间长短或者负债的偿还时间长短来确定。因此，负债项目一般是按负债偿还时间的先后来排列。

例题 10－20 · 单选题 在资产负债表中，下列属于非流动资产项目的是（　　）。

A. 其他应收款　　B. 交易性金融资产

C. 可供出售金融资产　　D. 预付账款

【答案解析】 C 可供出售金融资产属于非流动资产项目。

例题 10－21 · 多选题 在资产负债表中，所有者权益是企业资产扣除负债后的剩余权益，反映企业在某一特定日期股东（投资者）拥有的净资产的总额，它一般包括（　　）等项目。

A. 实收资本（或股本）　　B. 资本公积

C. 盈余公积　　D. 未分配利润

【答案解析】 ABCD 所有者权益项目按稳定性排列，包括实收资本（或股本）、资本公积、盈余公积和未分配利润。

三、我国企业资产负债表的一般格式

在我国，资产负债表采用账户式的格式，即左侧列示资产，右侧列示负债和所有者权益。

【提示】 资产负债表采用账户式，注意和利润表的格式（多步式）相区别。【单选题/判断题】

资产负债表由表头和表体两部分组成。表头部分应列明报表名称、编表单位名称、资产负债表日和人民币金额单位【多选题】；表体部分反映资产、负债和所有者权益的内容，是资产负债表的主体和核心。

【解释】 在资产负债表中，各项资产、负债按流动性排列，所有者权益项目按稳定性排列。【选择题】

【点拨】 资产负债表的格式如表10－1所示，大家必须熟悉，平时多看看。【各类题型】

表10－1　　资产负债表

会企01表

编制单位：　　年　月　日　　单位：元

资　　产	期末余额	年初余额	负债和所有者权益（或股东权益）	期末余额	年初余额
流动资产：			流动负债：		
货币资金			短期借款		
交易性金融资产			交易性金融负债		
应收票据			应付票据		
应收账款			应付账款		
预付款项			预收款项		
应收利息			应付职工薪酬		
应收股利			应交税费		
其他应收款			应付利息		
存货			应付股利		
一年内到期的非流动资产			其他应付款		
其他流动资产			一年内到期的非流动负债		
流动资产合计			其他流动负债		
非流动资产：			流动负债合计		
可供出售金融资产			非流动负债：		
持有至到期投资			长期借款		
长期应收款			应付债券		
长期股权投资			长期应付款		
投资性房地产			专项应付款		
固定资产			预计负债		
在建工程			递延所得税负债		
工程物资			其他非流动负债		

续表

资　　产	期末余额	年初余额	负债和所有者权益（或股东权益）	期末余额	年初余额
固定资产清理			非流动负债合计		
生产性生物资产			负债合计		
油气资产			所有者权益（或股东权益）：		
无形资产			实收资本（或股本）		
开发支出			资本公积		
商誉			减：库存股		
长期待摊费用			盈余公积		
递延所得税资产			未分配利润		
其他非流动资产			所有者权益（或股东权益）合计		
非流动资产合计					
资产总计			负债和所有者权益（或股东权益）总计		

经典例题讲解

例题 10－22·判断题　资产负债表中的流动资产各项目是按照资产的流动性由弱到强排列的。（　　）

【答案解析】　×　资产按流动性由强到弱排序。

例题 10－23·单选题　下列选项中，对资产负债表的列报表述里，不正确的是（　　）。

A. 资产负债表格式采用多步式结构

B. 资产负债表采用账户式格式

C. 资产负债表右方按权益的清偿时间顺序排列

D. 资产负债表左方按资产的流动性排列

【答案解析】　A　在我国，资产负债表一般采用账户式格式，即左侧列示资产，右侧列示负债和所有者权益。

例题 10－24·多选题　资产负债表的表头应该包括（　　）等内容。

A. 编制日期　　B. 编表单位名称　　C. 报表名称　　D. 金额计量单位

【答案解析】　ABCD　资产负债表表头部分应列明报表名称、编表单位名称、资产负债表日和人民币金额单位。资产负债表中的“编制日期”指的是资产负债表日。

例题 10－25·判断题　资产负债表中非流动资产前四项的排列顺序是可供出售金融资产、持有至到期投资、长期应收款、长期股权投资。（　　）

【答案解析】　√　表述正确。

四、资产负债表编制的基本方法

【点拨 1】　资产负债表的编制是本门课程考试中计算分析题的常见考点，大家务必掌握，

特别是下面所列举的报表项目的填列。**【计算分析题】**

【点拨2】 资产负债表某些项目金额的填列主要有两种题型：第一种是直接根据期末若干总账和明细账账户余额进行填列（这一类最多）；另一种是根据期初账户余额及本期若干项经济业务填列期末的资产负债表项目（相对而言这种较难，实质上要掌握经济业务的会计分录，这一类较少）。

（一）“期末余额”栏的填列方法

资产负债表“期末余额”栏内各项数字，一般应根据资产、负债和所有者权益类账户的期末余额填列，具体方法如下：

1. 根据一个或几个总账账户的余额填列

（1）根据总账账户的余额直接填列。如“交易性金融资产”、“工程物资”、“固定资产清理”、“短期借款”、“应付票据”、“应付职工薪酬”、“应交税费”、“应付利息”、“应付股利”、“其他应付款”、“预计负债”、“实收资本（股本）”、“资本公积”、“盈余公积”等项目，应直接根据其总账账户的期末余额填列。

【提示】 上述报表项目中“应交税费”等负债项目，如果其相应账户出现借方余额，应以“－”号填列；“固定资产清理”等资产项目，如果其相应的账户出现贷方余额，也应以“－”号填列。

（2）根据若干总账账户余额计算填列。

①如“货币资金”项目，应根据“库存现金”、“银行存款”、“其他货币资金”账户期末余额的合计数填列。

②如“未分配利润”项目，应根据“本年利润”账户和“利润分配”账户的期末余额计算填列。如为未弥补亏损，则在本项目内以“－”号填列。

【提示】 年末结账后，“本年利润”账户应无余额，“未分配利润”项目应根据“利润分配”账户的年末余额直接填列，贷方余额以正数填列，如为借方余额，应以“－”号填列。

2. 根据明细账账户的余额计算填列

【点拨】 这种填列方式最重要，在计算分析题中最常见，相对有点难，大家要注意掌握其“规律性”，主要是四个项目的填列：“应收账款”、“预收款项”、“应付账款”、“预付款项”，很容易混淆。

（1）“应收账款”项目，应根据“应收账款”和“预收账款”账户所属明细账户借方余额之和减去相应“坏账准备”账面余额后的金额填列。

【技巧】“应收账款”＝“两收”明细账户借方余额之和－相应“坏账准备”余额。（为什么是“借方”之和？考虑到应收账款是“资产”，真实反映“资产”的余额应该在“借方”。）

（2）“预收款项”项目，应根据“应收账款”和“预收账款”账户所属明细账户贷方余额之和填列。

【技巧】“预收款项”＝“两收”明细账户贷方余额之和。（为什么是“贷方”之和？考虑到预收款项是“负债”，真实反映“负债”的余额应该在“贷方”。至于为什么不减去“坏账准备”，是因为“负债”没有“准备”，只有资产才有“准备”。）

（3）“应付账款”项目，应根据“应付账款”和“预付账款”账户所属明细账户贷方余额之和填列。

【技巧】“应付账款”=“两付”明细账户贷方余额之和。（为什么是“贷方”之和？考虑到应付账款是“负债”，真实反映“负债”的余额应该在“贷方”。至于为什么不减去“坏账准备”，是因为“负债”没有“准备”，只有资产才有“准备”。）

（4）“预付款项”项目，应根据“应付账款”和“预付账款”账户所属明细账户借方余额之和减去相应“坏账准备”账面余额后的金额填列。

【技巧】“预付款项”=“两付”明细账户借方余额之和－相应“坏账准备”余额。（为什么是“借方”之和？考虑到预付款项是“资产”，真实反映“资产”的余额应该在“借方”。特别提醒的是，在会计从业资格考试中，“预付款项”项目往往不考虑“坏账准备”。）

【小结】 关于这四个项目的填写，基本的思路可以是这样：首先判断要填写的项目是资产还是负债。若是资产（“应收账款”、“预付款项”）则选取的数据来自明细账户的“借方”余额，若是负债（“应付账款”、“预收款项”）则选取的数据来自明细账户的“贷方”余额；其次根据“收”、“付”的规律进行选取加和，如果是有“收”字的项目（“应收账款”、“预收款项”），就是两个含“收”字明细账户余额之和；如果是有“付”字的项目（“应付账款”、“预付款项”），就是两个含“付”字明细账户余额之和；最后如果是“资产”项目，还得考虑要减去相应的“坏账准备”余额，“负债”则不需要。

【举例 10－1】“应付账款”项目的填列，其基本思路如下：“应付账款”项目属于负债，其位置在资产负债表的右边，应该考虑相关明细账户的“贷方”余额；其次是把两个含“付”字（“应付账款”、“预付账款”）的账户的数字选取过来；最后填列在“应付账款”项目的金额就是“应付账款”和“预付账款”账户所属明细账户贷方余额之和。

3. 根据总账账户和明细账账户的余额分析计算填列

（1）如“长期应收款”和“长期待摊费用”项目，应分别根据“长期应收款”和“长期待摊费用”总账账户的余额减去将于一年内收回的长期应收款和将于一年内摊销的长期待摊费用明细金额计算填列。

【解释】 将于一年内收回的长期应收款和将于一年内摊销的长期待摊费用的金额应记入“一年内到期的非流动资产”项目，它属于流动资产。

（2）如“长期借款”和“应付债券”项目，应分别根据“长期借款”和“应付债券”总账账户的期末余额，扣除其所属的明细账户中将在资产负债表日起一年内到期且企业不能自主地将清偿义务展期的部分后的金额计算填列。

【解释】 在资产负债表日起一年内到期且企业不能自主地将清偿义务展期的部分在“一年内到期的非流动负债”项目内反映，它属于流动负债。

4. 根据有关账户余额减去其备抵账户余额后的净额填列

（1）如“固定资产”、“无形资产”、“投资性房地产”项目，应根据相关账户的期末余额扣减相应的累计折旧（累计摊销等）填列，已计提减值准备的，还应扣减相应的减值准备。

（2）如“长期股权投资”、“在建工程”项目，应根据相关账户的期末余额填列，已计提减值准备的，还应扣减相应的减值准备。

5. 综合运用上述填列方法分析填列

如“存货”项目，应根据“原材料”、“库存商品”、“委托加工物资”、“周转材料”、“生产成本”、“材料采购”、“在途物资”、“委托代销商品”、“发出商品”、“材料成本差异”（若为贷方余额，应“减去”；若为借方余额，应“加上”）等账户期末余额合计，减去“存货跌价准备”等账户期末余额后的净额填列。

【提示1】“生产成本”账户余额表示的是尚未完工的产品成本，期末若有余额，应填列在“存货”报表项目中。

【提示2】工程物资不属于存货，其账户余额不填列在“存货”报表项目，而应单独填列在“工程物资”报表项目中。

（二）“年初余额”栏的填列方法

资产负债表的“年初余额”栏通常根据上年末有关项目的期末余额填列，且与上年末资产负债表“期末余额”栏一致。如果企业上年度资产负债表规定的项目名称和内容与本年度不一致，应当对上年末资产负债表相关项目的名称和数字按照本年度的规定进行调整，填入“年初余额”栏。

【点拨】注意资产负债表“年初余额”栏的填列方法。【判断题/多选题】

经典例题讲解

例题10-26·单选题 “应收账款”所属明细账户如有贷方余额，应在资产负债表（　）项目中反映。

A.“预付款项”　B.“预收款项”　C.“应收账款”　D.“应付账款”

【答案解析】B “应收账款”所属明细账户贷方余额应填列在“预收款项”项目。

例题10-27·单选题 “预付账款”明细账户中若有贷方余额，应将其计入资产负债表中的（　）项目。

A.“应付账款”　B.“应收账款”　C.“预付款项”　D.“其他应付款”

【答案解析】A “预付账款”明细账户的贷方余额应填列在“应付账款”项目。

例题10-28·单选题 部分账户的期末余额如下：“应付账款”总账和明细账都是贷方余额60万元；“预付账款”总账借方余额20万元，其明细账中有借方余额28万元，贷方余额8万元；“预收账款”明细账中有借方余额2万元，贷方余额10万元。则资产负债表中的“预付款项”项目应填列的金额为（　）万元。

A. 20　B. 28　C. 30　D. 38

【答案解析】B “预付账款”项目=“两付”明细账户借方余额之和-相应“坏账准备”余额=28（万元）。

例题10-29·单选题 某企业“应付账款”明细账期末余额情况如下：“应付账款——X企业”贷方余额为200 000元，“应付账款——Y企业”借方余额为180 000元，“应付账款——Z企业”贷方余额为300 000元。假设该企业“预付账款”明细均为借方余额，则期末资产负债表“应付账款”项目的金额为（　）元。

A. 680 000　B. 500 000　C. 320 000　D. 80 000

【答案解析】B “应付账款”项目=“两付”明细账户贷方余额之和=200 000+300 000=500 000（元）。

例题 10－30·单选题 部分账户的期末余额如下："库存现金"2万元，"银行存款"80万元，"其他货币资金"5万元，"应收账款"25万元。则资产负债表中的"货币资金"项目应填列的金额为（　　）万元。

A. 112　　B. 82　　C. 85　　D. 87

【答案解析】 D "货币资金"项目，应根据"库存现金"、"银行存款"、"其他货币资金"账户期末余额的合计数填列。则"货币资金"项目＝2＋80＋5＝87（万元）。

例题 10－31·多选题 下列资产负债表项目中，直接根据总分类账户余额填列的有（　　）。

A. 短期借款　　B. 资本公积　　C. 应交税费　　D. 实收资本

【答案解析】 ABCD 四个选项都是根据总分类账户余额直接填列的。

例题 10－32·多选题 下列选项中，应在资产负债表"存货"项目中填列的会计科目有（　　）。

A. 周转材料　　B. 材料成本差异　　C. 原材料　　D. 存货跌价准备

【答案解析】 ABCD "存货"项目＝"在途物资"＋"材料采购"＋"原材料"＋"生产成本"＋"库存商品"＋"周转材料"＋"委托加工物资"＋"发出商品"＋"委托代销商品"＋"材料成本差异"（若为贷方余额则减去）－"存货跌价准备"余额

第三节 利润表

一、利润表的概念与作用

利润表是反映企业在一定会计期间经营成果的财务报表。

【解释】 利润表是根据"利润＝收入－费用"这一原理编制而成的。**【单选题】**

利润表的作用主要有：

（1）反映一定会计期间收入的实现情况；

（2）反映一定会计期间的费用耗费情况；

（3）反映企业经济活动成果的实现情况，据以判断资本保值增值等情况。

【提示】 利润表的作用可能有不同的表述，但只要抓住利润表的核心要素即"收入、费用、利润"这三个角度去分析，答案还是比较容易得到的。需要强调的是"利润表"也可以反映"投资者投入资本的保值增值情况"。

【补充】 编制利润表的目的是如实反映企业实现的收入、发生的费用以及应当计入当期利润的利得和损失等金额及其结构情况，帮助使用者分析评价企业的赢利能力、利润构成及其质量。非常重要。**【多选题】** 注意和资产负债表的编制目的相区分。

经典例题讲解

例题 10－33·多选题 利润表编制的目的有（　　）。

A. 如实反映企业实现的收入、发生的费用金额及结构情况

B. 有助于评价企业短期偿债能力、长期偿债能力、利润分配能力

C. 如实反映企业应当计入当期利润的利得和损失的金额及结构情况

D. 有助于使用者分析评价企业的运营能力及其构成与质量

【答案解析】 AC 编制利润表的目的是如实反映企业实现的收入、发生的费用以及应当计入当期利润的利得和损失等金额及其结构情况，帮助使用者分析评价企业的赢利能力、利润构成及其质量。

例题 10－34・多选题 下列关于利润表作用的表述中，正确的有（ ）。

A. 可以反映企业在某一时点的财务状况

B. 可以反映一定会计期间的费用耗费情况

C. 可以反映企业经济活动成果的实现情况

D. 可以反映企业一定会计期间收入的实现情况

【答案解析】 BCD 利润表是反映企业在一定会计期间的经营成果的财务报表。其作用主要有：反映一定会计期间收入的实现情况；反映一定会计期间的费用耗费情况；反映企业经济活动成果的实现情况，据以判断资本保值增值等情况。

二、利润表的列报要求

（1）企业在利润表中应当对费用按照功能分类，分为从事经营业务发生的成本、管理费用、销售费用和财务费用等。

（2）利润表至少应当单独列示反映下列信息的项目，但其他会计准则另有规定的除外："营业收入"、"营业成本"、营业税金及附加、管理费用、销售费用、财务费用、投资收益、公允价值变动损益、资产减值损失、非流动资产处置损益、所得税费用、净利润、其他综合收益各项目分别扣除所得税影响后的净额、综合收益总额。

【点拨】 务必结合本章表10－2，熟悉利润表的项目有哪些。有哪几个"利润层次"。非常重要。【多选题】

（3）其他综合收益项目应当分为以后会计期间不能重分类进损益的其他综合收益项目和以后会计期间在满足规定条件时将重分类进损益的其他综合收益项目两类列报。

（4）在合并利润表中，企业应当在净利润项目之下单独列示归属于母公司所有者的损益和归属于少数股东的损益，在综合收益总额项目之下单独列示归属于母公司所有者的综合收益总额和归属于少数股东的综合收益总额。

经典例题讲解

例题 10－35・多选题 下列选项中，属于利润表项目的有（ ）。

A. 营业外支出　　B. 利润分配　　C. 净利润　　D. 财务费用

【答案解析】 ACD 利润分配不属于利润表项目。

三、我国企业利润表的一般格式

在我国，企业应当采用多步式利润表。

【解释】 多步式利润表是通过对当期不同性质的收入和费用分别进行对比，以便得出一些中间性的利润数据，帮助使用者理解经营成果的不同来源和形成过程。

【提示】 我国企业的利润表采用多步式结构。【单选题/判断题】

利润表（见表10－2）通常包括表头和表体两部分。表头应列明报表名称、编表单位名称、财务报表涵盖的会计期间和人民币金额单位等内容【多选题】；利润表的表体，反映形成经营成果的各个项目和计算过程。

【提示】 利润表和资产负债表的表头应列明的内容有三项一致：报表名称、编表单位名称和人民币金额单位；有一项不一致：利润表是“财务报表涵盖的会计期间”，而资产负债表是“资产负债表日”（即编制日期），注意区别。【判断题】

表10－2 利 润 表

会企02表

编制单位： 年 月 日 单位：元

项 目	行次	本期金额	上期金额
一、营业收入			
减：营业成本			
营业税金及附加			
销售费用			
管理费用			
财务费用			
资产减值损失			
加：公允价值变动收益（损失以“－”号填列）			
投资收益（损失以“－”号填列）			
其中：对联营企业和合营企业的投资收益			
二、营业利润（亏损以“－”号填列）			
加：营业外收入			
减：营业外支出			
其中：非流动资产处置损失			
三、利润总额（亏损总额以“－”号填列）			
减：所得税费用			
四、净利润（净亏损以“－”号填列）			
五、每股收益			
（一）基本每股收益			
（二）稀释每股收益			
六、其他综合收益			
七、综合收益总额			

【点拨】 在会计从业资格考试中，利润表反映的利润层次一般就三个：营业利润、利润总额、净利润【多选题】。考生一定要理清这三个利润层次的区别及它们之间的关系，在填写利润表的计算分析题中，三个利润层次之间的关系是填写的基础之一。当然看利润表的"格式"也能清楚它们之间的关系。【计算分析题/计算类单选题】需要提醒的是："营业外收入"和"营业外支出"不影响营业利润，但会影响利润总额和净利润；净利润是利润总额减"所得税费用"，而不是减"应交税费——应交所得税"；"所得税费用"不会影响营业利润、利润总额，仅影响净利润等等。注意利润表各项目如何影响三个利润层次。【多选题】

【链接】 关于三个利润层次的关系及计算，请复习第五章第八节的内容，非常重要。

经典例题讲解

例题 10－36・判断题 利润表的表头通常包括报表名称、编制单位名称、编制日期和金额计量单位等组成。（ ）

【答案解析】 × 利润表的表头应列明报表名称、编表单位名称、财务报表涵盖的会计期间和人民币金额单位等内容。

例题 10－37・单选题 按照我国《企业会计准则》的规定，我国企业的利润表采用（ ）结构。

A. 单步式 B. 报告式 C. 多步式 D. 账户式

【答案解析】 C 按照我国《企业会计准则》的规定，我国企业的利润表采用多步式结构。

例题 10－38・单选题 在利润表上，利润总额扣除（ ）后，得出净利润或净亏损。

A. 管理费用和财务费用 B. 应交税费——应交所得税

C. 营业外收支净额 D. 所得税费用

【答案解析】 D 净利润＝利润总额－所得税费用。

例题 10－39・多选题 多步式利润表可以反映的企业利润要素有（ ）。

A. 主营业务利润 B. 营业利润 C. 利润总额 D. 净利润

【答案解析】 BCD 多步式利润表可以反映的企业利润要素有营业利润、利润总额、净利润。

例题 10－40・单选题 下列各项中，影响营业利润的是（ ）。

A. 管理费用 B. 生产费用 C. 营业外收入 D. 所得税费用

【答案解析】 A 根据"营业利润＝营业收入－营业成本－营业税金及附加－销售费用－管理费用－财务费用－资产减值损失＋公允价值变动收益（－公允价值变动损失）＋投资收益（－投资损失）"可以得知，管理费用会影响营业利润，而选项 BCD 都不影响营业利润。

例题 10－41・单选题 下列选项中，影响利润表中净利润的因素是（ ）。

A. 提取任意盈余公积 B. 分配现金股利

C. 提取法定盈余公积 D. 所得税费用

【答案解析】 D 根据"净利润＝利润总额－所得税费用"可知，所得税费用会影响净利润。选项 ABC 都属于利润分配表的内容，不会影响利润表中的净利润金额（利润分配表属于利润表的附表）。

四、利润表编制的基本方法

【点拨】 利润表项目金额的填列主要有两种类型：一种是直接根据若干损益类账户的发生额（可能同时有借、贷方发生额）进行填列（这种最多）；另一种是根据本期若干项经济业务填列利润表项目（相对而言这种较难，实质上是要掌握经济业务的会计分录，这种较少）。非常重要。**【案例分析题】**

（一）“本期金额”栏的填列方法

利润表“本期金额”栏内各项数字一般根据损益类科目的发生额分析填列（是“发生额”，不是“余额”）。其中，“营业利润”、“利润总额”、“净利润”等项目根据该表中“相关项目计算填列”。

【点拨】 要注意区分利润表中“本期金额”栏的两大类填列方法：其一是根据有关损益类账户的“发生额分析填列”；其二是根据利润表中“相关项目计算填列”（即根据表中已填写好的项目计算）。注意区分。**【多选题】**

（1）“营业收入”项目，根据“主营业务收入”和“其他业务收入”账户的本期发生额（即贷方发生净额）分析填列。

【技巧】“营业收入”项目 = “主营业务收入” + “其他业务收入”的贷方发生净额。

【解释】 什么是账户“贷方发生净额”？即某账户的“贷方发生额 - 借方发生额”。

（2）“营业成本”项目，根据“主营业务成本”和“其他业务成本”账户的本期发生额（即借方发生净额）分析填列。

【技巧】“营业成本”项目 = “主营业务成本” + “其他业务成本”的借方发生净额。

【解释】 什么是账户的“借方发生净额”？即某账户的“借方发生额 - 贷方发生额”。

（3）“营业税金及附加”项目，根据“营业税金及附加”账户本期发生额分析填列。

（4）“销售费用”、“管理费用”和“财务费用”项目，分别根据“销售费用”、“管理费用”和“财务费用”账户本期发生额（即借方发生净额）分析填列。

（5）“资产减值损失”项目，根据“资产减值损失”账户本期发生额分析填列。

（6）“公允价值变动收益”项目，根据“公允价值变动损益”账户本期发生额分析填列，如为净损失，则应以“ - ”号填列。

（7）“投资收益”项目，根据“投资收益”账户本期发生额（贷方发生净额）分析填列，如为投资损失，则应以“ - ”号填列。

【技巧】 对于“投资收益”项目而言：若“投资收益”账户是贷方发生净额（即贷方发生额 - 借方发生额 >0），则填列正数；若“投资收益”账户有借方发生净额（即贷方发生额 - 借方发生额 <0），则填列负数。

（8）“营业外收入”和“营业外支出”项目，分别根据“营业外收入”和“营业外支出”账户的本期发生额分析填列。

（9）“所得税费用”项目，根据“所得税费用”账户的本期发生额分析填列。

（10）利润表中的利润项目，包括“营业利润”、“利润总额”和“净利润”，根据表中项目之间的关系计算填列，如为亏损，则应以“-”号填列。

【总结】 特别注意某一损益类账户同时有借、贷方发生额的情况，一般规律是：①收入性质的项目，根据相关损益类账户的本期贷方发生净额分析填列（更具体说：若“贷方发生额-借方发生额”>0，则填列正数；若“贷方发生额-借方发生额”<0，则填列负数），如“营业收入”、“投资收益”、“公允价值变动收益”等项目；②费用性质的项目，根据相关损益类账户的本期借方发生净额填列（更具体说：若“借方发生额-贷方发生额”>0，则填列正数；若“借方发生额-贷方发生额”<0），则填列负数），如“营业成本”、“销售费用”、“管理费用”、“财务费用”、“营业税金及附加”、“资产减值损失”等项目。非常重要。**【计算分析题】**

【点拨】 利润表项目金额的填列相对来说比较简单，基本上是“相关对应账户”的本期发生净额直接填列即可，然后再根据三个利润层次（营业利润、利润总额、净利润）的内在逻辑关系就可以把利润表填列完毕。唯一需要注意的是两个报表项目“营业收入”和“营业成本”，它们分别是两个“相关账户”发生净额计算（加和）填列的结果，特别当心。

（二）“上期金额”栏的填列方法

“上期金额”栏应根据上年该期利润表“本期金额”栏内所列数字填列。如果上年该期利润表规定的各个项目的名称和内容同本期不一致，应对上年该期利润表各项目的名称和数字按本期的规定进行调整，填入利润表“上期金额”栏内。

【点拨】 注意利润表“上期金额”栏的填列方法。**【判断题/多选题】**

经典例题讲解

例题 10-42·多选题 下列等式正确的有（ ）。

A. 资产=负债+所有者权益

B. 营业利润=主营业务收入+其他业务收入-主营业务成本-其他业务成本+投资收益+公允价值变动收益-营业外支出

C. 利润总额=营业利润+营业外收入-营业外支出

D. 净利润=利润总额-所得税费用

【答案解析】 ACD 营业利润计算表述有误，其和营业外支出、营业外收入没有关系。

例题 10-43·判断题 利润表中的各项目应根据有关损益类账户的本期发生额或余额分析计算填列。（ ）

【答案解析】 × 利润表中的各项目应根据有关损益类账户的本期发生额分析计算填列。

例题 10-44·多选题 利润表中根据本期发生额分析填列的项目有（ ）。

A. 公允价值变动收益　　B. 利润总额

C. 营业成本　　D. 投资收益

【答案解析】 ACD 利润总额=营业利润+营业外收入-营业外支出，即利润总额项目是根据利润表中相关项目计算填列的。其余选项根据有关损益类账户的本期发生额分析填列。

例题 10-45·多选题 利润表中根据表中相关项目计算填列的有（ ）。

A. 营业利润　　B. 净利润　　C. 利润总额　　D. 所得税费用

【答案解析】 ABC 利润表中的“营业利润”、“利润总额”、“净利润”等项目根据该表中相关项目计算填列。所得税费用根据“所得税费用”账户的本期发生额分析填列。

例题 10-46·判断题 利润表中“上期金额”栏的填列方法是根据上年该期利润表“本期金额”栏内所列数字填列。（　）

【答案解析】 √ 表述正确。

随章同步练习

一、单项选择题

1. 编制资产负债表的理论依据是（　）。
   A. 记账规则　　B. 复式记账　　C. 试算平衡　　D. 会计等式
2. 下列选项中，关于财务报表组成部分的表述，不正确的是（　）。
   A. 所有者权益变动表　　B. 资产负债表
   C. 利润表　　D. 职工薪酬发放表
3. 在编制财务报表前，对需要完成工作的正确描述是（　）。
   A. 对于工作事项在附注中不得漏编、漏报或任意取舍
   B. 按规定结出会计账簿的发生额及余额，并核对金额
   C. 单位负责人应当保证财务报表的真实、完整
   D. 按照国家会计制度规定的财务报表内容进行编制
4. 下列信息中，不能通过资产负债表提供的是（　）。
   A. 企业承担的债务
   B. 企业所有者在企业资产中享有的经济利益份额及其结构
   C. 企业拥有或控制的资源及其分布情况
   D. 企业利润的形成情况及影响利润增减变动的因素
5. 我国企业的资产负债表采用（　）结构。
   A. 多步式　　B. 报告式　　C. 单步式　　D. 账户式
6. 账户式资产负债表分为左右两方，其中左方为（　）。
   A. 资产项目，按资产的流动性由强到弱顺序排列
   B. 资产项目，按资产的流动性由弱到强顺序排列
   C. 负债及所有者权益项目，一般按求偿权先后顺序
   D. 负债及所有者权益项目，按短期负债、长期负债、所有者权益顺序排列
7. 资产负债表项目中属于流动资产的项目是（　）。
   A. 长期应收款　　B. 应收账款　　C. 预收款项　　D. 持有至到期投资
8. 资产负债表中所有者权益的排列顺序是（　）。
   A. 未分配利润—盈余公积—资产公积—实收资本
   B. 实收资本—盈余公积—资本公积—未分配利润

C. 实收资本—资本公积—盈余公积—未分配利润

D. 资本公积—盈余公积—未分配利润—实收资本

9. 资产负债表中资产类项目按流动性强弱顺序依次排列的是（　　）。

A. 流动资产、固定资产、无形资产、其他非流动资产

B. 其他非流动资产、无形资产、固定资产、流动资产

C. 流动资产、无形资产、其他非流动资产、固定资产

D. 固定资产、流动资产、无形资产、其他非流动资产

10. 部分账户的期初余额如下：原材料 8 万元，材料采购 2 万元，固定资产 80 万元，生产成本 5 万元，材料成本差异（贷方）1 万元，库存商品 25 万元。则资产负债表的存货项目应填列的金额为（　　）万元。

A. 41　　B. 39　　C. 120　　D. 40

11. 某企业期末“应收账款”账户为借方余额 207 000 元，其所属明细账户的借方余额合计为 280 000 元，所属明细账户贷方余额合计为 73 000 元，“坏账准备”账户贷方余额 1 000 元，其中针对应收账款的坏账准备为 680 元，则该企业资产负债表中“应收账款”项目的期末数应是（　　）元。

A. 279 320　　B. 280 000　　C. 207 000　　D. 206 320

12. 资产负债表中“（　　）”项目应根据明细账科目余额计算填列。

A. 应收账款　　B. 货币资金　　C. 未分配利润　　D. 长期借款

13. 资产负债表中“存货”项目，应根据（　　）。

A. “原材料”“库存商品”“委托加工物资”等账户的期末借方余额之和填列

B. “原材料”“库存商品”“委托加工物资”等总账账户期末余额的分析数汇总，再减去“存货跌价准备”账户余额后的差额填列

C. “存货”账户的期末借方余额直接填列

D. “原材料”账户的期末借方余额直接填列

14. 部分账户的期末余额如下：应收账款总账借方余额 50 万元，其明细账中借方余额 55 万元，贷方余额 5 万元；预收账款总账贷方余额 5 万元，其明细账中借方余额有 3 万元，贷方余额 8 万元；坏账准备贷方余额 1 万元。则资产负债表中的“预收款项”项目应填列的金额为（　　）万元。

A. 13　　B. 8　　C. 10　　D. 5

15. 下列选项中，不属于资产负债表项目的是（　　）。

A. 原材料　　B. 货币资金　　C. 实收资本　　D. 固定资产清理

16. 下列各项中，属于资产负债表中非流动资产项目的是（　　）。

A. 其他应收款　　B. 交易性金融资产

C. 可供出售金融资产　　D. 预付款项

17. 下列关于资产负债表填列方法的表述中，正确的是（　　）。

A. 有的项目直接根据账户期末余额填列，有的项目需要根据有关账户期末余额分析填列

B. 应根据有关账户的发生额填列

C. 都按有关账户期末余额直接填列

D. 必须对账户发生额的余额进行分析计算才能填列

18. 资产负债表中的“未分配利润”项目，应根据（　　）填列。

A. “本年利润”和“利润分配”账户的余额计算后

B. “盈余公积”账户余额

C. “本年利润”账户余额

D. “利润分配”账户余额

19. 下列关于利润表的作用描述错误的是（　　）。

A. 有助于评价企业短期偿债能力、长期偿债能力、利润分配能力

B. 反映企业一定会计期间收入的实现情况

C. 反映一定会计期间的费用耗费情况

D. 反映企业经济活动成果的实现情况

20. 下列各项中，可以帮助使用者分析评价企业赢利能力、利润构成及其质量的报表是（　　）。

A. 资产负债表　B. 利润表　C. 现金流量表　D. 所有者权益变动表

21. 在利润表上，营业利润加营业外收入减营业外支出，得出（　　）。

A. 净利润　B. 净亏损　C. 利润总额　D. 所得税费用

22. 以下项目中，应根据利润表中本期发生额会计填列的有（　　）。

A. 制造费用　B. 销售费用　C. 交易性金融资产　D. 长期待摊费用

23. 以下项目中，应根据利润表中相关项目计算填列的是（　　）。

A. 利润总额　B. 营业收入　C. 销售费用　D. 营业成本

24. 利润表的“本期金额”栏一般应根据（　　）填列。

A. 损益类账户的本期发生额　B. 所有者权益类账户的本期发生额

C. 损益类账户的期末余额　D. 所有者权益类账户的期末余额

25. 下列各项中，不属于利润表项目的是（　　）。

A. 所得税费用　B. 营业外收入　C. 营业成本　D. 其他业务收入

26. 下列各项中，影响营业利润的是（　　）。

A. 管理费用　B. 营业外收入　C. 生产费用　D. 所得税费用

二、多项选择题

1. 下列各项中，属于财务报表的有（　　）。

A. 利润表　B. 年度生产计划表　C. 资产负债表　D. 销售汇总表

2. 财务报表按编制主体不同，可分为（　　）。

A. 合并财务报表　B. 企业财务报表

C. 事业单位财务报表　D. 个别财务报表

3. 下列各项中，属于中期财务报表的有（　　）。

A. 季报　B. 半年报　C. 月报　D. 年报

4. 财务报表按反映财务活动的方式不同，可以分为（　　）。

A. 个别财务报表　B. 动态财务报表　C. 合并财务报表　D. 静态财务报表

5. 下列选项中，关于财务报表编制基本要求的表述，正确的有（　　）。

A. 以持续经营为基础编制

B. 按正确的会计期间编制

C. 至少按年编制财务报表

D. 保持各个会计期间财务报表项目列报的一致性

6. 以下项目中，属于资产负债表作用的有（　　）。

A. 提供某会计期间企业的资产总量及其结构

B. 判断企业对负债的保障程度

C. 提供某会计期间企业的负债总额及其结构

D. 判断企业资本保值、增值的情况

7. 资产负债表的表头部分应列明（　　）。

A. 报表名称　　B. 编制单位名称

C. 资产负债表日和人民币金额单位　　D. 制表人

8. 编制资产负债表时，需根据有关总账科目期末余额分析、计算填列的项目有“（　　）”。

A. 货币资金　　B. 预付款项　　C. 存货　　D. 短期借款

9. 下列各项中，可能影响资产负债表中“应付账款”项目金额的有（　　）。

A. 应收账款　　B. 预收账款　　C. 应付账款　　D. 预付账款

10. 下列项目中，属资产负债表中“流动资产”项目的有（　　）。

A. 预付款项　　B. 在建工程　　C. 无形资产　　D. 其他应收款

11. 下列项目中，属于资产负债表中“非流动资产”项目的有（　　）。

A. 长期股权投资　　B. 在建工程

C. 可供出售金融资产　　D. 持有至到期投资

12. 下列各项中，属于资产负债表右方包括的项目有（　　）。

A. “短期借款”　　B. “交易性金融资产”

C. “递延所得税负债”　　D. “实收资本”

13. 企业在编制资产负债表时，货币资金项目应按照（　　）金额的合计数填列。

A. 库存现金　　B. 银行存款　　C. 其他应收款　　D. 其他货币资金

14. 资产负债表“预付款项”项目可以根据以下项目填列的有（　　）。

A. “应付账款”所属明细分类账期末贷方余额

B. “预付账款”所属明细分类账期末借方余额

C. “应付账款”所属明细分类账期末借方余额

D. “预付账款”所属明细分类账期末贷方余额

15. 资产负债表中，根据总账账户期末余额直接填列的项目有（　　）。

A. 资本公积　　B. 货币资金　　C. 存货　　D. 交易性金融资金

16. 下列不属于利润表作用的有（　　）。

A. 反映企业资产的分布构成情况　　B. 反映一定会计期间的费用耗费情况

C. 判断企业资本保值、增值情况　　D. 反映企业所有权益构成情况

17. 利润表中根据本期发生额分析填列的项目有（　　）。

A. “投资收益”　　B. “利润总额”

C. “公允价值变动收益”　　D. “营业成本”

18. 下列各项中，影响利润总额的有（　　）。
A. 营业收入　B. 销售费用　C. 营业外收入　D. 所得税费用
19. 下列各项中，属于利润表包括的项目有（　　）。
A. “营业成本”　B. “营业收入”　C. “利润总额”　D. “综合收益总额”
20. 下列项目中，不属于利润表项目的有（　　）。
A. “利润分配”　B. “净利润”　C. “未分配利润”　D. “营业外支出”
21. 利润表中的“营业成本”项目填列的依据有（　　）。
A. “营业外支出”账户本期发生额　B. “主营业务成本”账户本期发生额
C. “其他业务成本”账户本期发生额　D. “营业税金及附加”账户本期发生额
22. 利润表中填写“上期金额”栏应注意的事项有（　　）。
A. 上期利润表规定的项目与本期利润表一致
B. 该项目根据上期利润表中的“本期金额”填列
C. 填写各项目“上期金额”时要填写其余额数
D. 上期利润表规定的项目与本期利润表不一致时应调整为一致

三、判断题

1. 财务报表是指会计主体对外提供的反映其某一会计期间的财务状况和某一特定日期的经营成果、现金流量等会计信息的文件。（　　）
2. 编制财务报表的主要目的是为账务报表使用者提供与企业财务状况、经营成果和现金流量相关的会计信息。（　　）
3. 资产负债表是静态报表，它是以相对静止的方式来反映企业的资产、负债和所有者权益。（　　）
4. 年度财务报表一般包括资产负债表、利润表、现金流量表、所有者权益变动表和附注等内容，上述五个部分具有同等重要的程度。（　　）
5. 中期财务报表至少应当包括资产负债表、利润表、现金流量表、所有者权益变动表和附注。（　　）
6. 中期资产负债表、利润表和现金流量表的格式和内容应当和年度财务报表相同。（　　）
7. 按财务报表的报送对象不同，分为对内财务报表和对外财务报表。（　　）
8. 个别报表和合并报表都是由企业在自身会计核算基础上对账簿记录进行加工而编制的会计报表。（　　）
9. 中期财务报表是指以6月30日为资产负债表日编制的财务报告。（　　）
10. 按照财务报表编制不得抵销的要求，非日常活动产生的利得和损失，以同一交易形成的收益扣减相关费用后的净额列示，属于抵销。（　　）
11. 财务报表列报，至少应当提供所有列报项目上一个可比会计期间的比较数据。（　　）
12. 资产负债表编制的理论依据是“资产 = 负债 + 所有者权益”会计恒等式。（　　）
13. 我国资产负债表格式一般采用财务状况形式。（　　）
14. 资产负债表的表体是其主体和核心，按项目的流动性和稳定性排列。（　　）
15. 我国资产负债表由表头和表体两部分组成。表头部分应列明报表名称、编表单位名

称、编制日期和金额计量单位；表体部分反映资产、负债和所有者权益的内容。（　　）

16. 资产负债表中各项资产、负债按流动性排列，所有者权益项目按稳定性排列。（　　）

17. 某企业期末“固定资产”账户余额为3 000万元，“累计折旧”账户余额为900万元，“固定资产减值准备”账户余额为100万元，“工程物资”账户余额为200万元。该企业期末资产负债表“固定资产”项目的金额应为2 200万元。（　　）

18. 资产负债表中“应付账款”项目，应根据“应付账款”和“预付账款”两个账户所属相关明细账户期末借方余额合计数填列。（　　）

19. 资产负债表中的“应付票据”项目根据“应付票据”总账账户的余额填列。（　　）

20. 资产负债表中“长期借款”，应根据“长期借款”总账账户余额扣除“长期借款”账户所属的明细账户中将在资产负债表日起一年内到期的长期借款后的金额计算填列。（　　）

21. “收入－费用＝利润”的关系是企业编制利润表的基础。（　　）

22. 利润表的格式主要有多步式和单步式两种，我国采用多步式。（　　）

23. 利润表项目包括“营业收入”、“营业成本”、“营业利润”、“利润总额”、“净利润”、“每股收益”、“其他综合收益”、“综合收益总额”等。（　　）

24. 利润表应如实反映企业实现的收入、发生的费用以及应当计入当期利润的利得和损失等金额及其构成情况。（　　）

25. 利润表通常包括表头和表体两部分。表头应列明报表名称、编表单位名称、财务报表涵盖的会计期间和人民币金额单位等内容；利润表的表体，反映形成经营成果的各个项目和计算过程。（　　）

26. 利润表中“上期金额”栏应根据上年该期利润表“本期金额”栏内所列数字填列。（　　）

四、计算分析题

1. 甲公司201×年9月30日有关总账和明细账户余额如下表所示。

单位：元

资产账户	借或贷	余额	负债和所有者权益账户	借或贷	余额
库存现金	借	1 500	短期借款	贷	250 000
银行存款	借	800 000	应付票据	贷	25 500
其他货币资金	借	90 000	应付账款	贷	71 000
交易性金融资产	借	115 000	——丙企业	贷	91 000
应收票据	借	20 000	——丁企业	借	20 000
应收账款	借	75 000	预收账款	贷	14 700
——甲企业	借	80 000	——C公司	贷	14 700
——乙企业	贷	5 000	其他应付款	贷	12 000
坏账准备	贷	2 000	应交税费	贷	28 000
预付账款	借	36 100	长期借款	贷	506 000
——A公司	借	37 000	应付债券	贷	563 700

续表

资产账户	借或贷	余额	负债和所有者权益账户	借或贷	余额
——B公司	贷	900	其中：一年内到期且企业不能自主地将清偿义务展期的应付债券	贷	23 000
其他应收款	借	8 500	实收资本	贷	4 040 000
原材料	借	54 400	盈余公积	贷	158 100
生产成本	借	2 654 000	利润分配	贷	1 900
库存商品	借	193 200	——未分配利润	贷	1 900
固定资产	借	1 219 400	本年利润	贷	36 700
累计折旧	贷	4 900			
在建工程	借	447 400			
资产合计		5 707 600	负债和所有者权益合计		5 707 600

则甲公司201×年9月末资产负债表的下列报表项目金额为：

（1）货币资金（ ）元。（2）应收账款（ ）元。（3）预收款项（ ）元。（4）应付债券（ ）元。（5）未分配利润（ ）元。

2. 乙公司201×年12月初有关账户余额如下表所示。

单位：元

账户名称	借方余额	账户名称	贷方余额
库存现金	1 280	应付账款	75 400
银行存款	223 450	短期借款	100 000
应收账款	87 600	应交税费	15 800
库存商品	158 900	累计折旧	24 600
固定资产	587 570	实收资本	800 000
长期股权投资	100 000	利润分配	143 000
合计	1 158 800	合计	1 158 800

乙公司12月份发生以下业务：

（1）收到其他单位前欠货款32 000元，存入银行。

（2）销售商品1 000件，每件售价100元，每件成本70元，增值税税率17%，款项已收，存入银行。

（3）采购商品一批，增值税专用发票列示的价款50 000元，增值税税率17%，货已入库，款未付。

（4）开出转账支票支付上述销售商品的运杂费用2 000元。

（5）从银行存款户中归还短期借款50 000元以及本月借款利息350元。

（6）通过银行转账支付上述部分购料款38 500元。

要求：请根据上述资料，代乙公司完成如下资产负债表的编制。

资产负债表（简表）

制表单位：乙公司　　　　201×年12月31日　　　　单位：元

资产	年初数	年末数	负债和所有者权益	年初数	年末数
流动资产：	略		流动负债：		略
货币资金		282 880	短期借款		50 000
应收账款		（1）	应付账款		（4）
存货		（2）	应交税费		（5）
流动资产合计		（3）	流动负债合计		169 700
非流动资产：			所有者权益：		
长期股权投资		100 000	实收资本		800 000
固定资产		562 970	未分配利润		170 650
非流动资产合计		662 970	所有者权益合计		970 650
资产总计		1 140 350	负债及所有者权益总计		1 140 350

3. 丙公司201×年4月末有关损益类账户结账前的资料如下表所示。

单位：万元

账户名称	本期发生额		账户名称	本期发生额	
	借方	贷方		借方	贷方
主营业务收入	2	67	主营业务成本	25	1
其他业务收入		13	销售费用	6	
营业外收入		2	营业税金及附加	4	
投资收益	14	10	其他业务成本	5	
			营业外支出	1	
			管理费用	5	0.4
			财务费用	2.5	0.5
			所得税费用	2.6	

要求：根据上述资料，计算下列本月利润表项目。

（1）营业收入为（　　）。（2）营业成本为（　　）。（3）财务费用为（　　）。（4）营业利润为（　　）。（5）利润总额为（　　）。

4. 丁公司为增值税一般纳税人，生产和销售甲、乙两种产品，增值税税率为17%。该公司所得税税率25%，不考虑其他相关税费。该企业201×年8月发生以下经济业务：

（1）销售甲产品600件，单价90元，增值税率17%，款项尚未收回。

（2）销售乙产品1 200件，单价110元，增值税率17%，款项已存入银行。

（3）预收甲产品货款40 000元存入银行。

(4) 用银行存款支付管理人员工资9 000元和专设销售机构的人员工资6 000元。

(5) 销售材料400公斤，单价30元，增值税税率17%，款项已存入银行。该材料单位成本为25元。

(6) 结转已销售的甲、乙产品的实际生产成本，甲产品单位成本60元，乙产品单位成本80元。

则丁公司201×年度8月份利润表的下列报表项目金额为：

(1) 营业收入（　　）元。(2) 营业成本（　　）元。(3) 营业利润（　　）元。(4) 利润总额（　　）元。(5) 净利润（　　）元。

参考答案及解析

一、单项选择题

1. D　资产负债表以会计等式“资产=负债+所有者权益”为编制依据。

2. D　财务报表不包括职工薪酬发放表。

3. B　只有B选项属于编制财务报表前需要完成的工作。

4. D　D选项是利润表提供的信息。

5. D　我国企业的资产负债表采用账户式结构。

6. A　资产负债表左方是资产项目，按照资产的流动性从强到弱的顺序排列。

7. B　AD选项属于非流动资产，C属于负债。

8. C　一般来说，所有者权益按永久性长短排列，长的在前，短的在后，分别是实收资本、资本公积、盈余公积和未分配利润。

9. A　资产负债表的左边是按资产的流动性强弱依次排列的，A选项符合报表格式。

10. B　存货项目金额=8+2+5-1+25=39（万元）。

11. A　“应收账款”项目金额=280 000-680=279 320（元）。

12. A　“应收账款”项目应根据明细科目余额计算填列。

13. B　“存货”项目，应根据“原材料”、“库存商品”、“委托加工物资”、“周转材料”、“生产成本”、“材料采购”、“在途物资”、“委托代销商品”、“发出商品”、“材料成本差异”等总账账户期末余额的分析汇总数，再减去“存货跌价准备”账户余额后的净额填列。

14. A　“预收款项”项目=“两收”明细账户贷方余额之和=5+8=13（万元）。

15. A　原材料不属于资产负债表项目。

16. C　可供出售金融资产属于非流动资产，其余三项属于流动资产。

17. A　资产负债表有的项目可以直接根据账户期末余额填列，有的项目需要根据有关账户期末余额分析填列。

18. A　“未分配利润”项目应根据“本年利润”和“利润分配”账户的余额计算填列，如为未弥补亏损，则以“-”号填列。

19. A　评价企业短期偿债能力、长期偿债能力、利润分配能力是资产负债表的编制目的。

20. B　利润表可以帮助使用者分析评价企业的赢利能力、利润构成及其质量。

21. C　利润总额=营业利润+营业外收入-营业外支出。

22. B　利润表项目一般根据损益类科目的发生额分析填列。

23. A　利润表中的营业利润、利润总额、净利润等项目根据利润表中相关项目计算填列。

24. A　利润表中的“本期金额”栏一般根据损益类账户的本期发生额分析填列。

25. D　其他业务收入不是现行利润表项目，其账户余额计入利润表“营业收入”项目。

26. A　B、D不属于营业利润的范畴，不影响营业利润。生产费用要分析：生产的产品在本期销售出去列入营业成本，该部分生产费用会影响营业利润；但若未销售出去或未完工，则该部分生产费用记入资产负债表中的“存货”项目，不影响营业利润。

二、多项选择题

1. AC　财务报表至少应当包括下列组成部分：资产负债表、利润表、现金流量表、所有者权益变动表、附注。

2. AD　财务报表按其编报主体不同分为个别财务报表和合并财务报表。

3. ABC　中期财务报表包括月度、季度、半年度的报表。

4. BD　财务报表按反映财务活动方式不同，分为静态财务报表和动态财务报表。

5. ABCD　四个选项都属于财务报表编制的基本要求。

6. BD　AC选项错在“某会计期间”，应该是“某一日期”。

7. ABC　D选项应列示在表尾部分。

8. AC　“货币资金”及“存货”项目需根据若干总账科目余额分析计算填列。

9. CD　“应付账款”项目，应根据“应付账款”账户和“预付账款”账户所属明细账户的期末贷方余额合计数填列。

10. AD　在建工程和无形资产属于非流动资产项目。

11. ABCD　四个选项都属于非流动资产项目。

12. ACD　资产负债表右方列报的是负债和所有者权益项目，AC属于负债，D属于所有者权益，B属于资产。

13. ABD　资产负债表中“货币资金”项目应根据“库存现金”、“银行存款”、“其他货币资金”三个总账科目余额的合计数填列。

14. BC　“预付款项”项目，应根据“预付账款”和“应付账款”账户所属明细账借方余额合计数填列。

15. AD　“存货”、“货币资金”项目应根据相关总账账户期末余额计算填列。

16. AD　AD选项是资产负债表的作用。

17. ACD　利润总额根据利润表中相关项目计算填列。

18. ABC　所得税费用不影响利润总额，会影响净利润。

19. ABCD　四个选项都属于利润表项目。

20. AC　“利润分配”、“未分配利润”不属于利润表项目。

21. BC　利润表的“营业成本”项目，应根据“主营业务成本”和“其他业务成本”账户的本期发生额计算填列。

22. BD　“上期金额”栏应根据上年该期利润表“本期金额”栏内所列数字填列。如果上年该期利润表规定的各个项目的名称和内容同本期不一致，应对上年该期利润表各项目的名称和数字按本期的规定进行调整，填入利润表“上期金额”栏内。

三、判断题

1. ×　财务报表是指会计主体对外提供的反映其某一特定日期的财务状况和某一会计期间的经营成果、现金流量等会计信息的文件。

2. √　表述正确。

3. √　表述正确。

4. √　表述正确。

5. × 中期财务报表至少应当包括资产负债表、利润表、现金流量表和附注。

6. × 中期资产负债表、利润表和现金流量表的格式和内容应当和年度财务报表相一致。

7. √ 表述正确。

8. × 个别报表是指由企业在自身会计核算基础上对账簿记录进行加工而编制的会计报表，它主要用以反映企业自身的财务状况、经营成果和现金流动情况。合并报表是以母公司和子公司组成的企业集团为会计主体，根据母公司和所属子公司的会计报表，由母公司编制的综合反映企业集团财务状况、经营成果及现金流量的会计报表。

9. × 中期财务报表是指以短于一个完整的会计年度为报告期间编制的报表，主要有半年报、季报、月报。

10. × 非日常活动产生的利得和损失，以同一交易形成的收益扣减相关费用后的净额列示更能反映交易实质的，不属于抵销。

11. √ 表述正确。

12. √ 表述正确。

13. × 我国资产负债表格式一般采用账户式格式。

14. √ 表述正确。

15. √ 表述正确。

16. √ 表述正确。

17. × “固定资产”项目的金额 = 3 000 − 900 − 100 = 2 000（万元）。

18. × 资产负债表中“应付账款”项目，应根据“应付账款”和“预付账款”账户所属明细账户贷方余额之和填列。

19. √ 表述正确。

20. × 资产负债表中“长期借款”，应根据“长期借款”账户的期末余额，扣除其中在资产负债表日起一年内到期，且企业不能自主地将清偿义务展期的部分后的金额填列。

21. √ 表述正确。

22. √ 表述正确。

23. √ 表述正确。

24. √ 表述正确。

25. √ 表述正确。

26. √ 表述正确。

四、计算分析题

1.

（1）货币资金 = 库存现金（1 500）+ 银行存款（800 000）+ 其他货币资金（90 000）= 891 500（元）

（2）应收账款 = “两收”账户明细账借方余额合计 − 相应的坏账准备 = 80 000 − 2 000 = 78 000（元）

（3）预收款项 = “两收”账户明细账贷方余额合计 = 14 700 + 5 000 = 19 700（元）

（4）应付债券 = “应付债券”期末余额（563 700）−“一年内到期且企业不能自主地将清偿义务展期的部分”（23 000）= 540 700（元）

（5）未分配利润 = 本年利润（36 700）+ 利润分配（1 900）= 38 600（元）

2.

（1）应收账款 = 87 600 − 32 000 = 55 600（元）

（2）存货 = 158 900 − 1 000 × 70 + 50 000 = 138 900（元）

（3）流动资产合计 = 282 880 + 55 600 + 138 900 = 477 380（元）

（4）应付账款 =75 400 +50 000 ×（1 +17%）－38 500 =95 400（元）

（5）应交税费 =15 800 +1 000 ×100 ×17% －50 000 ×17% =24 300（元）

答案说明：上述有些项目也可以根据“倒算”计算结果，但不推荐这样的算法。还是根据上述计算方法得出结果，再和“倒算”结果核对，以验算是否正确为好。

3.

（1）营业收入 = 主营业务收入 + 其他业务收入 =（67 －2）+13 =78（万元）

（2）营业成本 = 主营业务成本 + 其他业务成本 =（25 －1）+5 =29（万元）

（3）财务费用 =2.5 －0.5 =2（万元）

（4）营业利润 = 营业收入（78）－营业成本（29）－营业税金及附加（4）－管理费用（5 －0.4）－财务费用（2）－销售费用（6）+投资收益（10 －14）=28.4（万元）

（5）利润总额 = 营业利润 + 营业外收入（2）－营业外支出（1）=29.4（万元）

4.

（1）营业收入 = 主营业务收入（600 ×90 +1 200 ×110）+其他业务收入（400 ×30）= 198 000（元）

（2）营业成本 = 主营业务成本（600 ×60 +1 200 ×80）+其他业务成本（400 ×25）=142 000（元）

（3）营业利润 = 营业收入（198 000）－营业成本（142 000）－营业税金及附加 － 销售费用（6 000）－管理费用（9 000）－财务费用 － 资产减值损失 + 公允价值变动收益（－公允价值变动损失）+投资收益（－投资损失）=41 000（元）

（4）利润总额 = 营业利润 41 000 + 营业外收入 － 营业外支出 =41 000（元）

（5）净利润 = 利润总额（41 000）－所得税费用（41 000 ×25%）=30 750（元）